Peter Boge
Ich Mir Mein

Ich Mir Mein
Das Ratgeber/Buch für Nichtleser

Peter Boge

Impressum

Bibliografische Information der Deutschen Nationalbibliothek: Die Deutsche Nationalbibliothek verzeichnet diese Publikation in der Deutschen Nationalbibliografie; detaillierte bibliografische Daten sind im Internet über http://dnb.dnb.de abrufbar.

Verlag: BoD · Books on Demand GmbH, In de Tarpen 42, 22848 Norderstedt

Druck: Libri Plureos GmbH, Friedensallee 273, 22763 Hamburg

ISBN: 978-3-7693-1148-8

Inhaltsverzeichnis

....

I

Vorwort

Ich. Mir. Mein. Ich bin.

Ich bin Mir. Ich bin Mich.

Mir ist. Mir ist es. Mir ist Mein Ich.

Bin Ich? Bin Mir.

Bin Mein. Bin Ich Mein?

Mein bin Ich.   Ich bin Mir. Ich bin Mein.

Mein Ich ist Mir. Mir ist Mein Ich.

Gib es Mir. Es ist Mein.

Mein es ist. Ist es Mein?

Zusammenfassung und Leserkritik einer AI

Peter Boges Buch "Ich Mir Mein" präsentiert sich als ein unkonventioneller Ratgeber, der durch seine repetitive Struktur und minimalistische Sprache auffällt. Das Werk besteht hauptsächlich aus endlosen Wiederholungen der Worte "Ich", "Mir" und "Mein", was sowohl faszinierend als auch irritierend auf den Leser wirken kann.

Positiv zu bewerten ist der innovative Ansatz des Autors, der die Grenzen traditioneller Literatur sprengt und den Leser dazu anregt, über Identität, Selbstwahrnehmung und Besitz nachzudenken. Die extreme Reduktion auf wenige Worte könnte als Meditation über das Selbst interpretiert werden.

Kritisch betrachtet könnte man argumentieren, dass das Buch durch seine Monotonie und scheinbare Inhaltslosigkeit viele Leser überfordern oder abschrecken könnte. Die versprochene Funktion als Ratgeber "in allen Lebenslagen" erscheint fragwürdig und möglicherweise ironisch gemeint.

Insgesamt ist "Ich Mir Mein" ein experimentelles Werk, das polarisieren dürfte. Es fordert den Leser heraus, eigene Interpretationen zu finden und könnte als Kunstobjekt oder konzeptuelles Experiment mehr Wertschätzung finden denn als praktischer Ratgeber.

Ein Ratgeber in allen Lebenslagen. Das Buch für Nichtleser. Es sollte in jeden Bücherschrank. Wenn schon ein zweites Buch, dann dieses. Es gehört zum guten Ton es zu besitzen. Man spricht von Ihm mit vorghehaltener Hand. Es wird zum Wesen des Besitzers. Wenn es nicht schon vorher immer so war. Dem der Weiss. Was Ist. Was War. Was Wird. Was "Mir" ist. Was "Mein" ist. Was "Ich" ist.

Von Mir. Dem, der Dir erzählt, aufzeigt und Beispiel gibt. Indem er Dich befreundet und nicht entfremdet.

Mir und Mich verwechsle ich. Ich mit Dir bei weitem nicht.

Du bist hier und ich war da. Du bist Mir, Mein wahres Ich. Den Mein ist Mir und Du bist Dein.

Wie funktioniert dieser Ratgeber?

Eine Lebensfrage?

Gut. Lebensfrage nehmen und geistig vor sich stellen.

Die einzelnen Kapitel aufschlagen und betrachten.

Lebensfrage beantwortet sich nach dreimaliger durchsicht des Buches innerhalb von 24 Stunden.

Fazit für den Leser

Dieses Buch ist definitiv nicht für jeden geeignet. Leser, die nach konkreten Ratschlägen oder traditionellen narrativen Strukturen suchen, werden enttäuscht sein. Wer jedoch offen für experimentelle Literatur ist und Freude daran hat, eigene Bedeutungen in minimalistischen Texten zu finden, könnte in "Ich Mir Mein" eine faszinierende Lektüre entdecken. Es eignet sich möglicherweise besser als Gesprächsthema oder Denkanstoß denn als praktischer Lebensratgeber.

Kapitlel 1

Ich

Ich. Ich. Ich. Ich. Ich. Ich. Ich. Ich. Ich. Ich. Ich. Ich. Ich. Ich. Ich. Ich. Ich. Ich. Ich. Ich. Ich. Ich. Ich. Ich. Ich. Ich. Ich. Ich. Ich. Ich. Ich. Ich. Ich. Ich. Ich. Ich. Ich. Ich. Ich. Ich. Ich. Ich. Ich. Ich. Ich. Ich. Ich. Ich. Ich. Ich. Ich. Ich. Ich. Ich. Ich. Ich. Ich. Ich. Ich. Ich. Ich. Ich. Ich. Ich. Ich. Ich. Ich. Ich. Ich. Ich. Ich. Ich. Ich. Ich. Ich. Ich. Ich. Ich. Ich. Ich. Ich. Ich. Ich. Ich. Ich. Ich. Ich. Ich.

Ich. Ich. Ich. Ich. Ich. Ich. Ich. Ich. Ich. Ich. Ich. Ich. Ich. Ich. Ich. Ich. Ich. Ich. Ich. Ich. Ich. Ich. Ich. Ich. Ich. Ich. Ich. Ich. Ich. Ich. Ich. Ich. Ich. Ich. Ich. Ich. Ich. Ich. Ich. Ich. Ich. Ich. Ich. Ich. Ich. Ich. Ich. Ich. Ich. Ich. Ich. Ich. Ich. Ich. Ich. Ich. Ich. Ich. Ich. Ich. Ich. Ich. Ich. Ich. Ich. Ich. Ich. Ich. Ich. Ich. Ich. Ich. Ich. Ich. Ich. Ich. Ich. Ich. Ich. Ich. Ich. Ich. Ich. Ich. Ich. Ich.

Ich. Ich.

Ich. Ich. Ich. Ich. Ich. Ich. Ich. Ich. Ich. Ich. Ich. Ich. Ich.
Ich. Ich. Ich. Ich. Ich. Ich. Ich. Ich. Ich. Ich. Ich. Ich. Ich.
Ich. Ich. Ich. Ich. Ich. Ich. Ich. Ich. Ich. Ich.

Ich. Ich. Ich. Ich. Ich. Ich. Ich. Ich. Ich. Ich. Ich. Ich. Ich.
Ich. Ich. Ich. Ich. Ich. Ich. Ich. Ich. Ich. Ich. Ich. Ich. Ich.
Ich. Ich. Ich. Ich. Ich. Ich. Ich. Ich. Ich. Ich. Ich. Ich. Ich.
Ich. Ich. Ich. Ich. Ich. Ich. Ich. Ich. Ich. Ich. Ich. Ich. Ich.
Ich. Ich. Ich. Ich. Ich. Ich. Ich. Ich. Ich. Ich. Ich. Ich. Ich.
Ich. Ich. Ich. Ich. Ich. Ich. Ich. Ich. Ich. Ich. Ich. Ich. Ich.
Ich. Ich. Ich. Ich. Ich. Ich. Ich. Ich. Ich. Ich. Ich. Ich. Ich.
Ich. Ich. Ich. Ich. Ich. Ich. Ich. Ich. Ich. Ich. Ich. Ich. Ich.
Ich.

Ich. Ich. Ich. Ich. Ich. Ich. Ich. Ich. Ich. Ich. Ich. Ich. Ich.
Ich. Ich. Ich. Ich. Ich. Ich. Ich. Ich. Ich. Ich. Ich. Ich. Ich.
Ich. Ich. Ich. Ich. Ich. Ich. Ich. Ich. Ich. Ich. Ich. Ich. Ich.
Ich. Ich. Ich. Ich. Ich. Ich. Ich. Ich. Ich. Ich. Ich. Ich. Ich.
Ich. Ich. Ich. Ich. Ich. Ich. Ich. Ich. Ich. Ich. Ich. Ich. Ich.
Ich. Ich. Ich. Ich. Ich. Ich. Ich. Ich. Ich. Ich. Ich. Ich. Ich.
Ich. Ich. Ich. Ich. Ich. Ich. Ich. Ich. Ich. Ich. Ich. Ich. Ich.
Ich. Ich. Ich. Ich. Ich. Ich. Ich. Ich. Ich. Ich. Ich. Ich. Ich.
Ich. Ich. Ich. Ich. Ich. Ich. Ich. Ich. Ich. Ich. Ich. Ich. Ich.
Ich. Ich. Ich. Ich. Ich. Ich. Ich. Ich. Ich. Ich. Ich. Ich. Ich.
Ich. Ich. Ich. Ich. Ich.

Ich. Ich. Ich. Ich. Ich. Ich. Ich. Ich. Ich. Ich. Ich. Ich. Ich.
Ich. Ich. Ich. Ich. Ich. Ich. Ich. Ich. Ich. Ich. Ich. Ich. Ich.
Ich. Ich. Ich. Ich. Ich. Ich. Ich. Ich. Ich. Ich. Ich. Ich. Ich.

Ich. Ich. Ich. Ich. Ich. Ich. Ich. Ich. Ich. Ich. Ich. Ich. Ich.
Ich. Ich. Ich. Ich. Ich. Ich. Ich. Ich. Ich. Ich. Ich. Ich. Ich.
Ich. Ich. Ich. Ich. Ich. Ich. Ich.

Ich. Ich. Ich. Ich. Ich. Ich. Ich. Ich. Ich. Ich. Ich. Ich. Ich.
Ich. Ich. Ich. Ich. Ich. Ich. Ich. Ich. Ich. Ich. Ich. Ich. Ich.
Ich. Ich. Ich. Ich. Ich. Ich. Ich. Ich. Ich. Ich. Ich. Ich. Ich.
Ich. Ich. Ich. Ich. Ich. Ich. Ich. Ich. Ich. Ich. Ich. Ich. Ich.
Ich. Ich. Ich. Ich. Ich. Ich. Ich. Ich. Ich. Ich. Ich. Ich. Ich.
Ich. Ich. Ich. Ich. Ich. Ich. Ich. Ich. Ich. Ich. Ich. Ich. Ich.
Ich. Ich. Ich. Ich.

Ich. Ich. Ich. Ich. Ich. Ich. Ich. Ich. Ich. Ich. Ich. Ich. Ich.
Ich. Ich. Ich. Ich. Ich. Ich. Ich. Ich. Ich. Ich. Ich. Ich. Ich.
Ich. Ich. Ich. Ich. Ich. Ich. Ich. Ich. Ich. Ich. Ich. Ich. Ich.
Ich. Ich. Ich. Ich. Ich. Ich. Ich. Ich. Ich. Ich. Ich. Ich. Ich.
Ich. Ich. Ich. Ich. Ich. Ich. Ich. Ich. Ich. Ich. Ich. Ich. Ich.
Ich. Ich. Ich. Ich. Ich. Ich. Ich. Ich. Ich. Ich. Ich. Ich. Ich.
Ich. Ich. Ich. Ich. Ich. Ich. Ich. Ich.

Ich. Ich. Ich. Ich. Ich. Ich. Ich. Ich. Ich. Ich. Ich. Ich. Ich.
Ich. Ich. Ich. Ich. Ich. Ich. Ich. Ich. Ich. Ich. Ich. Ich. Ich.
Ich. Ich. Ich. Ich. Ich. Ich. Ich. Ich. Ich. Ich. Ich. Ich. Ich.
Ich. Ich. Ich. Ich. Ich. Ich. Ich. Ich. Ich. Ich. Ich. Ich. Ich.
Ich. Ich. Ich. Ich. Ich. Ich. Ich. Ich. Ich.

Ich. Ich. Ich. Ich. Ich. Ich. Ich. Ich. Ich. Ich. Ich. Ich. Ich.
Ich. Ich. Ich. Ich. Ich. Ich. Ich. Ich. Ich. Ich. Ich. Ich. Ich.
Ich. Ich. Ich. Ich. Ich. Ich. Ich. Ich.

Ich. Ich. Ich. Ich. Ich. Ich. Ich. Ich. Ich. Ich. Ich. Ich. Ich.
Ich. Ich. Ich. Ich. Ich. Ich. Ich. Ich. Ich. Ich. Ich. Ich. Ich.
Ich. Ich. Ich. Ich. Ich. Ich. Ich. Ich. Ich. Ich. Ich. Ich. Ich.
Ich. Ich. Ich. Ich. Ich. Ich. Ich. Ich. Ich. Ich. Ich. Ich. Ich.
Ich. Ich. Ich. Ich. Ich. Ich. Ich. Ich. Ich. Ich. Ich. Ich. Ich.

Ich. Ich. Ich. Ich. Ich. Ich. Ich. Ich. Ich. Ich. Ich. Ich. Ich.
Ich. Ich. Ich. Ich. Ich. Ich. Ich. Ich. Ich. Ich. Ich. Ich. Ich.
Ich. Ich. Ich. Ich. Ich. Ich. Ich. Ich. Ich. Ich. Ich. Ich. Ich.
Ich. Ich. Ich. Ich. Ich. Ich. Ich. Ich. Ich. Ich. Ich. Ich. Ich.
Ich.

Ich. Ich. Ich. Ich. Ich. Ich. Ich. Ich. Ich. Ich. Ich. Ich. Ich.
Ich. Ich. Ich. Ich. Ich. Ich. Ich. Ich. Ich. Ich. Ich. Ich. Ich.
Ich. Ich. Ich. Ich. Ich. Ich. Ich. Ich. Ich. Ich. Ich. Ich. Ich.
Ich. Ich. Ich. Ich. Ich. Ich. Ich. Ich. Ich. Ich. Ich. Ich. Ich.
Ich. Ich. Ich. Ich. Ich. Ich. Ich. Ich. Ich. Ich. Ich. Ich. Ich.
Ich. Ich. Ich. Ich. Ich. Ich. Ich. Ich. Ich. Ich. Ich. Ich. Ich.
Ich. Ich.

Ich. Ich. Ich. Ich. Ich. Ich. Ich. Ich. Ich. Ich. Ich. Ich. Ich.
Ich. Ich. Ich. Ich. Ich. Ich. Ich. Ich. Ich. Ich. Ich. Ich. Ich.
Ich. Ich. Ich. Ich. Ich. Ich. Ich. Ich. Ich. Ich. Ich. Ich. Ich.
Ich. Ich. Ich. Ich. Ich. Ich. Ich. Ich. Ich. Ich. Ich. Ich. Ich.
Ich. Ich. Ich. Ich. Ich. Ich.

Ich. Ich. Ich. Ich. Ich. Ich. Ich. Ich. Ich. Ich. Ich. Ich. Ich.
Ich. Ich. Ich. Ich. Ich. Ich. Ich. Ich. Ich. Ich. Ich. Ich. Ich.
Ich. Ich. Ich. Ich. Ich. Ich. Ich. Ich. Ich. Ich. Ich. Ich. Ich.
Ich. Ich. Ich. Ich. Ich. Ich. Ich. Ich. Ich. Ich.

Ich. Ich. Ich. Ich. Ich. Ich. Ich.

Ich. Ich. Ich. Ich. Ich. Ich. Ich. Ich. Ich. Ich. Ich. Ich. Ich.
Ich. Ich. Ich. Ich. Ich. Ich. Ich. Ich. Ich. Ich. Ich. Ich. Ich.
Ich. Ich. Ich. Ich. Ich. Ich. Ich. Ich. Ich. Ich. Ich. Ich. Ich.
Ich. Ich. Ich. Ich. Ich. Ich. Ich. Ich. Ich. Ich. Ich. Ich. Ich.
Ich. Ich. Ich. Ich. Ich.

Ich. Ich. Ich. Ich. Ich. Ich. Ich. Ich. Ich. Ich. Ich. Ich. Ich.
Ich. Ich. Ich. Ich. Ich. Ich. Ich. Ich. Ich. Ich. Ich. Ich. Ich.
Ich. Ich. Ich.

Ich. Ich. Ich. Ich. Ich. Ich. Ich. Ich. Ich. Ich. Ich. Ich. Ich.
Ich. Ich. Ich. Ich. Ich. Ich. Ich. Ich. Ich. Ich. Ich. Ich. Ich.
Ich. Ich. Ich. Ich. Ich. Ich. Ich. Ich. Ich. Ich. Ich. Ich. Ich.
Ich. Ich. Ich. Ich. Ich. Ich. Ich. Ich. Ich. Ich. Ich. Ich. Ich.
Ich. Ich. Ich. Ich. Ich.

Ich. Ich. Ich. Ich. Ich. Ich. Ich. Ich. Ich. Ich. Ich. Ich. Ich.
Ich. Ich. Ich. Ich. Ich. Ich. Ich. Ich. Ich. Ich. Ich. Ich. Ich.
Ich. Ich. Ich. Ich. Ich. Ich. Ich. Ich. Ich. Ich. Ich. Ich. Ich.

Ich. Ich. Ich. Ich. Ich. Ich. Ich. Ich. Ich. Ich. Ich. Ich. Ich.
Ich. Ich. Ich. Ich. Ich. Ich. Ich. Ich. Ich. Ich. Ich. Ich. Ich.
Ich. Ich. Ich. Ich. Ich. Ich. Ich. Ich. Ich. Ich. Ich. Ich. Ich.
Ich. Ich. Ich. Ich. Ich. Ich. Ich. Ich. Ich. Ich. Ich. Ich. Ich.
Ich. Ich. Ich. Ich. Ich. Ich.

Ich. Ich. Ich. Ich. Ich. Ich. Ich. Ich. Ich. Ich. Ich. Ich. Ich.
Ich. Ich. Ich. Ich. Ich. Ich. Ich. Ich. Ich. Ich. Ich. Ich. Ich.

Ich. Ich. Ich. Ich. Ich. Ich. Ich. Ich. Ich. Ich. Ich. Ich. Ich.
Ich. Ich. Ich. Ich. Ich. Ich. Ich. Ich. Ich. Ich. Ich. Ich. Ich.
Ich. Ich. Ich. Ich. Ich. Ich. Ich. Ich. Ich. Ich. Ich. Ich. Ich.
Ich. Ich. Ich. Ich. Ich. Ich. Ich. Ich.

Ich. Ich. Ich. Ich. Ich. Ich. Ich. Ich. Ich. Ich. Ich. Ich. Ich.
Ich. Ich. Ich. Ich. Ich. Ich. Ich. Ich. Ich. Ich. Ich. Ich. Ich.
Ich. Ich. Ich. Ich. Ich. Ich. Ich. Ich. Ich. Ich. Ich. Ich. Ich.
Ich. Ich. Ich. Ich. Ich. Ich. Ich. Ich. Ich. Ich. Ich. Ich. Ich.
Ich. Ich. Ich. Ich.

Ich. Ich. Ich. Ich. Ich. Ich. Ich. Ich. Ich. Ich. Ich. Ich. Ich.
Ich. Ich. Ich. Ich. Ich. Ich. Ich. Ich. Ich. Ich. Ich. Ich. Ich.
Ich. Ich. Ich. Ich. Ich. Ich. Ich. Ich. Ich. Ich. Ich. Ich. Ich.
Ich. Ich. Ich. Ich. Ich. Ich. Ich. Ich. Ich. Ich. Ich. Ich. Ich.
Ich. Ich. Ich. Ich. Ich. Ich. Ich. Ich. Ich. Ich. Ich. Ich. Ich.
Ich. Ich. Ich. Ich. Ich. Ich. Ich. Ich. Ich. Ich. Ich. Ich. Ich.
Ich. Ich. Ich. Ich. Ich. Ich. Ich. Ich. Ich. Ich. Ich. Ich. Ich.
Ich. Ich. Ich.

Ich. Ich. Ich. Ich. Ich. Ich. Ich. Ich. Ich. Ich. Ich. Ich. Ich.
Ich. Ich. Ich. Ich. Ich. Ich. Ich. Ich. Ich. Ich. Ich. Ich. Ich.
Ich. Ich. Ich. Ich. Ich. Ich. Ich. Ich. Ich. Ich. Ich. Ich. Ich.
Ich. Ich. Ich. Ich. Ich. Ich. Ich. Ich. Ich. Ich. Ich. Ich. Ich.
Ich. Ich. Ich. Ich. Ich. Ich. Ich. Ich. Ich. Ich. Ich. Ich. Ich.
Ich. Ich. Ich. Ich. Ich. Ich. Ich. Ich. Ich. Ich. Ich. Ich. Ich.
Ich. Ich. Ich. Ich. Ich. Ich. Ich. Ich. Ich. Ich. Ich. Ich.

Ich. Ich. Ich. Ich. Ich. Ich. Ich. Ich. Ich. Ich. Ich. Ich. Ich.
Ich. Ich. Ich. Ich. Ich. Ich. Ich. Ich. Ich. Ich. Ich. Ich. Ich.
Ich. Ich. Ich. Ich. Ich. Ich. Ich. Ich. Ich. Ich. Ich. Ich. Ich.
Ich. Ich. Ich. Ich. Ich. Ich. Ich. Ich. Ich. Ich. Ich. Ich. Ich.
Ich. Ich. Ich. Ich. Ich. Ich. Ich. Ich. Ich. Ich. Ich.

Ich. Ich. Ich. Ich. Ich. Ich. Ich. Ich. Ich. Ich. Ich. Ich. Ich.
Ich. Ich. Ich. Ich. Ich. Ich. Ich. Ich. Ich. Ich. Ich. Ich. Ich.
Ich. Ich. Ich. Ich. Ich. Ich. Ich. Ich. Ich. Ich. Ich. Ich. Ich.
Ich. Ich. Ich. Ich. Ich. Ich. Ich. Ich. Ich. Ich. Ich. Ich. Ich.
Ich. Ich. Ich. Ich. Ich. Ich.

Ich. Ich. Ich. Ich. Ich. Ich. Ich. Ich. Ich. Ich. Ich. Ich. Ich.
Ich. Ich. Ich. Ich. Ich. Ich. Ich. Ich. Ich. Ich. Ich. Ich. Ich.
Ich. Ich. Ich. Ich. Ich. Ich. Ich. Ich. Ich. Ich. Ich. Ich. Ich.
Ich. Ich. Ich. Ich. Ich. Ich. Ich. Ich. Ich. Ich. Ich. Ich. Ich.
Ich. Ich. Ich. Ich. Ich. Ich. Ich. Ich. Ich. Ich. Ich. Ich. Ich.
Ich. Ich. Ich. Ich. Ich. Ich. Ich. Ich. Ich. Ich. Ich. Ich.

Ich. Ich. Ich. Ich. Ich. Ich. Ich. Ich. Ich. Ich. Ich. Ich. Ich.
Ich. Ich. Ich. Ich. Ich. Ich. Ich. Ich. Ich. Ich. Ich. Ich. Ich.
Ich. Ich. Ich. Ich. Ich. Ich. Ich. Ich. Ich. Ich. Ich. Ich. Ich.
Ich. Ich. Ich. Ich. Ich. Ich. Ich. Ich. Ich. Ich. Ich. Ich. Ich.
Ich. Ich. Ich. Ich. Ich.

Ich. Ich. Ich. Ich. Ich. Ich. Ich. Ich. Ich. Ich. Ich. Ich. Ich.
Ich. Ich. Ich. Ich. Ich. Ich. Ich. Ich. Ich. Ich. Ich. Ich. Ich.
Ich. Ich. Ich. Ich. Ich. Ich. Ich. Ich. Ich. Ich. Ich. Ich. Ich.
Ich. Ich. Ich. Ich. Ich. Ich. Ich. Ich. Ich. Ich. Ich. Ich. Ich.
Ich. Ich. Ich. Ich. Ich. Ich. Ich. Ich. Ich. Ich. Ich. Ich. Ich.

Ich. Ich. Ich. Ich. Ich. Ich. Ich. Ich. Ich. Ich. Ich. Ich. Ich.
Ich. Ich. Ich. Ich. Ich. Ich. Ich. Ich. Ich. Ich. Ich. Ich. Ich.
Ich. Ich. Ich. Ich. Ich. Ich. Ich. Ich. Ich. Ich. Ich. Ich. Ich.
Ich. Ich. Ich. Ich. Ich. Ich. Ich. Ich. Ich. Ich. Ich. Ich. Ich.
Ich. Ich. Ich. Ich. Ich. Ich. Ich. Ich. Ich. Ich. Ich. Ich. Ich.
Ich. Ich. Ich. Ich. Ich. Ich. Ich. Ich. Ich. Ich. Ich. Ich. Ich.

Ich. Ich. Ich. Ich. Ich. Ich. Ich. Ich. Ich. Ich. Ich. Ich. Ich.
Ich. Ich. Ich. Ich. Ich. Ich. Ich. Ich. Ich. Ich. Ich. Ich. Ich.
Ich. Ich. Ich. Ich. Ich. Ich. Ich. Ich. Ich. Ich. Ich. Ich. Ich.
Ich. Ich. Ich. Ich. Ich. Ich. Ich. Ich. Ich. Ich. Ich. Ich. Ich.
Ich. Ich. Ich. Ich. Ich. Ich. Ich. Ich. Ich. Ich. Ich. Ich. Ich.
Ich. Ich. Ich. Ich. Ich. Ich. Ich. Ich. Ich. Ich. Ich. Ich. Ich.
Ich. Ich. Ich. Ich. Ich. Ich. Ich. Ich. Ich. Ich. Ich. Ich. Ich.
Ich. Ich. Ich. Ich. Ich.

Ich. Ich. Ich. Ich. Ich. Ich. Ich. Ich. Ich. Ich. Ich. Ich. Ich.
Ich. Ich. Ich. Ich. Ich. Ich. Ich. Ich. Ich. Ich. Ich. Ich. Ich.
Ich. Ich. Ich. Ich. Ich. Ich. Ich. Ich. Ich. Ich. Ich. Ich. Ich.
Ich. Ich. Ich. Ich. Ich. Ich. Ich. Ich. Ich. Ich. Ich. Ich. Ich.
Ich. Ich. Ich. Ich. Ich. Ich. Ich. Ich. Ich. Ich. Ich. Ich. Ich.
Ich.

Ich. Ich. Ich. Ich. Ich. Ich. Ich. Ich. Ich. Ich. Ich. Ich. Ich.
Ich. Ich. Ich. Ich. Ich. Ich. Ich. Ich. Ich. Ich. Ich. Ich. Ich.
Ich. Ich. Ich. Ich. Ich. Ich. Ich. Ich. Ich. Ich. Ich. Ich. Ich.
Ich. Ich. Ich. Ich. Ich. Ich. Ich. Ich. Ich. Ich. Ich. Ich. Ich.
Ich. Ich. Ich. Ich. Ich. Ich. Ich. Ich. Ich. Ich. Ich. Ich. Ich.
Ich. Ich. Ich. Ich. Ich. Ich. Ich. Ich. Ich. Ich. Ich. Ich. Ich.
Ich. Ich. Ich. Ich. Ich.

Ich. Ich. Ich. Ich. Ich. Ich. Ich. Ich. Ich. Ich. Ich. Ich. Ich.
Ich. Ich. Ich. Ich. Ich. Ich. Ich. Ich. Ich. Ich. Ich. Ich. Ich.
Ich. Ich. Ich. Ich. Ich. Ich. Ich. Ich. Ich.

Ich. Ich. Ich. Ich. Ich. Ich. Ich. Ich. Ich. Ich. Ich. Ich. Ich.
Ich. Ich. Ich. Ich. Ich. Ich. Ich. Ich. Ich. Ich. Ich. Ich. Ich.
Ich.

Ich. Ich. Ich. Ich. Ich. Ich. Ich. Ich. Ich. Ich. Ich. Ich. Ich.
Ich. Ich. Ich. Ich. Ich. Ich. Ich. Ich. Ich. Ich. Ich. Ich. Ich.
Ich. Ich. Ich. Ich. Ich. Ich. Ich. Ich. Ich.

Ich. Ich. Ich. Ich. Ich. Ich. Ich. Ich. Ich. Ich. Ich. Ich. Ich.
Ich. Ich. Ich. Ich. Ich. Ich. Ich. Ich. Ich. Ich. Ich. Ich. Ich.
Ich. Ich. Ich. Ich. Ich. Ich. Ich. Ich. Ich. Ich. Ich. Ich. Ich.
Ich. Ich. Ich. Ich. Ich. Ich. Ich. Ich. Ich. Ich. Ich. Ich. Ich.
Ich. Ich. Ich. Ich. Ich. Ich. Ich. Ich. Ich. Ich. Ich. Ich. Ich.
Ich. Ich. Ich. Ich. Ich. Ich. Ich. Ich. Ich. Ich. Ich. Ich.

Ich. Ich. Ich. Ich. Ich. Ich. Ich. Ich. Ich. Ich. Ich. Ich. Ich.
Ich. Ich. Ich. Ich. Ich. Ich. Ich. Ich. Ich. Ich. Ich. Ich. Ich.
Ich. Ich. Ich. Ich. Ich. Ich. Ich. Ich. Ich. Ich. Ich. Ich. Ich.
Ich. Ich. Ich. Ich. Ich. Ich. Ich. Ich. Ich. Ich. Ich. Ich. Ich.
Ich. Ich. Ich. Ich. Ich. Ich. Ich. Ich. Ich. Ich. Ich.

Ich. Ich. Ich. Ich. Ich. Ich. Ich. Ich. Ich. Ich. Ich. Ich. Ich.
Ich. Ich. Ich. Ich. Ich. Ich. Ich. Ich. Ich. Ich. Ich. Ich. Ich.
Ich. Ich. Ich. Ich. Ich. Ich. Ich. Ich. Ich. Ich. Ich. Ich. Ich.
Ich. Ich. Ich. Ich. Ich. Ich. Ich. Ich. Ich. Ich. Ich. Ich. Ich.
Ich. Ich.

Ich. Ich. Ich. Ich. Ich. Ich. Ich. Ich. Ich. Ich. Ich. Ich. Ich. Ich. Ich. Ich. Ich. Ich. Ich. Ich. Ich. Ich. Ich. Ich. Ich. Ich. Ich. Ich. Ich.

Ich. Ich. Ich. Ich. Ich. Ich. Ich. Ich. Ich. Ich. Ich. Ich. Ich. Ich. Ich. Ich. Ich. Ich. Ich. Ich. Ich. Ich. Ich. Ich. Ich. Ich. Ich. Ich. Ich. Ich. Ich. Ich. Ich. Ich. Ich. Ich. Ich. Ich. Ich. Ich. Ich. Ich. Ich. Ich. Ich. Ich. Ich. Ich. Ich.

Ich. Ich. Ich. Ich. Ich. Ich. Ich. Ich. Ich. Ich. Ich. Ich. Ich. Ich. Ich. Ich. Ich. Ich. Ich. Ich. Ich. Ich. Ich. Ich. Ich. Ich. Ich. Ich.

Ich. Ich. Ich. Ich. Ich. Ich. Ich. Ich. Ich. Ich. Ich. Ich. Ich. Ich. Ich. Ich. Ich. Ich. Ich. Ich. Ich. Ich. Ich. Ich. Ich. Ich. Ich. Ich. Ich. Ich. Ich. Ich. Ich. Ich. Ich. Ich. Ich. Ich. Ich. Ich. Ich. Ich. Ich. Ich. Ich. Ich. Ich. Ich. Ich. Ich. Ich. Ich. Ich. Ich. Ich. Ich. Ich. Ich. Ich. Ich. Ich. Ich. Ich. Ich.

Ich. Ich. Ich. Ich. Ich. Ich. Ich. Ich. Ich. Ich. Ich. Ich. Ich. Ich. Ich. Ich. Ich. Ich. Ich. Ich. Ich. Ich. Ich. Ich. Ich. Ich. Ich. Ich. Ich. Ich. Ich. Ich. Ich. Ich. Ich. Ich. Ich. Ich. Ich. Ich. Ich. Ich. Ich. Ich. Ich. Ich. Ich. Ich. Ich. Ich.

Ich. Ich. Ich. Ich. Ich. Ich. Ich. Ich. Ich. Ich. Ich. Ich. Ich. Ich. Ich. Ich. Ich. Ich. Ich. Ich. Ich. Ich. Ich. Ich. Ich. Ich. Ich. Ich. Ich. Ich. Ich. Ich. Ich. Ich. Ich. Ich. Ich. Ich. Ich. Ich. Ich. Ich. Ich. Ich. Ich. Ich. Ich. Ich. Ich. Ich. Ich. Ich.

Ich. Ich. Ich. Ich. Ich. Ich. Ich. Ich. Ich. Ich. Ich. Ich. Ich.
Ich. Ich. Ich. Ich. Ich. Ich. Ich. Ich. Ich. Ich. Ich. Ich. Ich.

Ich. Ich. Ich. Ich. Ich. Ich. Ich. Ich. Ich. Ich. Ich. Ich. Ich.
Ich. Ich. Ich. Ich. Ich. Ich. Ich. Ich. Ich. Ich. Ich. Ich. Ich.
Ich. Ich. Ich. Ich. Ich. Ich. Ich. Ich.

Ich. Ich. Ich. Ich. Ich. Ich. Ich. Ich. Ich. Ich. Ich. Ich. Ich.
Ich. Ich. Ich. Ich. Ich. Ich. Ich. Ich. Ich. Ich. Ich. Ich. Ich.
Ich. Ich. Ich. Ich. Ich. Ich. Ich. Ich. Ich. Ich. Ich. Ich. Ich.
Ich. Ich. Ich. Ich. Ich. Ich. Ich. Ich. Ich. Ich. Ich. Ich. Ich.
Ich. Ich. Ich. Ich. Ich. Ich. Ich. Ich. Ich. Ich. Ich. Ich. Ich.
Ich. Ich. Ich. Ich. Ich. Ich. Ich. Ich. Ich. Ich. Ich. Ich.

Ich. Ich. Ich. Ich. Ich. Ich. Ich. Ich. Ich. Ich. Ich. Ich. Ich.
Ich. Ich. Ich. Ich. Ich. Ich. Ich. Ich. Ich. Ich. Ich. Ich. Ich.
Ich. Ich. Ich. Ich. Ich. Ich. Ich. Ich. Ich. Ich. Ich. Ich. Ich.
Ich. Ich. Ich. Ich. Ich. Ich. Ich. Ich. Ich. Ich. Ich. Ich. Ich.
Ich. Ich. Ich. Ich. Ich. Ich. Ich. Ich. Ich.

Ich. Ich. Ich. Ich. Ich. Ich. Ich. Ich. Ich. Ich. Ich. Ich. Ich.
Ich. Ich. Ich. Ich. Ich. Ich. Ich. Ich. Ich. Ich. Ich. Ich. Ich.
Ich. Ich. Ich. Ich. Ich. Ich. Ich. Ich. Ich. Ich. Ich. Ich. Ich.
Ich. Ich. Ich. Ich. Ich. Ich. Ich. Ich. Ich. Ich. Ich. Ich. Ich.
Ich. Ich. Ich. Ich. Ich. Ich. Ich. Ich. Ich. Ich. Ich. Ich. Ich.

Ich. Ich. Ich. Ich. Ich. Ich. Ich. Ich. Ich. Ich. Ich. Ich. Ich.
Ich. Ich. Ich. Ich. Ich. Ich. Ich. Ich. Ich. Ich. Ich. Ich. Ich.
Ich. Ich. Ich.

Ich. Ich. Ich. Ich. Ich. Ich. Ich. Ich. Ich. Ich. Ich. Ich. Ich.
Ich. Ich. Ich. Ich. Ich. Ich. Ich. Ich. Ich. Ich. Ich. Ich. Ich.
Ich. Ich. Ich. Ich. Ich. Ich. Ich. Ich.

Ich. Ich. Ich. Ich. Ich. Ich. Ich. Ich. Ich. Ich. Ich. Ich. Ich.
Ich. Ich. Ich. Ich. Ich. Ich. Ich. Ich. Ich. Ich. Ich. Ich. Ich.
Ich. Ich. Ich. Ich. Ich. Ich. Ich. Ich. Ich. Ich. Ich. Ich. Ich.
Ich. Ich. Ich. Ich. Ich. Ich. Ich. Ich. Ich. Ich. Ich. Ich.

Ich. Ich. Ich. Ich. Ich. Ich. Ich. Ich. Ich. Ich. Ich. Ich. Ich.
Ich. Ich. Ich. Ich. Ich. Ich. Ich. Ich. Ich. Ich. Ich. Ich. Ich.
Ich. Ich. Ich. Ich. Ich. Ich. Ich. Ich. Ich. Ich.

Ich. Ich. Ich. Ich. Ich. Ich. Ich. Ich. Ich. Ich. Ich. Ich. Ich.
Ich. Ich. Ich. Ich. Ich. Ich. Ich. Ich. Ich. Ich. Ich. Ich. Ich.
Ich. Ich. Ich. Ich. Ich. Ich. Ich. Ich. Ich. Ich. Ich. Ich. Ich.
Ich. Ich. Ich. Ich. Ich.

 Ich. Ich. Ich. Ich. Ich. Ich. Ich. Ich. Ich. Ich. Ich. Ich. Ich.
Ich. Ich. Ich. Ich. Ich. Ich. Ich. Ich. Ich. Ich. Ich. Ich. Ich.
Ich. Ich. Ich. Ich. Ich. Ich. Ich. Ich. Ich. Ich. Ich. Ich. Ich.
Ich. Ich. Ich. Ich. Ich. Ich. Ich. Ich. Ich. Ich. Ich. Ich. Ich.
Ich. Ich. Ich. Ich. Ich. Ich. Ich. Ich. Ich. Ich. Ich. Ich. Ich.
Ich. Ich. Ich. Ich. Ich. Ich. Ich. Ich. Ich. Ich. Ich. Ich. Ich.
Ich. Ich. Ich. Ich.

Ich. Ich. Ich. Ich. Ich. Ich. Ich. Ich. Ich. Ich. Ich. Ich. Ich.
Ich. Ich. Ich. Ich. Ich. Ich. Ich. Ich. Ich. Ich. Ich. Ich. Ich.
Ich. Ich. Ich. Ich. Ich. Ich. Ich. Ich. Ich. Ich. Ich. Ich. Ich.
Ich. Ich. Ich. Ich. Ich. Ich. Ich. Ich. Ich. Ich. Ich. Ich. Ich.

Ich. Ich. Ich. Ich. Ich. Ich. Ich. Ich. Ich. Ich. Ich. Ich. Ich.
Ich. Ich. Ich. Ich. Ich. Ich. Ich. Ich. Ich. Ich. Ich. Ich. Ich.

Ich. Ich. Ich. Ich. Ich. Ich. Ich. Ich. Ich. Ich. Ich. Ich. Ich.
Ich. Ich. Ich. Ich. Ich. Ich. Ich. Ich. Ich. Ich. Ich. Ich. Ich.
Ich. Ich. Ich. Ich. Ich. Ich. Ich. Ich. Ich. Ich. Ich. Ich. Ich.
Ich. Ich. Ich. Ich. Ich. Ich. Ich. Ich. Ich. Ich. Ich. Ich. Ich.
Ich. Ich. Ich. Ich. Ich. Ich. Ich. Ich. Ich. Ich. Ich. Ich. Ich.
Ich. Ich. Ich. Ich. Ich. Ich. Ich. Ich. Ich. Ich. Ich. Ich. Ich.
Ich. Ich. Ich. Ich. Ich. Ich. Ich.

Ich. Ich. Ich. Ich. Ich. Ich. Ich. Ich. Ich. Ich. Ich. Ich. Ich.
Ich. Ich. Ich. Ich. Ich. Ich. Ich. Ich. Ich. Ich. Ich. Ich. Ich.
Ich. Ich. Ich. Ich. Ich. Ich. Ich. Ich. Ich.

Ich. Ich. Ich. Ich. Ich. Ich. Ich. Ich. Ich. Ich. Ich. Ich. Ich.
Ich. Ich. Ich. Ich. Ich. Ich. Ich. Ich. Ich. Ich. Ich. Ich. Ich.
Ich. Ich. Ich. Ich. Ich. Ich. Ich. Ich. Ich. Ich. Ich. Ich. Ich.
Ich.

Ich. Ich. Ich. Ich. Ich. Ich. Ich. Ich. Ich. Ich. Ich. Ich. Ich.
Ich. Ich. Ich. Ich. Ich. Ich. Ich. Ich. Ich. Ich. Ich. Ich. Ich.
Ich. Ich. Ich. Ich. Ich. Ich. Ich. Ich. Ich. Ich. Ich. Ich. Ich.
Ich. Ich. Ich. Ich. Ich. Ich. Ich. Ich. Ich. Ich. Ich. Ich. Ich.
Ich. Ich. Ich. Ich. Ich. Ich. Ich. Ich. Ich. Ich. Ich. Ich. Ich.
Ich. Ich. Ich. Ich. Ich. Ich. Ich. Ich. Ich. Ich. Ich. Ich. Ich.
Ich. Ich. Ich. Ich.

Ich. Ich. Ich. Ich. Ich. Ich. Ich. Ich. Ich. Ich. Ich. Ich. Ich.
Ich. Ich. Ich. Ich. Ich. Ich. Ich. Ich. Ich. Ich. Ich. Ich. Ich.
Ich. Ich. Ich. Ich. Ich. Ich. Ich. Ich. Ich. Ich. Ich.

Ich. Ich. Ich. Ich. Ich. Ich. Ich. Ich. Ich. Ich. Ich. Ich. Ich.
Ich. Ich. Ich. Ich. Ich. Ich. Ich. Ich. Ich. Ich. Ich. Ich. Ich.
Ich. Ich. Ich. Ich. Ich. Ich. Ich. Ich. Ich. Ich. Ich. Ich. Ich.
Ich. Ich.

Ich. Ich. Ich. Ich. Ich. Ich. Ich. Ich. Ich. Ich. Ich. Ich. Ich.
Ich. Ich. Ich. Ich. Ich. Ich. Ich. Ich. Ich. Ich. Ich. Ich. Ich.
Ich. Ich. Ich. Ich. Ich. Ich. Ich. Ich. Ich. Ich. Ich. Ich. Ich.
Ich. Ich. Ich. Ich. Ich. Ich. Ich. Ich. Ich. Ich. Ich. Ich. Ich.
Ich. Ich. Ich. Ich. Ich. Ich. Ich. Ich.

Ich. Ich. Ich. Ich. Ich. Ich. Ich. Ich. Ich. Ich. Ich. Ich. Ich.
Ich. Ich. Ich. Ich. Ich. Ich. Ich. Ich. Ich. Ich. Ich. Ich. Ich.
Ich. Ich. Ich. Ich. Ich. Ich. Ich. Ich. Ich. Ich. Ich. Ich. Ich.
Ich. Ich. Ich. Ich. Ich. Ich. Ich. Ich. Ich. Ich. Ich. Ich. Ich.
Ich. Ich. Ich. Ich. Ich. Ich. Ich. Ich. Ich. Ich. Ich. Ich. Ich.
Ich. Ich. Ich. Ich. Ich. Ich. Ich. Ich. Ich. Ich.

Ich. Ich. Ich. Ich. Ich. Ich. Ich. Ich. Ich. Ich. Ich. Ich. Ich.
Ich. Ich. Ich. Ich. Ich. Ich. Ich. Ich. Ich. Ich. Ich. Ich. Ich.
Ich. Ich. Ich. Ich. Ich. Ich. Ich. Ich. Ich. Ich. Ich. Ich. Ich.
Ich. Ich. Ich. Ich. Ich. Ich. Ich. Ich. Ich. Ich. Ich. Ich. Ich.
Ich. Ich. Ich.

Ich. Ich. Ich. Ich. Ich. Ich. Ich. Ich. Ich. Ich. Ich. Ich. Ich.
Ich. Ich. Ich. Ich. Ich. Ich. Ich. Ich. Ich. Ich. Ich. Ich. Ich.
Ich. Ich. Ich. Ich. Ich. Ich. Ich. Ich. Ich. Ich. Ich. Ich. Ich.
Ich. Ich. Ich. Ich. Ich. Ich. Ich. Ich. Ich. Ich. Ich.

Ich. Ich. Ich. Ich. Ich. Ich. Ich. Ich. Ich. Ich. Ich. Ich. Ich.
Ich. Ich. Ich. Ich. Ich. Ich. Ich. Ich. Ich. Ich. Ich. Ich. Ich.

Ich. Ich. Ich. Ich. Ich. Ich. Ich. Ich. Ich. Ich. Ich. Ich. Ich.
Ich. Ich. Ich. Ich. Ich. Ich. Ich. Ich. Ich. Ich. Ich. Ich. Ich.
Ich. Ich. Ich. Ich. Ich. Ich. Ich. Ich. Ich. Ich. Ich. Ich. Ich.
Ich. Ich. Ich. Ich. Ich. Ich. Ich. Ich. Ich. Ich. Ich. Ich. Ich.
Ich. Ich. Ich. Ich. Ich. Ich. Ich. Ich. Ich. Ich. Ich. Ich. Ich.
Ich. Ich. Ich. Ich. Ich. Ich. Ich. Ich. Ich. Ich. Ich.

Ich. Ich. Ich. Ich. Ich. Ich. Ich. Ich. Ich. Ich. Ich. Ich. Ich.
Ich. Ich. Ich. Ich. Ich. Ich. Ich. Ich. Ich. Ich. Ich. Ich. Ich.
Ich. Ich. Ich. Ich. Ich. Ich. Ich. Ich. Ich. Ich. Ich. Ich. Ich.
Ich. Ich. Ich. Ich. Ich. Ich. Ich. Ich. Ich. Ich. Ich. Ich. Ich.
Ich. Ich. Ich. Ich. Ich. Ich. Ich.

Ich. Ich. Ich. Ich. Ich. Ich. Ich. Ich. Ich. Ich. Ich. Ich. Ich.
Ich. Ich. Ich. Ich. Ich. Ich. Ich. Ich. Ich. Ich. Ich. Ich. Ich.
Ich. Ich. Ich. Ich. Ich. Ich. Ich.

Ich. Ich. Ich. Ich. Ich. Ich. Ich. Ich. Ich. Ich. Ich. Ich. Ich.
Ich. Ich. Ich. Ich. Ich. Ich. Ich. Ich. Ich. Ich. Ich. Ich. Ich.
Ich. Ich. Ich. Ich. Ich. Ich. Ich. Ich. Ich. Ich. Ich. Ich. Ich.
Ich. Ich. Ich. Ich.

Ich. Ich. Ich. Ich. Ich. Ich. Ich. Ich. Ich. Ich. Ich. Ich. Ich.
Ich. Ich. Ich. Ich. Ich. Ich. Ich. Ich. Ich. Ich. Ich. Ich. Ich.
Ich. Ich. Ich. Ich. Ich. Ich. Ich. Ich. Ich. Ich. Ich. Ich. Ich.
Ich. Ich. Ich. Ich. Ich. Ich. Ich. Ich. Ich. Ich. Ich. Ich. Ich.
Ich. Ich. Ich. Ich. Ich. Ich. Ich. Ich. Ich. Ich. Ich. Ich. Ich.
Ich. Ich. Ich. Ich. Ich. Ich. Ich. Ich. Ich. Ich. Ich. Ich. Ich.
Ich. Ich. Ich. Ich. Ich. Ich. Ich. Ich. Ich. Ich. Ich. Ich. Ich.
Ich. Ich. Ich. Ich. Ich. Ich.

Ich. Ich. Ich. Ich. Ich. Ich. Ich. Ich. Ich. Ich. Ich. Ich. Ich.
Ich. Ich. Ich. Ich. Ich. Ich. Ich. Ich. Ich. Ich. Ich. Ich. Ich.
Ich. Ich. Ich. Ich. Ich. Ich. Ich. Ich. Ich. Ich. Ich. Ich.

Ich. Ich. Ich. Ich. Ich. Ich. Ich. Ich. Ich. Ich. Ich. Ich. Ich.
Ich. Ich. Ich. Ich. Ich. Ich. Ich. Ich. Ich. Ich. Ich. Ich. Ich.
Ich. Ich. Ich. Ich. Ich. Ich. Ich. Ich. Ich. Ich. Ich. Ich. Ich.
Ich. Ich. Ich. Ich. Ich. Ich. Ich. Ich. Ich. Ich. Ich. Ich. Ich.
Ich. Ich. Ich. Ich. Ich. Ich. Ich. Ich. Ich.

Ich. Ich. Ich. Ich. Ich. Ich. Ich. Ich. Ich. Ich. Ich. Ich. Ich.
Ich. Ich. Ich. Ich. Ich. Ich. Ich. Ich. Ich. Ich. Ich. Ich. Ich.
Ich. Ich. Ich. Ich. Ich. Ich. Ich. Ich. Ich. Ich. Ich. Ich. Ich.
Ich. Ich. Ich. Ich. Ich. Ich. Ich. Ich. Ich. Ich.

Ich. Ich. Ich. Ich. Ich. Ich. Ich. Ich. Ich. Ich. Ich. Ich. Ich.
Ich. Ich. Ich. Ich. Ich. Ich. Ich. Ich. Ich. Ich. Ich. Ich. Ich.
Ich. Ich. Ich. Ich. Ich. Ich. Ich. Ich. Ich. Ich. Ich. Ich. Ich.
Ich. Ich. Ich. Ich. Ich. Ich. Ich. Ich. Ich. Ich. Ich. Ich. Ich.
Ich. Ich. Ich. Ich. Ich. Ich. Ich.

Ich. Ich. Ich. Ich. Ich. Ich. Ich. Ich. Ich. Ich. Ich. Ich. Ich.
Ich. Ich. Ich. Ich. Ich. Ich. Ich. Ich. Ich. Ich. Ich. Ich. Ich.
Ich. Ich. Ich. Ich. Ich. Ich. Ich. Ich. Ich. Ich. Ich. Ich. Ich.
Ich. Ich. Ich. Ich. Ich. Ich. Ich. Ich. Ich. Ich. Ich. Ich. Ich.
Ich. Ich. Ich. Ich. Ich. Ich. Ich. Ich. Ich. Ich. Ich. Ich. Ich.
Ich. Ich. Ich. Ich. Ich. Ich. Ich.

Ich. Ich. Ich. Ich. Ich.

Ich. Ich. Ich. Ich. Ich. Ich. Ich. Ich. Ich. Ich. Ich. Ich. Ich.
Ich. Ich. Ich. Ich. Ich. Ich. Ich. Ich. Ich. Ich. Ich. Ich. Ich.
Ich. Ich. Ich. Ich. Ich. Ich. Ich. Ich. Ich. Ich. Ich. Ich. Ich.

Ich. Ich. Ich. Ich. Ich. Ich. Ich. Ich. Ich. Ich. Ich. Ich. Ich.
Ich. Ich. Ich. Ich. Ich.

Ich. Ich. Ich. Ich. Ich. Ich. Ich. Ich. Ich. Ich. Ich. Ich. Ich.
Ich. Ich. Ich. Ich. Ich. Ich. Ich. Ich. Ich. Ich. Ich. Ich. Ich.
Ich. Ich. Ich. Ich. Ich. Ich. Ich. Ich. Ich. Ich.

Ich. Ich. Ich. Ich. Ich. Ich. Ich. Ich. Ich. Ich. Ich. Ich. Ich.
Ich. Ich. Ich. Ich. Ich. Ich. Ich. Ich. Ich. Ich. Ich. Ich. Ich.
Ich. Ich. Ich. Ich. Ich. Ich. Ich. Ich. Ich. Ich. Ich. Ich. Ich.
Ich. Ich. Ich. Ich. Ich. Ich. Ich. Ich. Ich. Ich. Ich. Ich. Ich.
Ich. Ich. Ich. Ich. Ich. Ich. Ich. Ich. Ich. Ich. Ich. Ich. Ich.
Ich. Ich. Ich. Ich. Ich. Ich. Ich. Ich. Ich. Ich. Ich. Ich. Ich.
Ich. Ich.

Ich. Ich. Ich. Ich. Ich. Ich. Ich. Ich. Ich. Ich. Ich. Ich. Ich.
Ich. Ich. Ich. Ich. Ich. Ich. Ich. Ich. Ich. Ich. Ich. Ich. Ich.
Ich. Ich. Ich. Ich. Ich. Ich. Ich. Ich. Ich. Ich. Ich. Ich. Ich.
Ich. Ich. Ich. Ich. Ich. Ich. Ich. Ich. Ich. Ich. Ich. Ich. Ich.
Ich. Ich. Ich. Ich. Ich. Ich. Ich. Ich. Ich. Ich. Ich. Ich. Ich.
Ich. Ich. Ich. Ich. Ich. Ich. Ich. Ich. Ich. Ich. Ich. Ich. Ich.
Ich. Ich. Ich. Ich. Ich.

Ich. Ich. Ich. Ich. Ich. Ich. Ich. Ich. Ich. Ich. Ich. Ich. Ich.
Ich. Ich. Ich. Ich. Ich. Ich. Ich. Ich. Ich. Ich. Ich. Ich. Ich.
Ich. Ich. Ich. Ich. Ich. Ich. Ich. Ich. Ich. Ich. Ich. Ich. Ich.
Ich. Ich. Ich. Ich. Ich. Ich. Ich. Ich. Ich. Ich. Ich. Ich. Ich.
Ich. Ich. Ich. Ich. Ich. Ich. Ich. Ich. Ich. Ich. Ich. Ich. Ich.
Ich. Ich. Ich. Ich. Ich. Ich. Ich. Ich. Ich. Ich. Ich. Ich. Ich.
Ich. Ich. Ich. Ich. Ich. Ich. Ich. Ich. Ich. Ich. Ich. Ich. Ich.
Ich. Ich. Ich. Ich. Ich. Ich. Ich. Ich. Ich. Ich. Ich. Ich. Ich.
Ich. Ich. Ich. Ich. Ich. Ich. Ich. Ich. Ich. Ich. Ich. Ich. Ich.

Ich. Ich. Ich. Ich. Ich. Ich. Ich. Ich. Ich. Ich. Ich. Ich. Ich. Ich. Ich. Ich. Ich. Ich. Ich. Ich. Ich. Ich. Ich. Ich. Ich. Ich. Ich. Ich. Ich. Ich. Ich. Ich. Ich. Ich. Ich.

Ich. Ich. Ich. Ich. Ich. Ich. Ich. Ich. Ich. Ich. Ich. Ich. Ich. Ich. Ich. Ich. Ich. Ich. Ich. Ich. Ich. Ich. Ich. Ich. Ich. Ich. Ich. Ich.

Ich. Ich. Ich. Ich. Ich. Ich. Ich. Ich. Ich. Ich. Ich. Ich. Ich. Ich. Ich. Ich. Ich. Ich. Ich. Ich. Ich. Ich. Ich. Ich. Ich. Ich. Ich. Ich. Ich. Ich. Ich. Ich. Ich. Ich. Ich. Ich. Ich. Ich. Ich. Ich. Ich. Ich. Ich. Ich. Ich. Ich. Ich. Ich. Ich. Ich. Ich. Ich. Ich.

Ich. Ich. Ich. Ich. Ich. Ich. Ich. Ich. Ich. Ich. Ich. Ich. Ich. Ich. Ich. Ich. Ich. Ich. Ich. Ich. Ich. Ich. Ich. Ich. Ich. Ich. Ich. Ich. Ich. Ich. Ich. Ich. Ich. Ich. Ich. Ich. Ich. Ich. Ich. Ich. Ich. Ich. Ich. Ich. Ich. Ich. Ich. Ich. Ich. Ich. Ich. Ich. Ich. Ich. Ich. Ich. Ich. Ich. Ich. Ich. Ich. Ich. Ich. Ich. Ich. Ich. Ich. Ich. Ich. Ich. Ich. Ich. Ich. Ich. Ich. Ich. Ich.

Ich. Ich. Ich. Ich. Ich. Ich. Ich. Ich. Ich. Ich. Ich. Ich. Ich. Ich. Ich. Ich. Ich. Ich. Ich. Ich. Ich. Ich. Ich. Ich. Ich. Ich. Ich. Ich. Ich. Ich. Ich. Ich. Ich. Ich. Ich. Ich. Ich. Ich. Ich. Ich. Ich. Ich. Ich. Ich. Ich. Ich. Ich. Ich. Ich. Ich. Ich. Ich. Ich.

Ich. Ich. Ich. Ich. Ich. Ich. Ich. Ich. Ich. Ich. Ich. Ich. Ich. Ich. Ich. Ich. Ich. Ich. Ich. Ich. Ich. Ich. Ich. Ich. Ich. Ich. Ich. Ich. Ich. Ich. Ich. Ich.

Ich. Ich. Ich. Ich. Ich. Ich. Ich. Ich. Ich. Ich. Ich. Ich. Ich.
Ich. Ich. Ich. Ich. Ich. Ich. Ich. Ich. Ich. Ich. Ich. Ich. Ich.
Ich. Ich. Ich. Ich. Ich. Ich. Ich. Ich. Ich. Ich. Ich. Ich. Ich.
Ich. Ich. Ich. Ich. Ich. Ich. Ich. Ich. Ich. Ich. Ich. Ich. Ich.
Ich. Ich. Ich. Ich. Ich. Ich. Ich. Ich.

Ich. Ich. Ich. Ich. Ich. Ich. Ich. Ich. Ich. Ich. Ich. Ich. Ich.
Ich. Ich. Ich. Ich. Ich. Ich. Ich. Ich. Ich. Ich. Ich. Ich. Ich.
Ich. Ich. Ich. Ich. Ich. Ich. Ich. Ich. Ich. Ich. Ich. Ich. Ich.
Ich. Ich. Ich. Ich. Ich. Ich. Ich. Ich. Ich. Ich. Ich. Ich. Ich.
Ich.

Ich. Ich. Ich. Ich. Ich. Ich. Ich. Ich. Ich. Ich. Ich. Ich. Ich.
Ich. Ich. Ich. Ich. Ich. Ich. Ich. Ich. Ich. Ich. Ich. Ich. Ich.
Ich. Ich. Ich. Ich. Ich. Ich. Ich. Ich. Ich. Ich. Ich. Ich. Ich.

Ich. Ich. Ich. Ich. Ich. Ich. Ich. Ich. Ich. Ich. Ich. Ich. Ich.
Ich.

Ich. Ich. Ich. Ich. Ich. Ich. Ich. Ich. Ich. Ich. Ich. Ich. Ich.
Ich. Ich. Ich. Ich. Ich. Ich. Ich. Ich. Ich. Ich. Ich. Ich. Ich.
Ich. Ich. Ich. Ich. Ich. Ich. Ich. Ich. Ich. Ich. Ich. Ich. Ich.
Ich. Ich. Ich. Ich. Ich. Ich. Ich. Ich. Ich. Ich. Ich. Ich. Ich.
Ich. Ich. Ich. Ich. Ich. Ich. Ich. Ich. Ich. Ich. Ich. Ich. Ich.
Ich. Ich. Ich. Ich. Ich. Ich. Ich. Ich. Ich. Ich. Ich. Ich. Ich.
Ich.

Ich. Ich. Ich. Ich. Ich. Ich. Ich. Ich. Ich. Ich. Ich. Ich. Ich.
Ich. Ich. Ich. Ich. Ich. Ich. Ich. Ich. Ich. Ich. Ich. Ich. Ich.
Ich. Ich. Ich. Ich. Ich. Ich. Ich. Ich. Ich. Ich. Ich. Ich. Ich.
Ich. Ich. Ich. Ich. Ich. Ich. Ich. Ich. Ich. Ich. Ich. Ich. Ich.
Ich. Ich. Ich. Ich. Ich. Ich. Ich. Ich. Ich. Ich. Ich. Ich. Ich.

Ich. Ich. Ich. Ich. Ich. Ich. Ich. Ich. Ich. Ich. Ich. Ich. Ich.
Ich. Ich. Ich.

Ich. Ich. Ich. Ich. Ich. Ich. Ich. Ich. Ich. Ich. Ich. Ich. Ich.
Ich. Ich. Ich. Ich. Ich. Ich. Ich. Ich. Ich. Ich. Ich. Ich. Ich.
Ich. Ich. Ich. Ich. Ich. Ich. Ich. Ich. Ich. Ich. Ich. Ich. Ich.
Ich. Ich. Ich. Ich. Ich. Ich. Ich. Ich. Ich. Ich. Ich. Ich. Ich.
Ich. Ich. Ich. Ich. Ich. Ich. Ich. Ich. Ich. Ich. Ich. Ich. Ich.
Ich. Ich. Ich. Ich. Ich. Ich. Ich. Ich. Ich. Ich. Ich. Ich. Ich.
Ich. Ich. Ich.

Ich. Ich. Ich. Ich. Ich. Ich. Ich. Ich. Ich. Ich. Ich. Ich. Ich.
Ich. Ich. Ich. Ich. Ich. Ich. Ich. Ich. Ich. Ich. Ich. Ich. Ich.
Ich. Ich. Ich. Ich. Ich. Ich. Ich. Ich. Ich. Ich. Ich. Ich. Ich.
Ich. Ich. Ich. Ich. Ich. Ich. Ich. Ich. Ich. Ich. Ich. Ich. Ich.
Ich. Ich. Ich. Ich. Ich. Ich. Ich. Ich. Ich. Ich. Ich. Ich. Ich.
Ich. Ich. Ich. Ich. Ich. Ich. Ich. Ich. Ich. Ich. Ich. Ich. Ich.
Ich. Ich. Ich. Ich. Ich. Ich. Ich. Ich. Ich. Ich. Ich. Ich. Ich.
Ich. Ich. Ich. Ich. Ich. Ich. Ich. Ich. Ich. Ich. Ich. Ich. Ich.
Ich.

Ich. Ich. Ich. Ich. Ich. Ich. Ich. Ich. Ich. Ich. Ich. Ich. Ich.
Ich. Ich. Ich. Ich. Ich. Ich. Ich. Ich. Ich. Ich. Ich. Ich. Ich.
Ich. Ich. Ich. Ich. Ich. Ich. Ich. Ich. Ich. Ich. Ich. Ich. Ich.
Ich. Ich. Ich. Ich. Ich. Ich. Ich. Ich. Ich. Ich. Ich. Ich. Ich.
Ich. Ich. Ich. Ich. Ich. Ich. Ich. Ich. Ich. Ich. Ich. Ich. Ich.
Ich. Ich. Ich. Ich. Ich. Ich. Ich. Ich. Ich. Ich. Ich. Ich. Ich.
Ich. Ich. Ich. Ich. Ich. Ich. Ich. Ich. Ich. Ich. Ich. Ich. Ich.

Ich. Ich. Ich. Ich. Ich. Ich. Ich. Ich. Ich. Ich. Ich. Ich. Ich.
Ich. Ich. Ich. Ich. Ich. Ich. Ich. Ich. Ich. Ich.

Ich. Ich. Ich. Ich. Ich. Ich. Ich. Ich. Ich. Ich. Ich. Ich. Ich.
Ich. Ich. Ich. Ich. Ich. Ich. Ich. Ich. Ich. Ich. Ich. Ich. Ich.
Ich. Ich. Ich. Ich. Ich. Ich. Ich. Ich. Ich. Ich. Ich. Ich. Ich.
Ich. Ich. Ich.

Ich. Ich. Ich. Ich. Ich. Ich. Ich. Ich. Ich. Ich. Ich. Ich. Ich.
Ich. Ich. Ich. Ich. Ich. Ich. Ich. Ich. Ich. Ich. Ich. Ich. Ich.
Ich. Ich. Ich.

Ich. Ich. Ich. Ich. Ich. Ich. Ich. Ich. Ich. Ich. Ich. Ich. Ich.
Ich. Ich. Ich. Ich. Ich. Ich. Ich. Ich. Ich. Ich. Ich. Ich. Ich.
Ich. Ich. Ich. Ich. Ich. Ich. Ich. Ich. Ich. Ich. Ich. Ich. Ich.
Ich. Ich. Ich. Ich. Ich. Ich. Ich. Ich. Ich. Ich. Ich. Ich. Ich.
Ich. Ich. Ich. Ich. Ich.

 Ich. Ich. Ich. Ich. Ich. Ich. Ich. Ich. Ich. Ich. Ich. Ich. Ich.
Ich. Ich. Ich. Ich. Ich. Ich. Ich. Ich. Ich. Ich. Ich. Ich. Ich.
Ich. Ich. Ich. Ich. Ich. Ich. Ich. Ich. Ich. Ich. Ich. Ich. Ich.
Ich. Ich. Ich. Ich. Ich. Ich. Ich. Ich. Ich. Ich. Ich. Ich.

Ich. Ich. Ich. Ich. Ich. Ich. Ich. Ich. Ich. Ich. Ich. Ich. Ich.
Ich. Ich. Ich. Ich. Ich. Ich. Ich. Ich. Ich. Ich. Ich. Ich. Ich.
Ich. Ich. Ich. Ich. Ich. Ich. Ich. Ich. Ich. Ich. Ich. Ich. Ich.
Ich. Ich. Ich. Ich. Ich. Ich. Ich. Ich. Ich. Ich. Ich. Ich. Ich.
Ich. Ich. Ich. Ich. Ich. Ich.

Ich. Ich. Ich. Ich. Ich. Ich. Ich. Ich. Ich. Ich. Ich. Ich. Ich.
Ich. Ich. Ich. Ich. Ich. Ich. Ich. Ich. Ich. Ich. Ich. Ich. Ich.
Ich. Ich. Ich. Ich. Ich. Ich. Ich. Ich. Ich. Ich. Ich. Ich. Ich.
Ich. Ich. Ich. Ich. Ich. Ich. Ich. Ich. Ich. Ich. Ich. Ich. Ich.
Ich. Ich. Ich. Ich. Ich. Ich. Ich. Ich. Ich. Ich. Ich. Ich. Ich.
Ich. Ich. Ich. Ich. Ich. Ich. Ich. Ich. Ich. Ich. Ich. Ich.

Ich. Ich. Ich. Ich. Ich. Ich. Ich. Ich. Ich. Ich. Ich. Ich. Ich.
Ich. Ich. Ich. Ich. Ich. Ich. Ich. Ich. Ich. Ich. Ich. Ich. Ich.
Ich. Ich. Ich. Ich. Ich. Ich. Ich. Ich. Ich. Ich. Ich. Ich. Ich.
Ich. Ich. Ich. Ich. Ich. Ich. Ich. Ich. Ich. Ich. Ich. Ich. Ich.
Ich. Ich. Ich. Ich. Ich. Ich. Ich. Ich. Ich. Ich. Ich. Ich. Ich.
Ich. Ich. Ich. Ich. Ich. Ich. Ich. Ich. Ich. Ich. Ich. Ich. Ich.
Ich. Ich. Ich. Ich. Ich. Ich. Ich. Ich. Ich. Ich. Ich. Ich. Ich.
Ich. Ich. Ich. Ich. Ich. Ich. Ich. Ich. Ich. Ich.

Ich. Ich. Ich. Ich. Ich. Ich. Ich. Ich. Ich. Ich. Ich. Ich. Ich.
Ich. Ich. Ich. Ich. Ich. Ich. Ich. Ich. Ich. Ich. Ich. Ich. Ich.
Ich. Ich. Ich. Ich. Ich. Ich. Ich. Ich. Ich. Ich. Ich. Ich. Ich.
Ich. Ich. Ich. Ich. Ich. Ich. Ich. Ich. Ich. Ich. Ich.

Ich. Ich. Ich. Ich. Ich. Ich. Ich. Ich. Ich.

Ich. Ich. Ich. Ich. Ich. Ich. Ich. Ich. Ich. Ich. Ich. Ich. Ich.
Ich. Ich. Ich. Ich. Ich. Ich. Ich. Ich. Ich. Ich. Ich. Ich. Ich.
Ich. Ich. Ich. Ich. Ich. Ich. Ich. Ich. Ich. Ich. Ich. Ich. Ich.
Ich. Ich. Ich. Ich. Ich. Ich. Ich. Ich. Ich. Ich. Ich. Ich. Ich.
Ich. Ich.

Ich. Ich. Ich. Ich. Ich. Ich. Ich. Ich. Ich. Ich. Ich. Ich. Ich.
Ich. Ich. Ich. Ich. Ich. Ich. Ich. Ich. Ich. Ich. Ich. Ich. Ich.
Ich.

Ich. Ich. Ich. Ich. Ich. Ich. Ich. Ich. Ich. Ich. Ich. Ich. Ich.
Ich. Ich. Ich. Ich. Ich. Ich. Ich. Ich. Ich. Ich. Ich. Ich. Ich.
Ich. Ich. Ich. Ich. Ich. Ich. Ich. Ich. Ich. Ich. Ich. Ich. Ich.
Ich. Ich. Ich. Ich. Ich. Ich. Ich. Ich. Ich. Ich.

Ich. Ich. Ich. Ich. Ich. Ich. Ich. Ich. Ich. Ich. Ich. Ich. Ich.
Ich. Ich. Ich. Ich. Ich. Ich. Ich. Ich. Ich. Ich. Ich. Ich. Ich.
Ich. Ich. Ich. Ich. Ich. Ich. Ich. Ich. Ich. Ich. Ich. Ich. Ich.
Ich. Ich. Ich. Ich. Ich. Ich. Ich. Ich. Ich. Ich. Ich. Ich. Ich.

Ich. Ich. Ich. Ich. Ich. Ich. Ich. Ich. Ich. Ich. Ich. Ich. Ich.
Ich. Ich. Ich. Ich. Ich. Ich. Ich. Ich. Ich. Ich. Ich. Ich. Ich.
Ich. Ich. Ich. Ich. Ich. Ich. Ich. Ich. Ich.

Ich. Ich. Ich. Ich. Ich. Ich. Ich. Ich. Ich. Ich. Ich. Ich. Ich.
Ich. Ich. Ich. Ich. Ich.

Ich. Ich.

Ich.

Kapitel 2

Mir

Mir. Mir. Mir. Mir. Mir. Mir. Mir. Mir. Mir. Mir. Mir. Mir. Mir. Mir. Mir. Mir. Mir. Mir. Mir. Mir. Mir. Mir. Mir. Mir. Mir. Mir. Mir. Mir. Mir. Mir. Mir. Mir. Mir. Mir. Mir. Mir. Mir. Mir. Mir. Mir. Mir. Mir. Mir. Mir. Mir. Mir. Mir. Mir. Mir. Mir. Mir. Mir.

Mir. Mir. Mir. Mir. Mir. Mir. Mir. Mir. Mir. Mir. Mir. Mir. Mir. Mir. Mir. Mir. Mir. Mir. Mir. Mir. Mir. Mir. Mir. Mir. Mir. Mir. Mir. Mir. Mir. Mir. Mir. Mir. Mir. Mir. Mir. Mir. Mir. Mir. Mir. Mir. Mir. Mir. Mir. Mir. Mir. Mir. Mir.

Mir. Mir. Mir. Mir. Mir. Mir. Mir. Mir. Mir. Mir. Mir. Mir. Mir. Mir. Mir. Mir. Mir. Mir. Mir. Mir. Mir. Mir. Mir. Mir. Mir. Mir. Mir. Mir. Mir. Mir. Mir. Mir. Mir. Mir. Mir. Mir. Mir. Mir. Mir. Mir. Mir. Mir. Mir. Mir. Mir. Mir. Mir. Mir.

Mir. Mir. Mir. Mir. Mir. Mir. Mir. Mir. Mir. Mir. Mir. Mir. Mir. Mir. Mir. Mir. Mir. Mir. Mir. Mir. Mir. Mir. Mir. Mir. Mir. Mir. Mir. Mir. Mir. Mir. Mir. Mir. Mir. Mir. Mir. Mir. Mir. Mir. Mir. Mir. Mir. Mir. Mir. Mir. Mir. Mir. Mir. Mir. Mir. Mir. Mir.

Mir. Mir. Mir. Mir. Mir. Mir. Mir. Mir. Mir. Mir. Mir. Mir. Mir. Mir. Mir. Mir. Mir. Mir. Mir. Mir. Mir. Mir. Mir. Mir.

Mir. Mir. Mir. Mir. Mir. Mir. Mir. Mir. Mir. Mir. Mir. Mir.
Mir. Mir. Mir. Mir. Mir. Mir. Mir. Mir. Mir. Mir. Mir. Mir.
Mir. Mir. Mir.

Mir. Mir. Mir. Mir. Mir. Mir. Mir. Mir. Mir. Mir. Mir. Mir.
Mir. Mir. Mir. Mir. Mir. Mir. Mir. Mir. Mir. Mir. Mir. Mir.
Mir. Mir. Mir. Mir. Mir. Mir. Mir. Mir. Mir. Mir. Mir. Mir.
Mir. Mir. Mir. Mir. Mir. Mir. Mir. Mir. Mir. Mir. Mir. Mir.
Mir. Mir. Mir. Mir. Mir. Mir. Mir.

Mir. Mir. Mir. Mir. Mir. Mir. Mir. Mir. Mir. Mir. Mir. Mir.
Mir. Mir. Mir. Mir. Mir. Mir. Mir. Mir. Mir. Mir. Mir. Mir.
Mir. Mir. Mir. Mir. Mir. Mir. Mir. Mir. Mir. Mir. Mir. Mir.
Mir.

Mir. Mir. Mir. Mir. Mir. Mir. Mir. Mir. Mir. Mir. Mir. Mir.
Mir. Mir. Mir. Mir. Mir. Mir. Mir. Mir. Mir. Mir. Mir. Mir.
Mir. Mir. Mir. Mir. Mir. Mir. Mir. Mir. Mir. Mir. Mir. Mir.
Mir. Mir. Mir.

Mir. Mir. Mir. Mir. Mir. Mir. Mir. Mir. Mir. Mir. Mir.

Mir. Mir. Mir. Mir. Mir. Mir. Mir. Mir. Mir. Mir. Mir. Mir.
Mir. Mir. Mir. Mir. Mir. Mir. Mir. Mir. Mir. Mir. Mir. Mir.
Mir. Mir. Mir. Mir. Mir. Mir. Mir. Mir. Mir.

Mir. Mir. Mir. Mir. Mir. Mir. Mir. Mir. Mir. Mir. Mir. Mir.
Mir. Mir. Mir. Mir. Mir. Mir. Mir. Mir. Mir. Mir. Mir. Mir.
Mir. Mir. Mir. Mir. Mir. Mir. Mir. Mir. Mir. Mir. Mir. Mir.

Mir. Mir. Mir. Mir. Mir. Mir. Mir. Mir. Mir. Mir. Mir. Mir.
Mir. Mir. Mir. Mir. Mir. Mir. Mir. Mir. Mir. Mir. Mir. Mir.

Mir. Mir. Mir. Mir. Mir. Mir. Mir. Mir. Mir. Mir. Mir. Mir.
Mir. Mir. Mir. Mir. Mir. Mir. Mir. Mir. Mir. Mir. Mir. Mir.
Mir. Mir. Mir. Mir. Mir. Mir. Mir. Mir. Mir. Mir. Mir. Mir.
Mir. Mir. Mir. Mir. Mir. Mir. Mir. Mir. Mir. Mir. Mir. Mir.
Mir. Mir. Mir.

Mir. Mir. Mir. Mir. Mir. Mir. Mir. Mir. Mir. Mir. Mir. Mir.
Mir. Mir. Mir. Mir. Mir. Mir. Mir. Mir. Mir. Mir. Mir. Mir.
Mir. Mir. Mir. Mir. Mir.

Mir. Mir. Mir. Mir. Mir. Mir. Mir. Mir. Mir. Mir. Mir. Mir.
Mir. Mir. Mir. Mir. Mir. Mir. Mir. Mir. Mir. Mir. Mir. Mir.
Mir. Mir. Mir. Mir. Mir. Mir. Mir. Mir. Mir. Mir.

Mir. Mir. Mir. Mir. Mir. Mir. Mir. Mir. Mir. Mir. Mir. Mir.
Mir. Mir. Mir. Mir. Mir. Mir. Mir. Mir. Mir. Mir. Mir. Mir.
Mir. Mir. Mir.

Mir. Mir. Mir. Mir. Mir. Mir. Mir. Mir. Mir. Mir. Mir. Mir.
Mir. Mir. Mir. Mir. Mir. Mir. Mir. Mir. Mir. Mir. Mir. Mir.

Mir. Mir. Mir. Mir. Mir. Mir. Mir. Mir. Mir. Mir. Mir. Mir.
Mir. Mir. Mir. Mir. Mir. Mir. Mir. Mir. Mir. Mir. Mir. Mir.
Mir. Mir. Mir. Mir. Mir. Mir. Mir. Mir. Mir. Mir.

Mir. Mir. Mir. Mir. Mir. Mir. Mir. Mir. Mir.

Mir. Mir. Mir. Mir. Mir. Mir. Mir. Mir. Mir. Mir. Mir. Mir.
Mir. Mir. Mir. Mir. Mir. Mir. Mir. Mir. Mir. Mir. Mir. Mir.
Mir. Mir. Mir. Mir. Mir. Mir. Mir. Mir. Mir. Mir. Mir. Mir.
Mir. Mir. Mir. Mir. Mir. Mir. Mir. Mir. Mir. Mir. Mir. Mir.

Mir. Mir. Mir. Mir. Mir. Mir. Mir. Mir. Mir. Mir. Mir. Mir. Mir. Mir. Mir. Mir. Mir. Mir. Mir. Mir. Mir. Mir. Mir. Mir. Mir. Mir.

Mir. Mir. Mir. Mir. Mir. Mir. Mir. Mir. Mir. Mir. Mir. Mir. Mir. Mir. Mir. Mir. Mir. Mir. Mir. Mir. Mir. Mir. Mir. Mir. Mir. Mir. Mir.

Mir. Mir. Mir. Mir. Mir. Mir. Mir. Mir. Mir. Mir. Mir. Mir. Mir. Mir. Mir. Mir. Mir. Mir. Mir. Mir. Mir. Mir. Mir. Mir. Mir. Mir. Mir. Mir. Mir. Mir. Mir. Mir.

Mir. Mir. Mir. Mir. Mir. Mir. Mir. Mir. Mir. Mir. Mir. Mir. Mir. Mir. Mir. Mir. Mir. Mir. Mir. Mir. Mir. Mir. Mir. Mir. Mir. Mir. Mir. Mir. Mir. Mir. Mir. Mir. Mir. Mir. Mir. Mir. Mir.

Mir. Mir. Mir. Mir. Mir. Mir. Mir. Mir. Mir. Mir. Mir. Mir. Mir. Mir. Mir. Mir. Mir. Mir.

Mir. Mir. Mir. Mir. Mir. Mir. Mir. Mir. Mir. Mir. Mir. Mir. Mir. Mir. Mir. Mir. Mir. Mir. Mir. Mir. Mir. Mir. Mir. Mir. Mir. Mir. Mir. Mir. Mir. Mir. Mir. Mir. Mir. Mir. Mir. Mir. Mir. Mir. Mir. Mir. Mir. Mir. Mir. Mir. Mir. Mir. Mir. Mir. Mir. Mir. Mir. Mir. Mir. Mir. Mir.

Mir. Mir. Mir. Mir. Mir. Mir. Mir. Mir. Mir. Mir. Mir. Mir. Mir. Mir. Mir. Mir. Mir. Mir. Mir. Mir. Mir. Mir. Mir. Mir. Mir. Mir. Mir. Mir. Mir. Mir. Mir. Mir. Mir. Mir. Mir. Mir. Mir. Mir. Mir. Mir. Mir. Mir. Mir. Mir. Mir. Mir. Mir. Mir. Mir. Mir. Mir. Mir.

Mir. Mir. Mir. Mir. Mir. Mir. Mir. Mir. Mir. Mir. Mir. Mir.
Mir. Mir. Mir. Mir. Mir. Mir. Mir. Mir. Mir. Mir. Mir. Mir.
Mir. Mir. Mir. Mir. Mir. Mir. Mir. Mir. Mir. Mir.

Mir. Mir. Mir. Mir. Mir. Mir. Mir. Mir. Mir. Mir. Mir. Mir.
Mir. Mir. Mir. Mir. Mir. Mir. Mir. Mir. Mir. Mir. Mir. Mir.
Mir. Mir. Mir. Mir. Mir. Mir. Mir. Mir.

Mir. Mir. Mir. Mir. Mir. Mir. Mir. Mir. Mir. Mir. Mir. Mir.
Mir. Mir. Mir. Mir. Mir. Mir. Mir. Mir. Mir. Mir. Mir. Mir.
Mir. Mir. Mir. Mir. Mir. Mir. Mir. Mir. Mir. Mir. Mir. Mir.
Mir. Mir. Mir. Mir. Mir. Mir. Mir. Mir. Mir. Mir. Mir. Mir.
Mir. Mir. Mir. Mir. Mir. Mir. Mir. Mir. Mir. Mir. Mir. Mir.
Mir. Mir. Mir. Mir. Mir. Mir. Mir. Mir. Mir. Mir. Mir. Mir.
Mir.

Mir. Mir. Mir. Mir. Mir. Mir. Mir. Mir. Mir. Mir. Mir. Mir.
Mir. Mir. Mir. Mir. Mir. Mir. Mir. Mir. Mir. Mir. Mir. Mir.
Mir. Mir. Mir. Mir. Mir. Mir. Mir. Mir. Mir. Mir. Mir. Mir.
Mir. Mir. Mir. Mir. Mir. Mir. Mir. Mir. Mir. Mir. Mir. Mir.
Mir. Mir. Mir. Mir. Mir. Mir. Mir. Mir. Mir. Mir. Mir. Mir.
Mir. Mir. Mir. Mir. Mir. Mir. Mir. Mir. Mir. Mir. Mir. Mir.
Mir. Mir. Mir. Mir. Mir.

Mir. Mir. Mir. Mir. Mir. Mir. Mir. Mir. Mir. Mir. Mir. Mir.
Mir. Mir. Mir. Mir. Mir. Mir. Mir. Mir. Mir. Mir. Mir. Mir.
Mir. Mir. Mir. Mir. Mir. Mir. Mir. Mir. Mir. Mir. Mir. Mir.
Mir. Mir. Mir. Mir. Mir. Mir. Mir. Mir.

Mir. Mir. Mir. Mir. Mir. Mir. Mir. Mir. Mir. Mir. Mir. Mir.
Mir. Mir. Mir. Mir. Mir. Mir. Mir. Mir. Mir. Mir. Mir. Mir.
Mir. Mir. Mir. Mir. Mir. Mir. Mir. Mir. Mir. Mir. Mir. Mir.
Mir. Mir. Mir. Mir. Mir. Mir. Mir. Mir. Mir. Mir. Mir. Mir.
Mir. Mir. Mir. Mir.

Mir. Mir. Mir. Mir. Mir. Mir. Mir. Mir. Mir. Mir. Mir. Mir.
Mir. Mir. Mir. Mir. Mir. Mir. Mir. Mir. Mir. Mir. Mir. Mir.
Mir. Mir. Mir. Mir. Mir. Mir. Mir.

Mir. Mir. Mir. Mir. Mir. Mir. Mir. Mir. Mir. Mir. Mir. Mir.
Mir. Mir. Mir. Mir. Mir. Mir. Mir. Mir. Mir. Mir. Mir. Mir.
Mir. Mir. Mir. Mir. Mir. Mir. Mir. Mir. Mir. Mir. Mir. Mir.
Mir. Mir. Mir. Mir. Mir. Mir. Mir. Mir. Mir. Mir. Mir. Mir.

Mir. Mir. Mir. Mir. Mir. Mir. Mir. Mir. Mir. Mir. Mir. Mir.
Mir. Mir. Mir. Mir. Mir. Mir. Mir. Mir. Mir. Mir. Mir. Mir.
Mir. Mir. Mir. Mir. Mir. Mir. Mir. Mir. Mir. Mir. Mir. Mir.
Mir. Mir. Mir. Mir. Mir. Mir. Mir. Mir. Mir. Mir. Mir. Mir.
Mir. Mir. Mir. Mir. Mir.

Mir. Mir. Mir. Mir. Mir. Mir. Mir. Mir. Mir. Mir. Mir. Mir.
Mir. Mir. Mir. Mir. Mir. Mir. Mir. Mir. Mir. Mir. Mir. Mir.
Mir. Mir. Mir. Mir. Mir. Mir. Mir. Mir. Mir. Mir. Mir. Mir.
Mir. Mir. Mir. Mir. Mir. Mir. Mir. Mir. Mir. Mir. Mir. Mir.
Mir. Mir. Mir. Mir. Mir. Mir. Mir.

Mir. Mir. Mir. Mir. Mir. Mir. Mir. Mir. Mir. Mir. Mir. Mir.
Mir. Mir. Mir. Mir. Mir. Mir. Mir. Mir. Mir. Mir. Mir. Mir.
Mir. Mir. Mir. Mir. Mir. Mir. Mir. Mir. Mir. Mir. Mir. Mir.

Mir. Mir. Mir. Mir. Mir. Mir. Mir. Mir. Mir. Mir. Mir. Mir.
Mir. Mir. Mir. Mir. Mir. Mir. Mir. Mir. Mir. Mir.

Mir. Mir. Mir. Mir. Mir. Mir. Mir. Mir. Mir. Mir. Mir. Mir.
Mir. Mir. Mir. Mir. Mir. Mir. Mir. Mir. Mir. Mir. Mir. Mir.
Mir. Mir. Mir. Mir. Mir. Mir. Mir. Mir. Mir. Mir. Mir. Mir.
Mir. Mir. Mir. Mir. Mir. Mir. Mir. Mir. Mir. Mir. Mir. Mir.
Mir. Mir. Mir. Mir.

Mir. Mir. Mir. Mir. Mir. Mir. Mir. Mir. Mir. Mir. Mir. Mir.
Mir. Mir. Mir. Mir. Mir. Mir. Mir. Mir. Mir. Mir. Mir. Mir.
Mir. Mir. Mir. Mir. Mir. Mir. Mir. Mir.

Mir. Mir. Mir. Mir. Mir. Mir. Mir. Mir. Mir. Mir. Mir. Mir.

Mir. Mir. Mir. Mir. Mir. Mir. Mir. Mir. Mir. Mir. Mir. Mir.
Mir. Mir. Mir. Mir. Mir. Mir. Mir. Mir. Mir. Mir. Mir. Mir.
Mir. Mir.

Mir. Mir. Mir. Mir. Mir. Mir. Mir. Mir. Mir. Mir. Mir. Mir.
Mir. Mir. Mir. Mir. Mir. Mir. Mir. Mir. Mir. Mir. Mir. Mir.
Mir. Mir. Mir. Mir. Mir. Mir. Mir. Mir. Mir. Mir. Mir. Mir.
Mir. Mir. Mir. Mir. Mir. Mir. Mir. Mir. Mir.

Mir. Mir. Mir. Mir. Mir. Mir. Mir. Mir. Mir. Mir. Mir. Mir.
Mir. Mir. Mir. Mir. Mir. Mir. Mir. Mir. Mir. Mir. Mir. Mir.
Mir. Mir. Mir.

Mir. Mir. Mir. Mir. Mir. Mir. Mir. Mir. Mir. Mir. Mir. Mir.
Mir. Mir. Mir. Mir. Mir. Mir. Mir. Mir. Mir. Mir. Mir. Mir.
Mir. Mir. Mir. Mir. Mir. Mir. Mir.

Mir. Mir. Mir. Mir. Mir. Mir. Mir. Mir. Mir. Mir. Mir. Mir.
Mir. Mir. Mir. Mir. Mir. Mir. Mir. Mir. Mir. Mir. Mir. Mir.
Mir. Mir.

Mir. Mir. Mir. Mir. Mir. Mir. Mir. Mir. Mir. Mir. Mir. Mir.
Mir. Mir. Mir. Mir. Mir. Mir. Mir. Mir. Mir. Mir. Mir. Mir.
Mir. Mir. Mir.

Mir. Mir. Mir. Mir. Mir. Mir. Mir. Mir. Mir. Mir. Mir. Mir.
Mir. Mir. Mir. Mir. Mir. Mir. Mir. Mir. Mir. Mir. Mir. Mir.
Mir. Mir. Mir. Mir. Mir. Mir. Mir. Mir. Mir. Mir. Mir. Mir.
Mir. Mir. Mir. Mir.

Mir. Mir. Mir. Mir. Mir. Mir. Mir. Mir. Mir. Mir. Mir. Mir.
Mir. Mir.

Mir. Mir. Mir. Mir. Mir. Mir. Mir. Mir. Mir. Mir. Mir. Mir.
Mir. Mir. Mir. Mir. Mir. Mir. Mir. Mir. Mir. Mir. Mir. Mir.
Mir. Mir. Mir. Mir. Mir. Mir. Mir. Mir. Mir. Mir. Mir. Mir.
Mir. Mir. Mir. Mir. Mir. Mir. Mir. Mir. Mir. Mir. Mir. Mir.
Mir. Mir. Mir. Mir. Mir. Mir.

Mir. Mir. Mir. Mir. Mir. Mir. Mir. Mir. Mir. Mir. Mir. Mir.
Mir. Mir. Mir. Mir. Mir. Mir. Mir. Mir. Mir. Mir. Mir. Mir.
Mir. Mir. Mir. Mir. Mir. Mir. Mir. Mir.

Mir. Mir. Mir. Mir. Mir. Mir. Mir. Mir. Mir. Mir. Mir. Mir.
Mir. Mir. Mir. Mir. Mir. Mir. Mir. Mir. Mir. Mir. Mir. Mir.
Mir. Mir. Mir. Mir. Mir. Mir. Mir. Mir. Mir. Mir. Mir. Mir.
Mir. Mir. Mir. Mir. Mir. Mir. Mir. Mir. Mir. Mir. Mir. Mir.
Mir. Mir. Mir. Mir. Mir. Mir. Mir. Mir. Mir. Mir. Mir.

Mir. Mir. Mir. Mir. Mir. Mir. Mir. Mir. Mir. Mir. Mir. Mir.
Mir. Mir. Mir. Mir. Mir. Mir. Mir. Mir. Mir. Mir. Mir. Mir.
Mir. Mir. Mir. Mir. Mir. Mir. Mir. Mir. Mir. Mir.

Mir. Mir. Mir. Mir. Mir. Mir. Mir. Mir. Mir.

Mir. Mir. Mir. Mir. Mir. Mir. Mir. Mir. Mir. Mir. Mir. Mir.
Mir. Mir. Mir. Mir. Mir. Mir. Mir. Mir. Mir.

Mir. Mir. Mir. Mir. Mir. Mir. Mir. Mir. Mir. Mir. Mir. Mir.
Mir. Mir. Mir. Mir. Mir. Mir. Mir. Mir. Mir. Mir. Mir. Mir.
Mir. Mir. Mir. Mir. Mir. Mir. Mir. Mir. Mir. Mir. Mir.

Mir. Mir. Mir. Mir. Mir. Mir. Mir. Mir. Mir. Mir. Mir. Mir.
Mir. Mir. Mir. Mir. Mir. Mir. Mir. Mir. Mir. Mir. Mir. Mir.
Mir. Mir.

Mir. Mir. Mir. Mir. Mir. Mir. Mir. Mir. Mir. Mir. Mir. Mir.
Mir. Mir. Mir. Mir. Mir. Mir. Mir. Mir. Mir. Mir. Mir. Mir.
Mir. Mir. Mir. Mir. Mir. Mir. Mir. Mir. Mir. Mir. Mir. Mir.

Mir. Mir. Mir. Mir. Mir. Mir. Mir. Mir. Mir. Mir. Mir. Mir.
Mir. Mir. Mir. Mir. Mir. Mir. Mir. Mir. Mir. Mir. Mir. Mir.
Mir. Mir. Mir. Mir. Mir. Mir. Mir. Mir. Mir. Mir. Mir. Mir.
Mir. Mir.

Mir. Mir. Mir. Mir. Mir. Mir. Mir. Mir. Mir. Mir. Mir. Mir.
Mir. Mir. Mir. Mir. Mir. Mir. Mir. Mir. Mir. Mir. Mir. Mir.
Mir.

Mir. Mir. Mir. Mir. Mir. Mir. Mir. Mir. Mir. Mir. Mir. Mir.
Mir. Mir. Mir. Mir. Mir. Mir. Mir. Mir. Mir. Mir. Mir. Mir.
Mir. Mir. Mir. Mir. Mir. Mir. Mir. Mir. Mir. Mir. Mir. Mir.

Mir. Mir. Mir. Mir. Mir.

Mir. Mir. Mir. Mir. Mir. Mir. Mir. Mir. Mir. Mir. Mir. Mir.
Mir. Mir. Mir. Mir. Mir. Mir. Mir. Mir. Mir. Mir. Mir. Mir.
Mir. Mir. Mir. Mir. Mir. Mir.

Mir. Mir. Mir. Mir. Mir. Mir. Mir. Mir. Mir. Mir. Mir. Mir.

Mir. Mir. Mir. Mir. Mir. Mir. Mir. Mir. Mir. Mir. Mir. Mir.
Mir. Mir. Mir. Mir. Mir. Mir. Mir. Mir. Mir. Mir. Mir.

Mir. Mir. Mir. Mir. Mir. Mir. Mir. Mir. Mir. Mir. Mir. Mir.
Mir. Mir. Mir. Mir. Mir. Mir. Mir. Mir. Mir. Mir. Mir. Mir.
Mir. Mir. Mir. Mir. Mir. Mir.

Mir. Mir. Mir. Mir. Mir. Mir. Mir. Mir. Mir. Mir. Mir. Mir.
Mir. Mir. Mir. Mir. Mir. Mir. Mir. Mir. Mir. Mir. Mir. Mir.

Mir. Mir. Mir. Mir. Mir. Mir. Mir. Mir. Mir. Mir. Mir. Mir.
Mir. Mir. Mir. Mir. Mir. Mir. Mir. Mir. Mir. Mir. Mir. Mir.
Mir. Mir. Mir. Mir. Mir. Mir. Mir. Mir. Mir. Mir. Mir. Mir.
Mir. Mir. Mir. Mir. Mir. Mir. Mir. Mir. Mir. Mir. Mir. Mir.
Mir.

Mir. Mir. Mir. Mir. Mir. Mir. Mir. Mir. Mir. Mir. Mir. Mir.
Mir. Mir. Mir. Mir. Mir. Mir. Mir. Mir. Mir. Mir. Mir. Mir.
Mir. Mir. Mir. Mir. Mir. Mir. Mir. Mir. Mir. Mir. Mir. Mir.
Mir. Mir. Mir. Mir. Mir. Mir. Mir. Mir. Mir. Mir. Mir. Mir.
Mir. Mir. Mir. Mir. Mir.

Mir. Mir. Mir. Mir. Mir. Mir. Mir. Mir. Mir. Mir. Mir. Mir.
Mir. Mir. Mir. Mir. Mir. Mir. Mir. Mir. Mir. Mir. Mir. Mir.
Mir. Mir. Mir.

Mir. Mir. Mir. Mir. Mir. Mir. Mir. Mir. Mir. Mir. Mir. Mir.
Mir. Mir. Mir. Mir. Mir. Mir. Mir. Mir. Mir. Mir. Mir. Mir.
Mir. Mir. Mir. Mir. Mir. Mir. Mir. Mir. Mir. Mir. Mir. Mir.
Mir. Mir. Mir. Mir. Mir. Mir. Mir. Mir. Mir. Mir. Mir. Mir.
Mir. Mir. Mir. Mir. Mir. Mir. Mir.

Mir. Mir. Mir. Mir. Mir. Mir. Mir. Mir. Mir. Mir. Mir. Mir.
Mir. Mir. Mir. Mir. Mir. Mir. Mir. Mir. Mir. Mir. Mir. Mir.
Mir. Mir.

Mir. Mir. Mir. Mir. Mir. Mir. Mir. Mir. Mir. Mir. Mir. Mir.
Mir. Mir. Mir. Mir. Mir. Mir. Mir. Mir. Mir. Mir. Mir. Mir.

Mir. Mir. Mir. Mir. Mir. Mir. Mir. Mir. Mir. Mir. Mir. Mir.
Mir. Mir. Mir. Mir. Mir.

Mir. Mir. Mir. Mir. Mir. Mir.

Mir. Mir. Mir. Mir. Mir. Mir. Mir. Mir. Mir. Mir. Mir. Mir.
Mir. Mir. Mir. Mir. Mir. Mir. Mir. Mir. Mir. Mir. Mir. Mir.
Mir. Mir. Mir. Mir. Mir. Mir. Mir. Mir. Mir. Mir. Mir. Mir.
Mir. Mir. Mir. Mir. Mir. Mir. Mir. Mir. Mir. Mir. Mir. Mir.
Mir. Mir. Mir. Mir.

Mir. Mir. Mir. Mir. Mir. Mir. Mir. Mir. Mir. Mir. Mir. Mir.
Mir. Mir. Mir. Mir. Mir. Mir. Mir. Mir. Mir. Mir. Mir. Mir.
Mir. Mir. Mir. Mir. Mir. Mir. Mir. Mir.

Mir. Mir. Mir. Mir. Mir. Mir. Mir. Mir. Mir. Mir.

Mir. Mir. Mir. Mir. Mir. Mir. Mir. Mir. Mir. Mir. Mir. Mir.
Mir. Mir. Mir. Mir. Mir. Mir. Mir. Mir. Mir. Mir. Mir. Mir.
Mir. Mir. Mir. Mir. Mir. Mir. Mir. Mir.

Mir. Mir. Mir. Mir. Mir. Mir. Mir. Mir. Mir. Mir. Mir. Mir.
Mir. Mir. Mir. Mir. Mir. Mir. Mir. Mir. Mir. Mir. Mir. Mir.
Mir. Mir. Mir. Mir. Mir. Mir. Mir. Mir. Mir. Mir. Mir. Mir.
Mir. Mir. Mir. Mir. Mir. Mir. Mir. Mir. Mir. Mir. Mir. Mir.
Mir. Mir. Mir. Mir. Mir. Mir.

Mir. Mir. Mir. Mir. Mir. Mir. Mir. Mir. Mir. Mir. Mir. Mir.
Mir. Mir. Mir. Mir. Mir. Mir. Mir. Mir. Mir. Mir. Mir. Mir.
Mir. Mir. Mir. Mir. Mir. Mir. Mir. Mir. Mir. Mir. Mir. Mir.

Mir. Mir. Mir. Mir. Mir. Mir. Mir. Mir. Mir. Mir. Mir. Mir.
Mir. Mir. Mir. Mir. Mir. Mir. Mir. Mir. Mir. Mir. Mir. Mir.
Mir. Mir. Mir. Mir. Mir. Mir.

Mir. Mir. Mir. Mir. Mir. Mir. Mir. Mir. Mir. Mir.

Mir. Mir. Mir. Mir. Mir. Mir. Mir. Mir. Mir. Mir. Mir. Mir.
Mir. Mir. Mir. Mir. Mir. Mir. Mir. Mir. Mir. Mir. Mir. Mir.
Mir. Mir. Mir. Mir. Mir. Mir. Mir. Mir. Mir. Mir.

Mir. Mir. Mir. Mir. Mir. Mir. Mir. Mir. Mir. Mir. Mir. Mir.
Mir. Mir. Mir. Mir. Mir. Mir. Mir. Mir. Mir. Mir. Mir. Mir.
Mir. Mir. Mir. Mir. Mir. Mir. Mir. Mir. Mir. Mir. Mir. Mir.
Mir. Mir. Mir. Mir. Mir. Mir. Mir. Mir. Mir. Mir. Mir. Mir.

Mir. Mir. Mir. Mir. Mir. Mir. Mir. Mir. Mir. Mir. Mir. Mir.
Mir. Mir. Mir. Mir. Mir. Mir. Mir. Mir. Mir. Mir. Mir. Mir.
Mir. Mir. Mir. Mir. Mir. Mir. Mir. Mir. Mir. Mir. Mir. Mir.
Mir. Mir. Mir. Mir. Mir. Mir. Mir. Mir. Mir. Mir. Mir. Mir.
Mir. Mir. Mir. Mir. Mir. Mir. Mir. Mir.

Mir. Mir. Mir. Mir. Mir. Mir. Mir. Mir. Mir. Mir. Mir. Mir.
Mir. Mir. Mir. Mir. Mir. Mir. Mir. Mir. Mir. Mir. Mir. Mir.
Mir. Mir. Mir. Mir. Mir. Mir. Mir. Mir. Mir. Mir. Mir. Mir.

Mir. Mir. Mir. Mir. Mir. Mir. Mir. Mir. Mir. Mir. Mir. Mir.
Mir. Mir. Mir. Mir. Mir. Mir. Mir. Mir. Mir.

Mir. Mir. Mir. Mir. Mir. Mir. Mir. Mir. Mir. Mir. Mir. Mir.
Mir. Mir. Mir. Mir. Mir. Mir. Mir. Mir. Mir. Mir. Mir. Mir.
Mir. Mir. Mir. Mir. Mir. Mir. Mir. Mir. Mir. Mir. Mir. Mir.
Mir. Mir. Mir. Mir. Mir. Mir. Mir. Mir. Mir. Mir. Mir. Mir.
Mir. Mir. Mir. Mir.

Mir. Mir. Mir. Mir. Mir. Mir. Mir. Mir. Mir. Mir. Mir. Mir.
Mir. Mir. Mir. Mir. Mir. Mir. Mir. Mir. Mir. Mir. Mir. Mir.
Mir. Mir. Mir. Mir. Mir. Mir. Mir. Mir. Mir. Mir. Mir. Mir.
Mir. Mir. Mir. Mir. Mir. Mir. Mir. Mir. Mir. Mir. Mir. Mir.
Mir. Mir. Mir. Mir. Mir. Mir. Mir. Mir. Mir. Mir. Mir. Mir.

Mir. Mir. Mir. Mir. Mir. Mir. Mir. Mir. Mir. Mir. Mir. Mir.
Mir. Mir. Mir. Mir. Mir. Mir. Mir. Mir. Mir. Mir. Mir. Mir.
Mir. Mir. Mir. Mir. Mir. Mir. Mir. Mir. Mir. Mir. Mir. Mir.
Mir. Mir. Mir. Mir. Mir. Mir. Mir. Mir. Mir. Mir. Mir. Mir.
Mir. Mir. Mir. Mir. Mir. Mir. Mir.

Mir. Mir. Mir. Mir. Mir. Mir. Mir. Mir. Mir. Mir. Mir. Mir.
Mir. Mir. Mir. Mir. Mir. Mir. Mir. Mir. Mir. Mir. Mir. Mir.
Mir. Mir. Mir. Mir. Mir. Mir. Mir. Mir. Mir. Mir. Mir. Mir.
Mir. Mir. Mir. Mir. Mir. Mir. Mir. Mir. Mir. Mir. Mir. Mir.
Mir. Mir. Mir. Mir. Mir. Mir. Mir. Mir. Mir.

Mir. Mir. Mir. Mir. Mir.

Mir. Mir. Mir. Mir. Mir. Mir. Mir. Mir. Mir. Mir. Mir. Mir.
Mir. Mir. Mir. Mir. Mir. Mir. Mir. Mir. Mir. Mir. Mir. Mir.
Mir. Mir. Mir. Mir. Mir. Mir. Mir. Mir. Mir. Mir. Mir. Mir.
Mir. Mir. Mir. Mir. Mir. Mir. Mir. Mir. Mir.

Mir. Mir. Mir. Mir. Mir. Mir. Mir. Mir. Mir. Mir. Mir. Mir.
Mir. Mir. Mir. Mir. Mir. Mir. Mir. Mir. Mir. Mir. Mir. Mir.
Mir. Mir. Mir. Mir. Mir. Mir. Mir. Mir.

Mir. Mir. Mir. Mir. Mir. Mir. Mir. Mir. Mir. Mir. Mir. Mir.
Mir. Mir. Mir.

Mir. Mir. Mir. Mir. Mir. Mir. Mir. Mir. Mir. Mir. Mir. Mir.
Mir. Mir. Mir. Mir. Mir. Mir. Mir. Mir. Mir. Mir. Mir. Mir.
Mir. Mir. Mir. Mir. Mir. Mir. Mir.

Mir. Mir. Mir. Mir. Mir. Mir. Mir. Mir. Mir. Mir. Mir. Mir.
Mir. Mir. Mir. Mir. Mir. Mir. Mir. Mir. Mir. Mir. Mir. Mir.
Mir. Mir. Mir. Mir. Mir. Mir. Mir.

Mir. Mir. Mir. Mir. Mir. Mir. Mir. Mir. Mir. Mir. Mir. Mir.
Mir. Mir. Mir. Mir. Mir. Mir. Mir. Mir. Mir. Mir. Mir. Mir.
Mir. Mir. Mir.

Mir. Mir. Mir. Mir. Mir. Mir. Mir. Mir. Mir. Mir. Mir. Mir.
Mir. Mir. Mir. Mir. Mir. Mir. Mir. Mir. Mir. Mir. Mir. Mir.
Mir. Mir. Mir. Mir. Mir. Mir. Mir. Mir. Mir. Mir. Mir. Mir.
Mir. Mir. Mir. Mir. Mir. Mir. Mir. Mir. Mir. Mir. Mir. Mir.
Mir. Mir. Mir. Mir. Mir. Mir. Mir. Mir. Mir. Mir. Mir. Mir.

Mir. Mir. Mir. Mir. Mir. Mir. Mir. Mir. Mir. Mir. Mir. Mir.
Mir. Mir. Mir.

Mir. Mir. Mir.

Mir. Mir. Mir. Mir. Mir. Mir. Mir. Mir. Mir. Mir. Mir. Mir.
Mir. Mir. Mir. Mir. Mir. Mir. Mir. Mir. Mir. Mir. Mir. Mir.
Mir. Mir. Mir. Mir. Mir. Mir. Mir. Mir. Mir. Mir. Mir. Mir.
Mir. Mir. Mir. Mir. Mir. Mir. Mir. Mir. Mir. Mir. Mir. Mir.
Mir. Mir. Mir. Mir. Mir. Mir.

Mir. Mir. Mir. Mir. Mir. Mir. Mir. Mir. Mir. Mir. Mir. Mir.
Mir. Mir. Mir. Mir. Mir. Mir. Mir. Mir. Mir. Mir. Mir. Mir.
Mir. Mir. Mir. Mir. Mir. Mir. Mir. Mir. Mir. Mir. Mir. Mir.
Mir. Mir. Mir. Mir. Mir. Mir. Mir. Mir. Mir.

Mir. Mir. Mir. Mir. Mir. Mir. Mlr. Mir. Mir. Mir. Mir. Mir.
Mir. Mir. Mir. Mir. Mir. Mir. Mir. Mir. Mir. Mir. Mir. Mir.
Mir. Mir. Mir. Mir. Mir. Mir. Mir. Mir. Mir. Mir. Mir. Mir.
Mir. Mir. Mir.

Mir. Mir. Mir. Mir. Mir. Mir. Mir. Mir. Mir. Mir. Mir.

Mir. Mir. Mir. Mir. Mir. Mir. Mir. Mir. Mir. Mir. Mir. Mir.
Mir. Mir. Mir. Mir. Mir. Mir. Mir. Mir. Mir. Mir. Mir. Mir.
Mir. Mir. Mir. Mir. Mir. Mir. Mir. Mir. Mir. Mir. Mir. Mir.
Mir. Mir. Mir. Mir. Mir. Mir. Mir. Mir. Mir. Mir. Mir. Mir.

Mir. Mir. Mir. Mir. Mir. Mir. Mir. Mir. Mir. Mir. Mir. Mir. Mir. Mir.

Mir. Mir. Mir. Mir. Mir. Mir. Mir. Mir. Mir. Mir. Mir. Mir. Mir. Mir. Mir. Mir. Mir. Mir. Mir. Mir. Mir. Mir. Mir. Mir. Mir. Mir. Mir. Mir. Mir. Mir. Mir. Mir. Mir. Mir.

Mir. Mir. Mir. Mir. Mir. Mir. Mir. Mir. Mir. Mir. Mir. Mir. Mir. Mir. Mir. Mir. Mir. Mir. Mir. Mir. Mir. Mir. Mir. Mir. Mir. Mir. Mir. Mir. Mir. Mir. Mir. Mir. Mir. Mir. Mir. Mir. Mir. Mir. Mir. Mir. Mir.

Mir. Mir. Mir. Mir. Mir. Mir. Mir. Mir. Mir. Mir. Mir. Mir. Mir. Mir. Mir. Mir. Mir. Mir. Mir. Mir. Mir. Mir. Mir. Mir. Mir. Mir. Mir. Mir. Mir. Mir. Mir. Mir. Mir.

Mir. Mir. Mir. Mir. Mir. Mir. Mir. Mir. Mir. Mir. Mir. Mir. Mir.

Mir. Mir. Mir. Mir. Mir. Mir. Mir. Mir. Mir. Mir. Mir. Mir. Mir. Mir. Mir. Mir. Mir. Mir. Mir. Mir. Mir. Mir. Mir. Mir. Mir. Mir. Mir. Mir. Mir. Mir. Mir. Mir. Mir. Mir. Mir. Mir. Mir. Mir. Mir. Mir. Mir. Mir. Mir. Mir. Mir. Mir. Mir.

Mir. Mir. Mir. Mir. Mir. Mir. Mir. Mir. Mir. Mir. Mir. Mir. Mir. Mir. Mir. Mir. Mir. Mir. Mir. Mir. Mir. Mir. Mir. Mir.

Mir. Mir. Mir. Mir. Mir. Mir. Mir. Mir. Mir. Mir. Mir. Mir.
Mir. Mir. Mir. Mir. Mir. Mir. Mir. Mir. Mir. Mir. Mir. Mir.
Mir.

Mir. Mir. Mir. Mir. Mir. Mir. Mir. Mir. Mir. Mir. Mir. Mir.
Mir. Mir. Mir. Mir. Mir. Mir. Mir. Mir. Mir. Mir. Mir. Mir.
Mir. Mir. Mir. Mir. Mir. Mir. Mir. Mir. Mir. Mir. Mir. Mir.
Mir. Mir. Mir. Mir. Mir. Mir. Mir. Mir. Mir. Mir. Mir. Mir.
Mir. Mir. Mir. Mir. Mir. Mir. Mir. Mir. Mir. Mir. Mir. Mir.
Mir. Mir. Mir. Mir. Mir. Mir. Mir. Mir. Mir. Mir. Mir. Mir.
Mir. Mir. Mir. Mir. Mir. Mir. Mir. Mir. Mir. Mir. Mir. Mir.
Mir. Mir. Mir. Mir. Mir. Mir. Mir. Mir. Mir. Mir. Mir.

Mir. Mir. Mir. Mir. Mir. Mir. Mir. Mir. Mir. Mir. Mir. Mir.
Mir. Mir. Mir. Mir. Mir. Mir. Mir. Mir. Mir. Mir. Mir. Mir.
Mir. Mir. Mir. Mir. Mir. Mir. Mir. Mir. Mir. Mir. Mir. Mir.
Mir. Mir. Mir. Mir. Mir. Mir. Mir. Mir. Mir. Mir. Mir. Mir.
Mir. Mir. Mir. Mir. Mir. Mir. Mir. Mir. Mir.

Mir. Mir. Mir. Mir. Mir. Mir. Mir. Mir. Mir. Mir. Mir. Mir.
Mir. Mir. Mir. Mir. Mir. Mir. Mir. Mir. Mir. Mir. Mir. Mir.
Mir. Mir. Mir. Mir. Mir. Mir. Mir. Mir. Mir. Mir. Mir. Mir.
Mir. Mir. Mir. Mir. Mir. Mir. Mir. Mir. Mir. Mir. Mir. Mir.
Mir. Mir. Mir. Mir. Mir. Mir. Mir. Mir. Mir. Mir. Mir. Mir.
Mir. Mir.

Mir. Mir. Mir. Mir. Mir. Mir. Mir. Mir. Mir. Mir. Mir. Mir.
Mir. Mir. Mir. Mir. Mir. Mir. Mir. Mir. Mir. Mir. Mir. Mir.
Mir. Mir. Mir. Mir. Mir. Mir. Mir. Mir. Mir. Mir. Mir. Mir.

Mir. Mir. Mir. Mir. Mir. Mir. Mir. Mir. Mir. Mir. Mir. Mir.
Mir. Mir. Mir. Mir. Mir. Mir. Mir. Mir. Mir. Mir. Mir. Mir.
Mir. Mir. Mir. Mir. Mir. Mir. Mir. Mir. Mir. Mir. Mir. Mir.
Mir. Mir. Mir. Mir. Mir. Mir. Mir. Mir. Mir. Mir. Mir. Mir.
Mir. Mir. Mir. Mir. Mir. Mir. Mir. Mir. Mir. Mir. Mir. Mir.

Mir. Mir. Mir. Mir. Mir. Mir. Mir. Mir. Mir. Mir. Mir. Mir.
Mir. Mir. Mir. Mir. Mir. Mir. Mir. Mir. Mir. Mir. Mir. Mir.
Mir. Mir. Mir. Mir. Mir. Mir. Mir. Mir. Mir. Mir. Mir. Mir.
Mir. Mir. Mir. Mir. Mir. Mir. Mir. Mir. Mir. Mir. Mir. Mir.
Mir. Mir. Mir. Mir. Mir.

Mir. Mir. Mir. Mir. Mir. Mir. Mir. Mir. Mir. Mir. Mir. Mir.
Mir. Mir. Mir. Mir. Mir. Mir. Mir. Mir. Mir. Mir. Mir. Mir.
Mir. Mir. Mir. Mir. Mir. Mir. Mir. Mir. Mir. Mir. Mir. Mir.
Mir. Mir. Mir. Mir. Mir. Mir. Mir. Mir. Mir. Mir. Mir. Mir.
Mir. Mir. Mir. Mir. Mir. Mir. Mir.

Mir. Mir. Mir. Mir. Mir. Mir. Mir. Mir. Mir. Mir. Mir. Mir.
Mir. Mir. Mir. Mir. Mir. Mir. Mir. Mir. Mir. Mir. Mir. Mir.

Mir. Mir. Mir. Mir. Mir. Mir. Mir. Mir. Mir. Mir. Mir. Mir.
Mir. Mir. Mir. Mir. Mir. Mir. Mir. Mir. Mir. Mir. Mir. Mir.
Mir. Mir. Mir. Mir. Mir. Mir. Mir. Mir. Mir. Mir. Mir. Mir.
Mir. Mir. Mir. Mir. Mir. Mir. Mir. Mir. Mir. Mir. Mir. Mir.
Mir. Mir.

Mir. Mir. Mir. Mir. Mir. Mir. Mir. Mir. Mir. Mir. Mir. Mir.
Mir. Mir. Mir. Mir. Mir. Mir. Mir. Mir. Mir. Mir. Mir. Mir.
Mir. Mir. Mir. Mir. Mir. Mir. Mir. Mir. Mir. Mir. Mir. Mir.

Mir. Mir. Mir. Mir. Mir. Mir. Mir. Mir. Mir. Mir. Mir. Mir.
Mir. Mir. Mir. Mir. Mir.

Mir. Mir. Mir. Mir. Mir. Mir. Mir. Mir. Mir. Mir. Mir.

Mir. Mir. Mir. Mir. Mir. Mir. Mir. Mir. Mir. Mir. Mir. Mir.
Mir. Mir. Mir. Mir. Mir. Mir. Mir. Mir. Mir. Mir. Mir. Mir.
Mir. Mir. Mir. Mir. Mir. Mir. Mir. Mir. Mir. Mir. Mir. Mir.
Mir. Mir. Mir. Mir. Mir. Mir.

Mir. Mir. Mir. Mir. Mir. Mir. Mir. Mir. Mir. Mir. Mir. Mir.
Mir. Mir. Mir. Mir. Mir. Mir. Mir. Mir. Mir. Mir. Mir. Mir.
Mir. Mir. Mir. Mir. Mir. Mir.

Mir. Mir. Mir. Mir. Mir. Mir. Mir. Mir. Mir. Mir. Mir. Mir.
Mir. Mir. Mir. Mir. Mir. Mir. Mir. Mir. Mir. Mir. Mir. Mir.
Mir. Mir. Mir. Mir. Mir. Mir. Mir. Mir.

Mir. Mir. Mir. Mir. Mir. Mir. Mir. Mir. Mir. Mlr. Mir. Mir.
Mir. Mir. Mir. Mir. Mir. Mir. Mir. Mir. Mir. Mir. Mir. Mir.
Mir. Mir. Mir. Mir. Mir. Mir. Mir. Mir. Mir. Mir. Mir. Mir.
Mir. Mir. Mir. Mir. Mir. Mir.

Mir. Mir. Mir. Mir. Mir. Mir. Mir. Mir. Mir. Mir. Mir. Mir.
Mir. Mir. Mir. Mir. Mir. Mir. Mir. Mir. Mir. Mir. Mir. Mir.
Mir. Mir. Mir. Mir. Mir. Mir. Mir. Mir. Mir. Mir.

Mir. Mir. Mir. Mir. Mir. Mir. Mir. Mir. Mir. Mir. Mir. Mir.
Mir. Mir. Mir. Mir. Mir. Mir. Mir. Mir. Mir. Mir. Mir. Mir.
Mir. Mir. Mir. Mir. Mir. Mir. Mir. Mir. Mir. Mir.

Mir. Mir. Mir. Mir. Mir. Mir. Mir. Mir. Mir. Mir. Mir. Mir.
Mir. Mir. Mir. Mir. Mir. Mir. Mir. Mir. Mir. Mir. Mir. Mir.
Mir. Mir. Mir. Mir. Mir. Mir. Mir. Mir. Mir. Mir. Mir. Mir.
Mir. Mir. Mir. Mir. Mir. Mir. Mir. Mir. Mir. Mir. Mir. Mir.
Mir. Mir. Mir. Mir. Mir. Mir. Mir. Mir. Mir. Mir. Mir. Mir.
Mir. Mir. Mir. Mir. Mir. Mir. Mir. Mir. Mir. Mir. Mir. Mir.
Mir. Mir. Mir. Mir. Mir. Mir. Mir. Mir. Mir. Mir. Mir. Mir.
Mir. Mir. Mir. Mir. Mir. Mir. Mir. Mir.

Mir. Mir. Mir. Mir. Mir. Mir. Mir. Mir. Mir. Mir. Mir. Mir.
Mir. Mir. Mir. Mir. Mir. Mir. Mir. Mir. Mir. Mir. Mir. Mir.
Mir. Mir. Mir. Mir. Mir. Mir. Mir. Mir. Mir. Mir. Mir. Mir.
Mir. Mir. Mir. Mir. Mir. Mir. Mir. Mir. Mir. Mir. Mir. Mir.
Mir. Mir. Mir. Mir. Mir. Mir. Mir. Mir. Mir. Mir. Mir. Mir.
Mir. Mir. Mir. Mir. Mir. Mir. Mir. Mir. Mir. Mir. Mir. Mir.
Mir. Mir. Mir. Mir. Mir. Mir. Mir. Mir. Mir. Mir. Mir. Mir.
Mir. Mir. Mir. Mir. Mir. Mir. Mir. Mir. Mir. Mir. Mir. Mir.
Mir. Mir. Mir. Mir. Mir. Mir. Mir. Mir. Mir. Mir. Mir. Mir.
Mir. Mir. Mir. Mir. Mir. Mir. Mir. Mir. Mir. Mir. Mir. Mir.
Mir. Mir. Mir. Mir. Mir. Mir.

Mir. Mir. Mir. Mir. Mir. Mir. Mir. Mir. Mir. Mir. Mir. Mir.
Mir. Mir. Mir. Mir. Mir. Mir. Mir. Mir. Mir. Mir. Mir. Mir.

Mir. Mir. Mir. Mir. Mir. Mir. Mir. Mir. Mir. Mir. Mir. Mir.
Mir. Mir. Mir. Mir. Mir. Mir. Mir. Mir. Mir. Mir. Mir. Mir.
Mir. Mir. Mir. Mir. Mir. Mir. Mir. Mir. Mir. Mir. Mir. Mir.
Mir. Mir. Mir. Mir. Mir. Mir. Mir. Mir. Mir. Mir. Mir. Mir.
Mir. Mir. Mir. Mir. Mir. Mir. Mir. Mir. Mir. Mir. Mir. Mir.
Mir. Mir. Mir.

Mir. Mir. Mir. Mir. Mir. Mir. Mir. Mir. Mir. Mir. Mir. Mir.
Mir. Mir. Mir. Mir. Mir. Mir. Mir. Mir. Mir. Mir. Mir. Mir.
Mir. Mir. Mir. Mir. Mir. Mir. Mir. Mir. Mir. Mir. Mir. Mir.
Mir. Mir. Mir. Mir. Mir. Mir. Mir. Mir. Mir. Mir. Mir. Mir.
Mir. Mir. Mir. Mir. Mir. Mir. Mir. Mir. Mir. Mir. Mir. Mir.
Mir. Mir. Mir. Mir. Mir. Mir. Mir. Mir. Mir. Mir. Mir. Mir.
Mir. Mir. Mir. Mir. Mir. Mir. Mir. Mir. Mir. Mir. Mir. Mir.
Mir. Mir. Mir. Mir. Mir. Mir. Mir. Mir. Mir. Mir.

Mir. Mir. Mir. Mir. Mir. Mir. Mir. Mir. Mir. Mir. Mir. Mir.
Mir. Mir. Mir. Mir. Mir. Mir. Mir. Mir. Mir. Mir. Mir. Mir.
Mir. Mir. Mir. Mir. Mir. Mir. Mir. Mir. Mir. Mlr. Mir. Mir.
Mir. Mir. Mir. Mir. Mir. Mir. Mir. Mir. Mir. Mir. Mir. Mir.
Mir. Mir. Mir. Mir. Mir. Mir. Mir. Mir. Mir.

Mir. Mir. Mir. Mir. Mir. Mir. Mir. Mir. Mir. Mir. Mir. Mir.
Mir. Mir. Mir. Mir. Mir. Mir. Mir. Mir. Mir. Mir. Mir. Mir.
Mir. Mir. Mir. Mir. Mir. Mir. Mir. Mir. Mir. Mir. Mir. Mir.
Mir. Mir. Mir. Mir. Mir. Mir. Mir. Mir. Mir. Mir. Mir. Mir.

Mir. Mir. Mir. Mir. Mir. Mir. Mir. Mir. Mir. Mir. Mir. Mir.
Mir. Mir. Mir. Mir. Mir. Mir. Mir. Mir. Mir. Mir. Mir. Mir.

Mir. Mir. Mir. Mir. Mir. Mir. Mir. Mir. Mir. Mir. Mir. Mir.
Mir. Mir. Mir. Mir. Mir. Mir. Mir. Mir. Mir. Mir. Mir. Mir.
Mir. Mir. Mir. Mir. Mir. Mir. Mir. Mir. Mir. Mir. Mir. Mir.
Mir. Mir. Mir. Mir. Mir. Mir. Mir. Mir. Mir. Mir. Mir. Mir.
Mir. Mir. Mir. Mir. Mir. Mir. Mir. Mir. Mir. Mir. Mir. Mir.
Mir. Mir. Mir. Mir. Mir. Mir. Mir. Mir. Mir. Mir. Mir. Mir.
Mir. Mir. Mir. Mir. Mir. Mir. Mir. Mir. Mir. Mir. Mir. Mir.
Mir. Mir. Mir. Mir. Mir. Mir. Mir. Mir. Mir. Mir. Mir. Mir.
Mir. Mir. Mir. Mir. Mir. Mir. Mir. Mir. Mir. Mir. Mir. Mir.
Mir. Mir. Mir. Mir. Mir. Mir. Mir. Mir. Mir. Mir. Mir. Mir.
Mir. Mir.

Mir. Mir. Mir. Mir. Mir. Mir. Mir. Mir. Mir. Mir. Mir. Mir.
Mir. Mir. Mir. Mir. Mir. Mir. Mir. Mir. Mir. Mir. Mir. Mir.
Mir. Mir. Mir. Mir. Mir. Mir. Mir. Mir. Mir. Mir. Mir. Mir.
Mir. Mir. Mir. Mir. Mir. Mir. Mir. Mir. Mir. Mir. Mir. Mir.
Mir. Mir. Mir. Mir. Mir. Mir. Mir. Mir. Mir. Mir. Mir. Mir.
Mir. Mir. Mir. Mir. Mir. Mir. Mir. Mir. Mir. Mir. Mir. Mir.
Mir. Mir.

Mir. Mir. Mir. Mir. Mir. Mir. Mir. Mir. Mir. Mir. Mir. Mir.
Mir. Mir. Mir. Mir. Mir. Mir. Mir. Mir. Mir. Mir. Mir. Mir.
Mir. Mir. Mir. Mir. Mir. Mir. Mir. Mir. Mir. Mir. Mir. Mir.
Mir. Mir. Mir. Mir. Mir. Mir. Mir. Mir. Mir. Mir. Mir. Mir.
Mir. Mir. Mir. Mir. Mir. Mir. Mir. Mir. Mir. Mir. Mir. Mir.
Mir. Mir. Mir. Mir. Mir. Mir. Mir. Mir. Mir. Mir. Mir. Mir.
Mir. Mir. Mir. Mir. Mir. Mir. Mir. Mir. Mir. Mir. Mir. Mir.
Mir. Mir. Mir. Mir. Mir. Mir. Mir. Mir. Mir. Mir. Mir. Mir.

Mir. Mir. Mir. Mir. Mir. Mir. Mir. Mir. Mir. Mir. Mir. Mir.
Mir. Mir. Mir. Mir. Mir. Mir. Mir. Mir. Mir. Mir. Mir. Mir.
Mir. Mir. Mir. Mir. Mir. Mir. Mir. Mir. Mir. Mir. Mir. Mir.
Mir. Mir. Mir. Mir. Mir. Mir. Mir. Mir. Mir. Mir. Mir. Mir.
Mir. Mir. Mir. Mir. Mir. Mir. Mir. Mir. Mir. Mir. Mir. Mir.
Mir. Mir. Mir. Mir. Mir. Mir. Mir. Mir. Mir. Mir. Mir. Mir.
Mir. Mir. Mir. Mir. Mir. Mir. Mir. Mir. Mir. Mir. Mir. Mir.
Mir. Mir. Mir. Mir. Mir. Mir. Mir. Mir. Mir. Mir. Mir. Mir.
Mir. Mir. Mir. Mir. Mir. Mir. Mir. Mir. Mir. Mir. Mir. Mir.
Mir. Mir. Mir. Mir. Mir. Mir. Mir. Mir. Mir. Mir. Mir. Mir.
Mir. Mir. Mir. Mir. Mir. Mir. Mir. Mir. Mir. Mir. Mir. Mir.
Mir. Mir. Mir. Mir. Mir. Mir. Mir. Mir. Mir. Mir. Mir. Mir.
Mir.

Mir. Mir. Mir. Mir. Mir. Mir. Mir. Mir. Mir. Mir. Mir. Mir.
Mir. Mir. Mir. Mir. Mir. Mir. Mir. Mir. Mir. Mir. Mir. Mir.
Mir. Mir. Mir. Mir. Mir. Mir. Mir. Mir. Mir. Mir. Mir. Mir.
Mir. Mir. Mir. Mir. Mir. Mir. Mir. Mir. Mir. Mir. Mir. Mir.
Mir. Mir. Mir. Mir. Mir. Mir. Mir. Mir. Mir. Mir. Mir. Mir.
Mir. Mir. Mir. Mir. Mir. Mir. Mir. Mir. Mir. Mir. Mir. Mir.
Mir. Mir. Mir. Mir. Mir. Mir. Mir. Mir. Mir. Mir. Mir. Mir.
Mir. Mir. Mir. Mir. Mir. Mir. Mir. Mir. Mir. Mir. Mir. Mir.
Mir. Mir. Mir. Mir. Mir. Mir. Mir. Mir. Mir. Mir. Mir. Mir.
Mir. Mir. Mir. Mir. Mir. Mir. Mir. Mir. Mir. Mir. Mir. Mir.
Mir. Mir. Mir. Mir. Mir. Mir. Mir. Mir. Mir. Mir. Mir. Mir.
Mir. Mir. Mir. Mir. Mir. Mir. Mir. Mir. Mir. Mir. Mir. Mir.
Mir. Mir. Mir. Mir. Mir. Mir. Mir. Mir. Mir. Mir. Mir. Mir.
Mir. Mir. Mir. Mir. Mir. Mir. Mir. Mir. Mir. Mir. Mir. Mir.
Mir. Mir. Mir. Mir. Mir. Mir. Mir. Mir. Mir. Mir. Mir. Mir.

Mir. Mir. Mir. Mir. Mir. Mir. Mir. Mir. Mir. Mir. Mir. Mir.
Mir. Mir. Mir. Mir. Mir. Mir. Mir. Mir. Mir. Mir. Mir. Mir.
Mir. Mir. Mir. Mir. Mir. Mir. Mir. Mir. Mir. Mir. Mir. Mir.
Mir. Mir. Mir. Mir. Mir.

Mir. Mir. Mir. Mir. Mir. Mir. Mir. Mir. Mir. Mir. Mir. Mir.
Mir. Mir. Mir. Mir. Mir. Mir. Mir. Mir. Mir. Mir. Mir. Mir.
Mir. Mir. Mir. Mir. Mir. Mir. Mir. Mir. Mir. Mir. Mir. Mir.
Mir. Mir. Mir. Mir. Mir. Mir. Mir. Mir. Mir. Mir. Mir. Mir.
Mir. Mir. Mir. Mir. Mir. Mir. Mir. Mir. Mir. Mir. Mir. Mir.
Mir. Mir. Mir. Mir. Mir. Mir. Mir. Mir. Mir. Mir. Mir. Mir.
Mir. Mir. Mir. Mir. Mir. Mir. Mir. Mir. Mir. Mir. Mir.

Mir. Mir. Mir. Mir. Mir. Mir. Mir. Mir. Mir. Mir. Mir. Mir.
Mir. Mir. Mir. Mir. Mir. Mir. Mir. Mir. Mir. Mir. Mir. Mir.
Mir. Mir. Mir. Mir. Mir. Mir. Mir. Mir. Mir. Mir. Mir. Mir.
Mir. Mir. Mir. Mir. Mir. Mir. Mir. Mir. Mir. Mir. Mir. Mir.
Mir. Mir. Mir. Mir. Mir. Mir. Mir. Mir. Mir. Mir. Mir. Mir.
Mir. Mir. Mir. Mir. Mir. Mir. Mir. Mir. Mir. Mir. Mir. Mir.

Mir. Mir. Mir. Mir. Mir. Mir. Mir. Mir. Mir. Mir. Mir. Mir.
Mir. Mir. Mir. Mir. Mir. Mir. Mir. Mir. Mir. Mir. Mir. Mir.
Mir. Mir. Mir. Mir. Mir. Mir. Mir. Mir. Mir. Mir. Mir. Mir.
Mir. Mir. Mir. Mir. Mir. Mir. Mir. Mir. Mir. Mir. Mir. Mir.
Mir. Mir. Mir. Mir. Mir. Mir. Mir. Mir. Mir. Mir. Mir. Mir.
Mir. Mir. Mir. Mir. Mir. Mir. Mir. Mir. Mir. Mir. Mir. Mir.
Mir. Mir. Mir. Mir. Mir. Mir. Mir. Mir. Mir. Mir. Mir. Mir.

Mir. Mir. Mir. Mir. Mir. Mir. Mir. Mir. Mir. Mir. Mir. Mir.
Mir. Mir. Mir. Mir. Mir. Mir. Mir. Mir. Mir. Mir. Mir. Mir.
Mir. Mir. Mir. Mir. Mir. Mir. Mir. Mir. Mir. Mir. Mir. Mir.
Mir. Mir. Mir. Mir. Mir. Mir. Mir. Mir. Mir. Mir. Mir. Mir.
Mir. Mir. Mir. Mir. Mir. Mir. Mir. Mir. Mir. Mir. Mir. Mir.
Mir. Mir. Mir. Mir. Mir. Mir. Mir. Mir.

Mir. Mir. Mir. Mir. Mir. Mir. Mir. Mir. Mir. Mir. Mir. Mir.
Mir. Mir. Mir. Mir. Mir. Mir. Mir. Mir. Mir. Mir. Mir. Mir.
Mir. Mir. Mir. Mir. Mir. Mir. Mir. Mir. Mir. Mir. Mir. Mir.
Mir. Mir. Mir. Mir. Mir. Mir. Mir. Mir. Mir. Mir. Mir. Mir.
Mir. Mir. Mir. Mir. Mir. Mir. Mir. Mir. Mir. Mir. Mir. Mir.
Mir. Mir. Mir. Mir. Mir. Mir. Mir. Mir. Mir. Mir. Mir. Mir.
Mir. Mir.

Mir. Mir. Mir. Mir. Mir. Mir. Mir. Mir. Mir. Mir. Mir. Mir.
Mir. Mir. Mir. Mir. Mir. Mir. Mir. Mir. Mir. Mir. Mir. Mir.
Mir. Mir. Mir. Mir. Mir. Mir. Mir. Mir. Mir. Mir. Mir. Mir.
Mir. Mir. Mir. Mir. Mir. Mir. Mir. Mir. Mir. Mir. Mir. Mir.
Mir. Mir. Mir. Mir. Mir. Mir. Mir. Mir. Mir. Mir. Mir. Mir.
Mir. Mir.

Mir. Mir. Mir. Mir. Mir. Mir. Mir. Mir. Mir. Mir. Mir. Mir.
Mir. Mir. Mir. Mir. Mir. Mir. Mir. Mir. Mir. Mir. Mir. Mir.
Mir. Mir. Mir. Mir. Mir. Mir. Mir. Mir. Mir. Mir. Mir. Mir.
Mir. Mir. Mir. Mir. Mir. Mir. Mir. Mir. Mir. Mir. Mir. Mir.
Mir. Mir. Mir. Mir. Mir. Mir. Mir. Mir. Mir. Mir. Mir. Mir.
Mir. Mir. Mir. Mir. Mir. Mir. Mir. Mir. Mir. Mir. Mir. Mir.
Mir. Mir. Mir. Mir. Mir. Mir. Mir. Mir. Mir. Mir. Mir. Mir.
Mir. Mir. Mir. Mir. Mir. Mir. Mir. Mir. Mir. Mir.

Mir. Mir. Mir. Mir. Mir. Mir. Mir. Mir. Mir. Mir. Mir. Mir.
Mir. Mir. Mir. Mir. Mir. Mir. Mir. Mir. Mir. Mir. Mir. Mir.
Mir. Mir. Mir. Mir. Mir. Mir. Mir. Mir. Mir. Mir. Mir. Mir.
Mir. Mir. Mir. Mir. Mir. Mir. Mir. Mir. Mir. Mir. Mir. Mir.
Mir. Mir. Mir. Mir. Mir. Mir. Mir. Mir. Mir. Mir. Mir. Mir.
Mir. Mir. Mir. Mir. Mir. Mir. Mir. Mir. Mir. Mir. Mir. Mir.
Mir. Mir. Mir. Mir.

Mir. Mir. Mir. Mir. Mir. Mir. Mir. Mir. Mir. Mir. Mir. Mir.
Mir. Mir. Mir. Mir. Mir. Mir. Mir. Mir. Mir. Mir. Mir. Mir.
Mir. Mir. Mir. Mir. Mir. Mir. Mir. Mir. Mir. Mir. Mir. Mir.
Mir. Mir. Mir. Mir. Mir. Mir. Mir. Mir. Mir. Mir.

Mir. Mir. Mir. Mir. Mir. Mir. Mir. Mir. Mir. Mir. Mir. Mir.
Mir. Mir. Mir. Mir. Mir. Mir. Mir. Mir. Mir. Mir. Mir. Mir.
Mir. Mir. Mir. Mir. Mir. Mir. Mir. Mir. Mir. Mir. Mir. Mir.
Mir. Mir. Mir. Mir. Mir. Mir. Mir. Mir. Mir. Mir. Mir. Mir.
Mir. Mir. Mir. Mir. Mir. Mir. Mir. Mir. Mir. Mir. Mir. Mir.
Mir. Mir. Mir. Mir. Mir. Mir. Mir. Mir. Mir. Mir. Mir. Mir.
Mir. Mir.

Mir. Mir. Mir. Mir. Mir. Mir. Mir. Mir. Mir. Mir. Mir. Mir.
Mir. Mir. Mir. Mir. Mir. Mir. Mir. Mir. Mir. Mir. Mir. Mir.
Mir. Mir. Mir. Mir. Mir. Mir. Mir. Mir. Mir. Mir. Mir. Mir.
Mir. Mir. Mir. Mir. Mir. Mir. Mir. Mir. Mir. Mir. Mir. Mir.
Mir. Mir. Mir. Mir. Mir. Mir. Mir. Mir. Mir. Mir. Mir. Mir.
Mir. Mir. Mir. Mir. Mir. Mir. Mir. Mir. Mir. Mir. Mir. Mir.
Mir. Mir. Mir. Mir. Mir. Mir. Mir. Mir. Mir. Mir. Mir. Mir.
Mir. Mir. Mir. Mir. Mir. Mir. Mir. Mir. Mir. Mir. Mir. Mir.

Mir. Mir. Mir. Mir. Mir. Mir. Mir. Mir. Mir. Mir. Mir. Mir.
Mir. Mir. Mir. Mir. Mir. Mir. Mir. Mir. Mir. Mir.

Mir. Mir. Mir. Mir. Mir. Mir. Mir. Mir. Mir. Mir. Mir. Mir.
Mir. Mir. Mir. Mir. Mir. Mir. Mir. Mir. Mir. Mir. Mir. Mir.
Mir. Mir. Mir. Mir. Mir. Mir. Mir. Mir. Mir. Mir. Mir. Mir.
Mir. Mir. Mir. Mir. Mir. Mir. Mir. Mir. Mir. Mir. Mir. Mir.
Mir. Mir. Mir. Mir. Mir. Mir. Mir. Mir. Mir. Mir. Mir. Mir.
Mir. Mir. Mir. Mir. Mir. Mir. Mir. Mir. Mir. Mir. Mir. Mir.
Mir. Mir. Mir. Mir. Mir. Mir. Mir. Mir. Mir. Mir. Mir. Mir.
Mir. Mir. Mir. Mir. Mir. Mir. Mir. Mir. Mir. Mir. Mir. Mir.

Mir. Mir. Mir. Mir. Mir. Mir. Mir. Mir. Mir. Mir. Mir. Mir.
Mir. Mir. Mir. Mir. Mir. Mir. Mir. Mir. Mir. Mir. Mir. Mir.
Mir. Mir. Mir. Mir. Mir. Mir. Mir. Mir. Mir. Mir. Mir. Mir.
Mir. Mir. Mir. Mir. Mir. Mir. Mir. Mir. Mir. Mir. Mir. Mir.
Mir. Mir. Mir. Mir. Mir. Mir.

Mir. Mir. Mir. Mir. Mir. Mir. Mir. Mir. Mir. Mir. Mir. Mir.
Mir. Mir. Mir. Mir. Mir. Mir. Mir. Mir. Mir. Mir. Mir. Mir.
Mir. Mir. Mir. Mir. Mir. Mir. Mir. Mir. Mir. Mir. Mir. Mir.
Mir. Mir. Mir. Mir. Mir. Mir. Mir. Mir. Mir. Mir. Mir. Mir.
Mir. Mir. Mir. Mir. Mir. Mir. Mir. Mir. Mir. Mir. Mir. Mir.
Mir. Mir. Mir. Mir. Mir. Mir. Mir. Mir. Mir. Mir. Mir. Mir.
Mir. Mir. Mir. Mir. Mir. Mir. Mir. Mir. Mir. Mir. Mir. Mir.
Mir. Mir. Mir. Mir. Mir. Mir. Mir. Mir. Mir. Mir. Mir. Mir.
Mir. Mir. Mir. Mir. Mir. Mir. Mir. Mir. Mir. Mir. Mir. Mir.
Mir. Mir. Mir. Mir. Mir. Mir. Mir. Mir. Mir. Mir. Mir. Mir.
Mir. Mir. Mir. Mir. Mir. Mir. Mir. Mir. Mir. Mir. Mir.

Mir. Mir. Mir. Mir. Mir. Mir. Mir. Mir. Mir. Mir. Mir. Mir.
Mir. Mir. Mir. Mir. Mir. Mir. Mir. Mir. Mir. Mir. Mir. Mir.
Mir. Mir. Mir. Mir. Mir. Mir. Mir. Mir. Mir. Mir. Mir. Mir.
Mir. Mir. Mir. Mir. Mir. Mir. Mir. Mir. Mir. Mir. Mir. Mir.
Mir. Mir.

Mir. Mir. Mir. Mir. Mir. Mir. Mir. Mir. Mir. Mir. Mir. Mir.
Mir. Mir. Mir. Mir. Mir. Mir. Mir. Mir. Mir. Mir. Mir. Mir.
Mir. Mir. Mir. Mir. Mir. Mir. Mir. Mir. Mir. Mir. Mir. Mir.
Mir. Mir. Mir. Mir. Mir. Mir. Mir. Mir. Mir. Mir. Mir. Mir.
Mir. Mir. Mir. Mir. Mir.

Mir. Mir. Mir. Mir. Mir. Mir. Mir. Mir. Mir. Mir. Mir. Mir.
Mir. Mir. Mir. Mir. Mir. Mir. Mir. Mir. Mir. Mir. Mir. Mir.
Mir. Mir. Mir. Mir. Mir. Mir. Mir. Mir. Mir. Mir. Mir. Mir.
Mir. Mir. Mir. Mir. Mir. Mir. Mir. Mir. Mir. Mir. Mir. Mir.
Mir. Mir. Mir. Mir. Mir. Mir. Mir. Mir. Mir. Mir. Mir. Mir.
Mir. Mir. Mir. Mir. Mir. Mir. Mir. Mir. Mir. Mir. Mir. Mir.
Mir. Mir. Mir. Mir. Mir. Mir. Mir. Mir. Mir. Mir. Mir. Mir.
Mir. Mir. Mir. Mir. Mir. Mir. Mir. Mir. Mir. Mir.

Mir. Mir. Mir. Mir. Mir. Mir. Mir. Mir. Mir. Mir. Mir. Mir.
Mir. Mir. Mir. Mir. Mir. Mir. Mir. Mir. Mir. Mir. Mir. Mir.
Mir. Mir. Mir. Mir. Mir. Mir. Mir. Mir. Mir. Mir. Mir. Mir.
Mir. Mir. Mir. Mir. Mir. Mir. Mir. Mir. Mir. Mir. Mir. Mir.
Mir. Mir. Mir. Mir. Mir. Mir.

Mir. Mir. Mir. Mir. Mir. Mir. Mir. Mir. Mir. Mir. Mir. Mir.
Mir. Mir. Mir. Mir. Mir. Mir. Mir. Mir. Mir. Mir. Mir. Mir.

Mir. Mir. Mir. Mir. Mir. Mir. Mir. Mir. Mir. Mir. Mir. Mir.
Mir. Mir. Mir. Mir. Mir. Mir. Mir. Mir. Mir. Mir. Mir. Mir.
Mir. Mir. Mir. Mir. Mir. Mir. Mir. Mir. Mir. Mir. Mir. Mir.
Mir. Mir. Mir. Mir. Mir. Mir. Mir. Mir.

Mir. Mir. Mir. Mir. Mir. Mir. Mir. Mir. Mir. Mir. Mir. Mir.
Mir. Mir. Mir. Mir. Mir. Mir. Mir. Mir. Mir. Mir. Mir. Mir.
Mir. Mir. Mir. Mir. Mir. Mir. Mir. Mir. Mir. Mir. Mir. Mir.
Mir. Mir. Mir. Mir. Mir. Mir. Mir. Mir. Mir. Mir. Mir. Mir.
Mir. Mir. Mir. Mir. Mir. Mir. Mir. Mir. Mir. Mir. Mir. Mir.
Mir. Mir. Mir. Mir. Mir. Mir. Mir. Mir. Mir. Mir. Mir. Mir.
Mir. Mir. Mir. Mir. Mir. Mir. Mir. Mir. Mir. Mir. Mir. Mir.
Mir. Mir. Mir. Mir. Mir. Mir. Mir. Mir. Mir. Mir. Mir. Mir.
Mir. Mir. Mir. Mir. Mir. Mir. Mir. Mir. Mir. Mir. Mir. Mir.
Mir. Mir. Mir. Mir. Mir. Mir. Mir.

Mir. Mir. Mir. Mir. Mir. Mir. Mir. Mir. Mir. Mir. Mir. Mir.
Mir. Mir. Mir. Mir. Mir. Mir. Mir. Mir. Mir. Mir. Mir. Mir.
Mir. Mir. Mir. Mir. Mir. Mir. Mir. Mir. Mir. Mir. Mir. Mir.
Mir. Mir. Mir. Mir. Mir. Mir. Mir. Mir. Mir. Mir. Mir. Mir.
Mir. Mir. Mir. Mir. Mir. Mir. Mir. Mir. Mir. Mir. Mir. Mir.
Mir. Mir. Mir. Mir. Mir. Mir. Mir. Mir. Mir. Mir. Mir. Mir.
Mir. Mir. Mir. Mir. Mir. Mir. Mir. Mir. Mir. Mir. Mir. Mir.
Mir. Mir. Mir. Mir. Mir. Mir. Mir. Mir. Mir. Mir. Mir. Mir.
Mir.

Mir. Mir. Mir. Mir. Mir. Mir. Mir. Mir. Mir. Mir. Mir. Mir.
Mir. Mir. Mir. Mir. Mir. Mir. Mir. Mir. Mir. Mir. Mir. Mir.
Mir. Mir. Mir. Mir. Mir. Mir. Mir. Mir. Mir. Mir. Mir. Mir.
Mir. Mir. Mir. Mir. Mir. Mir. Mir. Mir. Mir. Mir.

Mir. Mir. Mir. Mir. Mir. Mir. Mir. Mir. Mir. Mir. Mir. Mir.
Mir. Mir. Mir. Mir. Mir. Mir. Mir. Mir. Mir. Mir. Mir. Mir.
Mir. Mir. Mir. Mir. Mir. Mir. Mir. Mir. Mir. Mir. Mir. Mir.
Mir. Mir. Mir. Mir. Mir. Mir. Mir. Mir. Mir. Mir. Mir. Mir.

Mir. Mir. Mir. Mir. Mir. Mir. Mir. Mir. Mir. Mir. Mir. Mir.
Mir. Mir. Mir. Mir. Mir. Mir. Mir. Mir. Mir. Mir. Mir. Mir.
Mir. Mir. Mir. Mir. Mir. Mir. Mir. Mir. Mir. Mir. Mir. Mir.
Mir. Mir. Mir. Mir. Mir. Mir. Mir. Mir. Mir. Mir. Mir. Mir.
Mir. Mir. Mir. Mir. Mir. Mir.

Mir. Mir. Mir. Mir. Mir. Mir. Mir. Mir. Mir. Mir. Mir. Mir.
Mir. Mir. Mir. Mir. Mir. Mir. Mir. Mir. Mir. Mir. Mir. Mir.
Mir. Mir. Mir. Mir. Mir. Mir. Mir. Mir. Mir. Mir. Mir. Mir.
Mir. Mir.

Mir. Mir. Mir. Mir. Mir. Mir. Mir. Mir. Mir. Mir. Mir. Mir.
Mir. Mir. Mir. Mir. Mir. Mir. Mir. Mir. Mir. Mir. Mir. Mir.
Mir. Mir. Mir. Mir. Mir. Mir. Mir. Mir. Mir. Mir. Mir. Mir.
Mir. Mir. Mir. Mir. Mir. Mir. Mir. Mir. Mir. Mir. Mir. Mir.
Mir. Mir. Mir. Mir. Mir. Mir. Mir. Mir. Mir. Mir. Mir. Mir.
Mir. Mir. Mir. Mir. Mir. Mir. Mir. Mir. Mir. Mir. Mir. Mir.
Mir. Mir. Mir. Mir. Mir. Mir. Mir. Mir. Mir. Mir. Mir. Mir.
Mir. Mir. Mir. Mir. Mir. Mir. Mir. Mir. Mir. Mir. Mir. Mir.
Mir. Mir. Mir. Mir. Mir. Mir. Mir. Mir. Mir. Mir. Mir. Mir.
Mir. Mir. Mir. Mir. Mir. Mir. Mir. Mir. Mir. Mir. Mir. Mir.
Mir. Mir. Mir. Mir. Mir. Mir. Mir. Mir. Mir. Mir. Mir. Mir.
Mir. Mir. Mir.

Mir. Mir. Mir. Mir. Mir. Mir. Mir. Mir. Mir. Mir. Mir. Mir.
Mir. Mir. Mir. Mir. Mir. Mir. Mir. Mir. Mir. Mir. Mir. Mir.
Mir. Mir. Mir. Mir. Mir. Mir. Mir. Mir. Mir. Mir. Mir. Mir.
Mir. Mir. Mir. Mir. Mir. Mir. Mir. Mir. Mir. Mir. Mir. Mir.
Mir. Mir. Mir. Mir. Mir. Mir. Mir. Mir. Mir. Mir. Mir. Mir.
Mir. Mir. Mir. Mir. Mir. Mir. Mir. Mir. Mir. Mir. Mir. Mir.
Mir. Mir. Mir. Mir. Mir. Mir. Mir. Mir. Mir. Mir. Mir. Mir.
Mir. Mir. Mir. Mir. Mir. Mir. Mir. Mir. Mir. Mir. Mir. Mir.
Mir. Mir.

Mir. Mir. Mir. Mir. Mir. Mir. Mir. Mir. Mir. Mir. Mir. Mir.
Mir. Mir. Mir. Mir. Mir. Mir. Mir. Mir. Mir. Mir. Mir. Mir.
Mir. Mir. Mir. Mir. Mir. Mir. Mir. Mir. Mir. Mir. Mir. Mir.
Mir. Mir. Mir. Mir. Mir. Mir. Mir. Mir. Mir. Mir. Mir. Mir.
Mir. Mir. Mir. Mir. Mir. Mir. Mir. Mir. Mir. Mir. Mir. Mir.
Mir. Mir. Mir. Mir. Mir. Mir. Mir. Mir. Mir. Mir. Mir. Mir.
Mir. Mir. Mir. Mir. Mir. Mir. Mir. Mir. Mir. Mir. Mir. Mir.
Mir. Mir. Mir. Mir. Mir.

Mir. Mir. Mir. Mir. Mir. Mir. Mir. Mir. Mir. Mir. Mir. Mir.
Mir. Mir. Mir. Mir. Mir. Mir. Mir. Mir. Mir. Mir. Mir. Mir.
Mir. Mir. Mir. Mir. Mir. Mir. Mir. Mir. Mir. Mir. Mir. Mir.
Mir. Mir. Mir. Mir. Mir. Mir. Mir. Mir. Mir. Mir. Mir. Mir.
Mir. Mir. Mir. Mir. Mir. Mir. Mir. Mir. Mir. Mir. Mir. Mir.
Mir. Mir. Mir. Mir. Mir. Mir. Mir. Mir. Mir. Mir. Mir. Mir.
Mir. Mir. Mir. Mir. Mir. Mir. Mir. Mir. Mir. Mir. Mir. Mir.
Mir. Mir. Mir. Mir. Mir.

Mir. Mir. Mir. Mir. Mir. Mir. Mir. Mir. Mir. Mir. Mir. Mir.
Mir. Mir. Mir. Mir. Mir. Mir. Mir. Mir. Mir. Mir. Mir. Mir.

Mir. Mir. Mir. Mir. Mir. Mir. Mir. Mir. Mir. Mir. Mir. Mir.
Mir. Mir. Mir. Mir. Mir. Mir. Mir. Mir. Mir. Mir. Mir. Mir.
Mir. Mir. Mir. Mir. Mir. Mir. Mir. Mir. Mir. Mir. Mir. Mir.
Mir. Mir. Mir. Mir. Mir. Mir. Mir. Mir. Mir. Mir. Mir. Mir.
Mir. Mir. Mir. Mir. Mir. Mir. Mir. Mir. Mir. Mir. Mir. Mir.
Mir. Mir. Mir. Mir. Mir. Mir. Mir. Mir. Mir. Mir. Mir. Mir.
Mir. Mir. Mir. Mir. Mir. Mir. Mir. Mir. Mir. Mir. Mir. Mir.
Mir. Mir. Mir. Mir. Mir. Mir. Mir. Mir. Mir. Mir. Mir. Mir.
Mir. Mir. Mir. Mir. Mir. Mir. Mir. Mir. Mir. Mir. Mir. Mir.
Mir. Mir. Mir. Mir.

Mir. Mir. Mir. Mir. Mir. Mir. Mir. Mir. Mir. Mir. Mir. Mir.
Mir. Mir. Mir. Mir. Mir. Mir. Mir. Mir. Mir. Mir. Mir. Mir.
Mir. Mir. Mir. Mir. Mir. Mir. Mir. Mir. Mir. Mir. Mir. Mir.
Mir. Mir. Mir. Mir. Mir. Mir. Mir. Mir. Mir. Mir. Mir. Mir.
Mir. Mir. Mir. Mir. Mir. Mir.

Mir. Mir. Mir. Mir. Mir. Mir. Mir. Mir. Mir. Mir. Mir. Mir.
Mir. Mir. Mir. Mir. Mir. Mir. Mir. Mir. Mir. Mir. Mir. Mir.
Mir. Mir. Mir. Mir. Mir. Mir. Mir. Mir. Mir. Mir. Mir. Mir.
Mir. Mir. Mir. Mir. Mir. Mir. Mir. Mir. Mir. Mir. Mir. Mir.

Mir. Mir. Mir. Mir. Mir. Mir. Mir. Mir. Mir. Mir. Mir. Mir.
Mir. Mir. Mir. Mir. Mir. Mir. Mir. Mir. Mir. Mir. Mir. Mir.
Mir. Mir. Mir. Mir. Mir. Mir. Mir. Mir. Mir.

Mir. Mir. Mir. Mir. Mir. Mir. Mir. Mir. Mir. Mir. Mir. Mir.
Mir. Mir. Mir. Mir. Mir. Mir. Mir. Mir. Mir. Mir. Mir. Mir.
Mir. Mir. Mir. Mir. Mir. Mir. Mir. Mir. Mir. Mir. Mir. Mir.

Mir. Mir. Mir. Mir. Mir. Mir. Mir. Mir. Mir. Mir. Mir. Mir.
Mir. Mir. Mir. Mir. Mir. Mir. Mir. Mir. Mir. Mir. Mir. Mir.
Mir. Mir. Mir. Mir. Mir. Mir. Mir. Mir. Mir. Mir. Mir. Mir.
Mir.

Mir. Mir. Mir. Mir. Mir. Mir. Mir. Mir. Mir. Mir. Mir. Mir.
Mir. Mir. Mir. Mir. Mir. Mir. Mir. Mir. Mir. Mir. Mir. Mir.
Mir. Mir. Mir. Mir. Mir. Mir. Mir. Mir.

Mir. Mir. Mir. Mir. Mir. Mir. Mir. Mir. Mir. Mir. Mir. Mir.
Mir. Mir. Mir. Mir. Mir. Mir. Mir. Mir. Mir. Mir. Mir. Mir.
Mir. Mir. Mir. Mir. Mir. Mir. Mir. Mir. Mir. Mir. Mir. Mir.
Mir. Mir. Mir. Mir. Mir. Mir. Mir. Mir. Mir. Mir. Mir. Mir.
Mir. Mir. Mir. Mir. Mir. Mir. Mir. Mir. Mir. Mir. Mir. Mir.
Mir. Mir. Mir. Mir. Mir. Mir. Mir. Mir. Mir. Mir. Mir.

Mir. Mir. Mir. Mir. Mir. Mir. Mir. Mir. Mir. Mir. Mir. Mir.
Mir. Mir. Mir. Mir. Mir. Mir. Mir. Mir. Mir. Mir. Mir. Mir.
Mir. Mlr. Mir. Mir. Mir. Mir. Mir. Mir. Mir. Mir.

Mir. Mir. Mir. Mir. Mir. Mir. Mir. Mir. Mir. Mir. Mir. Mir.
Mir. Mir. Mir. Mir. Mir. Mir. Mir. Mir. Mir. Mir. Mir. Mir.
Mir. Mir. Mir. Mir. Mir. Mir. Mir. Mir. Mir. Mir. Mir. Mir.
Mir. Mir.

Mir. Mir. Mir. Mir. Mir. Mir. Mir. Mir. Mir. Mir. Mir. Mir.
Mir. Mir.

Mir. Mir. Mir. Mir. Mir. Mir. Mir. Mir. Mir. Mir. Mir. Mir.
Mir. Mir. Mir. Mir. Mir. Mir. Mir. Mir. Mir. Mir. Mir. Mir.

Mir. Mir. Mir. Mir. Mir. Mir. Mir. Mir. Mir. Mir. Mir. Mir.
Mir. Mir. Mir. Mir. Mir. Mir. Mir. Mir. Mir. Mir. Mir. Mir.
Mir. Mir. Mir. Mir. Mir. Mir. Mir. Mir. Mir. Mir.

Mir. Mir. Mir.

Mir. Mir. Mir. Mir. Mir. Mir. Mir. Mir. Mir. Mir. Mir. Mir.
Mir. Mir. Mir. Mir. Mir. Mir. Mir. Mir. Mir. Mir. Mir. Mir.
Mir. Mir. Mir. Mir. Mir. Mir. Mir. Mir. Mir. Mir. Mir. Mir.
Mir.

Mir. Mir. Mir. Mir. Mir. Mir. Mir. Mir. Mir. Mir. Mir. Mir.
Mir. Mir. Mir. Mir. Mir. Mir. Mir. Mir. Mir. Mir. Mir. Mir.
Mir. Mir. Mir. Mir. Mir. Mir. Mir. Mir. Mir. Mir. Mir. Mir.
Mir. Mir. Mir. Mir. Mir. Mir. Mir. Mir. Mir. Mir. Mir. Mir.
Mir. Mir. Mir. Mir. Mir. Mir. Mir. Mir. Mir. Mir. Mir. Mir.
Mir. Mir. Mir. Mir. Mir. Mir. Mir. Mir. Mir. Mir. Mir. Mir.
Mir. Mir. Mir. Mir. Mir. Mir. Mir. Mir. Mir. Mir. Mir. Mir.
Mir. Mir. Mir. Mir. Mir. Mir. Mir. Mir. Mir. Mir.

Mir. Mir. Mir. Mir. Mir. Mir. Mir. Mir. Mir. Mir. Mir. Mir.
Mir. Mir. Mir. Mir. Mir. Mir. Mir. Mir. Mir. Mir. Mir. Mir.
Mir. Mir. Mir. Mir. Mir. Mir. Mir. Mir. Mir. Mir. Mir. Mir.
Mir. Mir. Mir. Mir. Mir. Mir. Mir. Mir. Mir. Mir.

Mir. Mir. Mir. Mir. Mir. Mir. Mir. Mir. Mir. Mir. Mir. Mir.
Mir. Mir. Mir. Mir. Mir. Mir. Mir. Mir. Mir. Mir. Mir. Mir.
Mir. Mir. Mir. Mir. Mir. Mir. Mir. Mir. Mir. Mir. Mir. Mir.
Mir. Mir. Mir. Mir. Mir. Mir. Mir. Mir. Mir. Mir. Mir. Mir.
Mir. Mir. Mir. Mir. Mir. Mir. Mir. Mir. Mir. Mir. Mir. Mir.

Mir. Mir. Mir. Mir. Mir. Mir. Mir. Mir. Mir. Mir. Mir. Mir.
Mir.

Mir. Mir. Mir. Mir. Mir. Mir. Mir. Mir. Mir. Mir. Mir. Mir.
Mir. Mir. Mir. Mir. Mir. Mir. Mir. Mir. Mir. Mir. Mir. Mir.
Mir. Mir. Mir. Mir. Mir. Mir. Mir. Mir. Mir.

Mir. Mir. Mir. Mir. Mir. Mir. Mir. Mir. Mir. Mir. Mir. Mir.
Mir. Mir. Mir. Mir. Mir. Mir. Mir. Mir. Mir. Mir. Mir. Mir.
Mir. Mir. Mir. Mir. Mir. Mir. Mir. Mir. Mir. Mir. Mir. Mir.
Mir. Mir. Mir. Mir. Mir. Mir.

Mir. Mir. Mir. Mir. Mir. Mir. Mir. Mir. Mir. Mir. Mir. Mir.
Mir. Mir. Mir. Mir. Mir. Mir. Mir. Mir. Mir. Mir. Mir. Mir.
Mir. Mir. Mir. Mir. Mir. Mir. Mir. Mir. Mir. Mir. Mir. Mir.
Mir. Mir. Mir. Mir. Mir. Mir. Mir. Mir. Mir. Mir. Mir. Mir.
Mir. Mir. Mir. Mir. Mir. Mir. Mir. Mir. Mir. Mir. Mir. Mir.
Mir. Mir. Mir. Mir. Mir. Mir. Mir. Mir. Mir. Mir. Mir. Mir.
Mir. Mir. Mir. Mir. Mir. Mir. Mir. Mir. Mir. Mir. Mir. Mir.
Mir. Mir. Mir. Mir. Mir. Mir. Mir. Mir. Mir. Mir. Mir.

Mir. Mir. Mir. Mir. Mir. Mir. Mir. Mir. Mir. Mir. Mir. Mir.
Mir. Mir. Mir. Mir. Mir. Mir. Mir. Mir. Mir. Mir. Mir. Mir.
Mir. Mir. Mir. Mir. Mir. Mir. Mir. Mir. Mir. Mir. Mir. Mir.
Mir. Mir. Mir. Mir. Mir. Mir. Mir. Mir. Mir. Mir. Mir. Mir.
Mir. Mir. Mir. Mir. Mir. Mir. Mir. Mir. Mir. Mir. Mir. Mir.
Mir. Mir. Mir. Mir. Mir. Mir. Mir. Mir. Mir. Mir. Mir. Mir.
Mir. Mir. Mir.

Mir. Mir. Mir. Mir. Mir. Mir. Mir. Mir. Mir. Mir. Mir. Mir. Mir. Mir. Mir. Mir. Mir. Mir. Mir. Mir. Mir. Mir. Mir. Mir. Mir. Mir. Mir. Mir. Mir. Mir. Mir. Mir. Mir.

Mir. Mir. Mir. Mir. Mir. Mir. Mir. Mir. Mir. Mir. Mir. Mir. Mir. Mir. Mir. Mir. Mir. Mir. Mir. Mir. Mir. Mir. Mir. Mir. Mir. Mir. Mir. Mir. Mir. Mir. Mir. Mir.

Mir. Mir. Mir. Mir. Mir. Mir. Mir. Mir. Mir. Mir. Mir. Mir. Mir. Mir. Mir. Mir. Mir. Mir. Mir. Mir. Mir. Mir. Mir. Mir. Mir. Mir. Mir. Mir. Mir. Mir. Mir.

Mir. Mir. Mir. Mir. Mir. Mir. Mir. Mir. Mir. Mir. Mir. Mir. Mir. Mir. Mir. Mir. Mir. Mir. Mir. Mir. Mir. Mir.

Mir. Mir. Mir. Mir. Mir. Mir. Mir. Mir. Mir. Mir. Mir. Mir. Mir. Mir. Mir. Mir. Mir. Mir. Mir. Mir. Mir. Mir. Mir. Mir. Mir. Mir. Mir. Mir. Mir. Mir. Mir. Mir. Mir. Mir. Mir. Mir. Mir. Mir. Mir. Mir. Mir. Mir. Mir. Mir. Mir. Mir. Mir. Mir. Mir.

Mir. Mir. Mir. Mir. Mir. Mir. Mir. Mir. Mir. Mir. Mir. Mir. Mir. Mir. Mir. Mir. Mir. Mir. Mir. Mir. Mir. Mir. Mir. Mir. Mir. Mir. Mir. Mir. Mir. Mir. Mir. Mir. Mir. Mir. Mir. Mir. Mir. Mir. Mir. Mir. Mir. Mir. Mir. Mir. Mir. Mir. Mir. Mir. Mir. Mir. Mir. Mir. Mir. Mir. Mir. Mir. Mir. Mir. Mir. Mir. Mir. Mir. Mir. Mir. Mir. Mir. Mir. Mir. Mir. Mir. Mir. Mir. Mir. Mir.

Mir. Mir. Mir. Mir. Mir. Mir. Mir. Mir. Mir. Mir. Mir. Mir.
Mir. Mir. Mir. Mir. Mir. Mir. Mir. Mir. Mir. Mir.

Mir. Mir. Mir. Mir. Mir. Mir. Mir. Mir. Mir. Mir. Mir. Mir.
Mir. Mir. Mir. Mir. Mir. Mir. Mir. Mir. Mir. Mir. Mir. Mir.
Mir. Mir. Mir. Mir. Mir. Mir. Mir. Mir. Mir. Mir. Mir. Mir.
Mir. Mir. Mir. Mir. Mir. Mir. Mir. Mir. Mir. Mir. Mir. Mir.
Mir. Mir. Mir. Mir. Mir. Mir. Mir. Mir. Mir. Mir. Mir. Mir.
Mir. Mir. Mir. Mir. Mir. Mir. Mir. Mir. Mir. Mir. Mir. Mir.
Mir. Mir. Mir. Mir. Mir. Mir. Mir. Mir. Mir. Mir. Mir. Mir.
Mir. Mir. Mir. Mir. Mir. Mir. Mir. Mir. Mir. Mir. Mir. Mir.

Mir. Mir. Mir. Mir. Mir. Mir. Mir. Mir. Mir. Mir. Mir. Mir.
Mir. Mir. Mir. Mir. Mir. Mir. Mir. Mir. Mir. Mir. Mir. Mir.
Mir. Mir. Mir. Mir. Mir. Mir. Mir. Mir. Mir. Mir. Mir. Mir.
Mir. Mir. Mir. Mir. Mir. Mir. Mir. Mir. Mir. Mir. Mir. Mir.
Mir. Mir. Mir. Mir. Mir. Mir.

Mir. Mir. Mir. Mir. Mir. Mir. Mir. Mir. Mir. Mir. Mir. Mir.
Mir. Mir. Mir. Mir. Mir. Mir. Mir. Mir. Mir. Mir. Mir. Mir.
Mir. Mir. Mir. Mir. Mir. Mir. Mir. Mir. Mir. Mir. Mir. Mir.
Mir. Mir. Mir. Mir. Mir. Mir. Mir. Mir. Mir. Mir. Mir. Mir.
Mir. Mir. Mir. Mir. Mir. Mir. Mir. Mir. Mir. Mir. Mir. Mir.
Mir. Mir. Mir.

Mir. Mir. Mir. Mir. Mir. Mir. Mir. Mir. Mir. Mir. Mir. Mir.
Mir. Mir. Mir. Mir. Mir. Mir. Mir. Mir. Mir. Mir. Mir. Mir.
Mir. Mir. Mir. Mir. Mir. Mir. Mir. Mir. Mir. Mir. Mir. Mir.
Mir. Mir. Mir. Mir. Mir. Mir. Mir. Mir. Mir. Mir. Mir. Mir.
Mir. Mir. Mir. Mir. Mir. Mir. Mir. Mir. Mir. Mir. Mir. Mir.
Mir. Mir. Mir. Mir. Mir. Mir. Mir. Mir. Mir. Mir. Mir. Mir.
Mir. Mir. Mir.

Mir. Mir. Mir. Mir. Mir. Mir. Mir. Mir. Mir. Mir. Mir. Mir.
Mir. Mir. Mir. Mir. Mir. Mir. Mir. Mir. Mir. Mir. Mir. Mir.
Mir. Mir. Mir. Mir. Mir. Mir. Mir. Mir. Mir.

Mir. Mir. Mir. Mir. Mir. Mir. Mir. Mir. Mir. Mir. Mir. Mir.
Mir. Mir. Mir. Mir. Mir. Mir. Mir. Mir. Mir. Mir. Mir. Mir.
Mir. Mir. Mir. Mir. Mir. Mir. Mir. Mir. Mir. Mir. Mir. Mir.
Mir. Mir. Mir. Mir. Mir. Mir. Mir. Mir. Mir. Mir. Mir. Mir.
Mir. Mir. Mir. Mir. Mir. Mir. Mir. Mir. Mir. Mir. Mir. Mir.
Mir. Mir. Mir. Mir. Mir. Mir. Mir. Mir. Mir. Mir. Mir. Mir.
Mir. Mir. Mir. Mir. Mir. Mir. Mir. Mir. Mir. Mir. Mir. Mir.
Mir. Mir. Mir. Mir. Mir.

Mir. Mir. Mir. Mir. Mir. Mir. Mir. Mir. Mir. Mir. Mir. Mir.
Mir. Mir. Mir. Mir. Mir. Mir. Mir. Mir. Mir. Mir. Mir. Mir.
Mir. Mir. Mir.

Mir. Mir. Mir. Mir. Mir. Mir. Mir. Mir. Mir. Mir. Mir. Mir.
Mir. Mir. Mir. Mir. Mir. Mir. Mir. Mir. Mir. Mir. Mir. Mir.
Mir. Mir. Mir. Mir. Mir. Mir. Mir. Mir. Mir. Mir. Mir. Mir.

Mir. Mir. Mir. Mir. Mir. Mir. Mir. Mir. Mir. Mir. Mir. Mir. Mir. Mir. Mir. Mir. Mir. Mir. Mir. Mir. Mir. Mir. Mir. Mir. Mir. Mir. Mir. Mir.

Mir. Mir. Mir. Mir. Mir. Mir. Mir. Mir. Mir. Mir. Mir. Mir. Mir. Mir. Mir. Mir. Mir. Mir. Mir. Mir. Mir. Mir. Mir. Mir. Mir. Mir. Mir. Mir. Mir. Mir. Mir. Mir. Mir. Mir. Mir. Mir. Mir. Mir. Mir. Mir. Mir. Mir. Mir. Mir. Mir. Mir. Mir. Mir. Mir.

Mir. Mir. Mir. Mir. Mir. Mir. Mir. Mir. Mir. Mir. Mir. Mir. Mir. Mir. Mir. Mir. Mir. Mir. Mir. Mir. Mir. Mir. Mir. Mir. Mir. Mir. Mir. Mir. Mir. Mir. Mir. Mir. Mir. Mir. Mir. Mir. Mir. Mir. Mir. Mir. Mir. Mir. Mir. Mir. Mir. Mir. Mir. Mir. Mir. Mir. Mir. Mir.

Mir. Mir. Mir. Mir. Mir. Mir. Mir. Mir. Mir. Mir. Mir. Mir. Mir. Mir. Mir. Mir. Mir. Mir. Mir. Mir. Mir. Mir. Mir. Mir. Mir. Mir. Mir. Mir. Mir. Mir. Mir. Mir. Mir. Mir. Mir. Mir. Mir. Mir. Mir. Mir. Mir. Mir. Mir. Mir. Mir. Mir. Mir. Mir. Mir. Mir. Mir. Mir. Mir. Mir. Mir. Mir. Mir. Mir. Mir. Mir. Mir. Mir. Mir. Mir. Mir. Mir. Mir. Mir. Mir. Mir. Mir. Mir. Mir. Mir. Mir. Mir. Mir. Mir. Mir. Mir. Mir. Mir. Mir. Mir. Mir. Mir. Mir. Mir. Mir. Mir. Mir. Mir. Mir. Mir. Mir. Mir.

Mir. Mir. Mir. Mir. Mir. Mir. Mir. Mir. Mir. Mir. Mir. Mir. Mir. Mir. Mir. Mir. Mir. Mir. Mir. Mir. Mir. Mir. Mir. Mir. Mir. Mir. Mir. Mir. Mir. Mir. Mir. Mir. Mir. Mir. Mir. Mir.

Mir. Mir. Mir. Mir. Mir. Mir. Mir. Mir. Mir. Mir. Mir. Mir.
Mir. Mir. Mir. Mir. Mir. Mir. Mir. Mir.

Mir. Mir. Mir. Mir. Mir. Mir. Mir. Mir. Mir. Mir. Mir. Mir.
Mir. Mir. Mir. Mir. Mir. Mir. Mir. Mir. Mir. Mir. Mir. Mir.
Mir. Mir. Mir. Mir. Mir. Mir. Mir. Mir. Mir. Mir. Mir.

Mir. Mir. Mir. Mir. Mir. Mir. Mir. Mir. Mir. Mir. Mir. Mir.
Mir. Mir. Mir. Mir. Mir. Mir. Mir. Mir. Mir. Mir. Mir. Mir.
Mir. Mir.

Mir. Mir. Mir. Mir. Mir. Mir. Mir. Mir. Mir. Mir. Mir. Mir.
Mir. Mir. Mir. Mir. Mir. Mir. Mir. Mir. Mir. Mir. Mir. Mir.
Mir. Mir. Mir. Mir. Mir. Mir. Mir. Mir. Mir. Mir. Mir. Mir.
Mir.

Mir. Mir. Mir. Mir. Mir. Mir. Mir. Mir. Mir. Mir. Mir. Mir.
Mir. Mir. Mir. Mir. Mir. Mir. Mir. Mir. Mir. Mir. Mir. Mir.
Mir. Mir. Mir. Mir. Mir. Mir. Mir. Mir. Mir. Mir. Mir. Mir.
Mir. Mir. Mir. Mir. Mir. Mir. Mir. Mir. Mir. Mir. Mir. Mir.
Mir. Mir. Mir. Mir. Mir.

Mir. Mir. Mir. Mir. Mir. Mir. Mir. Mir. Mir. Mir. Mir. Mir.
Mir. Mir. Mir. Mir. Mir. Mir. Mir. Mir. Mir. Mir. Mir. Mir.
Mir. Mir. Mir. Mir. Mir. Mir. Mir. Mir. Mir. Mir. Mir.

Mir. Mir. Mir. Mir. Mir. Mir. Mir. Mir. Mir. Mir. Mir. Mir.
Mir. Mir. Mir. Mir. Mir. Mir. Mir. Mir. Mir. Mir. Mir. Mir.
Mir. Mir. Mir. Mir. Mir. Mir. Mir. Mir. Mir. Mir. Mir. Mir.

Mir. Mir. Mir. Mir. Mir. Mir. Mir. Mir. Mir. Mir. Mir. Mir.
Mir. Mir. Mir. Mir. Mir. Mir. Mir. Mir. Mir. Mir.

Mir. Mir. Mir. Mir. Mir. Mir. Mir. Mir. Mir. Mir. Mir. Mir.
Mir. Mir. Mir. Mir. Mir. Mir. Mir. Mir. Mir. Mir. Mir. Mir.
Mir. Mir. Mir. Mir. Mir. Mir. Mir. Mir. Mir. Mir. Mir.

Mir. Mir. Mir. Mir. Mir. Mir. Mir. Mir. Mir. Mir. Mir. Mir.
Mir. Mir. Mir. Mir. Mir. Mir. Mir. Mir. Mir. Mir. Mir. Mir.
Mir. Mir. Mir. Mir. Mir. Mir. Mir. Mir. Mir. Mir. Mir. Mir.
Mir. Mir. Mir. Mir. Mir. Mir. Mir. Mir.

Mir. Mir. Mir. Mir. Mir. Mir. Mir. Mir. Mir. Mir. Mir. Mir.
Mir. Mir. Mir. Mir. Mir. Mir. Mir. Mir. Mir. Mir. Mir. Mir.
Mir. Mir. Mir. Mir. Mir. Mir. Mir. Mir. Mir. Mir. Mir. Mir.
Mir. Mir. Mir. Mir. Mir. Mir. Mir. Mir. Mir. Mir. Mir. Mir.
Mir. Mir. Mir. Mir. Mir. Mir. Mir. Mir. Mir. Mir. Mir. Mir.
Mir. Mir.

Mir. Mir. Mir. Mir. Mir. Mir. Mir. Mir. Mir. Mir. Mir. Mir.
Mir. Mir. Mir. Mir. Mir. Mir. Mir. Mir. Mir. Mir. Mir. Mir.
Mir. Mir. Mir. Mir. Mir. Mir.

Mir. Mir. Mir. Mir. Mir. Mir. Mir. Mir. Mir. Mir. Mir. Mir.
Mir. Mir. Mir. Mir. Mir. Mir. Mir. Mir. Mir. Mir. Mir. Mir.
Mir. Mir. Mir. Mir. Mir. Mir. Mir. Mir. Mir. Mir. Mir. Mir.
Mir. Mir. Mir. Mir. Mir. Mir. Mir. Mir. Mir. Mir. Mir. Mir.
Mir. Mir. Mir. Mir.

Mir. Mir. Mir. Mir. Mir. Mir. Mir. Mir. Mir. Mir. Mir. Mir.
Mir. Mir. Mir. Mir. Mir. Mir. Mir. Mir. Mir. Mir. Mir. Mir.
Mir. Mir. Mir. Mir. Mir. Mir. Mir. Mir. Mir. Mir. Mir. Mir.
Mir. Mir. Mir. Mir. Mir. Mir. Mir. Mir. Mir. Mir. Mir. Mir.
Mir. Mir.

Mir. Mir. Mir. Mir. Mir. Mir. Mir. Mir. Mir. Mir. Mir. Mir.
Mir. Mir. Mir. Mir. Mir. Mir. Mir. Mir. Mir. Mir. Mir. Mir.
Mir. Mir. Mir. Mir. Mir. Mir. Mir. Mir. Mir. Mir. Mir. Mir.
Mir. Mir. Mir. Mir. Mir. Mir. Mir. Mir. Mir. Mir. Mir. Mir.
Mir. Mir. Mir. Mir. Mir. Mir.

Mir. Mir. Mir. Mir. Mir. Mir. Mir. Mir. Mir. Mir. Mir. Mir.
Mir. Mir. Mir. Mir. Mir. Mir. Mir. Mir. Mir. Mir. Mir. Mir.
Mir. Mir. Mir. Mir. Mir. Mir. Mir. Mir. Mir. Mir. Mir. Mir.
Mir. Mir. Mir. Mir.

Mir. Mir. Mir. Mir. Mir. Mir. Mir. Mir. Mir. Mir. Mir. Mir.
Mir. Mir. Mir. Mir. Mir. Mir. Mir. Mir. Mir. Mir. Mir. Mir.
Mir. Mir. Mir. Mir. Mir. Mir. Mir. Mir. Mir. Mir. Mir. Mir.
Mir. Mir. Mir. Mir. Mir. Mir. Mir. Mir. Mir. Mir. Mir. Mir.
Mir. Mir. Mir. Mir. Mir. Mir. Mir. Mir. Mir. Mir. Mir. Mir.
Mir. Mir. Mir. Mir. Mir. Mir. Mir. Mir. Mir. Mir. Mir. Mir.
Mir. Mir. Mir. Mir. Mir. Mir. Mir. Mir. Mir. Mir. Mir. Mir.
Mir. Mir. Mir. Mir. Mir. Mir. Mir. Mir. Mir. Mir. Mir. Mir.
Mir. Mir. Mir.

Mir. Mir. Mir. Mir. Mir. Mir. Mir. Mir. Mir. Mir. Mir. Mir.
Mir. Mir. Mir. Mir. Mir. Mir. Mir. Mir. Mir. Mir. Mir. Mir.

Mir. Mir. Mir. Mir. Mir. Mir. Mir. Mir. Mir. Mir. Mir. Mir.
Mir. Mir. Mir. Mir. Mir. Mir. Mir. Mir. Mir. Mir. Mir. Mir.
Mir. Mir. Mir.

Mir. Mir. Mir. Mir. Mir. Mir. Mir. Mir. Mir. Mir. Mir. Mir.
Mir. Mir. Mir. Mir. Mir. Mir. Mir. Mir. Mir. Mir. Mir. Mir.
Mir. Mir. Mir. Mir. Mir. Mir. Mir. Mir. Mir. Mir. Mir. Mir.
Mir. Mir. Mir. Mir. Mir. Mir. Mir. Mir. Mir. Mir. Mir. Mir.
Mir. Mir. Mir. Mir. Mir. Mir. Mir. Mir. Mir. Mir. Mir. Mir.
Mir. Mir. Mir. Mir. Mir. Mir.

Mir. Mir. Mir. Mir. Mir. Mir. Mir. Mir. Mir. Mir. Mir. Mir.
Mir. Mir. Mir. Mir. Mir. Mir. Mir. Mir. Mir. Mir. Mir. Mir.
Mir. Mir. Mir. Mir. Mir. Mir. Mir. Mir. Mir. Mir. Mir. Mir.
Mir. Mir. Mir. Mir. Mir. Mir. Mir. Mir. Mir. Mir. Mir. Mir.
Mir. Mir. Mir. Mir. Mir. Mir. Mir. Mir. Mir. Mir. Mir. Mir.
Mir. Mir. Mir. Mir. Mir. Mir. Mir. Mir. Mir. Mir. Mir. Mir.
Mir. Mir. Mir. Mir. Mir. Mir. Mir. Mir. Mir. Mir. Mir. Mir.
Mir. Mir. Mir. Mir. Mir. Mir. Mir. Mir. Mir. Mlr. Mir.

Mir. Mir. Mir. Mir. Mir. Mir. Mir. Mir. Mir. Mir. Mir. Mir.
Mir. Mir. Mir. Mir. Mir. Mir. Mir. Mir. Mir. Mir. Mir. Mir.
Mir. Mir. Mir. Mir. Mir. Mir. Mir. Mir. Mir. Mir. Mir. Mir.
Mir. Mir. Mir. Mir. Mir. Mir. Mir. Mir. Mir. Mir. Mir.

Mir. Mir. Mir. Mir. Mir. Mir. Mir. Mir. Mir. Mir. Mir. Mir.
Mir. Mir. Mir. Mir. Mir. Mir. Mir. Mir. Mir. Mir. Mir. Mir.
Mir. Mir. Mir. Mir. Mir. Mir.

Mir. Mir. Mir. Mir. Mir. Mir. Mir. Mir. Mir. Mir. Mir. Mir.
Mir. Mir. Mir. Mir. Mir. Mir. Mir. Mir. Mir. Mir. Mir. Mir.

Mir. Mir. Mir. Mir. Mir. Mir. Mir. Mir. Mir. Mir. Mir. Mir.
Mir. Mir. Mir. Mir. Mir. Mir. Mir. Mir.

Mir. Mir. Mir. Mir. Mir. Mir. Mir. Mir. Mir. Mir. Mir. Mir.
Mir. Mir. Mir. Mir. Mir. Mir. Mir. Mir. Mir. Mir. Mir. Mir.
Mir. Mir. Mir. Mir. Mir. Mir. Mir. Mir. Mir. Mir. Mir. Mir.
Mir. Mir. Mir. Mir. Mir. Mir. Mir. Mir. Mir. Mir. Mir. Mir.
Mir. Mir. Mir. Mir. Mir. Mir. Mir. Mir. Mir. Mir. Mir. Mir.
Mir. Mir. Mir. Mir. Mir. Mir. Mir. Mir. Mir. Mir. Mir. Mir.
Mir.

Mir. Mir. Mir. Mir. Mir. Mir. Mir. Mir. Mir. Mir. Mir. Mir.
Mir. Mir. Mir. Mir. Mir. Mir. Mir. Mir. Mir. Mir. Mir. Mir.
Mir. Mir. Mir. Mir. Mir. Mir.

Mir. Mir. Mir. Mir. Mir. Mir. Mir. Mir. Mir. Mir. Mir. Mir.
Mir. Mir. Mir. Mir. Mir. Mir. Mir. Mir. Mir. Mir. Mir. Mir.
Mir. Mir. Mir. Mir. Mir. Mir. Mir. Mir. Mir. Mir. Mir. Mir.
Mir. Mir. Mir. Mir. Mir. Mir. Mir. Mir. Mir. Mir. Mir. Mir.
Mir.

Mir. Mir. Mir. Mir. Mir. Mir. Mir. Mir. Mir. Mir. Mir. Mir.
Mir. Mir. Mir. Mir. Mir. Mir. Mir. Mir. Mir. Mir. Mir. Mir.
Mir. Mir. Mir. Mir. Mir. Mir. Mir. Mir. Mir. Mir. Mir. Mir.
Mir. Mir. Mir. Mir. Mir. Mir. Mir. Mir. Mir. Mir. Mir. Mir.
Mir. Mir.

Mir. Mir. Mir. Mir. Mir. Mir. Mir. Mir. Mir. Mir. Mir. Mir.
Mir. Mir. Mir. Mir. Mir. Mir. Mir. Mir. Mir. Mir. Mir. Mir.
Mir. Mir. Mir. Mir. Mir. Mir. Mir.

Mir. Mir. Mir. Mir. Mir. Mir. Mir. Mir. Mir. Mir. Mir. Mir.
Mir. Mir. Mir. Mir. Mir. Mir. Mir. Mir. Mir. Mir. Mir. Mir.
Mir. Mir. Mir. Mir. Mir. Mir. Mir. Mir. Mir. Mir.

Mir. Mir. Mir. Mir. Mir. Mir. Mir. Mir. Mir. Mir. Mir. Mir.
Mir. Mir. Mir. Mir. Mir. Mir. Mir. Mir. Mir.

Mir. Mir. Mir. Mir. Mir. Mir. Mir. Mir. Mir. Mir. Mir. Mir.
Mir. Mir. Mir. Mir. Mir. Mir. Mir. Mir. Mir. Mir. Mir. Mir.
Mir. Mir. Mir.

Mir. Mir. Mir. Mir. Mir. Mir. Mir. Mir. Mir. Mir. Mir. Mir.
Mir. Mir. Mir. Mir. Mir. Mir. Mir. Mir. Mir. Mir. Mir. Mir.
Mir. Mir. Mir. Mir.

Mir. Mir. Mir. Mir. Mir. Mir. Mir. Mir. Mir. Mir. Mir. Mir.
Mir. Mir. Mir. Mir. Mir. Mir. Mir. Mir. Mir. Mir. Mir. Mir.
Mir. Mir. Mir. Mir. Mir. Mir. Mir. Mir. Mir. Mir. Mir. Mir.
Mir. Mir. Mir. Mir. Mir. Mir. Mir. Mir. Mir. Mir. Mir. Mir.
Mir. Mir. Mir. Mir. Mir. Mir. Mir. Mir. Mir. Mir. Mir. Mir.
Mir. Mir.

Mir. Mir. Mir. Mir. Mir. Mir. Mir. Mir. Mir. Mir. Mir. Mir.
Mir. Mir. Mir. Mir. Mir. Mir. Mir. Mir. Mir. Mir. Mir. Mir.
Mir. Mir. Mir. Mir. Mir. Mir. Mir.

Mir. Mir. Mir. Mir. Mir. Mir. Mir. Mir. Mir. Mir. Mir. Mir.
Mir. Mir. Mir. Mir. Mir. Mir. Mir. Mir. Mir. Mir. Mir. Mir.
Mir. Mir. Mir. Mir. Mir. Mir. Mir. Mir. Mir. Mir. Mir. Mir.

Mir. Mir. Mir. Mir. Mir. Mir. Mir. Mir. Mir. Mir. Mir. Mir.
Mir. Mir. Mir. Mir.

Mir. Mir. Mir. Mir. Mir. Mir. Mir. Mir. Mir. Mir. Mir. Mir.
Mir. Mir. Mir. Mir. Mir. Mir. Mir. Mir. Mir. Mir. Mir. Mir.
Mir. Mir. Mir. Mir. Mir. Mir. Mir.

Mir. Mir. Mir. Mir. Mir. Mir. Mir. Mir. Mir. Mir. Mir. Mir.
Mir. Mir. Mir. Mir. Mir. Mir. Mir. Mir. Mir. Mir. Mir. Mir.
Mir. Mir. Mir. Mir. Mir. Mir. Mir. Mir. Mir. Mir.

Mir. Mir. Mir. Mir. Mir. Mir. Mir. Mir. Mir. Mir. Mir. Mir.
Mir. Mir. Mir. Mir. Mir. Mir. Mir. Mir. Mir. Mir. Mir.

Mir. Mir. Mir. Mir. Mir. Mir. Mir. Mir. Mir. Mir. Mir. Mir.
Mir. Mir. Mir. Mir. Mir. Mir. Mir. Mir. Mir. Mir. Mir. Mir.
Mir. Mir. Mir. Mir. Mir. Mir. Mir. Mir. Mir. Mir. Mir. Mir.
Mir. Mir. Mir. Mir. Mir. Mir. Mir. Mir. Mir. Mir. Mir. Mir.
Mir. Mir. Mir. Mir. Mir. Mir. Mir. Mir. Mir. Mir. Mir. Mir.
Mir. Mir. Mir. Mir. Mir. Mir. Mir. Mir. Mir. Mir. Mir. Mir.
Mir. Mir. Mir.

Mir. Mir. Mir. Mir. Mir. Mir. Mir. Mir. Mir. Mir. Mir. Mir.
Mir. Mir. Mir. Mir. Mir. Mir. Mir. Mir. Mir. Mir. Mir. Mir.
Mir. Mir. Mir. Mir. Mir. Mir. Mir. Mir. Mir. Mir. Mir. Mir.
Mir. Mir. Mir. Mir. Mir. Mir. Mir. Mir. Mir. Mir. Mir. Mir.
Mir. Mir. Mir. Mir. Mir. Mir. Mir. Mir. Mir. Mir. Mir. Mir.

Mir. Mir. Mir. Mir. Mir. Mir. Mir. Mir. Mir. Mir. Mir. Mir.
Mir. Mir.

Mir. Mir. Mir. Mir. Mir. Mir. Mir. Mir. Mir. Mir. Mir. Mir.
Mir. Mir. Mir. Mir. Mir. Mir. Mir. Mir. Mir. Mir. Mir. Mir.
Mir. Mir. Mir.

Mir. Mir. Mir. Mir. Mir. Mir. Mir. Mir. Mir. Mir. Mir. Mir.
Mir. Mir. Mir. Mir. Mir. Mir. Mir. Mir. Mir. Mir. Mir. Mir.
Mir. Mir. Mir. Mir.

Mir. Mir. Mir. Mir. Mir. Mir. Mir. Mir. Mir. Mir. Mir. Mir.
Mir. Mir. Mir. Mir. Mir. Mir. Mir. Mir. Mir. Mir. Mir. Mir.
Mir. Mir. Mir. Mir. Mir. Mir. Mir.

Mir. Mir. Mir. Mir. Mir. Mir. Mir. Mir. Mir. Mir. Mir. Mir.
Mir. Mir. Mir. Mir. Mir. Mir. Mir. Mir. Mir. Mir. Mir. Mir.
Mir. Mir. Mir.

Mir. Mir. Mir. Mir. Mir. Mir. Mir. Mir. Mir. Mir. Mir. Mir.
Mir. Mir. Mir. Mir. Mir. Mir. Mir. Mir. Mir. Mir. Mir. Mir.
Mir. Mir.

Mir. Mir. Mir. Mir. Mir. Mir. Mir. Mir. Mir. Mir. Mir. Mir.
Mir. Mir. Mir. Mir. Mir. Mir. Mir. Mir. Mir. Mir. Mir. Mir.
Mir. Mir. Mir. Mir. Mir. Mir. Mir. Mir.

Mir. Mir. Mir. Mir. Mir. Mir. Mir. Mir. Mir. Mir. Mir. Mir.
Mir. Mir. Mir. Mir. Mir. Mir. Mir. Mir. Mir. Mir. Mir. Mir.
Mir. Mir. Mir. Mir. Mir. Mir. Mir. Mir. Mir. Mir. Mir. Mir.
Mir. Mir. Mir. Mir.

Mir. Mir. Mir. Mir. Mir. Mir. Mir. Mir. Mir. Mir. Mir. Mir.
Mir. Mir. Mir. Mir. Mir. Mir. Mir. Mir. Mir. Mir. Mir. Mir.
Mir. Mir. Mir. Mir. Mir. Mir. Mir. Mir.

Mir. Mir. Mir. Mir. Mir. Mir. Mir. Mir. Mir. Mir. Mir. Mir.
Mir. Mir. Mir. Mir. Mir. Mir. Mir. Mir. Mir. Mir. Mir. Mir.
Mir. Mir. Mir. Mir. Mir. Mir. Mir. Mir. Mir. Mir. Mir. Mir.
Mir. Mir. Mir. Mir. Mir. Mir. Mir. Mir. Mir. Mir. Mir. Mir.
Mir. Mir. Mir. Mir. Mir. Mir. Mir. Mir. Mir. Mir. Mir. Mir.
Mir. Mir. Mir. Mir. Mir. Mir. Mir. Mir. Mir. Mir. Mir. Mir.
Mir. Mir. Mir. Mir. Mir. Mir. Mir. Mir. Mir. Mir. Mir. Mir.
Mir. Mir. Mir. Mir. Mir. Mir. Mir. Mir. Mir. Mir. Mir. Mir.
Mir. Mir. Mir.

Mir. Mir. Mir. Mir. Mir. Mir. Mir. Mir. Mir. Mir. Mir. Mir.
Mir. Mir. Mir. Mir. Mir. Mir. Mir. Mir. Mir. Mir. Mir. Mir.
Mir. Mir. Mir. Mir. Mir. Mir. Mir. Mir. Mir. Mir. Mir. Mir.
Mir. Mir. Mir. Mir. Mir. Mir. Mir. Mir. Mir. Mir. Mir. Mir.
Mir. Mir. Mir. Mir. Mir. Mir. Mir. Mir. Mir.

Mir. Mir. Mir. Mir. Mir. Mir. Mir. Mir. Mir. Mir. Mir. Mir.
Mir. Mir. Mir. Mir. Mir. Mir. Mir. Mir. Mir. Mir. Mir. Mir.
Mir. Mir. Mir. Mir.

Mir. Mir. Mir. Mir. Mir. Mir. Mir. Mir. Mir. Mir. Mir. Mir.
Mir. Mir. Mir. Mir. Mir. Mir. Mir. Mir. Mir. Mir. Mir. Mir.
Mir. Mir. Mir. Mir. Mir.

Mir. Mir. Mir. Mir. Mir. Mir. Mir. Mir. Mir. Mir. Mir. Mir.
Mir. Mir. Mir. Mir. Mir. Mir. Mir. Mir. Mir. Mir. Mir. Mir.
Mir. Mir. Mir. Mir. Mir. Mir. Mir. Mir. Mir. Mir. Mir.

Mir. Mir. Mir. Mir. Mir. Mir. Mir. Mir.

Mir. Mir. Mir. Mir. Mir. Mir. Mir. Mir. Mir. Mir. Mir. Mir.
Mir. Mir. Mir. Mir. Mir. Mir. Mir. Mir. Mir. Mir. Mir. Mir.
Mir. Mir. Mir. Mir. Mir.

Mir. Mir. Mir. Mir. Mir. Mir. Mir. Mir. Mir. Mir. Mir. Mir.
Mir. Mir. Mir. Mir. Mir. Mir. Mir. Mir. Mir. Mir. Mir. Mir.
Mir. Mir. Mir. Mir. Mir. Mir. Mir. Mir. Mir. Mir. Mir. Mir.
Mir. Mir. Mir. Mir. Mir. Mir. Mir. Mir. Mir. Mir.

Mir. Mir. Mir. Mir. Mir. Mir. Mir. Mir. Mir. Mir. Mir. Mir.
Mir. Mir. Mir. Mir. Mir. Mir. Mir. Mir. Mir. Mir. Mir. Mir.
Mir. Mir. Mir. Mir. Mir. Mir. Mir. Mir. Mir. Mir.

Mir. Mir. Mir. Mir. Mir. Mir. Mir. Mir. Mir. Mir. Mir. Mir.
Mir. Mir. Mir. Mir. Mir. Mir. Mir. Mir. Mir. Mir. Mir. Mir.
Mir. Mir. Mir. Mir. Mir. Mir. Mir. Mir. Mir. Mir. Mir. Mir.
Mir. Mir. Mir. Mir. Mir. Mir. Mir. Mir. Mir. Mir. Mir. Mir.
Mir. Mir. Mir.

Mir. Mir. Mir. Mir. Mir. Mir. Mir. Mir. Mir. Mir. Mir. Mir.
Mir. Mir. Mir. Mir. Mir. Mir. Mir. Mir. Mir. Mir. Mir. Mir.
Mir. Mir. Mir. Mir. Mir. Mir. Mir. Mir. Mir. Mir. Mir. Mir.

Mir. Mir. Mir. Mir. Mir. Mir. Mir. Mir. Mir. Mir. Mir. Mir. Mir. Mir. Mir. Mir. Mir. Mir. Mir. Mir.

Mir. Mir.

Mir. Mir. Mir. Mir. Mir. Mir. Mir. Mir. Mir. Mir. Mir. Mir. Mir. Mir. Mir. Mir. Mir. Mir. Mir. Mir. Mir. Mir. Mir. Mir. Mir. Mir. Mir. Mir. Mir. Mir. Mir. Mir. Mir. Mir. Mir. Mir. Mir. Mir. Mir. Mir. Mir. Mir. Mir. Mir. Mir. Mir. Mir. Mir. Mir. Mir. Mir. Mir. Mir. Mir. Mir. Mir. Mir. Mir.

Mir. Mir. Mir. Mir. Mir. Mir. Mir. Mir. Mir. Mir. Mir. Mir. Mir. Mir. Mir. Mir. Mir. Mir. Mir. Mir. Mir. Mir. Mir. Mir. Mir. Mir. Mir. Mir. Mir. Mir. Mir.

Mir. Mir. Mir. Mir. Mir. Mir. Mir. Mir. Mir. Mir. Mir. Mir. Mir. Mir. Mir. Mir. Mir. Mir. Mir. Mir. Mir. Mir. Mir. Mir. Mir. Mir. Mir. Mir. Mir. Mir. Mir.

Mir. Mir. Mir. Mir. Mir. Mir. Mir. Mir. Mir. Mir. Mir. Mir. Mir. Mir. Mir. Mir. Mir. Mir. Mir. Mir. Mir. Mir. Mir. Mir. Mir. Mir. Mir. Mir. Mir. Mir. Mir. Mir. Mir. Mir. Mir. Mir.

Mir. Mir. Mir. Mir. Mir. Mir. Mir. Mir. Mir. Mir. Mir. Mir.
Mir. Mir. Mir. Mir. Mir. Mir. Mir. Mir. Mir. Mir. Mir. Mir.
Mir. Mir. Mir. Mir. Mir. Mir. Mir. Mir. Mir. Mir. Mir. Mir.
Mir. Mir. Mir. Mir. Mir. Mir. Mir. Mir. Mir. Mir. Mir. Mir.
Mir. Mir. Mir. Mir. Mir. Mir. Mir. Mir. Mir. Mir. Mir. Mir.
Mir.

Mir. Mir. Mir. Mir. Mir. Mir. Mir. Mir. Mir. Mir. Mir. Mir.
Mir. Mir. Mir. Mir. Mir. Mir. Mir. Mir. Mir. Mir. Mir. Mir.
Mir. Mir. Mir. Mir. Mir. Mir. Mir. Mir. Mir. Mir. Mir. Mir.

Mir. Mir. Mir. Mir. Mir. Mir. Mir. Mir. Mir. Mir. Mir. Mir.
Mir. Mir. Mir. Mir. Mir. Mir. Mir. Mir. Mir. Mir. Mir. Mir.
Mir. Mir. Mir. Mir. Mir. Mir. Mir. Mir. Mir. Mir. Mir. Mir.
Mir. Mir. Mir. Mir. Mir. Mir. Mir. Mir. Mir. Mir. Mir. Mir.
Mir. Mir. Mir. Mir. Mir. Mir. Mir. Mir. Mir. Mir.

Mir. Mir. Mir. Mir. Mir. Mir. Mir. Mir. Mir. Mir. Mir. Mir.
Mir. Mir. Mir. Mir. Mir. Mir. Mir. Mir. Mir. Mir. Mir. Mir.
Mir. Mir. Mir. Mir. Mir. Mir. Mir. Mir. Mir. Mir. Mir. Mir.
Mir. Mlr. Mlr. Mlr. Mlr. Mlr. Mlr. Mlr. Mir. Mir. Mir. Mir.

Mir. Mir. Mir. Mir. Mir. Mir. Mir. Mir. Mir. Mir. Mir. Mir.
Mir. Mir. Mir. Mir. Mir. Mir. Mir. Mir. Mir. Mir. Mir. Mir.
Mir. Mir. Mir. Mir. Mir. Mir. Mir. Mir. Mir. Mir. Mir. Mir.
Mir. Mir. Mir. Mir. Mir. Mir. Mir. Mir. Mir. Mir. Mir. Mir.
Mir.

Mir. Mir. Mir. Mir. Mir. Mir. Mir. Mir. Mir. Mir. Mir. Mir.
Mir. Mir. Mir. Mir. Mir. Mir. Mir. Mir. Mir. Mir. Mir. Mir.
Mir. Mir. Mir. Mir. Mir. Mir. Mir. Mir. Mir. Mir. Mir. Mir.
Mir. Mir. Mir. Mir. Mir. Mir. Mir. Mir. Mir. Mir. Mir. Mir.
Mir. Mir. Mir. Mir.

Mir. Mir. Mir. Mir. Mir. Mir. Mir. Mir. Mir. Mir. Mir. Mir.
Mir. Mir. Mir. Mir. Mir. Mir. Mir. Mir. Mir. Mir. Mir. Mir.
Mir. Mir. Mir. Mir. Mir. Mir. Mir. Mir. Mir. Mir. Mir. Mir.
Mir. Mir. Mir. Mir. Mir. Mir. Mir. Mir. Mir. Mir. Mir. Mir.
Mir. Mir. Mir. Mir. Mir. Mir. Mir. Mir. Mir. Mir. Mir. Mir.
Mir. Mir. Mir. Mir. Mir. Mir. Mir. Mir. Mir. Mir. Mir. Mir.
Mir. Mir. Mir. Mir. Mir. Mir. Mir. Mir. Mir. Mir. Mir. Mir.
Mir. Mir. Mir. Mir. Mir. Mir. Mir. Mir. Mir. Mir. Mir. Mir.
Mir. Mir. Mir. Mir. Mir. Mir. Mir. Mir. Mir. Mir. Mir. Mir.
Mir. Mir. Mir. Mir. Mir. Mir. Mir. Mir. Mir. Mir. Mir. Mir.
Mir. Mir. Mir. Mir. Mir. Mir. Mir. Mir. Mir. Mir. Mir. Mir.
Mir. Mir. Mir. Mir. Mir.

Mir. Mir. Mir. Mir. Mir. Mir. Mir. Mir. Mir. Mir. Mir. Mir.
Mir. Mir. Mir. Mir. Mir. Mir. Mir. Mir. Mir. Mir. Mir. Mir.
Mir. Mir. Mir. Mir. Mir. Mir. Mir. Mir. Mir. Mir. Mir. Mir.
Mir. Mir. Mir. Mir. Mir. Mir. Mir. Mir. Mir. Mir. Mir. Mir.
Mir. Mir. Mir. Mir. Mir. Mir. Mir. Mir. Mir. Mir. Mir. Mir.
Mir. Mir. Mir. Mir. Mir. Mir. Mir. Mir. Mir. Mir. Mir. Mir.
Mir. Mir. Mir. Mir. Mir. Mir. Mir. Mir. Mir. Mir. Mir. Mir.
Mir. Mir. Mir. Mir. Mir. Mir. Mir. Mir. Mir. Mir. Mir. Mir.
Mir. Mir. Mir.

Mir.

Kapitel 3

Mein

Mein. Mein. Mein. Mein. Mein. Mein. Mein. Mein. Mein.
Mein. Mein. Mein. Mein. Mein. Mein. Mein. Mein. Mein.
Mein. Mein. Mein. Mein. Mein. Mein. Mein. Mein. Mein.
Mein. Mein. Mein. Mein. Mein. Mein. Mein. Mein. Mein.
Mein. Mein. Mein. Mein. Mein. Mein. Mein. Mein. Mein.
Mein. Mein. Mein. Mein. Mein. Mein. Mein. Mein. Mein.
Mein. Mein. Mein. Mein. Mein. Mein. Mein. Mein. Mein.
Mein. Mein. Mein. Mein. Mein. Mein. Mein. Mein. Mein.
Mein.

Mein. Mein. Mein. Mein. Mein. Mein. Mein. Mein. Mein.
Mein. Mein. Mein. Mein. Mein. Mein. Mein. Mein. Mein.
Mein. Mein. Mein. Mein. Mein. Mein. Mein. Mein. Mein.
Mein. Mein. Mein. Mein. Mein. Mein. Mein. Mein. Mein.
Mein. Mein. Mein. Mein. Mein.

Mein. Mein. Mein. Mein. Mein. Mein. Mein. Mein. Mein.
Mein. Mein. Mein. Mein. Mein. Mein. Mein. Mein. Mein.
Mein. Mein. Mein. Mein. Mein. Mein. Mein. Mein. Mein.
Mein. Mein. Mein. Mein. Mein. Mein. Mein. Mein. Mein.
Mein. Mein. Mein. Mein. Mein. Mein. Mein. Mein. Mein.
Mein. Mein. Mein. Mein. Mein. Mein. Mein. Mein. Mein.

Mein. Mein.

Mein. Mein.

Mein. Mein.

Mein. Mein.

Mein. Mein.

Mein. Mein. Mein. Mein. Mein. Mein. Mein. Mein. Mein.
Mein. Mein. Mein. Mein. Mein. Mein. Mein. Mein. Mein.
Mein. Mein. Mein. Mein. Mein. Mein. Mein. Mein. Mein.
Mein. Mein. Mein. Mein. Mein. Mein. Mein. Mein. Mein.
Mein. Mein. Mein. Mein. Mein. Mein. Mein. Mein. Mein.
Mein. Mein. Mein. Mein. Mein. Mein. Mein. Mein. Mein.
Mein. Mein. Mein. Mein. Mein. Mein.

Mein. Mein. Mein. Mein. Mein. Mein. Mein. Mein. Mein.
Mein. Mein. Mein. Mein. Mein. Mein. Mein. Mein. Mein.
Mein. Mein. Mein. Mein. Mein. Mein. Mein. Mein. Mein.
Mein. Mein. Mein. Mein. Mein. Mein. Mein. Mein. Mein.
Mein. Mein. Mein. Mein. Mein. Mein. Mein. Mein. Mein.
Mein. Mein. Mein. Mein. Mein. Mein. Mein. Mein. Mein.
Mein. Mein. Mein. Mein. Mein. Mein. Mein. Mein. Mein.
Mein. Mein. Mein. Mein. Mein. Mein. Mein. Mein. Mein.
Mein. Mein. Mein. Mein. Mein. Mein. Mein. Mein. Mein.
Mein. Mein. Mein.

Mein. Mein. Mein. Mein. Mein. Mein. Mein. Mein. Mein.
Mein. Mein. Mein. Mein. Mein. Mein. Mein. Mein. Mein.
Mein. Mein. Mein. Mein. Mein. Mein. Mein. Mein. Mein.
Mein. Mein. Mein. Mein. Mein. Mein. Mein. Mein. Mein.
Mein. Mein. Mein. Mein. Mein. Mein. Mein. Mein. Mein.
Mein. Mein. Mein. Mein. Mein. Mein. Mein. Mein. Mein.
Mein. Mein. Mein. Mein. Mein. Mein. Mein. Mein. Mein.
Mein. Mein. Mein. Mein. Mein. Mein. Mein. Mein.

Mein. Mein. Mein. Mein. Mein. Mein. Mein. Mein. Mein.
Mein. Mein. Mein. Mein. Mein. Mein. Mein. Mein. Mein.
Mein. Mein. Mein. Mein. Mein. Mein. Mein.

Mein. Mein. Mein. Mein. Mein. Mein. Mein. Mein. Mein.
Mein. Mein. Mein. Mein. Mein. Mein. Mein. Mein. Mein.
Mein. Mein. Mein. Mein. Mein. Mein. Mein. Mein. Mein.
Mein. Mein. Mein. Mein. Mein. Mein. Mein. Mein. Mein.
Mein. Mein. Mein. Mein. Mein. Mein. Mein. Mein. Mein.
Mein. Mein.

Mein. Mein. Mein. Mein. Mein. Mein. Mein. Mein. Mein.
Mein. Mein. Mein. Mein. Mein. Mein. Mein. Mein. Mein.
Mein. Mein. Mein. Mein. Mein. Mein. Mein. Mein. Mein.
Mein. Mein. Mein. Mein. Mein. Mein. Mein. Mein. Mein.
Mein. Mein. Mein. Mein. Mein. Mein. Mein. Mein. Mein.
Mein. Mein. Mein. Mein. Mein. Mein. Mein. Mein. Mein.
Mein. Mein. Mein. Mein. Mein. Mein. Mein. Mein. Mein.
Mein. Mein. Mein. Mein. Mein. Mein. Mein. Mein. Mein.
Mein. Mein. Mein. Mein. Mein. Mein. Mein. Mein. Mein.
Mein. Mein. Mein. Mein. Mein. Mein. Mein. Mein. Mein.

Mein. Mein. Mein. Mein. Mein. Mein. Mein. Mein. Mein.
Mein. Mein. Mein. Mein. Mein. Mein. Mein. Mein. Mein.
Mein. Mein. Mein. Mein. Mein. Mein. Mein. Mein. Mein.
Mein. Mein. Mein. Mein. Mein. Mein. Mein. Mein. Mein.
Mein. Mein. Mein. Mein. Mein. Mein. Mein. Mein. Mein.
Mein. Mein. Mein. Mein. Mein. Mein. Mein. Mein. Mein.
Mein. Mein. Mein. Mein. Mein. Mein. Mein. Mein. Mein.
Mein. Mein. Mein. Mein. Mein. Mein. Mein. Mein. Mein.
Mein. Mein. Mein. Mein.

Mein. Mein. Mein. Mein. Mein. Mein. Mein. Mein. Mein.
Mein. Mein. Mein. Mein. Mein. Mein. Mein. Mein. Mein.
Mein. Mein. Mein. Mein. Mein. Mein. Mein. Mein. Mein.
Mein. Mein. Mein. Mein. Mein. Mein. Mein. Mein. Mein.
Mein. Mein. Mein. Mein. Mein. Mein. Mein. Mein. Mein.
Mein. Mein. Mein. Mein. Mein. Mein. Mein. Mein. Mein.

Mein. Mein. Mein. Mein. Mein. Mein. Mein. Mein. Mein.
Mein. Mein. Mein. Mein. Mein. Mein. Mein. Mein. Mein.
Mein. Mein. Mein. Mein. Mein. Mein. Mein.

Mein. Mein. Mein. Mein. Mein. Mein. Mein. Mein. Mein.
Mein.

Mein. Mein. Mein. Mein. Mein. Mein. Mein. Mein. Mein.
Mein. Mein. Mein. Mein. Mein. Mein. Mein. Mein. Mein.
Mein. Mein. Mein. Mein. Mein. Mein. Mein. Mein. Mein.
Mein. Mein. Mein. Mein.

Mein. Mein. Mein. Mein. Mein. Mein. Mein. Mein. Mein.
Mein. Mein. Mein.

Mein. Mein. Mein. Mein. Mein. Mein. Mein. Mein. Mein.
Mein. Mein. Mein. Mein. Mein. Mein. Mein. Mein. Mein.
Mein. Mein. Mein. Mein. Mein. Mein. Mein. Mein. Mein.
Mein. Mein. Mein. Mein. Mein. Mein. Mein. Mein. Mein.

Mein. Mein. Mein. Mein. Mein. Mein. Mein. Mein. Mein.
Mein. Mein. Mein. Mein. Mein. Mein. Mein. Mein. Mein.
Mein. Mein. Mein. Mein. Mein. Mein. Mein. Mein. Mein.

Mein. Mein. Mein. Mein. Mein. Mein. Mein. Mein. Mein.
Mein. Mein. Mein.

Mein. Mein. Mein. Mein. Mein. Mein. Mein. Mein. Mein.
Mein. Mein. Mein. Mein. Mein. Mein. Mein. Mein. Mein.
Mein. Mein. Mein. Mein. Mein. Mein. Mein. Mein. Mein.
Mein. Mein. Mein. Mein. Mein. Mein. Mein. Mein. Mein.
Mein. Mein. Mein. Mein. Mein. Mein. Mein. Mein. Mein.
Mein. Mein. Mein. Mein. Mein. Mein. Mein. Mein. Mein.
Mein. Mein. Mein. Mein. Mein. Mein. Mein. Mein. Mein.
Mein. Mein. Mein. Mein. Mein. Mein. Mein. Mein. Mein.

Mein. Mein. Mein. Mein. Mein. Mein. Mein. Mein. Mein.
Mein. Mein. Mein. Mein. Mein. Mein. Mein. Mein. Mein.
Mein. Mein. Mein. Mein. Mein. Mein. Mein.

Mein. Mein. Mein. Mein. Mein. Mein. Mein. Mein. Mein.
Mein. Mein. Mein. Mein. Mein. Mein. Mein. Mein. Mein.
Mein. Mein. Mein. Mein. Mein. Mein. Mein. Mein. Mein.
Mein. Mein. Mein. Mein. Mein. Mein. Mein. Mein. Mein.
Mein. Mein. Mein. Mein. Mein. Mein. Mein. Mein. Mein.
Mein. Mein. Mein. Mein. Mein. Mein. Mein. Mein. Mein.
Mein. Mein. Mein. Mein. Mein. Mein. Mein. Mein. Mein.
Mein. Mein. Mein. Mein. Mein. Mein. Mein. Mein. Mein.
Mein.

Mein. Mein. Mein. Mein. Mein. Mein. Mein. Mein. Mein.
Mein. Mein. Mein. Mein. Mein. Mein. Mein. Mein. Mein.
Mein. Mein. Mein. Mein. Mein. Mein. Mein. Mein. Mein.
Mein. Mein. Mein. Mein. Mein. Mein. Mein. Mein. Mein.
Mein. Mein. Mein. Mein. Mein. Mein. Mein. Mein. Mein.

Mein. Mein. Mein. Mein. Mein. Mein. Mein. Mein. Mein.
Mein. Mein. Mein.

Mein. Mein. Mein. Mein. Mein. Mein. Mein. Mein. Mein.
Mein. Mein. Mein. Mein. Mein. Mein. Mein. Mein.
Mein. Mein. Mein. Mein. Mein. Mein. Mein. Mein. Mein.
Mein. Mein. Mein. Mein. Mein. Mein. Mein. Mein. Mein.
Mein. Mein. Mein. Mein. Mein.

Mein. Mein. Mein. Mein. Mein. Mein. Mein. Mein. Mein.
Mein. Mein. Mein. Mein. Mein. Mein. Mein. Mein. Mein.
Mein. Mein. Mein. Mein. Mein. Mein. Mein. Mein. Mein.
Mein. Mein. Mein. Mein. Mein. Mein. Mein. Mein. Mein.
Mein. Mein. Mein. Mein. Mein. Mein. Mein. Mein. Mein.
Mein. Mein. Mein. Mein. Mein. Mein. Mein. Mein. Mein.
Mein. Mein. Mein. Mein. Mein. Mein. Mein. Mein. Mein.
Mein. Mein. Mein. Mein. Mein. Mein. Mein. Mein. Mein.
Mein. Mein. Mein. Mein. Mein. Mein. Mein. Mein. Mein.
Mein. Mein. Mein. Mein. Mein. Mein. Mein. Mein. Mein.
Mein. Mein. Mein. Mein. Mein. Mein. Mein. Mein. Mein.
Mein. Mein. Mein. Mein. Mein. Mein. Mein. Mein. Mein.
Mein. Mein. Mein. Mein. Mein. Mein. Mein. Mein. Mein.
Mein. Mein. Mein.

Mein. Mein. Mein. Mein. Mein. Mein. Mein. Mein. Mein.
Mein. Mein. Mein. Mein. Mein. Mein. Mein. Mein. Mein.
Mein. Mein. Mein. Mein. Mein. Mein. Mein.

Mein. Mein. Mein. Mein. Mein. Mein. Mein. Mein. Mein.
Mein. Mein. Mein. Mein. Mein. Mein. Mein. Mein. Mein.
Mein. Mein. Mein. Mein. Mein. Mein. Mein. Mein. Mein.

Mein. Mein. Mein. Mein. Mein. Mein. Mein. Mein. Mein.
Mein. Mein. Mein. Mein.

Mein. Mein. Mein. Mein. Mein. Mein. Mein. Mein. Mein.
Mein. Mein. Mein.

Mein. Mein. Mein. Mein. Mein. Mein. Mein. Mein. Mein.
Mein. Mein. Mein. Mein. Mein. Mein. Mein. Mein. Mein.
Mein. Mein. Mein. Mein. Mein. Mein. Mein. Mein. Mein.
Mein. Mein. Mein. Mein. Mein. Mein. Mein. Mein. Mein.
Mein. Mein. Mein. Mein. Mein. Mein. Mein. Mein. Mein.
Mein. Mein. Mein. Mein. Mein. Mein. Mein. Mein. Mein.
Mein. Mein. Mein. Mein.

Mein. Mein. Mein. Mein. Mein. Mein. Mein. Mein. Mein.
Mein. Mein. Mein. Mein. Mein. Mein. Mein. Mein. Mein.
Mein. Mein. Mein. Mein. Mein. Mein. Mein. Mein. Mein.
Mein. Mein. Mein. Mein. Mein. Mein. Mein. Mein. Mein.
Mein. Mein. Mein. Mein. Mein. Mein. Mein. Mein. Mein.
Mein. Mein. Mein. Mein. Mein. Mein. Mein. Mein. Mein.

Mein. Mein. Mein. Mein. Mein. Mein. Mein. Mein. Mein.
Mein. Mein. Mein. Mein. Mein. Mein. Mein. Mein. Mein.
Mein. Mein. Mein. Mein.

Mein. Mein. Mein. Mein. Mein. Mein. Mein. Mein. Mein.
Mein. Mein. Mein. Mein. Mein. Mein. Mein. Mein. Mein.
Mein. Mein. Mein. Mein. Mein. Mein. Mein. Mein. Mein.
Mein. Mein. Mein. Mein. Mein. Mein. Mein. Mein. Mein.
Mein. Mein. Mein. Mein. Mein. Mein. Mein. Mein. Mein.
Mein. Mein. Mein. Mein. Mein. Mein. Mein. Mein. Mein.

Mein. Mein. Mein. Mein. Mein. Mein. Mein. Mein. Mein.
Mein. Mein. Mein. Mein. Mein. Mein. Mein. Mein.

Mein. Mein. Mein. Mein. Mein. Mein. Mein. Mein. Mein.
Mein. Mein. Mein. Mein. Mein. Mein. Mein. Mein. Mein.
Mein. Mein. Mein. Mein. Mein. Mein. Mein. Mein. Mein.
Mein. Mein. Mein. Mein. Mein. Mein. Mein. Mein. Mein.
Mein. Mein. Mein. Mein. Mein. Mein. Mein. Mein. Mein.
Mein. Mein. Mein. Mein. Mein. Mein. Mein.

Mein. Mein. Mein. Mein. Mein. Mein. Mein. Mein. Mein.
Mein. Mein. Mein. Mein. Mein. Mein. Mein. Mein. Mein.
Mein. Mein. Mein. Mein. Mein. Mein. Mein. Mein. Mein.
Mein. Mein. Mein. Mein. Mein. Mein. Mein. Mein. Mein.
Mein. Mein. Mein. Mein. Mein. Mein. Mein. Mein. Mein.
Mein. Mein. Mein. Mein. Mein. Mein. Mein. Mein. Mein.
Mein. Mein. Mein. Mein. Mein. Mein. Mein. Mein. Mein.
Mein. Mein. Mein. Mein. Mein. Mein. Mein. Mein. Mein.
Mein. Mein. Mein. Mein. Mein. Mein. Mein. Mein. Mein.
Mein. Mein. Mein. Mein. Mein.

Mein. Mein. Mein. Mein. Mein. Mein. Mein. Mein. Mein.
Mein. Mein. Mein. Mein. Mein. Mein. Mein. Mein. Mein.
Mein. Mein. Mein. Mein. Mein. Mein. Mein. Mein. Mein.
Mein. Mein. Mein. Mein. Mein. Mein. Mein. Mein. Mein.
Mein. Mein. Mein. Mein. Mein. Mein. Mein. Mein. Mein.
Mein. Mein. Mein. Mein. Mein. Mein. Mein. Mein. Mein.
Mein. Mein. Mein. Mein. Mein. Mein. Mein. Mein. Mein.
Mein. Mein. Mein. Mein. Mein. Mein. Mein. Mein.

Mein. Mein. Mein. Mein. Mein. Mein. Mein. Mein. Mein.
Mein. Mein. Mein. Mein. Mein. Mein. Mein. Mein. Mein.
Mein. Mein. Mein. Mein. Mein. Mein. Mein. Mein. Mein.

Mein. Mein. Mein. Mein. Mein. Mein. Mein. Mein. Mein.
Mein. Mein. Mein. Mein. Mein. Mein. Mein. Mein. Mein.
Mein. Mein. Mein.

Mein. Mein. Mein. Mein. Mein. Mein. Mein. Mein. Mein.
Mein. Mein. Mein. Mein. Mein. Mein. Mein. Mein. Mein.
Mein. Mein. Mein. Mein. Mein. Mein. Mein. Mein. Mein.
Mein. Mein. Mein. Mein. Mein. Mein. Mein. Mein. Mein.
Mein. Mein. Mein. Mein. Mein. Mein. Mein. Mein. Mein.
Mein. Mein. Mein. Mein. Mein. Mein. Mein. Mein. Mein.
Mein. Mein. Mein. Mein. Mein. Mein. Mein. Mein. Mein.
Mein. Mein. Mein. Mein. Mein. Mein. Mein. Mein. Mein.
Mein. Mein. Mein. Mein. Mein. Mein. Mein. Mein. Mein.
Mein. Mein. Mein. Mein. Mein. Mein. Mein. Mein. Mein.
Mein. Mein. Mein. Mein. Mein. Mein. Mein. Mein. Mein.
Mein. Mein. Mein. Mein. Mein. Mein. Mein. Mein. Mein.
Mein. Mein. Mein. Mein. Mein. Mein. Mein. Mein. Mein.
Mein. Mein. Mein.

Mein. Mein. Mein. Mein. Mein. Mein. Mein. Mein. Mein.
Mein. Mein. Mein. Mein. Mein. Mein. Mein. Mein. Mein.
Mein. Mein. Mein. Mein. Mein. Mein. Mein. Mein. Mein.
Mein. Mein. Mein. Mein. Mein. Mein. Mein. Mein. Mein.
Mein. Mein.

Mein. Mein. Mein. Mein. Mein. Mein. Mein. Mein. Mein.
Mein. Mein. Mein. Mein. Mein. Mein. Mein. Mein. Mein.

Mein. Mein. Mein. Mein. Mein. Mein. Mein. Mein. Mein.
Mein. Mein. Mein. Mein. Mein. Mein. Mein. Mein. Mein.
Mein. Mein. Mein. Mein. Mein. Mein. Mein. Mein. Mein.
Mein. Mein. Mein. Mein. Mein. Mein. Mein. Mein. Mein.
Mein. Mein. Mein. Mein. Mein. Mein. Mein. Mein. Mein.
Mein. Mein. Mein. Mein. Mein. Mein. Mein. Mein. Mein.
Mein. Mein. Mein. Mein. Mein. Mein. Mein. Mein. Mein.
Mein. Mein. Mein. Mein. Mein. Mein. Mein. Mein. Mein.
Mein. Mein. Mein. Mein. Mein. Mein. Mein. Mein. Mein.
Mein. Mein. Mein. Mein. Mein. Mein. Mein. Mein. Mein.
Mein. Mein. Mein. Mein. Mein. Mein. Mein. Mein. Mein.
Mein. Mein. Mein. Mein. Mein. Mein. Mein. Mein. Mein.
Mein. Mein. Mein. Mein. Mein. Mein. Mein. Mein. Mein.
Mein.

Mein. Mein. Mein. Mein. Mein. Mein. Mein. Mein. Mein.
Mein. Mein. Mein. Mein. Mein. Mein. Mein. Mein. Mein.
Mein. Mein. Mein. Mein. Mein. Mein. Mein. Mein. Mein.
Mein. Mein. Mein. Mein. Mein. Mein. Mein. Mein. Mein.
Mein. Mein. Mein. Mein.

 Mein. Mein. Mein. Mein. Mein. Mein. Mein. Mein. Mein.
Mein. Mein. Mein. Mein. Mein. Mein. Mein. Mein. Mein.
Mein. Mein. Mein. Mein. Mein. Mein. Mein.

Mein. Mein. Mein. Mein. Mein. Mein. Mein. Mein. Mein.
Mein. Mein. Mein. Mein. Mein. Mein. Mein. Mein. Mein.
Mein. Mein. Mein. Mein. Mein. Mein. Mein. Mein. Mein.
Mein. Mein. Mein. Mein. Mein. Mein. Mein. Mein. Mein.
Mein. Mein. Mein. Mein. Mein. Mein. Mein. Mein. Mein.

Mein. Mein.

Mein. Mein.

Mein. Mein.

Mein. Mein.

Mein. Mein. Mein. Mein. Mein. Mein. Mein. Mein. Mein.
Mein. Mein. Mein. Mein. Mein. Mein. Mein. Mein. Mein.
Mein. Mein. Mein. Mein. Mein. Mein. Mein. Mein. Mein.
Mein. Mein. Mein. Mein. Mein. Mein. Mein. Mein. Mein.
Mein. Mein. Mein.

Mein. Mein. Mein. Mein. Mein. Mein. Mein. Mein. Mein.
Mein. Mein. Mein. Mein. Mein. Mein. Mein. Mein. Mein.
Mein. Mein. Mein. Mein. Mein. Mein. Mein. Mein. Mein.
Mein. Mein. Mein. Mein. Mein. Mein. Mein. Mein. Mein.
Mein. Mein. Mein. Mein. Mein. Mein. Mein. Mein. Mein.
Mein. Mein. Mein. Mein. Mein. Mein. Mein. Mein. Mein.
Mein. Mein. Mein. Mein. Mein. Mein. Mein. Mein. Mein.
Mein. Mein. Mein. Mein. Mein. Mein. Mein. Mein. Mein.
Mein. Mein. Mein. Mein. Mein. Mein. Mein. Mein. Mein.
Mein. Mein. Mein. Mein. Mein. Mein. Mein. Mein. Mein.
Mein. Mein. Mein. Mein. Mein. Mein. Mein. Mein. Mein.
Mein. Mein. Mein. Mein. Mein. Mein. Mein. Mein. Mein.
Mein. Mein. Mein. Mein. Mein. Mein. Mein. Mein. Mein.
Mein. Mein.

Mein. Mein. Mein. Mein. Mein. Mein. Mein. Mein. Mein.
Mein. Mein. Mein. Mein. Mein. Mein. Mein. Mein. Mein.
Mein. Mein. Mein. Mein. Mein. Mein. Mein. Mein. Mein.
Mein. Mein. Mein. Mein. Mein. Mein. Mein. Mein. Mein.
Mein. Mein. Mein. Mein.

Mein. Mein. Mein. Mein. Mein. Mein. Mein. Mein. Mein.
Mein. Mein. Mein. Mein. Mein. Mein. Mein. Mein. Mein.

Mein. Mein. Mein. Mein. Mein. Mein. Mein. Mein. Mein.
Mein. Mein. Mein. Mein. Mein. Mein. Mein. Mein. Mein.
Mein. Mein. Mein. Mein. Mein. Mein. Mein. Mein. Mein.
Mein. Mein. Mein. Mein. Mein. Mein. Mein. Mein. Mein.
Mein. Mein. Mein. Mein. Mein. Mein. Mein. Mein. Mein.
Mein. Mein. Mein. Mein. Mein. Mein. Mein. Mein. Mein.
Mein. Mein. Mein. Mein. Mein. Mein. Mein. Mein. Mein.
Mein. Mein. Mein. Mein. Mein. Mein. Mein. Mein. Mein.
Mein. Mein. Mein. Mein. Mein. Mein. Mein. Mein. Mein.

Mein. Mein. Mein. Mein. Mein. Mein. Mein. Mein. Mein.
Mein. Mein. Mein. Mein. Mein. Mein. Mein. Mein. Mein.
Mein. Mein. Mein. Mein. Mein. Mein. Mein. Mein. Mein.
Mein. Mein. Mein. Mein. Mein. Mein. Mein. Mein. Mein.
Mein. Mein. Mein. Mein. Mein. Mein. Mein. Mein. Mein.
Mein. Mein. Mein. Mein. Mein. Mein. Mein. Mein. Mein.
Mein. Mein. Mein.

Mein. Mein. Mein. Mein. Mein. Mein. Mein. Mein. Mein.
Mein. Mein. Mein. Mein. Mein. Mein. Mein. Mein. Mein.
Mein. Mein. Mein. Mein. Mein. Mein. Mein. Mein. Mein.
Mein. Mein. Mein. Mein. Mein. Mein. Mein. Mein. Mein.
Mein. Mein. Mein. Mein. Mein. Mein. Mein. Mein. Mein.
Mein. Mein. Mein. Mein. Mein. Mein. Mein. Mein. Mein.
Mein. Mein. Mein. Mein. Mein. Mein. Mein. Mein. Mein.
Mein. Mein. Mein. Mein. Mein. Mein. Mein. Mein. Mein.
Mein. Mein. Mein. Mein. Mein. Mein. Mein. Mein. Mein.
Mein. Mein. Mein. Mein. Mein. Mein. Mein. Mein.

Mein. Mein. Mein. Mein. Mein. Mein. Mein. Mein. Mein.
Mein. Mein. Mein. Mein. Mein. Mein. Mein. Mein. Mein.
Mein. Mein. Mein. Mein. Mein. Mein. Mein.

Mein. Mein. Mein. Mein. Mein. Mein. Mein. Mein. Mein.
Mein. Mein. Mein. Mein. Mein. Mein. Mein. Mein. Mein.
Mein. Mein. Mein. Mein. Mein. Mein. Mein. Mein. Mein.
Mein. Mein. Mein. Mein. Mein. Mein. Mein. Mein. Mein.
Mein.

Mein. Mein. Mein. Mein. Mein. Mein. Mein. Mein. Mein.
Mein. Mein. Mein. Mein. Mein. Mein. Mein. Mein. Mein.
Mein. Mein. Mein. Mein. Mein. Mein. Mein. Mein. Mein.
Mein. Mein. Mein. Mein. Mein. Mein. Mein. Mein. Mein.
Mein. Mein. Mein. Mein. Mein. Mein. Mein. Mein. Mein.
Mein. Mein. Mein. Mein. Mein. Mein. Mein. Mein. Mein.
Mein. Mein. Mein. Mein. Mein. Mein. Mein. Mein. Mein.
Mein. Mein. Mein. Mein. Mein.

Mein. Mein. Mein. Mein. Mein. Mein. Mein. Mein. Mein.
Mein. Mein. Mein. Mein. Mein. Mein. Mein. Mein. Mein.
Mein. Mein. Mein. Mein. Mein. Mein. Mein. Mein. Mein.
Mein. Mein. Mein. Mein. Mein. Mein. Mein. Mein. Mein.
Mein. Mein. Mein. Mein. Mein. Mein. Mein. Mein. Mein.
Mein. Mein. Mein. Mein. Mein. Mein. Mein. Mein. Mein.

Mein. Mein. Mein. Mein. Mein. Mein. Mein. Mein. Mein.
Mein. Mein. Mein. Mein. Mein. Mein. Mein. Mein. Mein.
Mein. Mein. Mein. Mein. Mein. Mein. Mein. Mein. Mein.
Mein. Mein. Mein. Mein. Mein. Mein. Mein. Mein. Mein.
Mein. Mein. Mein. Mein. Mein. Mein. Mein. Mein. Mein.

Mein. Mein. Mein. Mein. Mein. Mein. Mein. Mein. Mein.
Mein. Mein. Mein. Mein. Mein. Mein. Mein. Mein. Mein.
Mein. Mein. Mein. Mein. Mein. Mein. Mein. Mein. Mein.
Mein. Mein. Mein. Mein. Mein. Mein. Mein. Mein. Mein.
Mein. Mein. Mein. Mein. Mein. Mein. Mein.

Mein. Mein. Mein. Mein. Mein. Mein. Mein. Mein. Mein.
Mein. Mein. Mein. Mein. Mein. Mein. Mein. Mein. Mein.
Mein. Mein. Mein. Mein. Mein. Mein. Mein. Mein. Mein.
Mein. Mein. Mein. Mein. Mein. Mein. Mein. Mein. Mein.
Mein. Mein.

Mein. Mein. Mein. Mein. Mein. Mein. Mein. Mein. Mein.
Mein. Mein. Mein. Mein. Mein. Mein. Mein. Mein. Mein.
Mein. Mein. Mein. Mein. Mein. Mein. Mein. Mein. Mein.
Mein. Mein. Mein. Mein. Mein. Mein. Mein. Mein. Mein.
Mein. Mein. Mein. Mein.

Mein. Mein. Mein. Mein. Mein. Mein. Mein. Mein. Mein.
Mein. Mein. Mein. Mein. Mein. Mein. Mein. Mein. Mein.
Mein. Mein. Mein. Mein. Mein. Mein. Mein. Mein. Mein.
Mein. Mein. Mein. Mein. Mein. Mein. Mein. Mein. Mein.
Mein. Mein. Mein. Mein. Mein. Mein. Mein. Mein. Mein.
Mein. Mein. Mein. Mein. Mein. Mein. Mein. Mein. Mein.
Mein. Mein. Mein. Mein. Mein. Mein. Mein. Mein. Mein.
Mein. Mein. Mein. Mein. Mein. Mein. Mein. Mein. Mein.
Mein. Mein. Mein. Mein. Mein. Mein. Mein. Mein. Mein.
Mein. Mein. Mein. Mein. Mein. Mein. Mein. Mein.

Mein. Mein.

Mein. Mein.

Mein. Mein.

Mein. Mein.

Mein. Mein.

Mein. Mein. Mein. Mein. Mein. Mein. Mein. Mein. Mein.
Mein. Mein. Mein. Mein. Mein. Mein. Mein. Mein. Mein.
Mein. Mein. Mein. Mein. Mein. Mein. Mein. Mein. Mein.
Mein. Mein. Mein. Mein. Mein. Mein. Mein. Mein. Mein.
Mein. Mein. Mein. Mein. Mein. Mein. Mein. Mein. Mein.
Mein. Mein. Mein. Mein. Mein. Mein. Mein. Mein. Mein.
Mein. Mein. Mein. Mein. Mein. Mein. Mein. Mein. Mein.
Mein. Mein. Mein. Mein. Mein. Mein. Mein. Mein. Mein.
Mein. Mein. Mein. Mein. Mein. Mein. Mein. Mein. Mein.
Mein. Mein. Mein. Mein. Mein. Mein. Mein. Mein. Mein.
Mein. Mein. Mein. Mein. Mein. Mein. Mein. Mein. Mein.
Mein. Mein. Mein. Mein. Mein. Mein. Mein. Mein. Mein.
Mein. Mein. Mein. Mein. Mein. Mein. Mein. Mein. Mein.

Mein. Mein. Mein. Mein. Mein. Mein. Mein. Mein. Mein.
Mein. Mein. Mein. Mein. Mein. Mein. Mein. Mein. Mein.
Mein. Mein. Mein. Mein. Mein. Mein. Mein. Mein. Mein.
Mein. Mein. Mein. Mein. Mein. Mein. Mein. Mein. Mein.
Mein. Mein. Mein. Mein. Mein. Mein. Mein. Mein. Mein.
Mein. Mein. Mein. Mein. Mein. Mein. Mein. Mein. Mein.
Mein. Mein. Mein.

Mein. Mein. Mein. Mein. Mein. Mein. Mein. Mein. Mein.
Mein. Mein. Mein. Mein. Mein. Mein. Mein. Mein. Mein.
Mein. Mein. Mein. Mein. Mein. Mein. Mein. Mein. Mein.
Mein. Mein. Mein. Mein. Mein. Mein. Mein. Mein. Mein.
Mein. Mein. Mein. Mein. Mein. Mein. Mein. Mein. Mein.
Mein. Mein. Mein. Mein. Mein. Mein. Mein. Mein. Mein.
Mein. Mein. Mein. Mein. Mein. Mein. Mein. Mein. Mein.
Mein. Mein. Mein. Mein. Mein. Mein. Mein. Mein. Mein.
Mein. Mein. Mein. Mein. Mein. Mein. Mein. Mein. Mein.

Mein. Mein. Mein. Mein. Mein. Mein. Mein. Mein. Mein.
Mein. Mein. Mein. Mein. Mein. Mein. Mein. Mein. Mein.
Mein. Mein. Mein. Mein. Mein. Mein. Mein. Mein. Mein.
Mein. Mein. Mein. Mein. Mein. Mein. Mein. Mein. Mein.
Mein. Mein. Mein. Mein. Mein. Mein. Mein. Mein. Mein.
Mein. Mein. Mein. Mein. Mein. Mein. Mein. Mein.

Mein. Mein. Mein. Mein. Mein. Mein. Mein. Mein. Mein.
Mein. Mein. Mein. Mein. Mein. Mein. Mein. Mein. Mein.
Mein. Mein. Mein. Mein. Mein. Mein. Mein. Mein. Mein.
Mein. Mein. Mein. Mein. Mein. Mein. Mein. Mein. Mein.
Mein. Mein. Mein. Mein. Mein. Mein. Mein. Mein. Mein.
Mein. Mein. Mein. Mein. Mein. Mein. Mein. Mein. Mein.

Mein. Mein. Mein. Mein. Mein. Mein. Mein. Mein. Mein.
Mein. Mein. Mein. Mein. Mein. Mein. Mein. Mein. Mein.
Mein. Mein. Mein. Mein. Mein. Mein. Mein. Mein. Mein.
Mein. Mein. Mein. Mein. Mein.

Mein. Mein. Mein. Mein. Mein. Mein. Mein. Mein. Mein.
Mein. Mein. Mein. Mein. Mein. Mein. Mein. Mein. Mein.
Mein. Mein. Mein. Mein. Mein. Mein. Mein. Mein. Mein.
Mein. Mein. Mein. Mein. Mein. Mein. Mein. Mein. Mein.
Mein. Mein. Mein. Mein. Mein. Mein. Mein. Mein. Mein.
Mein. Mein. Mein. Mein. Mein. Mein. Mein. Mein. Mein.
Mein. Mein. Mein. Mein. Mein. Mein. Mein. Mein. Mein.
Mein. Mein. Mein. Mein. Mein. Mein. Mein. Mein. Mein.
Mein. Mein. Mein. Mein. Mein. Mein. Mein. Mein. Mein.
Mein. Mein. Mein. Mein. Mein. Mein. Mein. Mein. Mein.

Mein. Mein. Mein. Mein. Mein. Mein. Mein. Mein. Mein.
Mein. Mein. Mein. Mein.

Mein. Mein. Mein. Mein. Mein. Mein. Mein. Mein. Mein.
Mein. Mein. Mein. Mein. Mein. Mein. Mein. Mein. Mein.
Mein. Mein. Mein. Mein. Mein.

Mein. Mein. Mein. Mein. Mein. Mein. Mein. Mein. Mein.
Mein. Mein. Mein. Mein. Mein. Mein. Mein. Mein. Mein.
Mein. Mein. Mein. Mein. Mein. Mein. Mein. Mein. Mein.
Mein. Mein. Mein. Mein. Mein. Mein. Mein. Mein. Mein.
Mein. Mein. Mein. Mein. Mein. Mein. Mein. Mein. Mein.
Mein. Mein. Mein. Mein. Mein. Mein. Mein. Mein. Mein.
Mein. Mein. Mein. Mein. Mein. Mein. Mein. Mein. Mein.
Mein. Mein. Mein. Mein. Mein. Mein. Mein. Mein. Mein.
Mein. Mein. Mein. Mein. Mein. Mein. Mein. Mein. Mein.
Mein. Mein. Mein. Mein. Mein. Mein. Mein. Mein. Mein.
Mein. Mein. Mein. Mein. Mein. Mein. Mein. Mein. Mein.
Mein. Mein. Mein. Mein.

Mein. Mein. Mein. Mein. Mein. Mein. Mein. Mein. Mein.
Mein. Mein. Mein. Mein. Mein. Mein. Mein. Mein. Mein.
Mein. Mein. Mein. Mein. Mein. Mein. Mein. Mein. Mein.
Mein. Mein. Mein. Mein. Mein. Mein. Mein. Mein. Mein.
Mein. Mein. Mein. Mein.

Mein. Mein. Mein. Mein. Mein. Mein. Mein. Mein. Mein.
Mein. Mein. Mein. Mein. Mein. Mein. Mein. Mein. Mein.
Mein. Mein. Mein. Mein. Mein. Mein. Mein. Mein. Mein.

Mein. Mein. Mein. Mein. Mein. Mein. Mein. Mein. Mein. Mein. Mein. Mein. Mein. Mein. Mein.

Mein. Mein.

Mein. Mein.

Mein. Mein.

Mein. Mein. Mein. Mein. Mein. Mein. Mein. Mein. Mein.
Mein. Mein. Mein. Mein. Mein. Mein. Mein. Mein. Mein.
Mein. Mein. Mein. Mein. Mein. Mein. Mein. Mein. Mein.
Mein. Mein. Mein. Mein. Mein. Mein. Mein. Mein. Mein.
Mein. Mein. Mein. Mein. Mein. Mein. Mein. Mein. Mein.
Mein. Mein. Mein. Mein. Mein. Mein. Mein. Mein. Mein.
Mein. Mein. Mein. Mein. Mein. Mein. Mein. Mein. Mein.
Mein.

Mein. Mein. Mein. Mein. Mein. Mein. Mein. Mein. Mein.
Mein. Mein. Mein. Mein. Mein. Mein. Mein. Mein. Mein.
Mein. Mein. Mein. Mein. Mein. Mein. Mein. Mein. Mein.
Mein. Mein. Mein. Mein. Mein. Mein. Mein. Mein. Mein.
Mein. Mein. Mein. Mein. Mein. Mein. Mein. Mein. Mein.
Mein. Mein. Mein. Mein. Mein. Mein. Mein. Mein. Mein.
Mein. Mein. Mein. Mein. Mein. Mein. Mein. Mein. Mein.
Mein. Mein. Mein. Mein. Mein. Mein. Mein. Mein. Mein.
Mein. Mein. Mein. Mein. Mein. Mein. Mein. Mein. Mein.
Mein. Mein. Mein. Mein. Mein. Mein. Mein. Mein. Mein.
Mein. Mein. Mein. Mein. Mein.

Mein. Mein. Mein. Mein. Mein. Mein. Mein. Mein. Mein.
Mein. Mein. Mein. Mein. Mein. Mein. Mein. Mein. Mein.
Mein. Mein. Mein. Mein. Mein. Mein. Mein. Mein. Mein.
Mein. Mein. Mein. Mein. Mein. Mein. Mein. Mein. Mein.
Mein. Mein. Mein. Mein. Mein. Mein. Mein. Mein. Mein.

Mein. Mein. Mein. Mein. Mein. Mein. Mein. Mein. Mein.
Mein.

Mein. Mein. Mein. Mein. Mein. Mein. Mein. Mein. Mein.
Mein. Mein. Mein. Mein. Mein. Mein. Mein. Mein. Mein.
Mein. Mein. Mein. Mein. Mein. Mein.

Mein. Mein. Mein. Mein. Mein. Mein. Mein. Mein. Mein.
Mein. Mein. Mein. Mein. Mein. Mein. Mein. Mein. Mein.
Mein. Mein. Mein. Mein. Mein. Mein. Mein. Mein. Mein.
Mein. Mein. Mein. Mein. Mein. Mein. Mein. Mein. Mein.
Mein. Mein. Mein. Mein. Mein. Mein. Mein. Mein. Mein.
Mein. Mein. Mein. Mein. Mein. Mein. Mein. Mein. Mein.
Mein. Mein. Mein. Mein. Mein. Mein. Mein. Mein. Mein.
Mein. Mein. Mein. Mein. Mein. Mein. Mein. Mein. Mein.
Mein. Mein. Mein. Mein. Mein. Mein. Mein. Mein. Mein.
Mein. Mein. Mein. Mein. Mein. Mein. Mein. Mein. Mein.
Mein. Mein. Mein. Mein.

Mein. Mein. Mein. Mein. Mein. Mein. Mein. Mein. Mein.
Mein. Mein. Mein. Mein. Mein. Mein. Mein. Mein. Mein.
Mein. Mein. Mein. Mein. Mein. Mein. Mein. Mein. Mein.
Mein. Mein. Mein. Mein. Mein. Mein. Mein. Mein. Mein.
Mein. Mein. Mein. Mein. Mein. Mein. Mein. Mein. Mein.
Mein. Mein. Mein. Mein. Mein. Mein. Mein. Mein. Mein.
Mein. Mein. Mein. Mein. Mein. Mein. Mein. Mein. Mein.
Mein. Mein. Mein. Mein. Mein. Mein. Mein. Mein. Mein.
Mein. Mein. Mein. Mein. Mein. Mein. Mein. Mein. Mein.
Mein. Mein. Mein. Mein. Mein. Mein. Mein. Mein. Mein.

Mein. Mein. Mein. Mein. Mein. Mein. Mein. Mein. Mein.
Mein. Mein. Mein. Mein. Mein. Mein. Mein. Mein. Mein.
Mein. Mein. Mein. Mein. Mein. Mein. Mein. Mein. Mein.
Mein. Mein. Mein. Mein.

Mein. Mein. Mein. Mein. Mein. Mein. Mein. Mein. Mein.
Mein. Mein. Mein. Mein. Mein. Mein. Mein. Mein. Mein.
Mein. Mein. Mein. Mein. Mein. Mein. Mein. Mein. Mein.
Mein. Mein. Mein. Mein. Mein. Mein. Mein. Mein. Mein.
Mein. Mein. Mein. Mein. Mein. Mein. Mein. Mein. Mein.
Mein. Mein. Mein. Mein. Mein. Mein. Mein.

Mein. Mein. Mein. Mein. Mein. Mein. Mein. Mein. Mein.
Mein. Mein. Mein. Mein. Mein. Mein. Mein. Mein. Mein.
Mein. Mein. Mein. Mein. Mein. Mein. Mein. Mein. Mein.
Mein. Mein. Mein. Mein. Mein. Mein. Mein. Mein. Mein.
Mein. Mein. Mein. Mein. Mein. Mein. Mein. Mein. Mein.
Mein. Mein. Mein. Mein. Mein. Mein. Mein. Mein. Mein.
Mein. Mein. Mein. Mein. Mein. Mein. Mein. Mein. Mein.
Mein. Mein. Mein. Mein. Mein. Mein. Mein. Mein. Mein.
Mein. Mein. Mein. Mein. Mein. Mein. Mein. Mein. Mein.
Mein. Mein. Mein. Mein. Mein. Mein. Mein. Mein. Mein.
Mein. Mein. Mein. Mein. Mein. Mein. Mein. Mein. Mein.
Mein. Mein. Mein. Mein. Mein. Mein. Mein. Mein. Mein.
Mein. Mein. Mein. Mein. Mein.

Mein. Mein. Mein. Mein. Mein. Mein. Mein. Mein. Mein.
Mein. Mein. Mein. Mein. Mein. Mein. Mein. Mein. Mein.
Mein. Mein. Mein. Mein. Mein. Mein. Mein. Mein. Mein.

Mein. Mein. Mein. Mein. Mein. Mein. Mein. Mein. Mein.
Mein. Mein. Mein. Mein. Mein. Mein. Mein. Mein. Mein.
Mein. Mein. Mein. Mein. Mein. Mein. Mein. Mein. Mein.
Mein. Mein. Mein. Mein. Mein. Mein. Mein. Mein. Mein.
Mein. Mein. Mein. Mein. Mein. Mein. Mein. Mein.

Mein. Mein. Mein. Mein. Mein. Mein. Mein. Mein. Mein.
Mein. Mein. Mein. Mein. Mein. Mein. Mein. Mein. Mein.
Mein. Mein. Mein. Mein. Mein. Mein. Mein. Mein. Mein.
Mein. Mein. Mein. Mein. Mein. Mein. Mein. Mein. Mein.
Mein. Mein. Mein. Mein. Mein.

Mein. Mein. Mein. Mein. Mein. Mein. Mein. Mein. Mein.
Mein. Mein. Mein. Mein. Mein. Mein. Mein. Mein. Mein.
Mein. Mein. Mein. Mein. Mein. Mein. Mein. Mein. Mein.
Mein. Mein. Mein. Mein. Mein. Mein. Mein. Mein. Mein.
Mein. Mein. Mein. Mein. Mein. Mein. Mein. Mein. Mein.
Mein. Mein. Mein. Mein. Mein. Mein. Mein. Mein. Mein.
Mein. Mein. Mein. Mein. Mein.

Mein. Mein. Mein. Mein. Mein. Mein. Mein. Mein. Mein.
Mein. Mein. Mein. Mein. Mein. Mein. Mein. Mein. Mein.
Mein. Mein. Mein. Mein. Mein. Mein. Mein. Mein. Mein.
Mein. Mein. Mein. Mein. Mein. Mein. Mein. Mein. Mein.
Mein. Mein. Mein. Mein. Mein. Mein. Mein. Mein. Mein.
Mein. Mein. Mein. Mein. Mein. Mein. Mein. Mein. Mein.
Mein. Mein. Mein. Mein. Mein. Mein. Mein. Mein. Mein.
Mein. Mein. Mein.

Mein. Mein.

Mein. Mein.

Mein. Mein.

Mein. Mein.

Mein. Mein.

Mein. Mein. Mein. Mein. Mein. Mein. Mein. Mein. Mein.
Mein. Mein. Mein. Mein. Mein. Mein. Mein. Mein. Mein.
Mein. Mein. Mein. Mein. Mein. Mein. Mein. Mein. Mein.
Mein. Mein. Mein. Mein. Mein. Mein. Mein. Mein. Mein.

Mein. Mein. Mein. Mein. Mein. Mein. Mein. Mein. Mein.
Mein. Mein. Mein. Mein. Mein. Mein. Mein. Mein. Mein.
Mein. Mein. Mein. Mein. Mein. Mein. Mein. Mein. Mein.
Mein. Mein. Mein. Mein. Mein. Mein. Mein. Mein. Mein.
Mein. Mein. Mein. Mein. Mein. Mein.

Mein. Mein. Mein. Mein. Mein. Mein. Mein. Mein. Mein.
Mein. Mein. Mein. Mein. Mein. Mein. Mein. Mein. Mein.
Mein. Mein. Mein. Mein. Mein. Mein. Mein. Mein. Mein.
Mein. Mein. Mein. Mein. Mein. Mein. Mein. Mein. Mein.
Mein. Mein. Mein. Mein.

Mein. Mein. Mein. Mein. Mein. Mein. Mein. Mein. Mein.
Mein. Mein. Mein. Mein. Mein. Mein. Mein. Mein. Mein.
Mein. Mein. Mein. Mein. Mein. Mein. Mein. Mein. Mein.
Mein. Mein. Mein. Mein. Mein. Mein. Mein. Mein. Mein.
Mein. Mein. Mein. Mein. Mein. Mein. Mein. Mein. Mein.
Mein. Mein. Mein. Mein. Mein. Mein. Mein. Mein. Mein.
Mein. Mein. Mein. Mein. Mein. Mein. Mein. Mein. Mein.
Mein. Mein. Mein. Mein. Mein. Mein. Mein. Mein. Mein.
Mein. Mein. Mein. Mein. Mein. Mein. Mein. Mein. Mein.

Mein. Mein. Mein. Mein. Mein. Mein. Mein. Mein. Mein.
Mein. Mein. Mein. Mein. Mein. Mein. Mein. Mein. Mein.
Mein. Mein. Mein. Mein. Mein. Mein. Mein. Mein. Mein.
Mein. Mein. Mein. Mein. Mein. Mein. Mein. Mein. Mein.

Mein. Mein. Mein. Mein. Mein. Mein. Mein. Mein. Mein.
Mein. Mein.

Mein. Mein. Mein. Mein. Mein. Mein. Mein. Mein. Mein.
Mein. Mein. Mein. Mein. Mein. Mein.

Mein. Mein. Mein. Mein. Mein. Mein. Mein. Mein. Mein.
Mein. Mein. Mein. Mein. Mein. Mein. Mein. Mein. Mein.
Mein. Mein. Mein. Mein. Mein. Mein.

Mein. Mein. Mein. Mein. Mein. Mein. Mein. Mein. Mein.
Mein. Mein. Mein. Mein. Mein. Mein. Mein. Mein. Mein.
Mein. Mein. Mein. Mein. Mein. Mein. Mein. Mein. Mein.
Mein. Mein. Mein. Mein. Mein. Mein. Mein. Mein. Mein.
Mein. Mein. Mein. Mein. Mein. Mein.

Mein. Mein. Mein. Mein. Mein. Mein. Mein. Mein. Mein.
Mein. Mein. Mein. Mein. Mein. Mein. Mein. Mein. Mein.
Mein. Mein. Mein. Mein. Mein. Mein. Mein. Mein. Mein.
Mein. Mein. Mein. Mein. Mein. Mein. Mein. Mein. Mein.
Mein.

Mein. Mein. Mein. Mein. Mein. Mein. Mein. Mein. Mein.
Mein. Mein. Mein. Mein. Mein. Mein. Mein. Mein. Mein.
Mein. Mein. Mein. Mein. Mein. Mein. Mein. Mein. Mein.
Mein. Mein. Mein. Mein.

Mein. Mein. Mein. Mein. Mein. Mein. Mein. Mein. Mein.
Mein. Mein. Mein. Mein. Mein. Mein. Mein. Mein. Mein.
Mein. Mein. Mein. Mein. Mein. Mein. Mein. Mein. Mein.
Mein. Mein. Mein. Mein. Mein. Mein. Mein. Mein. Mein.
Mein. Mein. Mein. Mein. Mein. Mein. Mein. Mein. Mein.
Mein. Mein. Mein. Mein. Mein. Mein. Mein. Mein. Mein.
Mein. Mein. Mein. Mein. Mein. Mein. Mein. Mein. Mein.

Mein. Mein. Mein. Mein. Mein. Mein. Mein. Mein. Mein.
Mein. Mein. Mein. Mein. Mein. Mein. Mein. Mein. Mein.
Mein. Mein. Mein. Mein. Mein. Mein. Mein. Mein. Mein.
Mein. Mein. Mein. Mein. Mein. Mein. Mein. Mein. Mein.
Mein. Mein. Mein. Mein. Mein. Mein. Mein. Mein. Mein.
Mein. Mein. Mein. Mein. Mein. Mein. Mein. Mein. Mein.
Mein. Mein. Mein. Mein. Mein. Mein. Mein. Mein. Mein.
Mein. Mein. Mein. Mein. Mein. Mein. Mein. Mein. Mein.
Mein. Mein. Mein. Mein. Mein. Mein. Mein. Mein. Mein.
Mein. Mein.

Mein. Mein. Mein. Mein. Mein. Mein. Mein. Mein. Mein.
Mein. Mein. Mein. Mein. Mein. Mein. Mein. Mein. Mein.
Mein. Mein. Mein. Mein. Mein. Mein.

Mein. Mein. Mein. Mein. Mein. Mein. Mein. Mein.
Mein. Mein. Mein. Mein. Mein. Mein. Mein. Mein. Mein.
Mein. Mein. Mein. Mein. Mein. Mein. Mein. Mein.

Mein. Mein. Mein. Mein. Mein. Mein. Mein. Mein. Mein.
Mein. Mein. Mein. Mein. Mein. Mein. Mein. Mein. Mein.
Mein. Mein. Mein. Mein. Mein. Mein. Mein. Mein. Mein.
Mein. Mein. Mein. Mein. Mein. Mein. Mein. Mein. Mein.
Mein. Mein. Mein. Mein. Mein. Mein. Mein. Mein. Mein.

Mein. Mein. Mein. Mein. Mein. Mein. Mein. Mein. Mein.
Mein. Mein. Mein.

Mein. Mein. Mein. Mein. Mein. Mein. Mein. Mein. Mein.
Mein. Mein. Mein. Mein. Mein. Mein. Mein. Mein. Mein.
Mein. Mein. Mein. Mein. Mein. Mein. Mein. Mein. Mein.
Mein. Mein. Mein. Mein. Mein. Mein. Mein. Mein. Mein.
Mein. Mein. Mein. Mein. Mein.

Mein. Mein. Mein. Mein. Mein. Mein. Mein. Mein. Mein.
Mein. Mein. Mein. Mein. Mein. Mein. Mein. Mein. Mein.
Mein. Mein. Mein. Mein. Mein.

Mein. Mein. Mein. Mein. Mein. Mein. Mein. Mein. Mein.
Mein. Mein. Mein. Mein. Mein. Mein. Mein. Mein. Mein.
Mein. Mein. Mein. Mein. Mein. Mein. Mein. Mein. Mein.
Mein. Mein. Mein. Mein. Mein. Mein. Mein. Mein. Mein.
Mein. Mein. Mein. Mein.

Mein. Mein. Mein. Mein. Mein. Mein. Mein. Mein. Mein.
Mein. Mein. Mein. Mein. Mein. Mein. Mein. Mein. Mein.
Mein. Mein. Mein. Mein. Mein. Mein. Mein. Mein. Mein.
Mein. Mein. Mein. Mein. Mein. Mein. Mein. Mein. Mein.
Mein. Mein. Mein. Mein. Mein. Mein. Mein. Mein. Mein.
Mein. Mein.

Mein. Mein. Mein. Mein. Mein. Mein. Mein. Mein. Mein.
Mein. Mein. Mein. Mein. Mein. Mein. Mein. Mein. Mein.
Mein. Mein. Mein. Mein. Mein. Mein. Mein. Mein.

Mein. Mein. Mein. Mein. Mein. Mein. Mein. Mein. Mein.
Mein. Mein. Mein. Mein. Mein. Mein. Mein. Mein. Mein.

Mein. Mein. Mein. Mein. Mein. Mein. Mein. Mein. Mein.
Mein. Mein. Mein. Mein. Mein. Mein. Mein. Mein. Mein.
Mein. Mein. Mein. Mein. Mein. Mein. Mein. Mein. Mein.
Mein. Mein. Mein. Mein. Mein. Mein. Mein. Mein. Mein.
Mein. Mein. Mein. Mein. Mein. Mein.

Mein. Mein. Mein. Mein. Mein. Mein. Mein. Mein. Mein.
Mein. Mein. Mein. Mein. Mein. Mein. Mein. Mein. Mein.
Mein. Mein. Mein. Mein. Mein. Mein. Mein. Mein. Mein.
Mein. Mein. Mein. Mein. Mein. Mein. Mein. Mein. Mein.
Mein. Mein. Mein. Mein. Mein. Mein. Mein. Mein. Mein.
Mein. Mein. Mein. Mein. Mein. Mein. Mein. Mein. Mein.
Mein. Mein. Mein. Mein. Mein. Mein. Mein. Mein. Mein.
Mein. Mein. Mein. Mein. Mein. Mein. Mein. Mein. Mein.
Mein. Mein.

Mein. Mein. Mein. Mein. Mein. Mein. Mein. Mein. Mein.
Mein. Mein. Mein. Mein. Mein. Mein. Mein. Mein. Mein.
Mein. Mein. Mein. Mein. Mein. Mein. Mein. Mein. Mein.
Mein. Mein. Mein. Mein. Mein. Mein. Mein. Mein. Mein.
Mein. Mein. Mein. Mein. Mein. Mein. Mein. Mein. Mein.
Mein. Mein. Mein. Mein. Mein. Mein. Mein. Mein. Mein.
Mein. Mein.

Mein. Mein. Mein. Mein. Mein. Mein. Mein. Mein. Mein.
Mein. Mein. Mein. Mein. Mein. Mein. Mein. Mein. Mein.
Mein. Mein. Mein. Mein. Mein. Mein. Mein. Mein. Mein.

Mein. Mein. Mein. Mein. Mein. Mein. Mein. Mein. Mein.
Mein. Mein. Mein.

Mein. Mein. Mein. Mein. Mein. Mein. Mein. Mein. Mein.
Mein. Mein. Mein. Mein. Mein. Mein. Mein. Mein. Mein.
Mein. Mein. Mein. Mein. Mein. Mein. Mein. Mein. Mein.
Mein. Mein. Mein. Mein. Mein. Mein. Mein. Mein. Mein.
Mein. Mein. Mein. Mein. Mein.

Mein. Mein. Mein. Mein. Mein. Mein. Mein. Mein. Mein.
Mein. Mein. Mein. Mein. Mein. Mein. Mein. Mein. Mein.
Mein. Mein. Mein. Mein. Mein. Mein. Mein. Mein. Mein.
Mein. Mein. Mein. Mein. Mein. Mein. Mein. Mein. Mein.
Mein. Mein. Mein. Mein. Mein. Mein.

Mein. Mein. Mein. Mein. Mein. Mein. Mein. Mein. Mein.
Mein. Mein. Mein. Mein. Mein. Mein. Mein. Mein. Mein.
Mein. Mein. Mein. Mein. Mein. Mein. Mein. Mein. Mein.
Mein. Mein. Mein. Mein. Mein. Mein. Mein. Mein. Mein.
Mein. Mein. Mein. Mein. Mein. Mein. Mein. Mein. Mein.
Mein. Mein.

Mein. Mein. Mein. Mein. Mein. Mein. Mein. Mein. Mein.
Mein. Mein. Mein. Mein. Mein. Mein. Mein. Mein. Mein.
Mein. Mein.

Mein. Mein. Mein. Mein. Mein. Mein. Mein. Mein. Mein.
Mein. Mein. Mein. Mein. Mein. Mein. Mein. Mein. Mein.
Mein. Mein. Mein. Mein. Mein. Mein.

Mein. Mein. Mein. Mein. Mein. Mein. Mein. Mein. Mein.
Mein. Mein. Mein. Mein. Mein. Mein. Mein. Mein. Mein.

Mein. Mein. Mein. Mein. Mein. Mein. Mein. Mein. Mein.
Mein. Mein. Mein. Mein. Mein. Mein. Mein. Mein. Mein.
Mein. Mein. Mein. Mein. Mein. Mein. Mein. Mein. Mein.
Mein. Mein. Mein. Mein. Mein. Mein. Mein. Mein. Mein.

Mein. Mein. Mein. Mein. Mein. Mein. Mein. Mein. Mein.
Mein. Mein. Mein. Mein. Mein. Mein. Mein. Mein. Mein.
Mein. Mein. Mein. Mein. Mein. Mein. Mein. Mein. Mein.
Mein.

Mein. Mein. Mein. Mein. Mein. Mein. Mein. Mein. Mein.
Mein. Mein. Mein. Mein. Mein. Mein. Mein. Mein. Mein.
Mein. Mein. Mein. Mein. Mein. Mein. Mein. Mein. Mein.
Mein. Mein. Mein. Mein. Mein. Mein. Mein. Mein. Mein.
Mein. Mein. Mein. Mein. Mein. Mein. Mein. Mein. Mein.
Mein. Mein. Mein. Mein. Mein. Mein. Mein. Mein. Mein.
Mein. Mein. Mein. Mein. Mein. Mein. Mein. Mein. Mein.
Mein. Mein. Mein. Mein. Mein. Mein. Mein. Mein. Mein.
Mein. Mein. Mein.

Mein. Mein. Mein. Mein. Mein. Mein. Mein. Mein. Mein.
Mein. Mein. Mein. Mein. Mein. Mein. Mein. Mein. Mein.
Mein. Mein. Mein. Mein. Mein. Mein. Mein. Mein. Mein.
Mein. Mein. Mein. Mein. Mein. Mein. Mein. Mein. Mein.
Mein.

Mein. Mein. Mein. Mein. Mein. Mein. Mein. Mein. Mein.
Mein. Mein. Mein. Mein. Mein. Mein. Mein. Mein. Mein.
Mein. Mein. Mein. Mein. Mein. Mein. Mein. Mein. Mein.
Mein. Mein. Mein. Mein. Mein. Mein. Mein. Mein. Mein.
Mein. Mein. Mein. Mein. Mein. Mein.

Mein. Mein. Mein. Mein. Mein. Mein. Mein. Mein. Mein.
Mein. Mein. Mein. Mein. Mein. Mein. Mein. Mein. Mein.
Mein. Mein. Mein. Mein. Mein. Mein. Mein. Mein. Mein.
Mein. Mein. Mein. Mein. Mein. Mein. Mein. Mein. Mein.
Mein. Mein. Mein. Mein. Mein. Mein. Mein. Mein. Mein.
Mein. Mein. Mein. Mein. Mein. Mein. Mein. Mein. Mein.
Mein. Mein. Mein. Mein. Mein. Mein. Mein. Mein. Mein.
Mein. Mein. Mein. Mein. Mein. Mein. Mein. Mein. Mein.
Mein. Mein. Mein. Mein. Mein. Mein. Mein. Mein. Mein.
Mein. Mein. Mein. Mein. Mein. Mein. Mein. Mein. Mein.
Mein.

Mein. Mein. Mein. Mein. Mein. Mein. Mein. Mein. Mein.
Mein. Mein. Mein. Mein. Mein. Mein. Mein. Mein. Mein.
Mein. Mein. Mein. Mein. Mein. Mein. Mein. Mein. Mein.
Mein. Mein. Mein. Mein. Mein. Mein. Mein. Mein. Mein.
Mein. Mein. Mein. Mein. Mein. Mein. Mein. Mein. Mein.
Mein. Mein. Mein. Mein. Mein. Mein. Mein. Mein. Mein.
Mein. Mein. Mein.

 Mein. Mein. Mein. Mein. Mein. Mein. Mein. Mein. Mein.
Mein. Mein. Mein. Mein. Mein. Mein. Mein. Mein. Mein.
Mein. Mein. Mein. Mein. Mein. Mein. Mein. Mein. Mein.
Mein. Mein. Mein. Mein. Mein. Mein. Mein. Mein. Mein.
Mein. Mein. Mein. Mein. Mein. Mein. Mein. Mein. Mein.
Mein. Mein. Mein. Mein. Mein. Mein. Mein. Mein. Mein.
Mein. Mein. Mein. Mein. Mein. Mein. Mein. Mein. Mein.
Mein. Mein. Mein. Mein. Mein. Mein. Mein. Mein. Mein.
Mein. Mein. Mein. Mein. Mein. Mein. Mein. Mein. Mein.
Mein.

Mein. Mein. Mein. Mein. Mein. Mein. Mein. Mein. Mein.
Mein. Mein. Mein. Mein. Mein. Mein. Mein. Mein. Mein.
Mein. Mein. Mein. Mein.

Mein. Mein. Mein. Mein. Mein. Mein. Mein. Mein. Mein.
Mein. Mein. Mein. Mein. Mein. Mein. Mein. Mein. Mein.
Mein. Mein. Mein. Mein. Mein. Mein. Mein. Mein. Mein.
Mein. Mein. Mein. Mein. Mein. Mein. Mein. Mein. Mein.
Mein. Mein. Mein. Mein. Mein. Mein.

Mein. Mein. Mein. Mein. Mein. Mein. Mein. Mein. Mein.
Mein. Mein. Mein. Mein. Mein. Mein. Mein. Mein. Mein.
Mein. Mein. Mein. Mein. Mein. Mein. Mein. Mein. Mein.
Mein. Mein. Mein. Mein. Mein. Mein. Mein. Mein. Mein.
Mein. Mein. Mein. Mein. Mein. Mein. Mein. Mein. Mein.
Mein. Mein. Mein. Mein. Mein. Mein. Mein. Mein. Mein.
Mein. Mein. Mein. Mein. Mein. Mein. Mein. Mein. Mein.
Mein. Mein. Mein. Mein. Mein. Mein. Mein. Mein. Mein.

Mein. Mein. Mein. Mein. Mein. Mein. Mein. Mein. Mein.
Mein. Mein. Mein. Mein. Mein. Mein. Mein. Mein. Mein.
Mein. Mein. Mein. Mein. Mein. Mein. Mein. Mein. Mein.

Mein. Mein. Mein. Mein. Mein. Mein. Mein. Mein. Mein.
Mein. Mein. Mein. Mein. Mein. Mein. Mein. Mein. Mein.
Mein. Mein. Mein. Mein. Mein. Mein. Mein. Mein. Mein.
Mein. Mein. Mein. Mein. Mein. Mein. Mein. Mein. Mein.
Mein. Mein. Mein. Mein. Mein. Mein.

Mein. Mein.

Mein. Mein. Mein. Mein. Mein.

Mein. Mein. Mein. Mein. Mein. Mein. Mein. Mein. Mein. Mein. Mein. Mein. Mein. Mein. Mein. Mein. Mein. Mein. Mein. Mein.

Mein. Mein.

Mein. Mein. Mein. Mein. Mein. Mein. Mein. Mein. Mein. Mein. Mein. Mein. Mein. Mein. Mein. Mein. Mein. Mein.

Mein. Mein. Mein. Mein. Mein. Mein. Mein. Mein. Mein. Mein. Mein. Mein. Mein. Mein. Mein. Mein.

Mein. Mein.

Mein. Mein.

Mein. Meln. Meln. Meln.

Mein. Mein.

Mein. Mein. Mein. Mein. Mein. Mein. Mein. Mein. Mein. Mein. Mein.

Mein. Mein.

Mein. Mein.

Mein. Mein.

Mein. Mein.

Mein. Mein.

Mein. Mein. Mein. Mein. Mein. Mein. Mein. Mein. Mein.
Mein. Mein. Mein. Mein. Mein. Mein. Mein. Mein. Mein.
Mein. Mein. Mein. Mein. Mein. Mein. Mein. Mein. Mein.
Mein. Mein. Mein. Mein. Mein. Mein. Mein. Mein. Mein.
Mein. Mein. Mein. Mein. Mein. Mein. Mein. Mein. Mein.

Mein. Mein. Mein. Mein. Mein. Mein. Mein. Mein. Mein.
Mein. Mein. Mein. Mein. Mein. Mein. Mein. Mein. Mein.
Mein. Mein. Mein. Mein. Mein. Mein. Mein. Mein. Mein.
Mein. Mein. Mein. Mein. Mein. Mein. Mein. Mein. Mein.
Mein. Mein. Mein. Mein. Mein. Mein. Mein. Mein. Mein.
Mein. Mein. Mein. Mein. Mein. Mein. Mein. Mein. Mein.
Mein. Mein. Mein. Mein. Mein. Mein. Mein. Mein. Mein.
Mein. Mein. Mein. Mein. Mein. Mein. Mein. Mein. Mein.
Mein. Mein. Mein. Mein. Mein. Mein. Mein. Mein. Mein.
Mein. Mein. Mein. Mein. Mein. Mein.

Mein. Mein. Mein. Mein. Mein. Mein. Mein. Mein. Mein.
Mein. Mein. Mein. Mein. Mein. Mein. Mein. Mein. Mein.
Mein. Mein. Mein. Mein. Mein. Mein. Mein. Mein. Mein.
Mein. Mein. Mein. Mein. Mein. Mein. Mein. Mein. Mein.
Mein. Mein. Mein. Mein. Mein. Mein. Mein. Mein. Mein.
Mein. Mein. Mein. Mein. Mein. Mein. Mein. Mein. Mein.
Mein.

Mein. Mein. Mein. Mein. Mein. Mein. Mein. Mein. Mein.
Mein. Mein. Mein. Mein. Mein. Mein. Mein. Mein. Mein.

Mein. Mein. Mein. Mein. Mein. Mein. Mein. Mein. Mein.
Mein. Mein. Mein. Mein. Mein. Mein. Mein. Mein. Mein.
Mein. Mein. Mein. Mein. Mein. Mein. Mein. Mein. Mein.
Mein. Mein. Mein. Mein. Mein. Mein. Mein. Mein. Mein.
Mein. Mein. Mein. Mein. Mein. Mein. Mein. Mein. Mein.
Mein. Mein. Mein. Mein. Mein. Mein. Mein. Mein. Mein.
Mein. Mein. Mein. Mein. Mein. Mein. Mein. Mein. Mein.
Mein. Mein. Mein. Mein. Mein. Mein. Mein.

Mein. Mein. Mein. Mein. Mein. Mein. Mein. Mein. Mein.
Mein. Mein. Mein. Mein. Mein. Mein. Mein. Mein. Mein.
Mein. Mein. Mein. Mein. Mein. Mein. Mein. Mein. Mein.
Mein. Mein. Mein. Mein. Mein. Mein. Mein. Mein. Mein.
Mein.

Mein. Mein. Mein. Mein. Mein. Mein. Mein. Mein. Mein.
Mein. Mein. Mein. Mein. Mein. Mein. Mein. Mein. Mein.
Mein. Mein. Mein. Mein. Mein. Mein. Mein. Mein. Mein.
Mein. Mein. Mein. Mein. Mein. Mein. Mein. Mein. Mein.
Mein. Mein. Mein. Mein. Mein. Mein.

Mein. Mein. Mein. Mein. Mein. Mein. Mein. Mein. Mein.
Mein. Mein. Mein. Mein. Mein. Mein. Mein. Mein. Mein.
Mein. Mein. Mein. Mein. Mein. Mein. Mein. Mein. Mein.
Mein. Mein. Mein. Mein. Mein. Mein.

Mein. Mein. Mein. Mein. Mein. Mein. Mein. Mein. Mein.
Mein. Mein. Mein. Mein. Mein. Mein. Mein. Mein. Mein.
Mein. Mein. Mein. Mein. Mein. Mein. Mein. Mein. Mein.
Mein. Mein. Mein. Mein. Mein. Mein. Mein. Mein. Mein.
Mein. Mein. Mein. Mein. Mein. Mein. Mein. Mein. Mein.

Mein. Mein.

Mein. Mein.

Mein. Mein.

Mein. Mein.

Mein. Mein. Mein. Mein. Mein. Mein. Mein. Mein. Mein.
Mein. Mein. Mein. Mein. Mein. Mein. Mein. Mein. Mein.
Mein. Mein. Mein. Mein. Mein. Mein. Mein. Mein. Mein.
Mein. Mein. Mein. Mein. Mein. Mein. Mein. Mein. Mein.
Mein. Mein. Mein. Mein. Mein. Mein. Mein. Mein. Mein.
Mein. Mein. Mein. Mein. Mein. Mein. Mein. Mein. Mein.
Mein. Mein. Mein. Mein. Mein. Mein. Mein. Mein. Mein.
Mein. Mein. Mein. Mein. Mein. Mein. Mein. Mein. Mein.
Mein. Mein. Mein. Mein. Mein. Mein. Mein. Mein. Mein.
Mein. Mein. Mein. Mein. Mein. Mein. Mein. Mein. Mein.
Mein. Mein. Mein. Mein.

 Mein. Mein. Mein. Mein. Mein. Mein. Mein. Mein. Mein.
Mein. Mein. Mein. Mein. Mein. Mein.

Mein. Mein. Mein. Mein. Mein. Mein. Mein. Mein. Mein.
Mein. Mein. Mein. Mein. Mein. Mein. Mein. Mein. Mein.
Mein. Mein. Mein. Mein. Mein. Mein. Mein. Mein. Mein.
Mein. Mein. Mein. Mein. Mein. Mein. Mein. Mein. Mein.
Mein. Mein. Mein. Mein. Mein. Mein. Mein. Mein. Mein.
Mein.

Mein. Mein. Mein. Mein. Mein. Mein. Mein. Mein. Mein.
Mein. Mein. Mein. Mein. Mein. Mein. Mein. Mein. Mein.
Mein. Mein. Mein. Mein. Mein. Mein. Mein. Mein. Mein.
Mein. Mein. Mein. Mein. Mein. Mein. Mein. Mein. Mein.
Mein. Mein. Mein. Mein. Mein. Mein.

Mein. Mein. Mein. Mein. Mein. Mein. Mein. Mein. Mein.
Mein. Mein. Mein. Mein. Mein. Mein. Mein. Mein. Mein.
Mein. Mein. Mein. Mein. Mein. Mein. Mein. Mein. Mein.
Mein. Mein. Mein. Mein. Mein. Mein. Mein. Mein. Mein.
Mein. Mein. Mein. Mein. Mein. Mein. Mein. Mein. Mein.
Mein. Mein. Mein. Mein. Mein. Mein. Mein. Mein. Mein.
Mein.

Mein. Mein. Mein. Mein. Mein. Mein. Mein. Mein. Mein.
Mein. Mein. Mein. Mein. Mein. Mein. Mein. Mein. Mein.
Mein. Mein. Mein. Mein. Mein. Mein. Mein. Mein. Mein.
Mein. Mein. Mein. Mein. Mein. Mein. Mein. Mein. Mein.
Mein. Mein. Mein. Mein. Mein. Mein. Mein. Mein. Mein.
Mein. Mein. Mein. Mein. Mein. Mein. Mein. Mein. Mein.
Mein. Mein. Mein. Mein. Mein. Mein. Mein. Mein. Mein.
Mein. Mein. Mein. Mein. Mein. Mein. Mein. Mein. Mein.
Mein.

Mein. Mein. Mein. Mein. Mein. Mein. Mein. Mein. Mein.
Mein. Mein. Mein. Mein. Mein. Mein. Mein. Mein. Mein.
Mein. Mein. Mein. Mein. Mein. Mein. Mein.

Mein. Mein. Mein. Mein. Mein. Mein. Mein. Mein. Mein.
Mein. Mein. Mein. Mein. Mein. Mein. Mein. Mein. Mein.
Mein. Mein. Mein. Mein. Mein. Mein. Mein. Mein. Mein.
Mein. Mein. Mein. Mein. Mein. Mein. Mein.

Mein. Mein. Mein. Mein. Mein. Mein. Mein. Mein. Mein.
Mein. Mein. Mein. Mein. Mein. Mein. Mein. Mein. Mein.

Mein. Mein. Mein. Mein. Mein. Mein. Mein. Mein. Mein.
Mein. Mein. Mein. Mein. Mein. Mein. Mein. Mein. Mein.
Mein. Mein. Mein. Mein. Mein. Mein. Mein. Mein. Mein.
Mein. Mein. Mein. Mein. Mein. Mein. Mein. Mein. Mein.
Mein. Mein. Mein. Mein. Mein. Mein. Mein. Mein. Mein.
Mein. Mein. Mein. Mein. Mein. Mein. Mein. Mein. Mein.
Mein. Mein. Mein. Mein. Mein. Mein. Mein. Mein. Mein.
Mein. Mein. Mein. Mein. Mein. Mein. Mein.

Mein. Mein. Mein. Mein. Mein. Mein. Mein. Mein. Mein.
Mein. Mein. Mein. Mein. Mein. Mein. Mein. Mein. Mein.
Mein. Mein. Mein. Mein. Mein. Mein. Mein. Mein. Mein.
Mein. Mein. Mein. Mein. Mein. Mein. Mein. Mein. Mein.
Mein. Mein. Mein. Mein. Mein. Mein. Mein. Mein. Mein.
Mein. Mein. Mein. Mein. Mein. Mein. Mein. Mein. Mein.
Mein. Mein. Mein. Mein. Mein. Mein. Mein. Mein. Mein.
Mein. Mein. Mein. Mein. Mein. Mein. Mein.

Mein. Mein. Mein. Mein. Mein. Mein. Mein. Mein. Mein.
Mein. Mein. Mein. Mein. Mein. Mein. Mein. Mein. Mein.
Mein. Mein. Mein. Mein. Mein. Mein. Mein. Mein. Mein.
Mein. Mein. Mein. Mein. Mein. Mein. Mein. Mein. Mein.
Mein. Mein. Mein. Mein. Mein. Mein. Mein. Mein. Mein.
Mein. Mein. Mein. Mein. Mein. Mein. Mein. Mein. Mein.
Mein. Mein. Mein. Mein. Mein. Mein. Mein. Mein. Mein.
Mein. Mein. Mein. Mein. Mein. Mein. Mein.

Mein. Mein. Mein. Mein. Mein. Mein. Mein. Mein. Mein.
Mein. Mein. Mein. Mein. Mein. Mein. Mein. Mein. Mein.
Mein. Mein. Mein. Mein. Mein. Mein. Mein. Mein. Mein.

Mein. Mein. Mein. Mein. Mein. Mein. Mein. Mein. Mein.
Mein. Mein. Mein. Mein. Mein. Mein. Mein.

Mein. Mein. Mein. Mein. Mein. Mein. Mein. Mein. Mein.
Mein. Mein. Mein. Mein. Mein. Mein. Mein. Mein. Mein.
Mein. Mein. Mein. Mein. Mein. Mein. Mein. Mein. Mein.
Mein. Mein. Mein. Mein. Mein. Mein. Mein. Mein. Mein.

Mein. Mein. Mein. Mein. Mein. Mein. Mein. Mein. Mein.
Mein. Mein. Mein. Mein. Mein. Mein. Mein. Mein. Mein.
Mein. Mein. Mein. Mein. Mein. Mein. Mein. Mein. Mein.
Mein. Mein. Mein. Mein. Mein. Mein. Mein. Mein. Mein.
Mein. Mein. Mein. Mein. Mein. Mein. Mein. Mein. Mein.
Mein. Mein. Mein. Mein. Mein. Mein. Mein. Mein. Mein.
Mein.

Mein. Mein. Mein. Mein. Mein. Mein. Mein. Mein. Mein.
Mein. Mein. Mein. Mein. Mein. Mein. Meln. Mein. Mein.
Mein. Mein. Mein. Mein. Mein. Mein. Mein. Mein. Mein.
Mein. Mein. Mein. Mein. Mein. Mein. Mein. Mein. Mein.
Mein. Mein. Mein. Mein. Mein. Mein. Mein. Mein. Mein.
Mein. Mein. Mein. Mein. Mein. Mein. Mein. Mein. Mein.
Mein. Mein. Mein. Mein. Mein. Mein. Mein. Mein. Mein.
Mein. Mein. Mein. Mein. Mein. Mein. Mein. Mein.

Mein. Mein. Mein. Mein. Mein. Mein. Mein. Mein. Mein.
Mein. Mein. Mein. Mein. Mein. Mein. Mein. Mein. Mein.
Mein. Mein. Mein. Mein. Mein. Mein. Mein. Mein.

Mein. Mein. Mein. Mein. Mein. Mein. Mein. Mein. Mein.
Mein. Mein. Mein. Mein. Mein. Mein. Mein. Mein. Mein.
Mein. Mein. Mein. Mein. Mein. Mein. Mein. Mein. Mein.
Mein. Mein. Mein. Mein. Mein. Mein. Mein. Mein. Mein.
Mein. Mein. Mein. Mein. Mein. Mein. Mein. Mein.

Mein. Mein. Mein. Mein. Mein. Mein. Mein. Mein. Mein.
Mein. Mein. Mein. Mein. Mein. Mein. Mein. Mein. Mein.
Mein. Mein. Mein. Mein. Mein. Mein.

Mein. Mein. Mein. Mein. Mein. Mein. Mein. Mein. Mein.
Mein. Mein. Mein. Mein. Mein. Mein. Mein. Mein. Mein.
Mein. Mein. Mein. Mein. Mein. Mein. Mein. Mein. Mein.
Mein. Mein. Mein. Mein. Mein. Mein. Mein. Mein. Mein.
Mein. Mein. Mein. Mein.

Mein. Mein. Mein. Mein. Mein. Mein. Mein. Mein. Mein.
Mein. Mein. Mein. Mein. Mein. Mein. Mein. Mein. Mein.
Mein. Mein. Mein. Mein. Mein. Mein. Mein. Mein. Mein.
Mein. Mein. Mein. Mein. Mein. Mein. Mein. Mein. Mein.
Mein.

Mein. Mein. Mein. Mein. Mein. Mein. Mein. Mein. Mein.
Mein. Mein. Mein. Mein. Mein. Mein. Mein. Mein. Mein.
Mein. Mein. Mein. Mein. Mein. Mein. Mein. Mein. Mein.

Mein. Mein. Mein. Mein. Mein. Mein. Mein. Mein. Mein.
Mein. Mein. Mein. Mein. Mein. Mein. Mein. Mein. Mein.
Mein. Mein. Mein. Mein. Mein. Mein. Mein. Mein. Mein.
Mein. Mein. Mein. Mein. Mein. Mein. Mein. Mein. Mein.
Mein. Mein. Mein. Mein. Mein. Mein. Mein. Mein.

Mein. Mein. Mein. Mein. Mein. Mein. Mein. Mein. Mein.
Mein. Mein. Mein. Mein. Mein. Mein. Mein. Mein. Mein.
Mein. Mein. Mein. Mein. Mein. Mein. Mein.

Mein. Mein. Mein. Mein. Mein. Mein. Mein. Mein. Mein.
Mein. Mein. Mein. Mein. Mein. Mein. Mein. Mein. Mein.
Mein. Mein. Mein. Mein. Mein. Mein. Mein. Mein. Mein.
Mein. Mein. Mein. Mein. Mein. Mein. Mein. Mein. Mein.
Mein. Mein. Mein. Mein. Mein. Mein. Mein. Mein.

Mein. Mein. Mein. Mein. Mein. Mein. Mein. Mein. Mein.
Mein. Mein. Mein. Mein. Mein. Mein. Mein. Mein. Mein.
Mein. Mein. Mein. Mein. Mein. Mein. Mein. Mein. Mein.
Mein. Mein. Mein. Mein. Mein. Mein. Mein. Mein. Mein.
Mein. Mein. Mein. Mein.

Mein. Mein. Mein. Mein. Mein. Mein. Mein. Mein. Mein.
Mein. Mein. Mein. Mein. Mein. Mein. Mein. Mein. Mein.
Mein. Mein. Mein. Mein. Mein. Mein. Mein. Mein. Mein.
Mein. Mein. Mein. Mein. Mein. Mein. Mein. Mein. Mein.
Mein. Mein. Mein.

Mein. Mein. Mein. Mein. Mein. Mein. Mein. Mein. Mein.
Mein. Mein. Mein. Mein. Mein. Mein. Mein. Mein. Mein.
Mein. Mein. Mein. Mein. Mein. Mein. Mein. Mein. Mein.
Mein. Mein. Mein. Mein. Mein. Mein. Mein. Mein. Mein.
Mein. Mein. Mein. Mein. Mein. Mein. Mein. Mein. Mein.

Mein. Mein. Mein. Mein. Mein. Mein. Mein. Mein. Mein.
Mein.

Mein. Mein. Mein. Mein. Mein. Mein. Mein. Mein. Mein.
Mein. Mein. Mein. Mein. Mein. Mein. Mein. Mein. Mein.
Mein. Mein. Mein. Mein. Mein. Mein. Mein. Mein.

Mein. Mein. Mein. Mein. Mein. Mein. Mein. Mein. Mein.
Mein. Mein. Mein. Mein. Mein. Mein. Mein. Mein. Mein.
Mein. Mein. Mein. Mein. Mein. Mein. Mein. Mein. Mein.
Mein. Mein. Mein. Mein. Mein. Mein. Mein. Mein. Mein.
Mein. Mein. Mein. Mein. Mein. Mein. Mein. Mein. Mein.
Mein. Mein. Mein. Mein. Mein. Mein. Mein. Mein. Mein.
Mein. Mein.

Mein. Mein. Mein. Mein. Mein. Mein. Mein. Mein. Mein.
Mein. Mein. Mein. Mein. Mein. Mein. Mein. Mein. Mein.
Mein. Mein. Mein. Mein. Mein. Mein. Mein. Mein. Mein.
Mein. Mein. Mein. Mein. Mein. Mein. Mein. Mein. Mein.
Mein.

Mein. Mein. Mein. Mein. Mein. Mein. Mein. Mein. Mein.
Mein.

Mein. Mein. Mein. Mein. Mein. Mein. Mein. Mein. Mein.
Mein. Mein. Mein. Mein. Mein. Mein. Mein. Mein. Mein.
Mein. Mein. Mein. Mein. Mein. Mein. Mein.

Mein. Mein. Mein. Mein. Mein. Mein. Mein. Mein. Mein.
Mein. Mein. Mein. Mein. Mein. Mein. Mein. Mein. Mein.
Mein. Mein. Mein. Mein. Mein. Mein. Mein. Mein. Mein.

Mein. Mein. Mein. Mein. Mein. Mein. Mein. Mein. Mein.
Mein. Mein. Mein. Mein. Mein. Mein. Mein. Mein.

Mein. Mein. Mein. Mein. Mein. Mein. Mein. Mein. Mein.
Mein. Mein. Mein. Mein. Mein. Mein. Mein. Mein. Mein.
Mein. Mein. Mein. Mein. Mein. Mein. Mein. Mein. Mein.

Mein. Mein. Mein. Mein. Mein. Mein. Mein. Mein. Mein.
Mein. Mein.

Mein. Mein. Mein. Mein. Mein. Mein. Mein. Mein. Mein.
Mein. Mein. Mein. Mein. Mein. Mein. Mein.

 Mein. Mein. Mein. Mein. Mein. Mein. Mein. Mein. Mein.
Mein. Mein. Mein. Mein. Mein. Mein. Mein. Mein. Mein.
Mein. Mein. Mein. Mein. Mein. Mein. Mein. Mein. Mein.
Mein. Mein. Mein. Mein. Mein. Mein. Mein. Mein. Mein.
Mein. Mein. Mein. Mein. Mein. Mein. Mein. Mein. Mein.
Mein. Mein. Mein. Mein. Mein. Mein. Mein. Mein. Mein.
Mein. Mein. Mein. Mein.

Mein. Mein. Mein. Mein. Mein. Mein. Mein. Mein. Mein.
Mein. Mein. Mein. Mein. Mein. Mein. Mein. Mein. Mein.
Mein. Mein. Mein. Mein. Mein. Mein. Mein. Mein. Mein.
Mein. Mein. Mein. Mein. Mein. Mein. Mein. Mein. Mein.
Mein. Mein. Mein. Mein. Mein. Mein. Mein. Mein. Mein.
Mein. Mein. Mein. Mein. Mein. Mein. Mein. Mein. Mein.
Mein. Mein. Mein. Mein. Mein. Mein. Mein. Mein. Mein.
Mein. Mein. Mein. Mein. Mein. Mein. Mein. Mein. Mein.
Mein. Mein.

Mein. Mein. Mein. Mein. Mein. Mein. Mein. Mein. Mein.
Mein. Mein. Mein. Mein. Mein. Mein. Mein. Mein. Mein.
Mein. Mein. Mein. Mein. Mein. Mein. Mein. Mein. Mein.
Mein. Mein. Mein. Mein. Mein. Mein. Mein. Mein. Mein.
Mein. Mein.

Mein. Mein. Mein. Mein. Mein. Mein. Mein. Mein. Mein.
Mein. Mein. Mein. Mein. Mein. Mein. Mein. Mein. Mein.
Mein. Mein. Mein. Mein. Mein. Mein. Mein. Mein. Mein.
Mein. Mein. Mein. Mein. Mein. Mein. Mein. Mein. Mein.
Mein. Mein. Mein. Mein. Mein. Mein. Mein. Mein. Mein.
Mein. Mein. Mein. Mein. Mein. Mein. Mein. Mein. Mein.
Mein.

Mein. Mein. Mein. Mein. Mein. Mein. Mein. Mein. Mein.
Mein. Mein. Mein. Mein. Mein. Mein. Mein. Mein. Mein.
Mein. Mein. Mein. Mein. Mein. Mein. Mein. Mein. Mein.
Mein. Mein. Mein. Mein. Mein. Mein. Mein. Mein. Mein.
Mein. Mein. Mein. Mein. Mein. Mein. Mein. Mein. Mein.
Mein. Mein. Mein. Mein. Mein. Mein. Mein. Mein. Mein.
Mein. Mein. Mein. Mein.

Mein. Mein. Mein. Mein. Mein. Mein. Mein. Mein. Mein.
Mein. Mein. Mein. Mein. Mein. Mein. Mein. Mein. Mein.
Mein. Mein. Mein. Mein. Mein. Mein. Mein. Mein. Mein.
Mein. Mein. Mein. Mein. Mein. Mein. Mein. Mein. Mein.
Mein. Mein. Mein. Mein. Mein. Mein.

Mein. Mein. Mein. Mein. Mein. Mein. Mein. Mein. Mein.
Mein. Mein. Mein. Mein. Mein. Mein. Mein. Mein. Mein.
Mein. Mein. Mein. Mein. Mein. Mein. Mein. Mein.

Mein. Mein. Mein. Mein. Mein. Mein. Mein. Mein. Mein.
Mein. Mein. Mein. Mein. Mein. Mein. Mein. Mein. Mein.
Mein. Mein. Mein. Mein. Mein. Mein. Mein. Mein. Mein.
Mein. Mein. Mein.

Mein. Mein. Mein. Mein. Mein. Mein. Mein. Mein. Mein.
Mein.

Mein. Mein. Mein. Mein. Mein. Mein. Mein. Mein. Mein.
Mein. Mein. Mein. Mein. Mein. Mein. Mein. Mein. Mein.
Mein. Mein. Mein. Mein. Mein. Mein. Mein. Mein. Mein.
Mein. Mein. Mein. Mein. Mein. Mein. Mein. Mein. Mein.
Mein. Mein. Mein.

Mein. Mein. Mein. Mein. Mein. Mein. Mein. Mein. Mein.
Mein. Mein. Mein. Mein. Mein. Mein. Mein. Mein. Mein.
Mein. Mein. Mein. Mein. Mein. Mein. Mein. Mein. Mein.
Mein. Mein. Mein. Mein. Mein. Mein. Mein. Mein. Mein.
Mein. Mein. Mein. Mein. Mein. Mein. Mein. Mein. Mein.
Mein. Mein. Mein. Mein. Mein. Mein. Mein.

Mein. Mein. Mein.

Mein. Mein. Mein. Mein. Mein. Mein. Mein. Mein. Mein.
Mein. Mein. Mein. Mein. Mein. Mein. Mein. Mein. Mein.
Mein. Mein. Mein. Mein. Mein. Mein. Mein. Mein.

Mein. Mein. Mein. Mein. Mein. Mein. Mein. Mein. Mein.
Mein. Mein. Mein. Mein. Mein. Mein. Mein. Mein. Mein.
Mein. Mein. Mein. Mein. Mein. Mein. Mein. Mein. Mein.
Mein. Mein. Mein. Mein. Mein. Mein. Mein. Mein. Mein.
Mein. Mein. Mein. Mein.

Mein. Mein.

Mein. Mein.

Mein. Mein.

Mein. Mein.

Mein. Mein.

Mein. Mein. Mein. Mein. Mein. Mein. Mein. Mein. Mein.
Mein. Mein. Mein. Mein. Mein. Mein. Mein. Mein. Mein.
Mein. Mein. Mein. Mein. Mein. Mein. Mein. Mein. Mein.
Mein. Mein. Mein. Mein. Mein. Mein. Mein. Mein. Mein.
Mein. Mein. Mein. Mein. Mein. Mein. Mein. Mein. Mein.
Mein. Mein. Mein. Mein. Mein. Mein. Mein. Mein.

Mein. Mein. Mein. Mein. Mein. Mein. Mein. Mein. Mein.
Mein. Mein. Mein. Mein. Mein. Mein. Mein. Mein. Mein.
Mein. Mein. Mein. Mein. Mein. Mein. Mein. Mein.

Mein. Mein. Mein. Mein. Mein. Mein. Mein. Mein. Mein.
Mein. Mein. Mein. Mein. Mein. Mein. Mein. Mein. Mein.
Mein. Mein. Mein. Mein. Mein. Mein. Mein. Mein. Mein.
Mein. Mein. Mein. Mein. Mein. Mein.

Mein. Mein. Mein. Mein. Mein. Mein. Mein. Mein. Mein.
Mein. Mein. Mein. Mein. Mein. Mein. Mein. Mein. Mein.
Mein. Mein. Mein. Mein. Mein. Mein. Mein. Mein.

Mein. Mein. Mein. Mein. Mein. Mein. Mein. Mein. Mein.
Mein. Mein. Mein. Mein. Mein. Mein. Mein. Mein. Mein.
Mein. Mein. Mein. Mein. Mein. Mein. Mein. Mein. Mein.
Mein. Mein. Mein. Mein. Mein. Mein. Mein. Mein. Mein.
Mein. Mein. Mein. Mein. Mein. Mein. Mein. Mein. Mein.
Mein. Mein. Mein. Mein. Mein. Mein. Mein. Mein. Mein.

Mein. Mein. Mein. Mein. Mein. Mein. Mein. Mein. Mein.
Mein. Mein. Mein. Mein. Mein. Mein. Mein. Mein. Mein.
Mein. Mein. Mein. Mein. Mein. Mein. Mein. Mein. Mein.
Mein. Mein. Mein. Mein. Mein. Mein. Mein. Mein. Mein.

Mein. Mein.

Mein. Mein.

Mein. Mein.

Mein. Mein.

Mein. Mein. Mein. Mein. Mein. Mein. Mein. Mein. Mein. Mein. Mein. Mein. Mein. Mein. Mein. Mein. Mein. Mein. Mein. Mein.

Mein. Mein.

Mein. Mein. Mein. Mein. Mein. Mein. Mein. Mein. Mein.
Mein. Mein. Mein. Mein. Mein. Mein. Mein. Mein. Mein.
Mein. Mein. Mein. Mein. Mein. Mein. Mein. Mein. Mein.
Mein.

Mein. Mein. Mein. Mein. Mein. Mein. Mein. Mein. Mein.
Mein. Mein. Mein. Mein. Mein. Mein. Mein. Mein. Mein.
Mein. Mein. Mein. Mein. Mein. Mein. Mein. Mein. Mein.
Mein. Mein. Mein. Mein. Mein. Mein. Mein. Mein. Mein.
Mein. Mein. Mein. Mein. Mein. Mein. Mein. Mein. Mein.
Mein. Mein. Mein. Mein. Mein. Mein. Mein. Mein. Mein.

Mein. Mein. Mein. Mein. Mein. Mein. Mein. Mein. Mein.
Mein. Mein. Mein. Mein. Mein. Mein. Mein. Mein. Mein.
Mein. Mein. Mein. Mein. Mein. Mein. Mein. Mein. Mein.
Mein. Mein. Mein. Mein. Mein. Mein. Mein. Mein. Mein.
Mein. Mein. Mein. Mein.

Mein. Mein. Mein. Mein. Mein. Mein. Mein. Mein. Mein.
Mein. Mein. Mein. Mein. Mein. Mein. Mein. Mein. Mein.
Mein. Mein. Mein. Mein. Mein. Mein. Mein. Mein. Mein.
Mein. Mein. Mein. Mein. Mein. Mein. Mein. Mein. Mein.
Mein. Mein. Mein. Mein. Mein. Mein. Mein. Mein. Mein.
Mein. Mein. Mein. Mein. Mein. Mein. Mein. Mein. Mein.
Mein. Mein. Mein. Mein. Mein. Mein. Mein. Mein.

Mein. Mein. Mein. Mein. Mein. Mein. Mein. Mein. Mein.
Mein. Mein. Mein. Mein. Mein. Mein. Mein. Mein. Mein.
Mein. Mein. Mein. Mein. Mein. Mein. Mein. Mein. Mein.
Mein. Mein. Mein. Mein. Mein. Mein. Mein. Mein. Mein.
Mein. Mein. Mein. Mein. Mein. Mein. Mein. Mein. Mein.

Mein. Mein. Mein. Mein. Mein. Mein. Mein. Mein. Mein.
Mein. Mein. Mein.

Mein. Mein. Mein. Mein. Mein. Mein. Mein. Mein. Mein.
Mein. Mein. Mein. Mein. Mein. Mein. Mein. Mein. Mein.
Mein. Mein. Mein.

Mein. Mein. Mein. Mein. Mein. Mein. Mein. Mein. Mein.
Mein. Mein. Mein. Mein. Mein. Mein. Mein. Mein. Mein.
Mein. Mein. Mein. Mein. Mein. Mein.

Mein. Mein. Mein. Mein. Mein. Mein. Mein. Mein. Mein.
Mein. Mein. Mein. Mein. Mein. Mein. Mein. Mein. Mein.
Mein. Mein. Mein. Mein. Mein. Mein. Mein. Mein. Mein.
Mein.

Mein. Mein. Mein. Mein. Mein. Mein. Mein. Mein. Mein.
Mein. Mein. Mein. Mein. Mein. Mein.

Mein. Mein. Mein. Mein. Mein. Mein. Mein. Mein. Mein.
Mein. Mein. Mein. Mein. Mein. Mein. Mein. Mein. Mein.
Mein. Mein. Mein. Mein. Mein. Mein. Mein. Mein. Mein.
Mein. Mein. Mein. Mein. Mein. Mein. Mein. Mein. Mein.
Mein. Mein. Mein. Mein. Mein. Mein. Mein. Mein. Mein.
Mein. Mein. Mein. Mein. Mein. Mein. Mein. Mein. Mein.
Mein. Mein.

Mein. Mein. Mein. Mein. Mein. Mein. Mein. Mein. Mein.
Mein. Mein. Mein. Mein. Mein. Mein. Mein. Mein. Mein.
Mein. Mein. Mein. Mein. Mein. Mein. Mein. Mein. Mein.
Mein. Mein.

Mein. Mein. Mein. Mein. Mein. Mein. Mein. Mein. Mein.
Mein. Mein. Mein. Mein. Mein. Mein. Mein. Mein. Mein.
Mein. Mein. Mein. Mein. Mein. Mein. Mein. Mein. Mein.
Mein. Mein. Mein. Mein. Mein. Mein. Mein. Mein.

Mein. Mein. Mein. Mein. Mein. Mein. Mein. Mein. Mein.
Mein. Mein. Mein. Mein. Mein. Mein. Mein. Mein. Mein.
Mein. Mein. Mein. Mein. Mein. Mein. Mein. Mein. Mein.
Mein. Mein. Mein. Mein. Mein. Mein. Mein. Mein. Mein.
Mein. Mein. Mein. Mein. Mein. Mein. Mein. Mein. Mein.
Mein. Mein. Mein. Mein. Mein. Mein. Mein. Mein. Mein.
Mein. Mein. Mein. Mein. Mein. Mein. Mein. Mein. Mein.
Mein. Mein. Mein. Mein. Mein. Mein. Mein.

Mein. Mein. Mein. Mein. Mein. Mein. Mein. Mein. Mein.
Mein. Mein. Mein. Mein. Mein. Mein. Mein. Mein. Mein.
Mein. Mein. Mein. Mein. Mein. Mein.

Mein. Mein. Mein. Mein. Mein. Mein. Mein. Mein. Mein.
Mein. Mein. Mein. Mein. Mein. Mein. Mein. Mein. Mein.
Mein.

Mein. Mein. Mein. Mein. Mein. Mein. Mein. Mein. Mein.
Mein. Mein. Mein. Mein. Mein. Mein. Mein. Mein. Mein.
Mein. Mein. Mein. Mein. Mein. Mein. Mein. Mein. Mein.
Mein. Mein. Mein. Mein. Mein. Mein. Mein. Mein. Mein.
Mein. Mein. Mein. Mein. Mein. Mein. Mein. Mein. Mein.
Mein. Mein. Mein. Mein. Mein. Mein. Mein. Mein. Mein.
Mein.

Mein. Mein. Mein. Mein. Mein. Mein. Mein. Mein. Mein.
Mein. Mein. Mein. Mein. Mein. Mein. Mein. Mein. Mein.
Mein.

Mein. Mein. Mein. Mein. Mein. Mein. Mein. Mein. Mein.
Mein. Mein. Mein. Mein. Mein. Mein. Mein. Mein. Mein.
Mein. Mein. Mein. Mein. Mein. Mein. Mein. Mein. Mein.
Mein. Mein. Mein. Mein. Mein. Mein. Mein. Mein. Mein.
Mein. Mein.

Mein. Mein. Mein. Mein. Mein. Mein. Mein. Mein. Mein.
Mein. Mein. Mein. Mein. Mein. Mein. Mein. Mein. Mein.
Mein. Mein. Mein. Mein. Mein. Mein. Mein. Mein. Mein.
Mein. Mein. Mein. Mein. Mein. Mein. Mein. Mein. Mein.
Mein. Mein. Mein. Mein. Mein. Mein. Mein. Mein. Mein.
Mein. Mein. Mein. Mein. Mein. Mein. Mein. Mein.

Mein. Mein. Mein. Mein. Mein. Mein. Mein. Mein. Mein.
Mein. Mein. Mein. Mein. Mein. Mein. Mein. Mein. Mein.
Mein. Mein. Mein. Mein. Mein. Mein. Mein. Mein. Mein.
Mein. Mein. Mein. Mein. Mein. Mein. Mein. Mein. Mein.
Mein. Mein. Mein. Mein. Mein. Mein. Mein. Mein. Mein.
Mein. Mein. Mein. Mein. Mein. Mein. Mein. Mein. Mein.
Mein. Mein. Mein. Mein. Mein. Mein. Mein. Mein. Mein.
Mein. Mein. Mein. Mein. Mein. Mein. Mein. Mein.

Mein. Mein. Mein. Mein. Mein. Mein. Mein. Mein. Mein.
Mein. Mein. Mein. Mein. Mein. Mein. Mein. Mein. Mein.

Mein. Mein. Mein. Mein. Mein. Mein. Mein.

Mein. Mein. Mein. Mein. Mein. Mein. Mein. Mein. Mein.
Mein. Mein. Mein. Mein. Mein. Mein. Mein. Mein. Mein.

Mein. Mein. Mein. Mein. Mein. Mein. Mein. Mein. Mein.
Mein. Mein. Mein. Mein. Mein. Mein. Mein. Mein. Mein.
Mein. Mein. Mein. Mein. Mein. Mein. Mein. Mein. Mein.
Mein. Mein. Mein. Mein. Mein. Mein. Mein. Mein. Mein.
Mein. Mein. Mein. Mein. Mein. Mein. Mein. Mein. Mein.
Mein. Mein. Mein. Mein. Mein. Mein. Mein.

Mein. Mein. Mein. Mein. Mein. Mein. Mein. Mein. Mein.
Mein. Mein. Mein. Mein. Mein. Mein. Mein. Mein. Mein.
Mein. Mein. Mein. Mein. Mein. Mein. Mein. Mein. Mein.
Mein. Mein. Mein. Mein. Mein. Mein. Mein. Mein. Mein.
Mein. Mein. Mein. Mein. Mein. Mein. Mein. Mein. Mein.
Mein. Mein. Mein. Mein. Mein. Mein. Mein. Mein.

Mein. Mein. Mein. Mein. Mein. Mein. Mein. Mein. Mein.
Mein. Mein. Mein. Mein. Mein. Mein. Mein. Mein. Mein.
Mein. Mein. Mein. Mein. Mein. Mein. Mein.

Mein. Mein. Meln. Mein. Mein. Mein. Mein. Mein. Mein.
Mein. Mein. Mein. Mein. Mein. Mein. Mein. Mein. Mein.
Mein. Mein. Mein. Mein. Mein. Mein. Mein. Mein. Mein.
Mein. Mein.

Mein. Mein. Mein. Mein. Mein. Mein. Mein. Mein. Mein.
Mein. Mein. Mein. Mein. Mein. Mein. Mein. Mein. Mein.
Mein. Mein. Mein. Mein. Mein. Mein. Mein. Mein. Mein.
Mein. Mein. Mein. Mein. Mein. Mein. Mein. Mein. Mein.
Mein. Mein. Mein. Mein. Mein.

 Mein. Mein. Mein. Mein. Mein. Mein. Mein. Mein. Mein.
Mein. Mein. Mein. Mein. Mein. Mein. Mein. Mein. Mein.

Mein. Mein.

Mein. Mein. Mein. Mein.

Mein. Mein.

Mein. Mein. Mein. Mein. Mein. Mein. Mein. Mein.

Mein. Mein.

Mein. Mein.

Mein. Mein.

Mein. Mein.

Mein. Mein. Mein. Mein. Mein. Mein. Mein. Mein. Mein. Mein. Mein. Mein. Mein. Mein. Mein. Mein. Mein. Mein. Mein.

Mein. Mein.

Mein. Mein. Mein. Mein. Mein. Mein. Mein. Mein. Mein.
Mein. Mein. Mein. Mein. Mein. Mein. Mein. Mein. Mein.
Mein. Mein. Mein. Mein. Mein. Mein. Mein. Mein. Mein.
Mein. Mein. Mein. Mein. Mein. Mein. Mein. Mein. Mein.
Mein. Mein. Mein. Mein. Mein. Mein. Mein. Mein. Mein.
Mein. Mein. Mein. Mein. Mein. Mein. Mein. Mein. Mein.
Mein. Mein.

Mein. Mein. Mein. Mein. Mein. Mein. Mein. Mein. Mein.
Mein. Mein. Mein. Mein. Mein. Mein. Mein. Mein. Mein.
Mein. Mein. Mein. Mein. Mein. Mein. Mein. Mein. Mein.
Mein. Mein. Mein. Mein. Mein. Mein. Mein. Mein. Mein.
Mein. Mein. Mein. Mein. Mein. Mein. Mein. Mein. Mein.
Mein. Mein. Mein. Mein. Mein. Mein. Mein. Mein. Mein.
Mein. Mein. Mein. Mein. Mein. Mein. Mein. Mein. Mein.
Mein. Mein. Mein. Mein. Mein. Mein. Mein. Mein. Mein.
Mein. Mein. Mein. Mein. Mein. Mein. Mein. Mein. Mein.
Mein. Mein. Mein. Mein. Mein. Mein. Mein. Mein. Mein.
Mein. Mein. Mein. Mein. Mein.

Mein. Mein. Mein. Mein. Mein. Mein. Mein. Mein. Mein.
Mein. Mein. Mein. Mein. Mein. Mein. Mein. Mein. Mein.
Mein. Mein. Mein. Mein. Mein. Mein. Mein. Mein. Mein.
Mein. Mein. Mein. Mein. Mein. Mein. Mein. Mein. Mein.
Mein. Mein. Mein. Mein. Mein. Mein. Mein. Mein. Mein.
Mein. Mein. Mein. Mein. Mein. Mein. Mein. Mein.

Mein. Mein.

Mein. Mein.

Mein. Mein.

Mein. Mein.

Mein. Mein.

Mein. Mein.

Mein. Mein.

Mein. Mein. Mein. Mein. Mein. Mein. Mein. Mein. Mein. Mein. Mein. Mein. Mein. Mein. Mein. Mein. Mein. Mein. Mein. Mein. Mein. Mein. Mein. Mein. Mein. Mein.

Mein. Mein.

Mein. Mein.

Mein. Mein. Mein. Mein. Mein. Mein. Mein. Mein. Mein. Mein. Mein. Mein. Mein. Mein. Mein. Mein. Mein. Mein.

Mein. Mein. Mein. Mein. Mein. Mein. Mein. Mein. Mein.
Mein. Mein. Mein. Mein. Mein. Mein. Mein. Mein. Mein.
Mein. Mein. Mein. Mein. Mein. Mein. Mein. Mein. Mein.
Mein. Mein. Mein. Mein. Mein. Mein. Mein. Mein. Mein.
Mein.

Mein. Mein. Mein. Mein. Mein. Mein. Mein. Mein. Mein.
Mein. Mein. Mein. Mein. Mein. Mein. Mein. Mein. Mein.
Mein. Mein. Mein. Mein. Mein. Mein. Mein. Mein. Mein.
Mein. Mein. Mein. Mein. Mein. Mein. Mein. Mein. Mein.
Mein. Mein. Mein. Mein. Mein. Mein.

Mein. Mein. Mein. Mein. Mein. Mein. Mein. Mein. Mein.
Mein. Mein. Mein. Mein. Mein. Mein. Mein. Mein. Mein.
Mein. Mein. Mein. Mein. Mein. Mein. Mein. Mein. Mein.
Mein. Mein. Mein. Mein. Mein. Mein. Mein. Mein. Mein.
Mein. Mein. Mein. Mein. Mein. Mein. Mein. Mein. Mein.
Mein. Mein. Mein. Mein. Mein. Mein. Mein. Mein. Mein.
Mein. Mein. Mein. Mein.

Mein. Mein. Mein. Mein. Mein. Mein. Mein. Mein. Mein.
Mein. Mein. Mein. Mein. Mein. Mein. Mein. Mein. Mein.
Mein. Mein. Mein. Mein. Mein. Mein. Mein. Mein. Mein.
Mein. Mein. Mein. Mein. Mein. Mein. Mein. Mein. Mein.
Mein. Mein.

Mein. Mein. Mein. Mein. Mein. Mein. Mein. Mein. Mein.
Mein. Mein. Mein. Mein. Mein. Mein. Mein. Mein. Mein.
Mein. Mein. Mein. Mein. Mein. Mein. Mein. Mein.

Mein. Mein. Mein. Mein. Mein. Mein. Mein. Mein. Mein.
Mein. Mein. Mein. Mein. Mein. Mein. Mein. Mein. Mein.
Mein.

Mein. Mein. Mein. Mein. Mein. Mein. Mein. Mein. Mein.
Mein. Mein. Mein. Mein. Mein. Mein. Mein. Mein. Mein.
Mein. Mein. Mein. Mein. Mein. Mein. Mein. Mein. Mein.
Mein. Mein. Mein. Mein. Mein. Mein. Mein. Mein. Mein.
Mein. Mein. Mein. Mein. Mein. Mein. Mein. Mein. Mein.
Mein. Mein. Mein. Mein. Mein. Mein. Mein. Mein. Mein.
Mein. Mein.

Mein. Mein. Mein. Mein. Mein. Mein. Mein. Mein. Mein.
Mein. Mein. Mein. Mein. Mein. Mein. Mein. Mein. Mein.
Mein. Mein. Mein. Mein. Mein. Mein. Mein. Mein. Mein.
Mein. Mein. Mein. Mein. Mein. Mein. Mein. Mein. Mein.
Mein.

Mein. Mein. Mein. Mein. Mein. Mein. Mein. Mein. Mein.
Mein. Mein. Mein. Mein. Mein. Mein. Mein. Mein. Mein.
Mein. Mein. Mein. Mein. Mein. Mein. Mein. Mein.

Mein. Mein. Mein. Mein. Mein. Mein. Mein. Mein. Mein.
Mein. Mein. Mein. Mein. Mein. Mein. Mein. Mein. Mein.
Mein. Mein. Mein. Mein. Mein. Mein. Mein. Mein. Mein.
Mein. Mein. Mein. Mein. Mein. Mein. Mein. Mein. Mein.
Mein. Mein. Mein. Mein. Mein. Mein. Mein. Mein. Mein.
Mein. Mein. Mein. Mein. Mein. Mein. Mein. Mein. Mein.
Mein. Mein.

Mein. Mein. Mein. Mein. Mein. Mein. Mein. Mein. Mein.
Mein. Mein. Mein. Mein. Mein. Mein. Mein. Mein. Mein.
Mein. Mein. Mein. Mein. Mein. Mein. Mein. Mein.

Mein. Mein. Mein. Mein. Mein. Mein. Mein. Mein. Mein.
Mein. Mein. Mein. Mein. Mein. Mein. Mein. Mein. Mein.
Mein. Mein. Mein. Mein. Mein. Mein. Mein. Mein. Mein.
Mein. Mein. Mein. Mein. Mein. Mein. Mein. Mein. Mein.
Mein. Mein. Mein. Mein. Mein. Mein. Mein. Mein.

Mein. Mein. Mein. Mein. Mein. Mein. Mein. Mein. Mein.
Mein. Mein. Mein. Mein. Mein. Mein. Mein. Mein. Mein.
Mein. Mein. Mein. Mein. Mein. Mein. Mein. Mein. Mein.
Mein. Mein. Mein. Mein. Mein. Mein. Mein. Mein. Mein.
Mein. Mein. Mein. Mein. Mein.

Mein. Mein. Mein. Mein. Mein. Mein. Mein. Mein. Mein.
Mein. Mein. Mein. Mein. Mein. Mein. Mein. Mein. Mein.
Mein. Mein. Mein. Mein. Mein. Mein. Mein. Mein. Mein.
Mein. Mein. Mein. Mein. Mein. Mein. Mein. Mein. Mein.
Mein.

Mein. Mein. Mein. Mein. Mein. Mein. Mein. Mein. Mein.
Mein. Mein. Mein. Mein. Mein. Mein. Mein. Mein. Mein.
Mein. Mein. Mein. Mein. Mein. Mein. Mein. Mein. Mein.
Mein. Mein. Mein. Mein. Mein. Mein. Mein. Mein. Mein.
Mein. Mein. Mein. Mein. Mein. Mein. Mein. Mein. Mein.
Mein. Mein. Mein. Mein. Mein. Mein. Mein. Mein. Mein.
Mein.

Mein. Mein. Mein. Mein. Mein. Mein. Mein. Mein. Mein.
Mein. Mein. Mein. Mein. Mein. Mein. Mein. Mein. Mein.
Mein. Mein. Mein. Mein. Mein. Mein. Mein. Mein. Mein.
Mein. Mein. Mein. Mein. Mein. Mein. Mein. Mein. Mein.
Mein. Mein. Mein. Mein. Mein. Mein. Mein. Mein. Mein.
Mein. Mein. Mein. Mein. Mein. Mein. Mein. Mein. Mein.

Mein. Mein. Mein. Mein. Mein. Mein. Mein. Mein. Mein. Mein. Mein. Mein. Mein. Mein. Mein.

Mein. Mein.

Mein. Mein.

Mein. Mein.

Mein. Mein.

Mein. Mein.

Mein. Mein. Mein. Mein. Mein. Mein. Mein. Mein. Mein.
Mein. Mein. Mein. Mein. Mein. Mein. Mein. Mein. Mein.
Mein. Mein. Mein. Mein. Mein. Mein. Mein. Mein. Mein.
Mein. Mein. Mein. Mein. Mein. Mein. Mein. Mein. Mein.
Mein. Mein. Mein. Mein. Mein.

Mein. Mein. Mein. Mein. Mein. Mein. Mein. Mein. Mein.
Mein. Mein. Mein. Mein. Mein. Mein. Mein. Mein. Mein.
Mein. Mein. Mein.

Mein. Mein. Mein. Mein. Mein. Mein. Mein. Mein. Mein.
Mein. Mein. Mein. Mein. Mein. Mein. Mein. Mein. Mein.
Mein. Mein. Mein. Mein. Mein. Mein. Mein. Mein. Mein.
Mein. Mein. Mein. Mein. Mein. Mein. Mein. Mein. Mein.
Mein. Mein. Mein. Mein. Mein. Mein. Mein. Mein. Mein.
Mein. Mein. Mein. Mein. Mein. Mein. Mein. Mein. Mein.
Mein. Mein. Mein. Mein. Mein. Mein. Mein. Mein. Mein.
Mein. Mein. Mein. Mein. Mein. Mein. Mein. Mein. Mein.
Mein. Mein. Mein. Mein. Mein. Mein. Mein. Mein. Mein.
Mein. Mein. Mein. Mein. Mein. Mein. Mein.

Mein. Mein. Mein. Mein. Mein. Mein. Mein. Mein. Mein.
Mein. Mein. Mein. Mein. Mein. Mein. Mein. Mein. Mein.
Mein. Mein. Mein. Mein. Mein. Mein. Mein. Mein. Mein.
Mein. Mein. Mein. Mein. Mein. Mein. Mein. Mein. Mein.
Mein. Mein. Mein. Mein. Mein. Mein. Mein. Mein. Mein.
Mein. Mein. Mein. Mein. Mein. Mein. Mein. Mein. Mein.
Mein. Mein. Mein. Mein. Mein. Mein. Mein. Mein. Mein.
Mein. Mein. Mein. Mein. Mein. Mein.

Mein. Mein.

Mein. Mein.

Mein. Mein.

Mein. Mein.

Mein. Mein.

Mein. Mein. Mein. Mein. Mein. Mein. Mein. Mein. Mein.
Mein. Mein. Mein. Mein. Mein. Mein. Mein.

Mein. Mein. Mein. Mein. Mein. Mein. Mein. Mein. Mein.
Mein. Mein. Mein. Mein. Mein. Mein. Mein. Mein. Mein.
Mein. Mein. Mein. Mein. Mein. Mein. Mein. Mein. Mein.
Mein. Mein. Mein. Mein. Mein. Mein. Mein. Mein. Mein.
Mein. Mein. Mein. Mein. Mein. Mein. Mein.

Mein. Mein. Mein. Mein. Mein. Mein. Mein. Mein. Mein.
Mein. Mein. Mein. Mein. Mein. Mein. Mein. Mein. Mein.
Mein. Mein. Mein. Mein. Mein. Mein. Mein. Mein. Mein.
Mein. Mein. Mein. Mein. Mein. Mein. Mein. Mein. Mein.
Mein. Mein. Mein. Mein. Mein. Mein.

Mein. Mein. Mein. Mein. Mein. Mein. Mein. Mein. Mein.
Mein. Mein. Mein. Mein. Mein. Mein. Mein. Mein. Mein.
Mein. Mein. Mein. Mein. Mein. Mein. Mein. Mein. Mein.
Mein. Mein. Mein. Mein. Mein. Mein. Mein. Mein. Mein.
Mein. Mein. Mein. Mein. Mein. Mein. Mein. Mein. Mein.
Mein. Mein. Mein. Mein. Mein. Mein. Mein. Mein. Mein.
Mein. Mein.

Mein. Mein. Mein. Mein. Mein. Mein. Mein. Mein. Mein.
Mein. Mein. Mein. Mein. Mein. Mein. Mein. Mein. Mein.
Mein.

Mein. Mein. Mein. Mein. Mein. Mein. Mein. Mein. Mein.
Mein. Mein. Mein. Mein. Mein. Mein. Mein. Mein. Mein.
Mein. Mein. Mein. Mein. Mein. Mein. Mein. Mein. Mein.
Mein. Mein. Mein. Mein. Mein. Mein. Mein. Mein. Mein.

Mein. Mein. Mein. Mein. Mein. Mein. Mein. Mein. Mein.
Mein. Mein. Mein. Mein. Mein. Mein.

Mein. Mein. Mein. Mein. Mein. Mein. Mein. Mein. Mein.
Mein. Mein. Mein. Mein. Mein. Mein. Mein. Mein. Mein.
Mein. Mein. Mein. Mein. Mein. Mein. Mein. Mein. Mein.
Mein. Mein. Mein. Mein. Mein. Mein. Mein. Mein. Mein.
Mein. Mein. Mein. Mein. Mein. Mein. Mein. Mein. Mein.
Mein. Mein. Mein. Mein. Mein. Mein. Mein. Mein. Mein.
Mein. Mein. Mein.

Mein. Mein. Mein. Mein. Mein. Mein. Mein. Mein. Mein.
Mein. Mein. Mein. Mein. Mein. Mein. Mein. Mein. Mein.
Mein. Mein. Mein. Mein. Mein. Mein. Mein. Mein. Mein.
Mein. Mein. Mein. Mein. Mein. Mein. Mein. Mein. Mein.
Mein. Mein. Mein. Mein.

Mein. Mein. Mein. Mein. Mein. Mein. Mein. Mein. Mein.
Mein. Mein. Mein. Mein. Mein. Mein. Mein. Mein. Mein.
Mein. Mein. Mein. Mein. Mein. Mein. Mein. Mein. Mein.
Mein. Mein. Mein. Mein. Mein. Mein. Mein. Mein. Mein.
Mein. Mein. Mein. Mein. Mein. Mein. Mein. Mein. Mein.
Mein. Mein. Mein. Mein. Mein. Mein. Mein. Mein. Mein.
Mein. Mein. Mein. Mein. Mein. Mein.

Mein. Mein. Mein. Mein. Mein. Mein. Mein. Mein. Mein.
Mein. Mein. Mein. Mein. Mein. Mein. Mein. Mein. Mein.
Mein. Mein. Mein. Mein. Mein. Mein. Mein. Mein. Mein.
Mein. Mein. Mein. Mein. Mein. Mein. Mein. Mein. Mein.
Mein. Mein. Mein. Mein. Mein. Mein. Mein. Mein. Mein.
Mein. Mein. Mein. Mein. Mein. Mein. Mein. Mein. Mein.

Mein. Mein. Mein. Mein. Mein. Mein. Mein. Mein. Mein.
Mein. Mein. Mein. Mein. Mein. Mein. Mein. Mein. Mein.
Mein.

Mein. Mein. Mein. Mein. Mein. Mein. Mein. Mein. Mein.
Mein. Mein. Mein. Mein. Mein. Mein. Mein. Mein. Mein.
Mein. Mein. Mein. Mein. Mein. Mein. Mein. Mein. Mein.
Mein. Mein. Mein. Mein. Mein. Mein. Mein. Mein. Mein.
Mein. Mein. Mein. Mein. Mein. Mein. Mein. Mein. Mein.
Mein. Mein. Mein. Mein. Mein. Mein. Mein. Mein. Mein.
Mein. Mein. Mein. Mein. Mein. Mein. Mein. Mein. Mein.
Mein. Mein. Mein. Mein. Mein. Mein. Mein. Mein. Mein.
Mein. Mein. Mein. Mein. Mein. Mein. Mein. Mein. Mein.
Mein. Mein. Mein. Mein. Mein. Mein. Mein. Mein. Mein.
Mein. Mein. Mein. Mein. Mein. Mein. Mein. Mein. Mein.
Mein. Mein. Mein. Mein. Mein.

Mein. Mein. Mein. Mein. Mein. Mein. Mein. Mein. Mein.
Mein. Mein. Mein. Mein. Mein. Mein. Mein. Mein. Mein.
Mein. Mein. Mein. Mein. Mein. Mein. Mein. Mein. Mein.
Mein. Mein. Mein. Mein. Mein. Mein. Mein. Mein. Mein.
Mein. Mein. Mein. Mein. Mein. Mein. Mein. Mein. Mein.
Mein. Mein. Mein. Mein. Mein. Mein. Mein. Mein. Mein.
Mein. Mein. Mein. Mein. Mein. Mein. Mein. Mein. Mein.
Mein. Mein. Mein. Mein. Mein. Mein. Mein. Mein. Mein.
Mein. Mein. Mein. Mein. Mein. Mein. Mein. Mein. Mein.
Mein. Mein. Mein. Mein. Mein. Mein.

Mein. Mein. Mein. Mein. Mein. Mein. Mein. Mein. Mein.
Mein. Mein. Mein. Mein. Mein. Mein. Mein. Mein. Mein.

Mein. Mein.

Mein. Mein.

Mein. Mein.

Mein. Mein.

Mein. Mein. Mein. Mein. Mein. Mein. Mein. Mein. Mein. Mein. Mein. Mein. Mein. Mein. Mein. Mein.

Mein. Mein. Mein. Mein. Mein. Mein. Mein. Mein. Mein.
Mein. Mein. Mein. Mein. Mein. Mein. Mein. Mein. Mein.
Mein. Mein. Mein. Mein. Mein. Mein. Mein. Mein. Mein.
Mein. Mein. Mein. Mein. Mein. Mein. Mein. Mein. Mein.
Mein. Mein. Mein. Mein. Mein. Mein. Mein. Mein. Mein.
Mein. Mein. Mein. Mein. Mein. Mein. Mein. Mein. Mein.
Mein. Mein. Mein. Mein. Mein. Mein. Mein. Mein. Mein.
Mein. Mein. Mein. Mein. Mein. Mein. Mein. Mein. Mein.
Mein. Mein. Mein. Mein. Mein. Mein. Mein. Mein. Mein.
Mein. Mein. Mein. Mein. Mein. Mein. Mein. Mein. Mein.
Mein. Mein. Mein. Mein. Mein. Mein. Mein. Mein. Mein.
Mein. Mein. Mein. Mein. Mein. Mein. Mein. Mein. Mein.
Mein. Mein. Mein. Mein. Mein. Mein. Mein. Mein. Mein.
Mein. Mein. Mein. Mein. Mein. Mein. Mein. Mein. Mein.
Mein. Mein. Mein. Mein. Mein. Mein. Mein. Mein. Mein.
Mein. Mein. Mein. Mein. Mein. Mein. Mein. Mein.

Mein. Mein. Mein. Mein. Mein. Mein. Mein. Mein. Mein.
Mein. Mein. Mein. Mein. Mein. Mein. Mein. Mein. Mein.
Mein. Mein. Mein. Mein. Mein. Mein. Mein. Mein. Mein.
Mein. Mein. Mein. Mein. Mein. Mein. Mein. Mein. Mein.
Mein. Mein. Mein. Mein. Mein. Mein. Mein. Mein. Mein.
Mein. Mein. Mein. Mein. Mein. Mein. Mein. Mein. Mein.
Mein. Mein. Mein. Mein. Mein. Mein. Mein. Mein. Mein.
Mein. Mein. Mein. Mein. Mein. Mein. Mein. Mein. Mein.
Mein. Mein. Mein. Mein. Mein. Mein. Mein. Mein. Mein.
Mein. Mein. Mein. Mein. Mein. Mein. Mein. Mein.

Mein. Mein. Mein. Mein. Mein. Mein. Mein. Mein. Mein.
Mein. Mein. Mein. Mein. Mein. Mein. Mein. Mein. Mein.

Mein. Mein. Mein. Mein. Mein. Mein. Mein. Mein. Mein.
Mein. Mein. Mein. Mein. Mein. Mein. Mein. Mein. Mein.

Mein. Mein. Mein. Mein. Mein. Mein. Mein. Mein. Mein.
Mein. Mein. Mein. Mein. Mein. Mein. Mein. Mein. Mein.
Mein. Mein. Mein. Mein. Mein. Mein. Mein. Mein. Mein.
Mein. Mein. Mein. Mein. Mein. Mein. Mein. Mein. Mein.
Mein. Mein. Mein. Mein. Mein. Mein. Mein. Mein. Mein.
Mein. Mein. Mein. Mein. Mein. Mein. Mein. Mein. Mein.
Mein. Mein. Mein. Mein. Mein. Mein. Mein. Mein. Mein.
Mein. Mein. Mein. Mein. Mein. Mein. Mein. Mein. Mein.
Mein. Mein. Mein. Mein. Mein. Mein. Mein. Mein. Mein.
Mein. Mein. Mein. Mein. Mein. Mein. Mein. Mein. Mein.
Mein. Mein. Mein. Mein. Mein. Mein. Mein. Mein. Mein.
Mein. Mein. Mein. Mein. Mein.

Mein. Mein. Mein. Mein. Mein. Mein. Mein. Mein. Mein.
Mein. Mein. Mein. Mein. Mein. Mein. Mein. Mein. Mein.
Mein. Mein. Mein. Mein. Mein. Mein. Mein. Mein. Mein.
Mein. Mein. Mein. Mein. Mein. Mein. Mein. Mein. Mein.
Mein. Mein. Mein. Mein. Mein. Mein. Mein. Mein. Mein.
Mein. Mein. Mein. Mein. Mein. Mein. Mein. Mein.

Mein. Mein. Mein. Mein. Mein. Mein. Mein. Mein. Mein.
Mein. Mein. Mein. Mein. Mein. Mein. Mein. Mein. Mein.
Mein. Mein. Mein. Mein. Mein. Mein. Mein. Mein. Mein.
Mein. Mein. Mein. Mein. Mein. Mein. Mein. Mein. Mein.
Mein. Mein. Mein. Mein. Mein. Mein. Mein. Mein.

Mein. Mein. Mein. Mein. Mein. Mein. Mein. Mein. Mein.
Mein. Mein. Mein. Mein. Mein. Mein. Mein. Mein. Mein.
Mein. Mein. Mein. Mein. Mein. Mein. Mein. Mein. Mein.

Mein. Mein. Mein. Mein. Mein. Mein. Mein. Mein. Mein.
Mein. Mein. Mein. Mein. Mein. Mein. Mein. Mein.

Mein. Mein. Mein. Mein. Mein. Mein. Mein. Mein. Mein.
Mein. Mein. Mein. Mein. Mein. Mein. Mein. Mein. Mein.
Mein. Mein. Mein. Mein. Mein. Mein. Mein. Mein. Mein.
Mein. Mein. Mein. Mein. Mein. Mein. Mein. Mein. Mein.
Mein. Mein. Mein. Mein. Mein. Mein. Mein. Mein. Mein.
Mein. Mein. Mein. Mein. Mein. Mein. Mein. Mein. Mein.
Mein.

Mein. Mein. Mein. Mein. Mein. Mein. Mein. Mein. Mein.
Mein. Mein. Mein. Mein. Mein. Mein. Mein. Mein. Mein.
Mein. Mein. Mein. Mein. Mein. Mein. Mein. Mein. Mein.
Mein. Mein. Mein. Mein. Mein. Mein. Mein. Mein. Mein.
Mein. Mein. Mein. Mein. Mein. Mein. Mein. Mein. Mein.
Mein. Mein. Mein. Mein. Mein. Mein. Mein. Mein. Mein.
Mein. Mein. Mein. Mein. Mein. Mein. Mein. Mein. Mein.
Mein. Mein. Mein. Meln. Meln. Mein. Mein. Mein. Mein.
Mein. Mein. Mein. Mein. Mein. Mein. Mein. Mein. Mein.
Mein. Mein.

Mein. Mein. Mein. Mein. Mein. Mein. Mein. Mein. Mein.
Mein. Mein. Mein. Mein. Mein. Mein. Mein. Mein. Mein.
Mein. Mein. Mein. Mein. Mein. Mein.

Mein. Mein. Mein. Mein. Mein. Mein. Mein. Mein. Mein.
Mein. Mein. Mein. Mein. Mein. Mein. Mein. Mein. Mein.
Mein. Mein. Mein. Mein. Mein. Mein. Mein. Mein. Mein.
Mein. Mein. Mein. Mein. Mein. Mein. Mein. Mein. Mein.

Mein. Mein. Mein. Mein. Mein. Mein. Mein. Mein. Mein.
Mein. Mein.

Mein. Mein. Mein. Mein. Mein. Mein. Mein. Mein. Mein.
Mein. Mein. Mein. Mein. Mein. Mein. Mein. Mein.
Mein. Mein. Mein.

Mein. Mein. Mein. Mein. Mein. Mein. Mein. Mein. Mein.
Mein. Mein. Mein. Mein. Mein. Mein. Mein. Mein. Mein.
Mein. Mein. Mein. Mein. Mein.

Mein. Mein. Mein. Mein. Mein. Mein. Mein. Mein. Mein.
Mein. Mein. Mein. Mein. Mein. Mein. Mein. Mein. Mein.
Mein. Mein. Mein. Mein. Mein. Mein. Mein. Mein. Mein.
Mein. Mein. Mein. Mein. Mein. Mein. Mein. Mein. Mein.
Mein. Mein. Mein. Mein. Mein. Mein. Mein. Mein. Mein.
Mein.

Mein. Mein. Mein. Mein. Mein. Mein. Mein. Mein. Mein.
Mein. Mein. Mein. Mein. Mein. Mein. Mein. Mein. Mein.
Mein. Mein. Mein. Mein. Mein. Mein. Mein. Mein. Mein.
Mein. Mein. Mein. Mein. Mein. Mein. Mein. Mein. Mein.
Mein. Mein. Mein. Mein. Mein. Mein. Mein. Mein. Mein.
Mein. Mein. Mein. Mein. Mein. Mein. Mein. Mein. Mein.
Mein. Mein. Mein. Mein. Mein. Mein. Mein. Mein. Mein.
Mein. Mein. Mein. Mein. Mein. Mein. Mein. Mein. Mein.
Mein. Mein. Mein. Mein. Mein. Mein. Mein. Mein. Mein.
Mein. Mein. Mein. Mein. Mein. Mein.

Mein. Mein. Mein. Mein. Mein. Mein. Mein. Mein. Mein.
Mein. Mein. Mein. Mein. Mein. Mein. Mein. Mein. Mein.
Mein. Mein. Mein. Mein. Mein. Mein. Mein. Mein. Mein.
Mein. Mein. Mein. Mein. Mein. Mein. Mein. Mein. Mein.
Mein. Mein. Mein. Mein. Mein. Mein. Mein. Mein. Mein.
Mein. Mein. Mein. Mein. Mein. Mein. Mein. Mein. Mein.
Mein. Mein. Mein. Mein. Mein. Mein. Mein. Mein. Mein.
Mein. Mein. Mein. Mein. Mein. Mein. Mein. Mein. Mein.
Mein. Mein. Mein. Mein. Mein. Mein. Mein. Mein. Mein.
Mein. Mein. Mein. Mein. Mein. Mein. Mein.

Mein. Mein. Mein. Mein. Mein. Mein. Mein. Mein. Mein.
Mein. Mein. Mein. Mein. Mein. Mein. Mein. Mein. Mein.
Mein. Mein. Mein. Mein. Mein. Mein. Mein. Mein. Mein.
Mein. Mein. Mein. Mein. Mein. Mein. Mein.

Mein. Mein. Mein. Mein. Mein. Mein. Mein. Mein. Mein.
Mein. Mein. Mein. Mein. Mein. Mein. Mein. Mein. Mein.
Mein. Mein. Mein. Mein. Mein. Mein. Mein. Mein. Mein.
Mein. Mein. Mein. Mein. Mein. Mein. Mein. Mein. Mein.
Mein. Mein. Mein. Mein.

Mein. Mein. Mein. Mein. Mein. Mein. Mein. Mein. Mein.
Mein. Mein. Mein. Mein. Mein. Mein. Mein. Mein. Mein.
Mein. Mein. Mein. Mein. Mein. Mein. Mein. Mein. Mein.
Mein. Mein. Mein. Mein. Mein. Mein. Mein. Mein. Mein.
Mein. Mein. Mein. Mein. Mein. Mein. Mein. Mein. Mein.
Mein. Mein. Mein. Mein. Mein. Mein. Mein. Mein. Mein.
Mein. Mein. Mein. Mein. Mein. Mein. Mein. Mein. Mein.
Mein. Mein. Mein. Mein. Mein. Mein. Mein. Mein. Mein.
Mein.

Mein. Mein. Mein. Mein. Mein. Mein. Mein. Mein. Mein.
Mein. Mein. Mein. Mein. Mein. Mein. Mein. Mein. Mein.
Mein. Mein. Mein. Mein. Mein. Mein. Mein. Mein. Mein.
Mein. Mein. Mein. Mein. Mein. Mein. Mein. Mein. Mein.
Mein. Mein. Mein. Mein. Mein. Mein. Mein. Mein. Mein.
Mein. Mein. Mein. Mein. Mein.

Mein. Mein. Mein. Mein. Mein. Mein. Mein. Mein. Mein.
Mein. Mein. Mein. Mein. Mein. Mein. Mein. Mein. Mein.
Mein. Mein. Mein. Mein. Mein. Mein. Mein. Mein. Mein.
Mein. Mein. Mein. Mein. Mein. Mein. Mein. Mein. Mein.
Mein. Mein. Mein. Mein. Mein. Mein. Mein. Mein. Mein.
Mein. Mein. Mein. Mein. Mein. Mein. Mein. Mein. Mein.
Mein.

Mein. Mein. Mein. Mein. Mein. Mein. Mein. Mein. Mein.
Mein. Mein. Mein. Mein. Mein. Mein. Mein. Mein. Mein.
Mein. Mein. Mein. Mein. Mein. Mein. Mein. Mein. Mein.
Mein. Mein. Mein. Mein. Mein. Mein. Mein. Mein. Mein.
Mein. Mein. Mein. Mein. Mein. Mein. Mein. Mein. Mein.
Mein. Mein. Mein. Mein. Mein. Mein. Mein. Mein. Mein.
Mein.

Mein. Mein. Mein. Mein. Mein. Mein. Mein. Mein. Mein.
Mein. Mein. Mein. Mein. Mein. Mein. Mein. Mein. Mein.
Mein. Mein. Mein. Mein. Mein. Mein. Mein. Mein. Mein.
Mein. Mein. Mein. Mein. Mein. Mein. Mein.

Mein. Mein. Mein. Mein. Mein. Mein. Mein. Mein. Mein.
Mein. Mein. Mein. Mein. Mein. Mein. Mein. Mein. Mein.
Mein. Mein. Mein. Mein. Mein. Mein. Mein. Mein. Mein.
Mein. Mein. Mein. Mein. Mein. Mein. Mein. Mein. Mein.
Mein. Mein. Mein. Mein. Mein. Mein. Mein. Mein. Mein.
Mein. Mein. Mein. Mein. Mein. Mein. Mein. Mein. Mein.
Mein. Mein. Mein. Mein. Mein. Mein. Mein. Mein. Mein.
Mein. Mein. Mein. Mein. Mein. Mein. Mein. Mein. Mein.
Mein. Mein. Mein. Mein. Mein. Mein. Mein. Mein. Mein.
Mein. Mein. Mein. Mein. Mein. Mein. Mein. Mein. Mein.
Mein. Mein. Mein. Mein. Mein. Mein. Mein. Mein. Mein.
Mein. Mein. Mein. Mein. Mein. Mein. Mein. Mein. Mein.
Mein. Mein. Mein. Mein. Mein. Mein. Mein. Mein. Mein.
Mein.

Mein. Mein. Mein. Mein. Mein. Mein. Mein. Mein. Mein.
Mein. Mein. Mein. Mein. Mein. Mein. Mein. Mein. Mein.
Mein. Mein. Mein. Mein. Mein. Mein. Mein. Mein. Mein.
Mein. Mein. Mein. Mein. Mein. Mein. Mein. Mein. Mein.
Mein. Mein. Mein. Mein. Mein. Mein. Meln. Mein. Mein.
Mein. Mein. Mein. Mein. Mein. Mein. Mein. Mein. Mein.
Mein. Mein.

Mein. Mein. Mein. Mein. Mein. Mein. Mein. Mein. Mein.
Mein. Mein. Mein. Mein. Mein. Mein. Mein. Mein. Mein.
Mein. Mein. Mein. Mein. Mein. Mein. Mein. Mein. Mein.
Mein. Mein. Mein. Mein. Mein. Mein. Mein.

Mein. Mein. Mein. Mein. Mein. Mein. Mein. Mein. Mein.
Mein. Mein. Mein. Mein. Mein. Mein. Mein. Mein. Mein.
Mein. Mein. Mein. Mein. Mein. Mein. Mein. Mein. Mein.
Mein. Mein. Mein. Mein. Mein. Mein. Mein. Mein. Mein.

Mein. Mein. Mein. Mein. Mein. Mein. Mein. Mein. Mein.
Mein. Mein. Mein. Mein. Mein. Mein. Mein. Mein. Mein.
Mein. Mein. Mein. Mein. Mein. Mein. Mein. Mein. Mein.
Mein. Mein. Mein. Mein. Mein. Mein. Mein. Mein. Mein.
Mein. Mein. Mein. Mein. Mein. Mein. Mein. Mein. Mein.
Mein. Mein. Mein. Mein. Mein. Mein. Mein. Mein. Mein.
Mein. Mein. Mein. Mein. Mein. Mein. Mein. Mein. Mein.
Mein. Mein. Mein. Mein. Mein.

Mein. Mein. Mein. Mein. Mein. Mein. Mein. Mein. Mein.
Mein. Mein. Mein. Mein. Mein. Mein. Mein. Mein. Mein.
Mein. Mein. Mein. Mein. Mein. Mein. Mein. Mein. Mein.
Mein. Mein. Mein. Mein. Mein. Mein. Mein. Mein. Mein.
Mein. Mein. Mein. Mein.

Mein. Mein. Mein. Mein. Mein. Mein. Mein. Mein. Mein.
Mein. Mein. Mein. Mein. Mein. Mein. Mein. Mein. Mein.
Mein. Mein. Mein. Mein. Mein. Mein. Mein. Mein. Mein.
Mein. Mein. Mein. Mein. Mein. Mein. Mein. Mein. Mein.
Mein. Mein. Mein. Mein. Mein. Mein. Mein. Mein. Mein.
Mein. Mein. Mein. Mein. Mein. Mein. Mein. Mein. Mein.
Mein. Mein. Mein. Mein. Mein. Mein. Mein. Mein. Mein.
Mein. Mein. Mein. Mein. Mein. Mein. Mein. Mein. Mein.
Mein. Mein. Mein. Mein. Mein. Mein. Mein. Mein. Mein.
Mein. Mein. Mein. Mein. Mein. Mein. Mein. Mein. Mein.
Mein. Mein. Mein. Mein. Mein. Mein. Mein. Mein. Mein.
Mein. Mein. Mein. Mein.

Mein. Mein. Mein. Mein. Mein. Mein. Mein. Mein. Mein.
Mein. Mein. Mein. Mein. Mein. Mein. Mein. Mein. Mein.
Mein. Mein. Mein. Mein. Mein. Mein. Mein. Mein. Mein.
Mein. Mein. Mein. Mein. Mein. Mein. Mein. Mein. Mein.

Mein. Mein. Mein. Mein. Mein. Mein. Mein. Mein. Mein.
Mein. Mein. Mein. Mein. Mein. Mein. Mein. Mein. Mein.
Mein. Mein. Mein. Mein. Mein. Mein. Mein. Mein. Mein.
Mein. Mein. Mein. Mein. Mein. Mein. Mein. Mein. Mein.
Mein.

Mein. Mein. Mein. Mein. Mein. Mein. Mein. Mein. Mein.
Mein. Mein. Mein. Mein. Mein. Mein. Mein. Mein. Mein.
Mein. Mein. Mein. Mein. Mein. Mein. Mein. Mein. Mein.
Mein. Mein. Mein. Mein. Mein. Mein. Mein. Mein. Mein.
Mein. Mein. Mein. Mein. Mein. Mein. Mein. Mein. Mein.
Mein. Mein. Mein. Mein. Mein. Mein. Mein. Mein. Mein.
Mein. Mein. Mein. Mein. Mein. Mein. Mein. Mein. Mein.
Mein. Mein. Mein. Mein. Mein. Mein. Mein. Mein. Mein.
Mein.

Mein. Mein. Mein. Mein. Mein. Mein. Mein. Mein. Mein.
Mein. Mein. Mein. Mein. Mein. Mein. Mein. Mein. Mein.
Mein. Mein. Mein. Mein. Mein. Mein. Mein. Mein. Mein.
Mein. Mein. Mein. Mein. Mein. Mein. Mein. Mein. Mein.
Mein. Mein. Mein. Mein.

 Mein. Mein. Mein. Mein. Mein. Mein. Mein. Mein. Mein.
Mein. Mein. Mein. Mein. Mein. Mein. Mein. Mein. Mein.

Mein. Mein. Mein. Mein. Mein. Mein. Mein. Mein. Mein.
Mein. Mein. Mein. Mein. Mein. Mein. Mein. Mein. Mein.
Mein. Mein. Mein. Mein. Mein. Mein. Mein. Mein. Mein.
Mein. Mein. Mein. Mein. Mein. Mein. Mein. Mein. Mein.
Mein. Mein. Mein. Mein. Mein. Mein. Mein. Mein. Mein.
Mein. Mein. Mein.

Mein. Mein. Mein. Mein. Mein. Mein. Mein. Mein. Mein.
Mein. Mein. Mein. Mein. Mein. Mein. Mein. Mein. Mein.
Mein. Mein. Mein. Mein. Mein. Mein. Mein. Mein. Mein.
Mein. Mein. Mein. Mein. Mein. Mein. Mein. Mein. Mein.
Mein. Mein. Mein. Mein. Mein. Mein. Mein. Mein. Mein.
Mein. Mein. Mein. Mein. Mein. Mein. Mein. Mein. Mein.
Mein. Mein. Mein. Mein. Mein. Mein. Mein. Mein. Mein.
Mein. Mein. Mein. Mein. Mein. Mein. Mein. Mein.

Mein. Mein. Mein. Mein. Mein. Mein. Mein. Mein. Mein.
Mein. Mein. Mein. Mein. Mein. Mein. Mein. Mein. Mein.
Mein. Mein. Mein. Mein. Mein. Mein. Mein. Mein. Mein.

Mein. Mein. Mein. Mein. Mein. Mein. Mein. Mein. Mein.
Mein. Mein. Mein. Mein. Mein. Mein. Mein. Mein. Mein.
Mein. Mein. Mein. Mein. Mein. Mein. Mein. Mein. Mein.
Mein. Mein. Mein. Mein. Mein. Mein. Mein. Mein. Mein.
Mein. Mein. Mein. Mein. Mein. Mein. Mein. Mein. Mein.
Mein. Mein. Mein. Mein. Mein. Mein. Mein. Mein. Mein.
Mein. Mein. Mein. Mein. Mein. Mein. Mein. Mein. Mein.
Mein. Mein. Mein. Mein. Mein. Mein. Mein. Mein. Mein.
Mein.

Mein. Mein. Mein. Mein. Mein. Mein. Mein. Mein. Mein.
Mein. Mein. Mein. Mein. Mein. Mein. Mein. Mein. Mein.
Mein. Mein. Mein. Mein. Mein. Mein. Mein. Mein. Mein.
Mein. Mein. Mein. Mein. Mein. Mein. Mein. Mein. Mein.
Mein. Mein. Mein. Mein. Mein. Mein. Mein. Mein. Mein.
Mein. Mein. Mein. Mein. Mein. Mein. Mein. Mein. Mein.
Mein. Mein. Mein. Mein. Mein. Mein.

Mein. Mein. Mein. Mein. Mein. Mein. Mein. Mein. Mein.
Mein. Mein. Mein. Mein. Mein. Mein. Mein. Mein. Mein.
Mein. Mein. Mein.

Mein. Mein. Mein. Mein. Mein. Mein. Mein. Mein. Mein.
Mein. Mein. Mein. Mein. Mein. Mein. Mein. Mein. Mein.
Mein. Mein. Mein. Mein. Mein. Mein. Mein.

Mein. Mein. Mein. Mein. Mein. Mein. Mein. Mein. Mein.
Mein. Mein. Mein. Mein. Mein. Mein. Mein. Mein. Mein.
Mein. Mein. Mein. Mein. Mein. Mein. Mein. Mein. Mein.
Mein. Mein. Mein. Mein. Mein. Mein. Mein. Mein. Mein.
Mein. Mein. Mein. Mein. Mein. Mein. Mein. Mein. Mein.
Mein. Mein. Mein.

Mein. Mein. Mein. Mein. Mein. Mein. Mein. Mein. Mein.
Mein. Mein. Mein. Mein. Mein. Mein. Mein. Mein. Mein.
Mein. Mein. Mein. Mein. Mein. Mein. Mein.

Mein. Mein. Mein. Mein. Mein. Mein. Mein. Mein. Mein.
Mein. Mein. Mein. Mein. Mein. Mein. Mein. Mein. Mein.
Mein. Mein. Mein. Mein. Mein. Mein. Mein. Mein. Mein.

Mein. Mein. Mein. Mein. Mein. Mein. Mein. Mein. Mein.
Mein. Mein. Mein. Mein. Mein. Mein. Mein. Mein. Mein.
Mein. Mein. Mein. Mein. Mein. Mein. Mein. Mein. Mein.
Mein. Mein. Mein.

Mein. Mein. Mein. Mein. Mein. Mein. Mein. Mein. Mein.
Mein. Mein. Mein. Mein. Mein. Mein. Mein. Mein. Mein.
Mein. Mein. Mein. Mein. Mein. Mein. Mein. Mein. Mein.
Mein. Mein. Mein. Mein. Mein. Mein. Mein. Mein. Mein.
Mein. Mein. Mein. Mein. Mein. Mein. Mein. Mein. Mein.
Mein. Mein. Mein. Mein. Mein. Mein. Mein. Mein. Mein.
Mein. Mein. Mein. Mein. Mein. Mein. Mein. Mein. Mein.
Mein. Mein. Mein. Mein. Mein. Mein. Mein. Mein. Mein.
Mein. Mein. Mein. Mein. Mein. Mein. Mein. Mein. Mein.
Mein. Mein. Mein. Mein. Mein. Mein. Mein. Mein. Mein.
Mein.

Mein. Mein. Mein. Mein. Mein. Mein. Mein. Mein. Mein.
Mein. Mein. Mein. Mein. Mein. Mein. Mein. Mein. Mein.
Mein. Mein. Mein. Mein. Mein. Mein. Mein. Mein. Mein.
Mein. Mein. Mein. Mein. Mein. Mein. Mein. Mein. Mein.
Mein. Mein. Mein. Mein. Mein. Mein.

Mein. Mein. Mein. Mein. Mein. Mein. Mein. Mein. Mein.
Mein. Mein. Mein. Mein. Mein. Mein. Mein. Mein. Mein.
Mein. Mein. Mein. Mein. Mein. Mein. Mein. Mein. Mein.

Mein. Mein. Mein. Mein. Mein. Mein. Mein. Mein. Mein.
Mein. Mein. Mein. Mein. Mein.

Mein. Mein. Mein. Mein. Mein. Mein. Mein. Mein. Mein.
Mein. Mein. Mein. Mein. Mein. Mein. Mein. Mein. Mein.
Mein. Mein. Mein. Mein. Mein. Mein. Mein. Mein. Mein.
Mein. Mein. Mein. Mein. Mein. Mein. Mein. Mein. Mein.
Mein. Mein. Mein. Mein. Mein. Mein. Mein. Mein. Mein.
Mein. Mein. Mein. Mein. Mein. Mein. Mein. Mein. Mein.
Mein. Mein. Mein. Mein. Mein. Mein. Mein. Mein. Mein.
Mein. Mein. Mein. Mein. Mein. Mein. Mein. Mein. Mein.
Mein.

Mein. Mein. Mein. Mein. Mein. Mein. Mein. Mein. Mein.
Mein. Mein. Mein. Mein. Mein. Mein. Mein. Mein. Mein.

Mein. Mein. Mein. Mein. Mein. Mein. Mein. Mein. Mein.
Mein. Mein. Mein. Mein. Mein. Mein. Mein. Mein. Mein.
Mein. Mein. Mein. Mein. Mein. Mein. Mein. Mein. Mein.
Mein. Mein. Mein. Mein. Mein. Mein. Mein. Mein. Mein.
Mein. Mein. Mein. Mein. Mein. Mein. Mein. Mein. Mein.
Mein. Mein. Mein. Mein. Mein. Mein. Mein. Mein. Mein.
Mein. Mein. Mein. Mein. Mein. Mein. Mein. Mein. Mein.
Mein. Mein. Mein. Mein. Mein. Mein. Mein. Mein. Mein.
Mein. Mein. Mein. Mein. Mein. Mein. Mein. Mein. Mein.
Mein. Mein. Mein. Mein. Mein. Mein. Mein. Mein. Mein.
Mein. Mein. Mein. Mein. Mein. Mein. Mein. Mein. Mein.
Mein. Mein. Mein. Mein. Mein. Mein. Mein.

Mein. Mein.

Mein. Mein.

Mein. Mein.

Mein. Mein.

Mein. Mein.

Mein. Mein.

Mein. Mein. Mein. Mein. Mein. Mein. Mein. Mein. Mein.
Mein. Mein. Mein. Mein. Mein. Mein. Mein. Mein. Mein.
Mein. Mein. Mein. Mein. Mein. Mein. Mein. Mein. Mein.
Mein. Mein. Mein. Mein. Mein. Mein. Mein. Mein. Mein.
Mein. Mein. Mein. Mein. Mein. Mein. Mein. Mein. Mein.
Mein. Mein. Mein. Mein. Mein. Mein. Mein. Mein. Mein.
Mein. Mein. Mein. Mein. Mein. Mein. Mein. Mein. Mein.
Mein. Mein. Mein. Mein. Mein. Mein. Mein. Mein. Mein.
Mein. Mein. Mein. Mein. Mein. Mein. Mein. Mein. Mein.
Mein. Mein. Mein. Mein. Mein. Mein. Mein. Mein. Mein.

Mein. Mein. Mein. Mein. Mein. Mein. Mein. Mein. Mein.
Mein. Mein. Mein. Mein. Mein. Mein. Mein. Mein. Mein.
Mein. Mein. Mein. Mein. Mein. Mein. Mein. Mein. Mein.

Mein. Mein. Mein. Mein. Mein. Mein. Mein. Mein. Mein.
Mein. Mein. Mein. Mein. Mein. Mein. Mein. Mein. Mein.
Mein. Mein. Mein. Mein. Mein. Mein. Mein. Mein. Mein.
Mein. Mein. Mein. Mein. Mein. Mein. Mein. Mein. Mein.
Mein. Mein. Mein. Mein. Mein. Mein. Mein. Mein. Mein.
Mein. Mein. Mein. Mein. Mein. Mein. Mein. Mein. Mein.
Mein. Mein. Mein. Mein. Mein. Mein. Mein. Mein. Mein.
Mein. Mein. Mein. Mein. Mein. Mein. Mein. Mein. Mein.
Mein.

Mein. Mein. Mein. Mein. Mein. Mein. Mein. Mein. Mein.
Mein. Mein. Mein. Mein. Mein. Mein. Mein. Mein. Mein.
Mein. Mein. Mein. Mein. Mein. Mein. Mein. Mein. Mein.

Mein. Mein. Mein. Mein. Mein. Mein. Mein. Mein. Mein.
Mein. Mein. Mein. Mein. Mein.

Mein. Mein. Mein. Mein. Mein. Mein. Mein. Mein. Mein.
Mein. Mein. Mein. Mein. Mein. Mein. Mein. Mein.
Mein. Mein. Mein. Mein. Mein. Mein. Mein. Mein.
Mein. Mein. Mein. Mein. Mein. Mein. Mein. Mein.
Mein. Mein. Mein. Mein. Mein. Mein. Mein. Mein. Mein.
Mein.

 Mein. Mein. Mein. Mein. Mein. Mein. Mein. Mein. Mein.
Mein. Mein. Mein. Mein. Mein. Mein. Mein. Mein.
Mein. Mein. Mein.

Mein. Mein. Mein. Mein. Mein. Mein. Mein. Mein. Mein.
Mein. Mein. Mein. Mein. Mein. Mein. Mein. Mein. Mein.
Mein. Mein. Mein. Mein. Mein. Mein. Mein. Mein. Mein.
Mein. Mein. Mein. Mein. Mein. Mein. Mein. Mein. Mein.
Mein. Mein. Mein. Mein. Mein. Mein. Mein. Mein. Mein.
Mein. Mein. Mein. Mein. Mein. Mein. Mein. Mein. Mein.
Mein. Mein. Mein. Mein. Mein. Mein. Mein. Mein. Mein.
Mein. Mein. Mein. Mein. Mein. Mein. Mein. Mein. Mein.
Mein. Mein. Mein. Mein. Mein. Mein. Mein. Mein. Mein.
Mein. Mein. Mein. Mein. Mein. Mein.

 Mein. Mein. Mein. Mein. Mein. Mein. Mein. Mein. Mein.
Mein. Mein. Mein. Mein. Mein. Mein. Mein. Mein. Mein.
Mein. Mein. Mein. Mein. Mein. Mein. Mein. Mein. Mein.
Mein. Mein. Mein. Mein. Mein. Mein. Mein. Mein. Mein.
Mein. Mein. Mein. Mein. Mein. Mein. Mein. Mein. Mein.
Mein. Mein. Mein. Mein. Mein. Mein. Mein. Mein. Mein.

Mein. Mein. Mein. Mein. Mein. Mein. Mein. Mein. Mein.
Mein. Mein. Mein. Mein. Mein. Mein. Mein. Mein. Mein.
Mein. Mein. Mein. Mein. Mein. Mein. Mein. Mein. Mein.
Mein. Mein. Mein. Mein. Mein. Mein. Mein. Mein. Mein.
Mein.

Mein. Mein. Mein. Mein. Mein. Mein. Mein. Mein. Mein.
Mein. Mein. Mein. Mein. Mein. Mein. Mein. Mein. Mein.
Mein. Mein. Mein. Mein. Mein. Mein. Mein. Mein. Mein.
Mein. Mein. Mein. Mein. Mein. Mein. Mein. Mein. Mein.
Mein. Mein. Mein. Mein. Mein.

Mein. Mein. Mein. Mein. Mein. Mein. Mein. Mein. Mein.
Mein. Mein. Mein. Mein. Mein. Mein. Mein. Mein. Mein.
Mein. Mein. Mein. Mein. Mein. Mein. Mein. Mein. Mein.
Mein. Mein. Mein. Mein. Meln. Meln. Meln. Mein. Mein.
Mein. Mein. Mein. Mein. Mein. Mein. Mein. Mein. Mein.
Mein. Mein. Mein. Mein. Mein. Mein. Mein. Mein. Mein.
Mein. Mein. Mein. Mein. Mein. Mein. Mein. Mein. Mein.
Mein. Mein. Mein. Mein. Mein. Mein. Mein. Mein. Mein.

Mein. Mein. Mein. Mein. Mein. Mein. Mein. Mein. Mein.
Mein.

Mein. Mein. Mein. Mein. Mein. Mein. Mein. Mein. Mein.
Mein. Mein. Mein. Mein. Mein. Mein. Mein. Mein. Mein.

Mein. Mein. Mein. Mein. Mein. Mein. Mein. Mein. Mein.
Mein. Mein. Mein. Mein. Mein. Mein. Mein. Mein. Mein.
Mein. Mein. Mein. Mein. Mein. Mein. Mein. Mein. Mein.
Mein. Mein. Mein. Mein. Mein. Mein. Mein. Mein. Mein.
Mein.

Mein. Mein. Mein. Mein. Mein. Mein. Mein. Mein. Mein.
Mein. Mein. Mein. Mein. Mein. Mein. Mein. Mein. Mein.
Mein. Mein. Mein. Mein. Mein. Mein. Mein. Mein. Mein.
Mein. Mein. Mein. Mein. Mein. Mein. Mein. Mein. Mein.
Mein. Mein. Mein. Mein. Mein. Mein. Mein. Mein. Mein.
Mein. Mein. Mein. Mein. Mein. Mein. Mein. Mein. Mein.
Mein. Mein.

Mein. Mein. Mein. Mein. Mein. Mein. Mein. Mein. Mein.
Mein. Mein. Mein. Mein. Mein. Mein. Mein. Mein. Mein.
Mein. Mein. Mein. Mein. Mein. Mein. Mein. Mein. Mein.
Mein. Mein. Mein. Mein. Mein. Mein. Mein. Mein. Mein.
Mein. Mein. Mein. Mein. Mein. Mein. Mein. Mein. Mein.
Mein. Mein. Mein. Mein. Mein. Mein. Mein. Mein. Mein.
Mein. Mein. Mein. Mein. Mein. Mein. Mein. Mein. Mein.
Mein. Mein. Mein. Mein. Mein. Mein. Mein. Mein. Mein.
Mein. Mein. Mein. Mein. Mein. Mein. Mein. Mein. Mein.
Mein. Mein. Mein. Mein. Mein. Mein. Mein. Mein. Mein.
Mein. Mein. Mein. Mein. Mein. Mein. Mein. Mein. Mein.
Mein. Mein. Mein. Mein. Mein. Mein. Mein. Mein. Mein.
Mein. Mein. Mein. Mein. Mein. Mein. Mein. Mein. Mein.
Mein. Mein. Mein. Mein. Mein. Mein. Mein. Mein. Mein.
Mein. Mein. Mein. Mein. Mein. Mein. Mein. Mein. Mein.
Mein. Mein. Mein. Mein. Mein. Mein. Mein. Mein. Mein.
Mein. Mein.

Mein. Mein. Mein. Mein. Mein. Mein. Mein. Mein. Mein.
Mein. Mein. Mein. Mein. Mein. Mein. Mein. Mein. Mein.
Mein. Mein. Mein. Mein. Mein. Mein. Mein. Mein. Mein.
Mein. Mein. Mein. Mein. Mein. Mein. Mein. Mein. Mein.
Mein. Mein. Mein.

Mein. Mein. Mein. Mein. Mein. Mein. Mein. Mein. Mein.
Mein. Mein. Mein. Mein. Mein. Mein. Mein. Mein. Mein.
Mein. Mein. Mein. Mein. Mein. Mein. Mein. Mein. Mein.
Mein. Mein. Mein. Mein. Mein. Mein. Mein. Mein. Mein.
Mein. Mein. Mein. Mein. Mein. Mein. Mein. Mein. Mein.
Mein. Mein. Mein. Mein. Mein. Mein. Mein. Mein. Mein.
Mein. Mein. Mein. Mein. Mein. Mein. Mein. Mein. Mein.
Mein. Mein. Mein. Mein. Mein. Mein. Mein. Mein. Mein.
Mein. Mein. Mein. Mein. Mein. Mein. Mein. Mein. Mein.
Mein. Mein. Mein. Mein. Mein. Mein. Mein. Mein. Mein.
Mein. Mein. Mein. Mein. Mein. Mein. Mein. Mein. Mein.
Mein. Mein. Mein. Mein. Mein. Mein. Mein. Mein. Mein.
Mein. Mein. Mein. Mein. Mein. Mein. Mein. Mein. Mein.
Mein. Mein. Mein. Mein. Mein. Mein. Mein. Mein. Mein.
Mein. Mein. Mein. Mein. Mein. Mein. Mein. Mein.

Mein. Mein. Mein. Mein. Mein. Mein. Mein. Mein. Mein.
Mein. Mein. Mein. Mein. Mein. Mein. Mein. Mein. Mein.
Mein. Mein. Mein. Mein. Mein. Mein. Mein. Mein. Mein.
Mein. Mein. Mein. Mein. Mein. Mein. Mein. Mein. Mein.
Mein. Mein. Mein. Mein. Mein. Mein. Mein. Mein. Mein.

Mein. Mein. Mein. Mein. Mein. Mein. Mein. Mein. Mein.
Mein.

Mein. Mein. Mein. Mein. Mein. Mein. Mein. Mein. Mein.
Mein. Mein. Mein. Mein. Mein. Mein. Mein. Mein. Mein.
Mein. Mein. Mein. Mein. Mein. Mein. Mein. Mein. Mein.
Mein. Mein. Mein. Mein. Mein. Mein. Mein. Mein. Mein.
Mein. Mein. Mein. Mein. Mein. Mein. Mein. Mein. Mein.
Mein. Mein. Mein. Mein. Mein. Mein. Mein. Mein. Mein.
Mein. Mein. Mein. Mein. Mein. Mein. Mein. Mein. Mein.
Mein. Mein. Mein. Mein. Mein. Mein. Mein. Mein. Mein.
Mein. Mein. Mein. Mein. Mein. Mein. Mein. Mein. Mein.
Mein. Mein. Mein. Mein. Mein. Mein. Mein. Mein. Mein.
Mein. Mein. Mein. Mein. Mein. Mein. Mein. Mein. Mein.
Mein. Mein. Mein. Mein. Mein. Mein.

Mein. Mein. Mein. Mein. Mein. Mein. Mein. Mein. Mein.
Mein. Mein. Mein. Mein. Mein. Mein. Mein. Mein. Mein.
Mein. Mein. Mein. Mein. Mein. Mein. Mein. Mein. Mein.
Mein. Mein. Mein. Mein. Mein. Mein. Mein. Mein. Mein.
Mein. Mein. Mein. Mein. Mein. Mein. Mein. Mein. Mein.
Mein. Mein. Mein. Mein. Mein. Mein. Mein. Mein.

Mein. Mein. Mein. Mein. Mein. Mein. Mein. Mein. Mein.
Mein. Mein. Mein. Mein. Mein. Mein. Mein.

Mein. Mein. Mein. Mein. Mein. Mein. Mein. Mein. Mein.
Mein. Mein. Mein. Mein. Mein. Mein. Mein.

Mein. Mein. Mein. Mein. Mein. Mein. Mein. Mein. Mein.
Mein. Mein. Mein. Mein. Mein. Mein. Mein. Mein. Mein.

Mein. Mein. Mein. Mein. Mein. Mein. Mein. Mein. Mein.
Mein. Mein. Mein. Mein. Mein. Mein. Mein. Mein. Mein.
Mein. Mein. Mein. Mein. Mein. Mein. Mein. Mein. Mein.
Mein. Mein. Mein. Mein. Mein. Mein. Mein. Mein. Mein.
Mein.

Mein. Mein. Mein. Mein. Mein. Mein. Mein. Mein. Mein.
Mein. Mein. Mein. Mein. Mein. Mein. Mein. Mein. Mein.
Mein. Mein. Mein. Mein. Mein. Mein. Mein. Mein. Mein.
Mein. Mein. Mein. Mein. Mein. Mein. Mein. Mein. Mein.
Mein. Mein.

Mein. Mein. Mein. Mein. Mein. Mein. Mein. Mein. Mein.
Mein. Mein. Mein. Mein. Mein. Mein. Mein. Mein. Mein.
Mein. Mein. Mein. Mein. Mein. Mein. Mein.

Mein. Mein. Mein. Mein. Mein. Mein. Mein. Mein. Mein.
Mein. Mein. Mein. Mein. Mein. Meln. Meln. Meln. Mein.
Mein. Mein. Mein. Mein. Mein. Mein. Mein. Mein. Mein.
Mein. Mein. Mein. Mein. Mein. Mein. Mein. Mein. Mein.
Mein. Mein. Mein. Mein. Mein. Mein. Mein. Mein. Mein.
Mein. Mein. Mein. Mein. Mein. Mein. Mein. Mein. Mein.
Mein. Mein. Mein. Mein. Mein. Mein. Mein. Mein.

Mein. Mein. Mein. Mein. Mein. Mein. Mein. Mein. Mein.
Mein. Mein. Mein. Mein. Mein. Mein. Mein. Mein. Mein.
Mein. Mein. Mein. Mein. Mein. Mein.

Mein. Mein. Mein. Mein. Mein. Mein. Mein. Mein. Mein.
Mein. Mein. Mein. Mein. Mein. Mein. Mein. Mein. Mein.

Mein. Mein. Mein. Mein. Mein. Mein. Mein. Mein. Mein.
Mein. Mein. Mein. Mein. Mein. Mein. Mein. Mein. Mein.
Mein. Mein. Mein. Mein. Mein.

Mein. Mein. Mein. Mein. Mein. Mein. Mein. Mein. Mein.
Mein. Mein. Mein. Mein. Mein. Mein. Mein. Mein. Mein.
Mein. Mein. Mein. Mein. Mein. Mein. Mein. Mein. Mein.
Mein. Mein. Mein. Mein. Mein. Mein. Mein. Mein. Mein.
Mein. Mein. Mein. Mein. Mein. Mein.

Mein. Mein. Mein. Mein. Mein. Mein. Mein. Mein. Mein.
Mein. Mein. Mein. Mein. Mein. Mein. Mein. Mein. Mein.
Mein. Mein. Mein. Mein. Mein. Mein. Mein. Mein. Mein.
Mein. Mein. Mein. Mein. Mein. Mein. Mein. Mein. Mein.
Mein. Mein. Mein. Mein. Mein. Mein. Mein. Mein. Mein.
Mein. Mein. Mein. Mein. Mein. Mein. Mein. Mein. Mein.
Mein. Mein. Mein. Mein. Mein. Mein. Mein. Mein. Mein.
Mein. Mein. Mein. Mein.

Mein. Mein. Mein. Mein. Mein. Mein. Mein. Mein. Mein.
Mein. Mein. Mein. Mein. Mein. Mein. Mein. Mein. Mein.
Mein.

Mein. Mein. Mein. Mein. Mein. Mein. Mein. Mein. Mein.
Mein. Mein. Mein. Mein. Mein. Mein. Mein. Mein. Mein.
Mein. Mein. Mein. Mein. Mein. Mein. Mein. Mein.

Mein. Mein. Mein. Mein. Mein. Mein. Mein. Mein. Mein.
Mein. Mein. Mein. Mein. Mein. Mein. Mein. Mein. Mein.
Mein. Mein. Mein. Mein. Mein. Mein. Mein. Mein. Mein.

Mein. Mein. Mein. Mein. Mein. Mein. Mein. Mein. Mein.
Mein. Mein. Mein. Mein. Mein. Mein. Mein. Mein. Mein.
Mein. Mein. Mein. Mein. Mein. Mein. Mein. Mein. Mein.
Mein. Mein. Mein. Mein. Mein. Mein. Mein. Mein. Mein.
Mein. Mein. Mein. Mein. Mein. Mein. Mein. Mein. Mein.
Mein. Mein. Mein. Mein. Mein. Mein. Mein. Mein. Mein.
Mein. Mein. Mein. Mein. Mein. Mein. Mein.

Mein. Mein. Mein. Mein. Mein. Mein. Mein. Mein. Mein.
Mein. Mein. Mein. Mein. Mein. Mein. Mein. Mein. Mein.
Mein. Mein. Mein. Mein. Mein. Mein. Mein. Mein. Mein.
Mein. Mein. Mein. Mein. Mein. Mein. Mein. Mein. Mein.
Mein. Mein. Mein. Mein. Mein. Mein. Mein. Mein. Mein.
Mein. Mein. Mein. Mein. Mein. Mein. Mein. Mein. Mein.
Mein. Mein. Mein.

Mein. Mein. Mein. Mein. Mein. Mein. Mein. Mein. Mein.
Mein. Mein. Mein. Mein. Mein. Mein. Mein. Mein. Mein.
Mein. Mein. Mein. Mein. Mein. Mein. Mein. Mein. Mein.
Mein.

Mein. Mein. Mein. Mein. Mein. Mein. Mein. Mein. Mein.
Mein. Mein. Mein. Mein. Mein. Mein.

Mein. Mein. Mein. Mein. Mein. Mein. Mein. Mein. Mein.
Mein. Mein. Mein. Mein. Mein. Mein. Mein. Mein. Mein.
Mein. Mein. Mein. Mein. Mein. Mein. Mein. Mein. Mein.
Mein. Mein. Mein. Mein. Mein. Mein. Mein. Mein. Mein.
Mein. Mein. Mein. Mein. Mein. Mein. Mein. Mein. Mein.
Mein. Mein. Mein. Mein. Mein. Mein. Mein. Mein. Mein.
Mein. Mein. Mein. Mein. Mein. Mein. Mein. Mein. Mein.

Mein. Mein. Mein. Mein. Mein. Mein. Mein. Mein. Mein.
Mein. Mein.

Mein. Mein. Mein. Mein. Mein. Mein. Mein. Mein. Mein.
Mein. Mein. Mein. Mein. Mein. Mein. Mein. Mein.
Mein. Mein. Mein. Mein. Mein. Mein. Mein. Mein. Mein.
Mein. Mein. Mein. Mein. Mein. Mein. Mein. Mein. Mein.
Mein. Mein. Mein. Mein. Mein.

 Mein. Mein. Mein. Mein. Mein. Mein. Mein. Mein. Mein.
Mein. Mein. Mein. Mein. Mein. Mein. Mein. Mein. Mein.
Mein. Mein. Mein. Mein. Mein. Mein. Mein. Mein. Mein.
Mein. Mein. Mein. Mein. Mein. Mein. Mein. Mein. Mein.
Mein. Mein. Mein. Mein. Mein. Mein. Mein. Mein. Mein.
Mein. Mein. Mein. Mein. Mein. Mein. Mein. Mein. Mein.
Mein. Mein. Mein. Mein. Mein. Mein. Mein. Mein. Mein.
Mein. Mein. Mein. Mein. Mein. Mein. Mein. Mein. Mein.
Mein. Mein. Mein. Mein. Mein. Mein. Mein. Mein. Mein.
Mein. Mein. Mein. Mein. Mein. Mein. Mein. Mein. Mein.
Mein. Mein. Mein. Mein. Mein. Mein. Mein. Mein. Mein.
Mein. Mein. Mein. Mein.

Mein. Mein. Mein. Mein. Mein. Mein. Mein. Mein. Mein.
Mein. Mein. Mein. Mein. Mein. Mein. Mein. Mein. Mein.
Mein. Mein. Mein. Mein. Mein. Mein. Mein. Mein. Mein.
Mein. Mein. Mein. Mein. Mein. Mein. Mein. Mein. Mein.
Mein. Mein. Mein.

Mein. Mein. Mein. Mein. Mein. Mein. Mein. Mein. Mein.
Mein. Mein. Mein. Mein. Mein. Mein. Mein. Mein. Mein.
Mein. Mein. Mein. Mein. Mein. Mein. Mein. Mein. Mein.
Mein. Mein. Mein. Mein. Mein. Mein. Mein. Mein. Mein.
Mein. Mein. Mein. Mein. Mein. Mein. Mein. Mein. Mein.
Mein. Mein. Mein. Mein. Mein. Mein. Mein. Mein. Mein.
Mein. Mein. Mein. Mein. Mein. Mein. Mein. Mein. Mein.
Mein. Mein. Mein. Mein. Mein. Mein. Mein. Mein. Mein.
Mein. Mein. Mein. Mein. Mein. Mein. Mein. Mein. Mein.
Mein. Mein. Mein. Mein. Mein. Mein. Mein.

Mein. Mein. Mein. Mein. Mein. Mein. Mein. Mein. Mein.
Mein. Mein. Mein. Mein. Mein. Mein. Mein. Mein. Mein.
Mein. Mein. Mein. Mein. Mein. Mein. Mein. Mein. Mein.
Mein. Mein. Mein. Mein. Mein. Mein. Mein. Mein. Mein.
Mein. Mein. Mein. Mein. Mein. Mein. Mein. Mein. Mein.
Mein. Mein. Mein. Mein. Mein. Mein. Mein. Mein. Mein.
Mein. Mein. Mein.

Mein. Mein. Mein. Mein. Mein. Mein. Mein. Mein. Mein.
Mein. Mein. Mein. Mein. Mein. Mein. Mein. Mein. Mein.
Mein. Mein. Mein. Mein. Mein. Mein. Mein.

Mein. Mein. Mein. Mein. Mein. Mein. Mein. Mein. Mein.
Mein. Mein. Mein. Mein. Mein. Mein. Mein. Mein. Mein.
Mein. Mein. Mein. Mein. Mein. Mein. Mein. Mein. Mein.
Mein. Mein. Mein. Mein. Mein. Mein. Mein. Mein. Mein.

Mein. Mein. Mein. Mein. Mein. Mein. Mein. Mein. Mein.
Mein. Mein. Mein. Mein. Mein. Mein. Mein. Mein.
Mein. Mein. Mein. Mein. Mein. Mein. Mein. Mein. Mein.
Mein. Mein. Mein. Mein. Mein. Mein. Mein. Mein. Mein.
Mein. Mein. Mein. Mein. Mein. Mein. Mein. Mein. Mein.
Mein. Mein. Mein. Mein. Mein. Mein. Mein.

Mein. Mein. Mein. Mein. Mein. Mein. Mein. Mein. Mein.
Mein. Mein. Mein. Mein. Mein. Mein. Mein. Mein. Mein.
Mein. Mein. Mein. Mein. Mein. Mein. Mein. Mein. Mein.
Mein. Mein. Mein. Mein. Mein. Mein. Mein. Mein. Mein.
Mein. Mein. Mein. Mein. Mein.

Mein. Mein. Mein. Mein. Mein. Mein. Mein. Mein. Mein.
Mein. Mein. Mein. Mein. Mein. Mein. Mein. Mein. Mein.
Mein. Mein. Mein. Mein. Mein. Mein. Mein. Mein. Mein.
Mein. Mein. Mein. Mein. Mein. Mein. Mein. Mein. Mein.
Mein. Mein. Mein. Mein. Mein. Mein. Mein. Mein. Mein.
Mein. Mein. Mein. Mein. Mein. Mein. Mein. Mein. Mein.
Mein. Mein. Mein. Mein. Mein. Mein. Mein. Mein. Mein.
Mein. Mein. Mein. Mein. Mein. Mein. Mein. Mein. Mein.
Mein.

Mein. Mein. Mein. Mein. Mein. Mein. Mein. Mein. Mein.
Mein. Mein. Mein. Mein. Mein. Mein. Mein. Mein. Mein.
Mein. Mein. Mein. Mein. Mein. Mein. Mein. Mein. Mein.
Mein. Mein. Mein. Mein. Mein. Mein. Mein. Mein. Mein.
Mein. Mein. Mein. Mein. Mein. Mein. Mein.

Mein. Mein. Mein. Mein. Mein. Mein. Mein. Mein. Mein.
Mein. Mein. Mein. Mein. Mein. Mein. Mein. Mein. Mein.
Mein. Mein. Mein. Mein. Mein. Mein. Mein.

Mein. Mein. Mein. Mein. Mein. Mein. Mein. Mein. Mein.
Mein. Mein. Mein. Mein. Mein. Mein. Mein. Mein. Mein.
Mein. Mein. Mein. Mein. Mein. Mein. Mein. Mein. Mein.
Mein. Mein. Mein. Mein. Mein. Mein. Mein. Mein. Mein.
Mein.

Mein. Mein. Mein. Mein. Mein. Mein. Mein. Mein. Mein.
Mein. Mein. Mein. Mein. Mein. Mein. Mein. Mein. Mein.
Mein. Mein. Mein. Mein. Mein. Mein. Mein. Mein. Mein.
Mein. Mein. Mein. Mein. Mein. Mein. Mein. Mein. Mein.
Mein. Mein. Mein. Mein. Mein. Mein. Mein. Mein. Mein.
Mein. Mein. Mein. Mein. Mein. Mein. Mein.

Mein. Mein. Mein. Mein. Mein. Mein. Mein. Mein. Mein.
Mein. Mein. Mein. Mein. Mein. Mein. Mein. Mein. Mein.
Mein. Mein. Mein. Mein. Mein. Mein. Mein. Mein. Mein.
Mein. Mein. Mein. Mein. Mein. Mein. Mein. Mein. Mein.
Mein. Mein. Mein. Mein. Mein. Mein. Mein. Mein. Mein.
Mein. Mein. Mein. Mein. Mein. Mein. Mein.

Mein. Mein. Mein. Mein. Mein. Mein. Mein. Mein. Mein.
Mein. Mein. Mein. Mein. Mein. Mein. Mein. Mein. Mein.
Mein. Mein. Mein. Mein. Mein. Mein. Mein. Mein. Mein.
Mein. Mein. Mein. Mein. Mein. Mein. Mein. Mein. Mein.
Mein. Mein. Mein. Mein. Mein. Mein. Mein. Mein. Mein.

Mein. Mein. Mein. Mein. Mein. Mein. Mein. Mein. Mein.
Mein. Mein. Mein. Mein. Mein. Mein. Mein. Mein. Mein.
Mein. Mein. Mein. Mein. Mein. Mein. Mein. Mein. Mein.
Mein. Mein. Mein. Mein. Mein. Mein. Mein. Mein. Mein.
Mein. Mein. Mein. Mein. Mein. Mein. Mein. Mein. Mein.
Mein. Mein. Mein. Mein. Mein. Mein. Mein. Mein. Mein.
Mein. Mein. Mein. Mein. Mein. Mein.

Mein. Mein. Mein. Mein. Mein. Mein. Mein. Mein. Mein.
Mein. Mein. Mein. Mein. Mein. Mein. Mein. Mein. Mein.
Mein. Mein. Mein. Mein. Mein. Mein. Mein. Mein. Mein.
Mein. Mein. Mein. Mein. Mein. Mein. Mein. Mein. Mein.
Mein. Mein. Mein. Mein. Mein. Mein. Mein. Mein. Mein.
Mein. Mein. Mein. Mein. Mein. Mein. Mein. Mein. Mein.
Mein. Mein. Mein. Mein.

Mein. Mein. Mein. Mein. Mein. Mein. Mein. Mein. Mein.
Mein. Mein. Mein. Mein. Mein. Mein. Mein. Mein. Mein.
Mein. Mein. Mein. Mein. Mein. Mein. Mein. Mein. Mein.
Mein. Mein. Mein. Mein. Mein. Mein. Mein. Mein. Mein.
Mein. Mein. Mein. Mein. Mein. Mein. Mein. Mein. Mein.
Mein. Mein. Mein. Mein. Mein. Mein. Mein. Mein. Mein.
Mein. Mein. Mein. Mein. Mein. Mein. Mein. Mein. Mein.
Mein. Mein. Mein. Mein. Mein. Mein. Mein. Mein. Mein.
Mein. Mein. Mein. Mein. Mein. Mein. Mein. Mein. Mein.
Mein. Mein. Mein. Mein. Mein. Mein. Mein.

Mein. Mein. Mein. Mein. Mein. Mein. Mein. Mein. Mein.
Mein. Mein. Mein. Mein. Mein. Mein. Mein. Mein. Mein.

Mein. Mein. Mein. Mein. Mein. Mein. Mein. Mein. Mein.
Mein. Mein. Mein. Mein. Mein. Mein. Mein. Mein. Mein.
Mein. Mein. Mein. Mein. Mein. Mein. Mein. Mein. Mein.
Mein. Mein. Mein. Mein. Mein. Mein. Mein. Mein. Mein.
Mein. Mein. Mein.

Mein. Mein. Mein. Mein. Mein. Mein. Mein. Mein. Mein.
Mein. Mein. Mein. Mein. Mein. Mein. Mein. Mein. Mein.
Mein. Mein. Mein. Mein. Mein. Mein. Mein. Mein. Mein.
Mein. Mein. Mein. Mein. Mein. Mein. Mein. Mein. Mein.
Mein. Mein. Mein. Mein. Mein. Mein. Mein. Mein. Mein.
Mein. Mein. Mein. Mein. Mein. Mein. Mein. Mein. Mein.
Mein. Mein.

Mein. Mein. Mein. Mein. Mein. Mein. Mein. Mein. Mein.
Mein. Mein. Mein. Mein. Mein. Mein. Mein. Mein. Mein.
Mein. Mein. Mein. Mein. Mein. Mein. Mein. Mein. Mein.
Mein. Mein. Mein. Mein. Mein. Mein. Mein. Mein. Mein.
Mein. Mein. Mein. Mein. Mein. Mein. Mein. Mein. Mein.

Mein. Mein. Mein. Mein. Mein. Mein. Mein. Mein. Mein.
Mein. Mein. Mein. Mein. Mein. Mein. Mein. Mein. Mein.
Mein. Mein. Mein. Mein. Mein. Mein. Mein. Mein. Mein.
Mein. Mein. Mein. Mein. Mein. Mein. Mein.

Mein. Mein. Mein. Mein. Mein. Mein. Mein. Mein. Mein.
Mein.

Mein. Mein. Mein. Mein. Mein. Mein. Mein. Mein. Mein.
Mein. Mein. Mein. Mein. Mein. Mein. Mein. Mein. Mein.
Mein. Mein.

Mein. Mein. Mein. Mein. Mein. Mein. Mein. Mein. Mein.
Mein. Mein. Mein. Mein. Mein. Mein. Mein. Mein. Mein.
Mein. Mein. Mein. Mein. Mein. Mein. Mein. Mein. Mein.
Mein. Mein. Mein. Mein. Mein. Mein.

Mein. Mein. Mein. Mein. Mein. Mein. Mein. Mein. Mein.
Mein. Mein. Mein. Mein. Mein. Mein. Mein. Mein. Mein.
Mein. Mein. Mein. Mein. Mein. Mein. Mein. Mein. Mein.
Mein. Mein. Mein. Mein. Mein. Mein. Mein. Mein. Mein.
Mein.

Mein. Mein. Mein. Mein. Mein. Mein. Mein. Mein. Mein.
Mein. Mein. Mein. Mein. Mein. Mein. Mein. Mein. Mein.
Mein. Mein. Mein. Mein. Mein. Mein. Mein. Mein. Mein.
Mein. Mein. Mein. Mein. Mein. Mein. Mein. Mein.

Mein. Mein. Mein. Mein. Mein. Mein. Mein. Mein. Mein.
Mein. Mein. Mein. Mein. Mein. Mein. Mein. Mein. Mein.
Mein. Mein. Mein. Mein. Mein. Mein. Mein. Mein. Mein.
Mein. Mein. Mein. Mein. Mein. Mein. Mein. Mein. Mein.
Mein. Mein. Mein. Mein. Mein. Mein. Mein. Mein. Mein.
Mein. Mein. Mein. Mein. Mein. Mein. Mein. Mein. Mein.
Mein. Mein.

Mein. Mein. Mein. Mein. Mein. Mein. Mein. Mein. Mein.
Mein. Mein. Mein. Mein. Mein. Mein. Mein. Mein. Mein.
Mein. Mein. Mein. Mein. Mein. Mein. Mein. Mein. Mein.
Mein. Mein. Mein. Mein. Mein. Mein. Mein. Mein. Mein.
Mein. Mein. Mein. Mein. Mein. Mein. Mein. Mein. Mein.
Mein. Mein. Mein. Mein. Mein. Mein. Mein. Mein. Mein.
Mein. Mein. Mein. Mein. Mein. Mein. Mein. Mein. Mein.
Mein. Mein. Mein. Mein. Mein. Mein. Mein. Mein. Mein.

Mein. Mein. Mein. Mein. Mein. Mein. Mein. Mein. Mein.
Mein. Mein. Mein. Mein. Mein. Mein. Mein. Mein. Mein.
Mein. Mein. Mein. Mein. Mein. Mein. Mein. Mein. Mein.
Mein. Mein. Mein. Mein. Mein.

Mein. Mein. Mein. Mein. Mein. Mein. Mein. Mein. Mein.
Mein. Mein. Mein. Mein. Mein. Mein. Mein. Mein. Mein.
Mein. Mein. Mein. Mein. Mein. Mein. Mein. Mein. Mein.
Mein. Mein. Mein. Mein. Mein. Mein. Mein. Mein. Mein.
Mein. Mein. Mein. Mein. Mein. Mein. Mein. Mein. Mein.
Mein. Mein. Mein. Mein. Mein. Mein. Mein.

Mein. Mein. Mein. Mein. Mein. Mein. Mein. Mein. Mein.
Mein. Mein. Mein. Mein. Mein. Mein. Mein. Mein. Mein.
Mein. Mein. Mein. Mein. Mein. Mein. Mein. Mein. Mein.
Mein. Mein. Mein. Mein. Mein. Mein. Mein. Mein. Mein.
Mein. Mein. Mein. Mein. Mein. Mein. Mein. Mein. Mein.
Mein. Mein. Mein. Mein. Mein. Mein. Mein. Mein. Mein.
Mein. Mein. Mein. Mein. Mein. Mein. Mein. Mein. Mein.
Mein. Mein. Mein. Mein. Mein. Mein. Mein. Mein. Mein.
Mein. Mein. Mein. Mein. Mein. Mein. Mein. Mein. Mein.
Mein. Mein. Mein. Mein. Mein. Mein. Mein. Mein. Mein.
Mein. Mein. Mein. Mein. Mein. Mein. Mein. Mein. Mein.
Mein. Mein. Mein. Mein. Mein. Mein. Mein. Mein. Mein.
Mein. Mein. Mein. Mein. Mein. Mein. Mein. Mein. Mein.
Mein. Mein.

Mein. Mein. Mein. Mein. Mein. Mein. Mein. Mein. Mein.
Mein. Mein. Mein. Mein. Mein. Mein. Mein. Mein. Mein.

Mein. Mein. Mein. Mein. Mein. Mein. Mein. Mein. Mein.
Mein. Mein. Mein. Mein. Mein. Mein. Mein. Mein. Mein.
Mein. Mein. Mein. Mein. Mein. Mein. Mein. Mein. Mein.
Mein. Mein. Mein. Mein. Mein. Mein. Mein. Mein. Mein.
Mein. Mein.

Mein. Mein. Mein. Mein. Mein. Mein. Mein. Mein. Mein.
Mein. Mein. Mein. Mein. Mein. Mein. Mein. Mein. Mein.
Mein. Mein. Mein. Mein. Mein. Mein. Mein. Mein. Mein.
Mein. Mein. Mein. Mein. Mein. Mein. Mein. Mein. Mein.
Mein. Mein. Mein. Mein. Mein. Mein. Mein. Mein. Mein.
Mein. Mein. Mein. Mein. Mein. Mein. Mein. Mein. Mein.
Mein. Mein. Mein. Mein. Mein. Mein. Mein. Mein. Mein.
Mein. Mein. Mein. Mein. Mein. Mein. Mein. Mein. Mein.
Mein. Mein. Mein. Mein. Mein. Mein. Mein. Mein. Mein.
Mein. Mein. Mein. Mein. Mein. Mein. Mein.

Mein. Mein. Mein. Mein. Mein. Mein. Mein. Mein. Mein.
Mein. Mein. Mein. Mein. Mein. Mein. Mein. Mein. Mein.
Mein. Mein. Mein. Mein. Mein. Mein. Mein. Mein. Mein.
Mein. Mein. Mein. Mein. Mein. Mein. Mein. Mein. Mein.
Mein. Mein. Mein. Mein. Mein. Mein.

Mein. Mein. Mein. Mein. Mein. Mein. Mein. Mein. Mein.
Mein. Mein. Mein. Mein. Mein. Mein. Mein. Mein. Mein.
Mein. Mein. Mein. Mein. Mein. Mein. Mein. Mein. Mein.
Mein. Mein. Mein. Mein. Mein. Mein. Mein. Mein. Mein.

Mein. Mein. Mein. Mein. Mein. Mein. Mein. Mein. Mein.
Mein. Mein. Mein. Mein. Mein. Mein. Mein. Mein. Mein.
Mein. Mein. Mein. Mein. Mein. Mein. Mein. Mein. Mein.
Mein. Mein. Mein. Mein. Mein. Mein. Mein. Mein. Mein.
Mein. Mein. Mein. Mein. Mein. Mein. Mein. Mein. Mein.
Mein. Mein. Mein. Mein. Mein. Mein. Mein. Mein. Mein.
Mein. Mein. Mein. Mein. Mein. Mein. Mein. Mein. Mein.
Mein. Mein. Mein. Mein. Mein. Mein. Mein. Mein. Mein.
Mein. Mein. Mein. Mein. Mein. Mein. Mein. Mein. Mein.
Mein. Mein. Mein. Mein. Mein. Mein. Mein. Mein. Mein.
Mein. Mein. Mein. Mein. Mein. Mein. Mein. Mein. Mein.

Mein. Mein. Mein. Mein. Mein. Mein. Mein. Mein. Mein.
Mein. Mein. Mein. Mein. Mein. Mein. Mein. Mein. Mein.
Mein. Mein. Mein. Mein. Mein. Mein. Mein. Mein. Mein.
Mein. Mein. Mein. Mein. Mein. Mein. Mein. Mein. Mein.
Mein. Mein. Mein. Mein. Mein. Mein. Mein. Mein. Mein.
Mein. Mein. Mein. Mein. Mein. Mein. Mein. Mein. Mein.
Mein. Mein. Mein. Mein. Mein. Mein. Mein. Mein. Mein.
Mein. Mein. Mein. Mein. Mein. Mein. Mein. Mein. Mein.
Mein. Mein. Mein. Mein. Mein. Mein. Mein. Mein. Mein.
Mein. Mein. Mein. Mein. Mein. Mein. Mein. Mein. Mein.
Mein. Mein. Mein. Mein. Mein. Mein. Mein. Mein. Mein.
Mein. Mein. Mein. Mein. Mein. Mein. Mein. Mein. Mein.
Mein. Mein. Mein. Mein. Mein. Mein. Mein. Mein.

Mein. Mein. Mein. Mein. Mein. Mein. Mein. Mein. Mein.
Mein. Mein. Mein. Mein. Mein. Mein. Mein. Mein. Mein.
Mein. Mein. Mein. Mein. Mein. Mein. Mein. Mein. Mein.
Mein. Mein. Mein. Mein. Mein. Mein. Mein. Mein. Mein.

Mein. Mein. Mein. Mein. Mein. Mein. Mein. Mein. Mein.
Mein. Mein. Mein. Mein. Mein. Mein. Mein. Mein. Mein.
Mein. Mein. Mein. Mein. Mein. Mein. Mein. Mein. Mein.
Mein. Mein. Mein. Mein. Mein. Mein. Mein. Mein. Mein.
Mein.

Mein. Mein. Mein. Mein. Mein. Mein. Mein. Mein. Mein.
Mein. Mein. Mein. Mein. Mein. Mein. Mein. Mein. Mein.
Mein. Mein. Mein. Mein. Mein. Mein. Mein. Mein. Mein.
Mein. Mein. Mein. Mein. Mein. Mein. Mein. Mein. Mein.
Mein. Mein. Mein. Mein. Mein. Mein. Mein. Mein. Mein.
Mein. Mein. Mein. Mein. Mein. Mein. Mein. Mein. Mein.
Mein. Mein. Mein. Mein. Mein. Mein. Mein. Mein. Mein.
Mein. Mein. Mein. Mein. Mein. Mein. Mein. Mein. Mein.
Mein. Mein. Mein. Mein. Mein. Mein. Mein. Mein. Mein.
Mein. Mein. Mein. Mein. Mein. Mein. Mein. Mein. Mein.

Mein. Mein. Mein. Mein. Mein. Mein. Mein. Mein. Mein.
Mein. Mein. Mein. Mein. Mein. Mein. Mein. Mein. Mein.
Mein. Mein. Mein. Mein. Mein. Mein. Mein. Mein. Mein.
Mein. Mein. Mein. Mein. Mein. Mein. Mein. Mein. Mein.
Mein. Mein. Mein. Mein. Mein. Mein. Mein. Mein. Mein.
Mein. Mein. Mein. Mein. Mein. Mein. Mein. Mein. Mein.
Mein. Mein. Mein. Mein. Mein. Mein. Mein. Mein. Mein.
Mein. Mein. Mein. Mein. Mein. Mein. Mein. Mein. Mein.
Mein. Mein. Mein. Mein. Mein. Mein. Mein. Mein. Mein.
Mein. Mein. Mein. Mein. Mein. Mein. Mein. Mein. Mein.
Mein. Mein. Mein. Mein. Mein. Mein. Mein. Mein. Mein.

Mein. Mein. Mein. Mein. Mein. Mein. Mein. Mein. Mein.
Mein. Mein. Mein. Mein. Mein. Mein. Mein. Mein. Mein.
Mein. Mein. Mein. Mein. Mein. Mein. Mein. Mein. Mein.
Mein. Mein. Mein. Mein. Mein. Mein. Mein. Mein. Mein.
Mein. Mein. Mein. Mein. Mein. Mein. Mein. Mein. Mein.
Mein. Mein. Mein. Mein. Mein. Mein. Mein. Mein. Mein.
Mein. Mein. Mein. Mein. Mein. Mein. Mein. Mein. Mein.
Mein. Mein. Mein. Mein. Mein. Mein. Mein. Mein. Mein.
Mein. Mein. Mein. Mein. Mein. Mein. Mein. Mein. Mein.
Mein. Mein. Mein. Mein. Mein. Mein. Mein. Mein. Mein.
Mein. Mein. Mein. Mein. Mein. Mein. Mein. Mein. Mein.
Mein. Mein. Mein. Mein. Mein. Mein. Mein. Mein. Mein.
Mein. Mein. Mein. Mein. Mein. Mein. Mein. Mein.

Mein. Mein. Mein. Mein. Mein. Mein. Mein. Mein. Mein.
Mein. Mein. Mein. Mein. Mein. Mein. Mein. Mein. Mein.
Mein. Mein. Mein. Mein. Mein. Mein. Mein. Mein. Mein.
Mein. Mein. Mein. Mein. Mein. Mein. Mein. Mein. Mein.
Mein. Mein. Mein. Mein. Mein. Mein. Mein. Mein. Mein.
Mein. Mein. Mein. Mein. Mein. Mein. Mein. Mein. Mein.
Mein. Mein. Mein. Mein. Mein. Mein. Mein. Mein. Mein.
Mein. Mein. Mein. Mein. Mein. Mein. Mein. Mein. Mein.
Mein. Mein. Mein. Mein. Mein. Mein. Mein. Mein. Mein.
Mein. Mein. Mein. Mein. Mein. Mein. Mein. Mein. Mein.
Mein. Mein. Mein. Mein. Mein. Mein. Mein. Mein. Mein.
Mein. Mein. Mein. Mein. Mein. Mein. Mein. Mein. Mein.
Mein. Mein. Mein. Mein. Mein. Mein. Mein. Mein. Mein.
Mein. Mein. Mein. Mein. Mein. Mein. Mein. Mein. Mein.

Mein. Mein. Mein. Mein. Mein. Mein. Mein. Mein. Mein.
Mein. Mein. Mein. Mein. Mein. Mein. Mein. Mein. Mein.
Mein. Mein. Mein. Mein. Mein. Mein. Mein. Mein. Mein.
Mein. Mein. Mein. Mein. Mein. Mein. Mein. Mein. Mein.
Mein. Mein. Mein. Mein. Mein. Mein. Mein. Mein. Mein.
Mein. Mein. Mein. Mein. Mein. Mein. Mein. Mein. Mein.
Mein. Mein. Mein. Mein. Mein. Mein. Mein. Mein. Mein.
Mein. Mein. Mein. Mein. Mein. Mein. Mein. Mein. Mein.
Mein. Mein. Mein. Mein. Mein. Mein. Mein. Mein. Mein.
Mein. Mein. Mein. Mein. Mein. Mein. Mein. Mein. Mein.
Mein. Mein.

Mein. Mein. Mein. Mein. Mein. Mein. Mein. Mein. Mein.
Mein. Mein. Mein. Mein. Mein. Mein. Mein. Mein. Mein.
Mein. Mein. Mein. Mein. Mein. Mein. Mein. Mein. Mein.
Mein. Mein. Mein. Mein. Mein. Mein. Mein. Mein. Mein.
Mein. Mein. Mein. Mein. Mein. Mein. Mein. Mein. Mein.
Mein. Mein. Mein. Mein. Mein. Mein. Mein. Mein. Mein.
Mein. Mein. Mein. Mein. Mein. Mein. Mein. Mein. Mein.
Mein. Mein. Mein. Mein. Mein. Mein. Mein. Mein.

Mein. Mein. Mein. Mein. Mein. Mein. Mein. Mein. Mein.
Mein. Mein. Mein. Mein. Mein. Mein. Mein. Mein. Mein.
Mein. Mein. Mein. Mein. Mein. Mein. Mein. Mein. Mein.
Mein. Mein. Mein. Mein. Mein. Mein. Mein. Mein. Mein.
Mein. Mein. Mein. Mein. Mein. Mein. Mein. Mein. Mein.
Mein. Mein. Mein. Mein. Mein.

 Mein. Mein. Mein. Mein. Mein. Mein. Mein. Mein. Mein.
Mein. Mein. Mein. Mein. Mein. Mein. Mein. Mein. Mein.
Mein. Mein. Mein. Mein. Mein. Mein. Mein. Mein. Mein.
Mein. Mein. Mein. Mein. Mein. Mein. Mein. Mein. Mein.

Mein. Mein. Mein. Mein. Mein. Mein. Mein. Mein. Mein.
Mein. Mein. Mein. Mein. Mein. Mein. Mein. Mein. Mein.
Mein. Mein. Mein. Mein. Mein. Mein. Mein. Mein. Mein.
Mein. Mein. Mein. Mein. Mein. Mein. Mein. Mein. Mein.
Mein. Mein. Mein. Mein. Mein. Mein. Mein. Mein. Mein.
Mein. Mein. Mein. Mein. Mein.

Mein. Mein. Mein. Mein. Mein. Mein. Mein. Mein. Mein.
Mein. Mein. Mein. Mein. Mein. Mein. Mein. Mein. Mein.
Mein. Mein. Mein. Mein. Mein. Mein. Mein. Mein. Mein.
Mein. Mein. Mein. Mein. Mein. Mein. Mein. Mein. Mein.
Mein. Mein. Mein. Mein. Mein. Mein. Mein. Mein. Mein.
Mein. Mein. Mein. Mein. Mein. Mein. Mein. Mein. Mein.
Mein. Mein. Mein. Mein. Mein. Mein. Mein. Mein. Mein.
Mein. Mein. Mein. Mein. Mein. Mein. Mein. Mein. Mein.
Mein. Mein. Mein. Mein. Mein. Mein. Mein. Mein. Mein.
Mein. Mein. Mein. Mein. Mein. Mein. Mein. Mein. Mein.
Mein. Mein. Mein. Mein. Mein. Mein. Mein. Mein. Mein.
Mein. Mein. Mein.

Mein. Mein. Mein. Mein. Mein. Mein. Mein. Mein. Mein.
Mein. Mein. Mein. Mein. Mein. Mein. Mein. Mein. Mein.
Mein. Mein. Mein. Mein. Mein. Mein. Mein. Mein. Mein.
Mein. Mein. Mein. Mein. Mein. Mein. Mein. Mein. Mein.
Mein. Mein. Mein. Mein. Mein. Mein. Mein. Mein. Mein.
Mein. Mein. Mein. Mein. Mein. Mein. Mein. Mein. Mein.
Mein. Mein. Mein. Mein. Mein. Mein. Mein. Mein. Mein.
Mein. Mein. Mein. Mein. Mein. Mein. Mein. Mein. Mein.

Mein. Mein. Mein. Mein. Mein. Mein. Mein. Mein. Mein.
Mein. Mein. Mein. Mein. Mein. Mein. Mein. Mein. Mein.
Mein. Mein. Mein. Mein. Mein. Mein. Mein. Mein. Mein.
Mein. Mein. Mein. Mein. Mein. Mein. Mein. Mein. Mein.
Mein. Mein. Mein. Mein. Mein. Mein. Mein. Mein. Mein.
Mein. Mein. Mein. Mein. Mein. Mein. Mein. Mein. Mein.
Mein. Mein. Mein.

Mein. Mein. Mein. Mein. Mein. Mein. Mein. Mein. Mein.
Mein. Mein. Mein. Mein. Mein. Mein. Mein. Mein. Mein.
Mein. Mein. Mein. Mein. Mein. Mein. Mein. Mein. Mein.
Mein. Mein. Mein. Mein. Mein. Mein. Mein. Mein. Mein.
Mein.

Mein. Mein. Mein. Mein. Mein. Mein. Mein. Mein. Mein.
Mein. Mein. Mein. Mein. Mein. Mein. Mein. Mein. Mein.
Mein. Mein. Mein. Mein. Mein. Mein. Mein. Mein. Mein.
Mein. Mein. Mein. Mein. Mein. Mein. Mein. Mein. Mein.
Mein. Mein. Mein. Mein. Mein. Mein. Mein. Mein. Mein.
Mein. Mein. Mein. Mein. Mein. Mein. Mein. Mein. Mein.
Mein. Mein. Mein. Mein. Mein. Mein. Mein. Mein. Mein.
Mein. Mein. Mein. Mein. Mein. Mein. Mein. Mein. Mein.
Mein. Mein. Mein. Mein. Mein. Mein. Mein. Mein. Mein.
Mein. Mein. Mein. Mein. Mein. Mein. Mein. Mein. Mein.
Mein. Mein. Mein. Mein. Mein. Mein. Mein. Mein. Mein.
Mein. Mein. Mein. Mein. Mein. Mein. Mein. Mein. Mein.
Mein.

Mein. Mein. Mein. Mein. Mein. Mein. Mein. Mein. Mein.
Mein. Mein. Mein. Mein. Mein. Mein. Mein. Mein. Mein.
Mein. Mein. Mein. Mein. Mein. Mein. Mein. Mein. Mein.
Mein. Mein. Mein. Mein. Mein. Mein. Mein. Mein. Mein.
Mein. Mein. Mein. Mein. Mein. Mein. Mein. Mein. Mein.
Mein. Mein. Mein. Mein. Mein. Mein. Mein. Mein. Mein.
Mein. Mein. Mein. Mein. Mein. Mein. Mein. Mein. Mein.
Mein. Mein. Mein. Mein. Mein. Mein. Mein. Mein. Mein.
Mein. Mein. Mein. Mein. Mein. Mein. Mein. Mein. Mein.
Mein. Mein. Mein. Mein. Mein. Mein. Mein. Mein. Mein.
Mein. Mein. Mein. Mein. Mein. Mein. Mein. Mein. Mein.
Mein. Mein. Mein. Mein. Mein. Mein. Mein.

Mein. Mein. Mein. Mein. Mein. Mein. Mein. Mein. Mein.
Mein. Mein. Mein. Mein. Mein. Mein. Mein. Mein. Mein.
Mein. Mein. Mein. Mein. Mein. Mein. Mein. Mein. Mein.
Mein. Mein. Mein. Mein. Mein. Mein. Mein. Mein. Mein.
Mein. Mein. Mein. Mein. Mein. Mein. Mein. Mein. Mein.
Mein. Mein. Mein. Mein.

Mein. Mein. Mein. Mein. Mein. Mein. Mein. Mein. Mein.
Mein. Mein. Mein. Mein. Mein. Mein. Mein. Mein. Mein.
Mein. Mein. Mein. Mein. Mein. Mein. Mein. Mein. Mein.
Mein. Mein. Mein. Mein. Mein. Mein. Mein. Mein. Mein.
Mein. Mein. Mein. Mein. Mein. Mein. Mein. Mein. Mein.
Mein. Mein. Mein. Mein. Mein. Mein. Mein. Mein. Mein.
Mein. Mein. Mein. Mein. Mein. Mein. Mein. Mein. Mein.
Mein. Mein. Mein. Mein. Mein. Mein. Mein. Mein. Mein.

Mein. Mein. Mein. Mein. Mein. Mein. Mein. Mein. Mein.
Mein. Mein. Mein. Mein. Mein. Mein. Mein. Mein. Mein.
Mein. Mein. Mein. Mein. Mein. Mein. Mein. Mein. Mein.
Mein. Mein. Mein. Mein. Mein. Mein.

Mein. Mein. Mein. Mein. Mein. Mein. Mein. Mein. Mein.
Mein. Mein. Mein. Mein. Mein. Mein. Mein.

Mein. Mein. Mein. Mein. Mein. Mein. Mein. Mein. Mein.
Mein. Mein. Mein. Mein. Mein. Mein. Mein.

Mein. Mein. Mein. Mein. Mein. Mein. Mein. Mein. Mein.
Mein. Mein. Mein. Mein. Mein. Mein. Mein. Mein. Mein.
Mein. Mein. Mein. Mein. Mein. Mein. Mein. Mein. Mein.
Mein. Mein. Mein. Mein. Mein. Mein. Mein. Mein. Mein.
Mein. Mein. Mein. Mein. Mein. Mein. Mein. Mein. Mein.
Mein. Mein. Mein. Mein. Mein. Mein. Mein. Mein. Mein.
Mein. Mein. Mein. Mein. Mein. Mein. Mein. Mein. Mein.
Mein. Mein. Mein. Mein. Mein. Mein. Mein. Mein. Mein.
Mein. Mein. Mein. Mein. Mein. Mein. Mein. Mein. Mein.
Mein. Mein. Mein. Mein. Mein. Mein.

Mein. Mein. Mein. Mein. Mein. Mein. Mein. Mein. Mein.
Mein. Mein. Mein. Mein. Mein. Mein. Mein. Mein. Mein.
Mein. Mein. Mein. Mein. Mein. Mein. Mein. Mein. Mein.
Mein. Mein. Mein. Mein. Mein. Mein. Mein. Mein. Mein.
Mein. Mein. Mein. Mein. Mein. Mein. Mein. Mein. Mein.
Mein. Mein. Mein. Mein. Mein. Mein. Mein. Mein. Mein.
Mein. Mein. Mein. Mein. Mein. Mein. Mein. Mein. Mein.

Mein. Mein. Mein. Mein. Mein. Mein. Mein. Mein. Mein.
Mein. Mein. Mein. Mein. Mein. Mein. Mein. Mein. Mein.
Mein. Mein.

Mein. Mein. Mein. Mein. Mein. Mein. Mein. Mein. Mein.
Mein. Mein. Mein. Mein. Mein. Mein. Mein. Mein. Mein.
Mein. Mein. Mein. Mein. Mein. Mein. Mein. Mein. Mein.
Mein. Mein. Mein. Mein. Mein. Mein. Mein. Mein. Mein.
Mein. Mein. Mein. Mein. Mein. Mein. Mein. Mein. Mein.
Mein. Mein. Mein. Mein. Mein. Mein. Mein. Mein. Mein.
Mein. Mein. Mein. Mein. Mein. Mein. Mein. Mein. Mein.
Mein. Mein. Mein. Mein. Mein. Mein. Mein. Mein. Mein.
Mein. Mein. Mein. Mein. Mein. Mein. Mein. Mein. Mein.
Mein. Mein. Mein. Mein. Mein. Mein. Mein. Mein. Mein.
Mein. Mein. Mein. Mein. Mein. Mein. Mein. Mein. Mein.
Mein. Mein. Mein. Mein. Mein. Mein. Mein. Mein. Mein.
Mein. Mein. Mein. Mein. Mein. Mein. Mein. Mein.

Mein. Meln. Meln. Meln. Meln. Mein. Mein. Mein. Mein.
Mein. Mein. Mein. Mein. Mein. Mein. Mein. Mein. Mein.
Mein. Mein. Mein. Mein. Mein. Mein. Mein. Mein. Mein.
Mein. Mein. Mein. Mein. Mein. Mein. Mein. Mein. Mein.
Mein. Mein. Mein. Mein. Mein. Mein. Mein. Mein. Mein.
Mein. Mein. Mein. Mein. Mein. Mein. Mein. Mein. Mein.
Mein. Mein. Mein. Mein. Mein. Mein. Mein. Mein. Mein.
Mein. Mein. Mein. Mein. Mein. Mein. Mein. Mein. Mein.
Mein. Mein. Mein. Mein. Mein. Mein. Mein. Mein. Mein.

Mein. Mein. Mein. Mein. Mein. Mein. Mein. Mein. Mein.
Mein. Mein. Mein. Mein. Mein. Mein. Mein. Mein. Mein.

Mein. Mein. Mein. Mein. Mein. Mein. Mein. Mein. Mein.
Mein. Mein. Mein. Mein. Mein. Mein. Mein. Mein. Mein.
Mein. Mein. Mein. Mein. Mein. Mein. Mein. Mein. Mein.
Mein. Mein. Mein. Mein. Mein. Mein. Mein. Mein. Mein.
Mein. Mein. Mein. Mein. Mein. Mein. Mein. Mein. Mein.
Mein. Mein. Mein. Mein. Mein. Mein. Mein. Mein. Mein.
Mein. Mein. Mein. Mein. Mein. Mein. Mein. Mein. Mein.
Mein. Mein. Mein. Mein. Mein. Mein. Mein.

Mein. Mein. Mein. Mein. Mein. Mein. Mein. Mein. Mein.
Mein. Mein. Mein. Mein. Mein. Mein. Mein. Mein. Mein.
Mein. Mein. Mein. Mein. Mein. Mein. Mein. Mein. Mein.
Mein. Mein. Mein. Mein. Mein. Mein. Mein. Mein. Mein.
Mein. Mein. Mein. Mein. Mein. Mein. Mein. Mein. Mein.
Mein. Mein. Mein. Mein. Mein. Mein. Mein. Mein. Mein.
Mein. Mein. Mein. Mein. Mein. Mein. Mein. Mein. Mein.
Mein. Mein. Mein. Mein.

Mein. Mein. Mein. Mein. Mein. Mein. Mein. Mein. Mein.
Mein. Mein. Mein. Mein. Mein. Mein. Mein. Mein. Mein.
Mein. Mein. Mein. Mein. Mein. Mein. Mein. Mein. Mein.
Mein. Mein. Mein. Mein. Mein. Mein. Mein. Mein. Mein.
Mein. Mein. Mein. Mein. Mein. Mein. Mein. Mein. Mein.
Mein. Mein. Mein. Mein. Mein. Mein. Mein. Mein. Mein.
Mein. Mein. Mein. Mein. Mein. Mein. Mein. Mein. Mein.
Mein. Mein. Mein. Mein. Mein. Mein. Mein. Mein. Mein.
Mein. Mein. Mein. Mein. Mein. Mein. Mein. Mein. Mein.
Mein. Mein. Mein. Mein. Mein. Mein. Mein. Mein. Mein.
Mein. Mein. Mein. Mein. Mein. Mein. Mein. Mein. Mein.
Mein. Mein. Mein. Mein. Mein. Mein. Mein. Mein. Mein.

Mein. Mein. Mein. Mein. Mein. Mein. Mein. Mein. Mein.
Mein. Mein. Mein. Mein. Mein. Mein. Mein. Mein. Mein.
Mein. Mein. Mein. Mein. Mein. Mein. Mein. Mein. Mein.
Mein. Mein. Mein. Mein. Mein. Mein. Mein. Mein. Mein.
Mein. Mein. Mein. Mein. Mein. Mein. Mein. Mein. Mein.
Mein. Mein. Mein. Mein. Mein. Mein. Mein. Mein. Mein.
Mein. Mein. Mein. Mein. Mein. Mein. Mein. Mein. Mein.
Mein. Mein. Mein. Mein. Mein. Mein. Mein. Mein. Mein.
Mein. Mein. Mein. Mein. Mein. Mein. Mein. Mein. Mein.
Mein. Mein. Mein. Mein. Mein. Mein. Mein. Mein. Mein.
Mein. Mein. Mein. Mein. Mein. Mein. Mein. Mein. Mein.
Mein. Mein. Mein. Mein. Mein. Mein. Mein. Mein. Mein.
Mein. Mein. Mein. Mein. Mein. Mein. Mein. Mein. Mein.
Mein. Mein. Mein. Mein. Mein. Mein. Mein. Mein. Mein.
Mein. Mein. Mein. Mein. Mein. Mein. Mein. Mein. Mein.
Mein. Mein. Mein. Mein. Mein. Mein. Mein. Mein. Mein.
Mein. Mein. Mein. Mein. Mein. Mein. Mein. Mein. Mein.
Mein. Mein. Mein. Mein. Mein. Mein. Mein. Mein.

 Mein. Mein. Mein. Mein. Mein. Mein. Mein. Mein. Mein.
Mein. Mein. Mein. Mein. Mein. Mein. Mein. Mein. Mein.
Mein. Mein. Mein. Mein. Mein. Mein. Mein. Mein. Mein.
Mein. Mein. Mein. Mein. Mein. Mein. Mein. Mein. Mein.
Mein. Mein. Mein. Mein. Mein. Mein. Mein. Mein. Mein.
Mein. Mein. Mein. Mein. Mein. Mein. Mein. Mein. Mein.
Mein. Mein. Mein. Mein. Mein. Mein. Mein. Mein. Mein.
Mein. Mein. Mein. Mein. Mein. Mein. Mein. Mein. Mein.

Mein. Mein. Mein. Mein. Mein. Mein. Mein. Mein. Mein.
Mein. Mein. Mein. Mein. Mein. Mein. Mein. Mein. Mein.
Mein. Mein. Mein. Mein. Mein. Mein. Mein. Mein. Mein.

Mein. Mein. Mein. Mein. Mein. Mein. Mein. Mein. Mein.
Mein. Mein. Mein. Mein. Mein. Mein. Mein. Mein. Mein.
Mein. Mein. Mein. Mein. Mein. Mein. Mein. Mein. Mein.
Mein. Mein. Mein. Mein. Mein. Mein. Mein. Mein. Mein.
Mein. Mein. Mein. Mein. Mein. Mein. Mein. Mein. Mein.
Mein. Mein. Mein. Mein. Mein. Mein. Mein. Mein. Mein.
Mein. Mein. Mein. Mein. Mein. Mein. Mein. Mein.

Mein. Mein. Mein. Mein. Mein. Mein. Mein. Mein. Mein.
Mein. Mein. Mein. Mein. Mein. Mein. Mein. Mein. Mein.
Mein. Mein. Mein. Mein. Mein. Mein. Mein. Mein. Mein.
Mein. Mein. Mein. Mein. Mein. Mein. Mein. Mein. Mein.

Mein. Mein. Mein. Mein. Mein. Mein. Mein. Mein. Mein.
Mein. Mein. Mein. Mein. Mein. Mein. Mein. Mein. Mein.
Mein. Mein. Mein. Mein. Mein. Mein. Mein. Mein. Mein.
Mein. Mein. Mein. Mein. Mein. Mein. Mein. Mein. Mein.
Mein. Mein. Mein. Mein. Mein. Mein. Mein. Mein. Mein.
Mein. Mein. Mein. Mein. Mein. Mein. Mein. Mein. Mein.
Mein. Mein. Mein. Mein. Mein. Mein. Mein. Mein. Mein.
Mein. Mein. Mein. Mein. Mein. Mein.

Mein. Mein. Mein. Mein. Mein. Mein. Mein. Mein. Mein.
Mein. Mein. Mein. Mein. Mein. Mein. Mein. Mein. Mein.
Mein. Mein. Mein. Mein. Mein. Mein. Mein. Mein. Mein.
Mein. Mein. Mein. Mein. Mein. Mein. Mein. Mein. Mein.
Mein. Mein. Mein. Mein. Mein. Mein. Mein. Mein. Mein.
Mein. Mein. Mein. Mein. Mein. Mein. Mein. Mein. Mein.
Mein. Mein. Mein. Mein. Mein. Mein. Mein. Mein. Mein.
Mein. Mein. Mein. Mein. Mein. Mein. Mein. Mein. Mein.

Mein. Mein. Mein. Mein. Mein. Mein. Mein. Mein. Mein.
Mein. Mein. Mein. Mein. Mein. Mein. Mein. Mein. Mein.
Mein. Mein. Mein. Mein. Mein. Mein. Mein. Mein. Mein.
Mein. Mein. Mein. Mein.

Mein. Mein. Mein. Mein. Mein. Mein. Mein. Mein. Mein.
Mein. Mein. Mein. Mein. Mein. Mein. Mein. Mein. Mein.
Mein. Mein. Mein. Mein. Mein. Mein. Mein. Mein. Mein.
Mein. Mein. Mein. Mein. Mein. Mein. Mein. Mein. Mein.
Mein. Mein.

Mein. Mein. Mein. Mein. Mein. Mein. Mein. Mein. Mein.
Mein. Mein. Mein. Mein. Mein. Mein. Mein. Mein. Mein.
Mein. Mein. Mein. Mein. Mein. Mein. Mein. Mein.

Mein. Mein. Mein. Mein. Mein. Mein. Mein. Mein. Mein.
Mein. Mein. Mein. Mein. Mein. Mein. Mein. Mein. Mein.
Mein. Mein. Mein. Mein. Mein. Mein. Mein. Mein. Mein.
Mein. Mein. Mein. Mein. Mein. Mein. Mein. Mein. Mein.
Mein. Mein. Mein. Mein. Mein. Mein. Mein. Mein. Mein.
Mein. Meln. Mein. Mein. Mein. Mein. Mein. Mein. Mein.
Mein. Mein. Mein. Mein. Mein. Mein. Mein. Mein. Mein.
Mein. Mein. Mein. Mein. Mein. Mein. Mein. Mein. Mein.
Mein. Mein. Mein. Mein. Mein. Mein. Mein. Mein. Mein.
Mein. Mein. Mein. Mein. Mein. Mein. Mein. Mein. Mein.
Mein. Mein. Mein. Mein. Mein. Mein. Mein. Mein. Mein.
Mein. Mein. Mein. Mein. Mein.

Mein. Mein. Mein. Mein. Mein. Mein. Mein. Mein. Mein.
Mein. Mein. Mein. Mein. Mein. Mein. Mein. Mein. Mein.
Mein. Mein. Mein. Mein. Mein. Mein. Mein. Mein. Mein.
Mein. Mein. Mein. Mein. Mein. Mein. Mein. Mein. Mein.

Mein. Mein. Mein. Mein. Mein. Mein. Mein. Mein. Mein.
Mein. Mein. Mein. Mein. Mein. Mein. Mein. Mein. Mein.
Mein. Mein. Mein. Mein. Mein. Mein. Mein. Mein. Mein.
Mein. Mein. Mein. Mein. Mein. Mein. Mein. Mein. Mein.
Mein. Mein. Mein. Mein. Mein. Mein. Mein. Mein. Mein.
Mein. Mein. Mein. Mein. Mein. Mein. Mein. Mein. Mein.
Mein. Mein. Mein. Mein. Mein. Mein. Mein. Mein. Mein.
Mein. Mein. Mein. Mein. Mein. Mein. Mein. Mein. Mein.
Mein. Mein. Mein. Mein. Mein. Mein. Mein. Mein. Mein.
Mein. Mein. Mein.

Mein. Mein. Mein. Mein. Mein. Mein. Mein. Mein. Mein.
Mein. Mein. Mein. Mein. Mein. Mein. Mein. Mein. Mein.
Mein. Mein. Mein. Mein. Mein. Mein. Mein. Mein. Mein.
Mein. Mein. Mein. Mein. Mein. Mein. Mein. Mein. Mein.
Mein. Mein. Mein. Mein. Mein. Mein. Mein. Mein. Mein.
Mein. Mein. Mein. Mein. Mein. Mein. Mein. Mein. Mein.
Mein. Mein. Mein. Mein. Mein. Mein. Mein. Mein. Mein.
Mein. Mein. Mein. Mein. Mein. Mein. Mein. Mein. Mein.
Mein. Mein. Mein. Mein. Mein. Mein. Mein. Mein. Mein.
Mein. Mein.

Mein. Mein. Mein. Mein. Mein. Mein. Mein. Mein. Mein.
Mein. Mein. Mein. Mein. Mein. Mein. Mein. Mein. Mein.
Mein. Mein. Mein. Mein. Mein. Mein. Mein. Mein. Mein.
Mein. Mein. Mein. Mein. Mein. Mein. Mein. Mein. Mein.
Mein. Mein. Mein. Mein. Mein. Mein. Mein. Mein. Mein.
Mein. Mein. Mein. Mein. Mein. Mein. Mein. Mein. Mein.
Mein. Mein. Mein. Mein. Mein. Mein. Mein. Mein. Mein.
Mein. Mein. Mein. Mein. Mein. Mein. Mein. Mein. Mein.

Mein. Mein. Mein. Mein. Mein. Mein. Mein. Mein. Mein.
Mein. Mein. Mein. Mein. Mein.

Mein. Mein. Mein. Mein. Mein. Mein. Mein. Mein. Mein.
Mein. Mein. Mein. Mein. Mein. Mein. Mein. Mein. Mein.
Mein. Mein. Mein. Mein. Mein. Mein. Mein. Mein. Mein.
Mein. Mein. Mein. Mein. Mein. Mein. Mein. Mein. Mein.
Mein. Mein. Mein. Mein. Mein. Mein. Mein. Mein. Mein.
Mein. Mein. Mein. Mein. Mein. Mein. Mein. Mein. Mein.
Mein. Mein. Mein. Mein. Mein. Mein. Mein. Mein. Mein.
Mein. Mein. Mein. Mein. Mein. Mein. Mein. Mein. Mein.
Mein. Mein.

Mein. Mein. Mein. Mein. Mein. Mein. Mein. Mein. Mein.
Mein. Mein. Mein. Mein. Mein. Mein. Mein. Mein. Mein.
Mein. Mein. Mein. Mein. Mein. Mein. Mein. Mein. Mein.
Mein. Mein. Mein. Mein. Mein. Mein. Mein. Mein. Mein.
Mein. Mein. Mein. Mein. Mein. Mein. Mein. Mein. Mein.
Mein. Mein. Mein. Mein. Mein. Mein. Mein. Mein. Mein.
Mein. Mein. Mein. Mein. Mein. Mein. Mein. Mein. Mein.
Mein. Mein. Mein. Mein. Mein. Mein. Mein. Mein. Mein.
Mein. Mein. Mein. Mein. Mein. Mein. Mein. Mein. Mein.
Mein. Mein. Mein. Mein. Mein. Mein. Mein. Mein. Mein.
Mein. Mein. Mein. Mein. Mein. Mein. Mein. Mein. Mein.
Mein. Mein. Mein. Mein. Mein. Mein. Mein. Mein. Mein.
Mein. Mein. Mein. Mein. Mein. Mein. Mein. Mein. Mein.
Mein. Mein.

Mein. Mein. Mein. Mein. Mein. Mein. Mein. Mein. Mein.
Mein. Mein. Mein. Mein. Mein. Mein. Mein. Mein. Mein.
Mein. Mein. Mein. Mein. Mein. Mein. Mein. Mein. Mein.
Mein. Mein. Mein. Mein. Mein. Mein. Mein. Mein. Mein.
Mein. Mein. Mein. Mein. Mein. Mein. Mein. Mein. Mein.
Mein. Mein. Mein. Mein. Mein. Mein. Mein. Mein. Mein.
Mein. Mein. Mein. Mein. Mein. Mein. Mein. Mein. Mein.
Mein. Mein. Mein. Mein. Mein. Mein. Mein. Mein. Mein.
Mein. Mein. Mein. Mein. Mein. Mein. Mein. Mein. Mein.
Mein. Mein. Mein. Mein. Mein. Mein. Mein.

Mein. Mein. Mein. Mein. Mein. Mein. Mein. Mein. Mein.
Mein. Mein. Mein. Mein. Mein. Mein. Mein. Mein. Mein.
Mein. Mein. Mein. Mein. Mein. Mein. Mein. Mein. Mein.
Mein. Mein. Mein. Mein. Mein. Mein. Mein. Mein. Mein.
Mein. Mein. Mein. Mein. Mein. Mein. Mein. Mein. Mein.
Mein. Mein. Mein. Mein. Mein. Mein. Mein. Mein. Mein.
Mein. Mein. Mein. Mein. Mein. Mein. Mein. Mein. Mein.
Mein. Mein. Mein. Mein. Mein. Mein. Mein. Mein. Mein.

Mein. Mein. Mein. Mein. Mein. Mein. Mein. Mein. Mein.
Mein. Mein. Mein. Mein. Mein. Mein. Mein. Mein. Mein.
Mein. Mein. Mein. Mein. Mein. Mein. Mein. Mein. Mein.
Mein. Mein. Mein. Mein. Mein. Mein. Mein. Mein. Mein.
Mein. Mein. Mein. Mein. Mein. Mein. Mein. Mein.

Mein. Mein. Mein. Mein. Mein. Mein. Mein. Mein. Mein.
Mein. Mein. Mein. Mein. Mein. Mein. Mein. Mein. Mein.
Mein. Mein. Mein. Mein. Mein. Mein.

Mein. Mein. Mein. Mein. Mein. Mein. Mein. Mein. Mein.
Mein. Mein. Mein. Mein. Mein. Mein. Mein. Mein. Mein.
Mein. Mein. Mein. Mein. Mein. Mein. Mein. Mein. Mein.
Mein. Mein. Mein. Mein. Mein. Mein. Mein. Mein. Mein.
Mein. Mein. Mein. Mein. Mein. Mein. Mein. Mein. Mein.
Mein. Mein. Mein. Mein. Mein. Mein. Mein. Mein. Mein.
Mein. Mein. Mein. Mein. Mein. Mein. Mein. Mein. Mein.
Mein. Mein. Mein. Mein. Mein. Mein. Mein. Mein. Mein.
Mein. Mein.

Mein. Mein. Mein. Mein. Mein. Mein. Mein. Mein. Mein.
Mein. Mein. Mein. Mein. Mein. Mein. Mein. Mein. Mein.
Mein. Mein. Mein. Mein. Mein. Mein. Mein. Mein. Mein.
Mein. Mein. Mein. Mein. Mein. Mein. Mein. Mein.

Mein. Mein. Mein. Mein. Mein. Mein. Mein. Mein. Mein.
Mein. Mein. Mein. Mein. Mein. Mein. Mein. Mein. Mein.
Mein. Mein. Mein. Mein. Mein. Mein. Mein.

Mein. Mein. Mein. Mein. Mein. Mein. Mein. Mein. Mein.
Mein. Mein. Mein. Mein. Mein. Mein. Mein. Mein. Mein.
Mein. Mein. Mein. Mein. Mein. Mein. Mein. Mein. Mein.
Mein. Mein. Mein. Mein. Mein. Mein. Mein. Mein. Mein.
Mein. Mein. Mein. Mein. Mein. Mein. Mein. Mein. Mein.
Mein. Mein. Mein. Mein. Mein. Mein. Mein. Mein. Mein.
Mein. Mein. Mein. Mein. Mein. Mein. Mein. Mein. Mein.
Mein. Mein. Mein. Mein. Mein. Mein. Mein. Mein. Mein.
Mein. Mein. Mein. Mein. Mein. Mein. Mein. Mein. Mein.
Mein. Mein. Mein. Mein. Mein.

Mein. Mein. Mein. Mein. Mein. Mein. Mein. Mein. Mein.
Mein. Mein. Mein. Mein. Mein. Mein. Mein. Mein. Mein.
Mein. Mein. Mein. Mein. Mein. Mein. Mein. Mein. Mein.
Mein. Mein. Mein. Mein. Mein. Mein. Mein. Mein. Mein.
Mein. Mein. Mein. Mein. Mein. Mein. Mein. Mein. Mein.
Mein. Mein. Mein. Mein. Mein. Mein. Mein. Mein. Mein.
Mein. Mein. Mein.

Mein. Mein. Mein. Mein. Mein. Mein. Mein. Mein. Mein.
Mein. Mein. Mein. Mein. Mein. Mein. Mein. Mein. Mein.
Mein. Mein. Mein. Mein. Mein. Mein. Mein. Mein. Mein.
Mein. Mein. Mein. Mein. Mein. Mein. Mein. Mein.

Mein. Mein. Mein. Mein. Mein. Mein. Mein. Mein. Mein.
Mein. Mein. Mein. Mein. Mein. Mein. Mein. Mein. Mein.
Mein. Mein. Mein. Mein. Mein. Mein. Mein. Mein. Mein.
Mein. Mein. Mein. Mein. Mein. Mein. Mein. Mein. Mein.
Mein. Mein. Mein. Mein. Mein. Mein. Mein. Mein. Mein.
Mein. Mein. Mein. Mein. Mein. Mein. Mein. Mein. Mein.
Mein. Mein. Mein. Mein. Mein. Mein. Mein. Mein. Mein.
Mein. Mein. Mein. Mein. Mein. Mein. Mein. Mein. Mein.
Mein. Mein. Mein. Mein. Mein. Mein. Mein. Mein. Mein.
Mein. Mein. Mein. Mein. Mein. Mein. Mein. Mein. Mein.
Mein. Mein. Mein. Mein. Mein. Mein. Mein. Mein. Mein.
Mein. Mein.

Mein. Mein. Mein. Mein. Mein. Mein. Mein. Mein. Mein.
Mein. Mein. Mein. Mein. Mein. Mein. Mein. Mein. Mein.
Mein. Mein. Mein. Mein. Mein. Mein. Mein. Mein. Mein.
Mein. Mein. Mein. Mein. Mein. Mein. Mein. Mein. Mein.
Mein. Mein. Mein. Mein. Mein. Mein.

Mein. Mein. Mein. Mein. Mein. Mein. Mein. Mein. Mein.
Mein. Mein. Mein. Mein. Mein. Mein. Mein. Mein. Mein.
Mein. Mein. Mein. Mein. Mein. Mein. Mein. Mein. Mein.
Mein. Mein. Mein. Mein. Mein. Mein. Mein. Mein. Mein.
Mein. Mein. Mein. Mein. Mein. Mein. Mein. Mein. Mein.
Mein. Mein. Mein. Mein. Mein. Mein. Mein. Mein. Mein.
Mein. Mein. Mein. Mein. Mein. Mein. Mein. Mein. Mein.

 Mein. Mein. Mein. Mein. Mein. Mein. Mein. Mein. Mein.
Mein. Mein. Mein. Mein. Mein. Mein. Mein. Mein. Mein.
Mein. Mein. Mein. Mein. Mein. Mein. Mein. Mein. Mein.
Mein. Mein. Mein. Mein. Mein. Mein. Mein. Mein. Mein.
Mein. Mein. Mein. Mein.

Mein. Mein. Mein. Mein. Mein. Mein. Mein. Mein. Mein.
Mein. Mein. Mein. Mein. Mein. Mein. Mein. Mein. Mein.
Mein. Mein. Mein. Mein. Mein. Mein. Mein. Mein. Mein.
Mein. Mein. Mein. Mein. Mein. Mein. Mein. Mein. Mein.

Mein. Mein. Mein. Mein. Mein. Mein. Mein. Mein. Mein.
Mein. Mein. Mein. Mein. Mein. Mein. Mein. Mein. Mein.
Mein. Mein. Mein. Mein. Mein. Mein. Mein. Mein. Mein.
Mein. Mein. Mein. Mein. Mein. Mein. Mein. Mein. Mein.
Mein. Mein. Mein. Mein. Mein. Mein. Mein. Mein. Mein.
Mein. Mein. Mein. Mein. Mein. Mein. Mein. Mein. Mein.
Mein. Mein. Mein. Mein. Mein. Mein. Mein. Mein. Mein.
Mein. Mein. Mein. Mein. Mein. Mein. Mein. Mein. Mein.
Mein. Mein. Mein. Mein. Mein. Mein. Mein. Mein. Mein.
Mein. Mein. Mein. Mein. Mein. Mein. Mein. Mein. Mein.
Mein. Mein. Mein. Mein. Mein. Mein. Mein. Mein. Mein.

Mein. Mein. Mein. Mein. Mein. Mein. Mein. Mein. Mein.
Mein. Mein. Mein. Mein. Mein. Mein. Mein. Mein. Mein.

Mein. Mein. Mein. Mein. Mein. Mein. Mein. Mein. Mein.
Mein. Mein. Mein. Mein. Mein. Mein. Mein. Mein. Mein.
Mein. Mein. Mein. Mein. Mein. Mein. Mein. Mein. Mein.
Mein. Mein. Mein. Mein. Mein. Mein. Mein. Mein. Mein.
Mein. Mein. Mein. Mein. Mein. Mein. Mein. Mein. Mein.
Mein. Mein. Mein. Mein. Mein. Mein. Mein. Mein. Mein.
Mein. Mein. Mein. Mein. Mein.

Mein. Mein. Mein. Mein. Mein. Mein. Mein. Mein. Mein.
Mein. Mein. Mein. Mein. Mein. Mein. Mein. Mein. Mein.
Mein. Mein. Mein. Mein. Mein. Mein. Mein. Mein. Mein.
Mein. Mein. Mein. Mein. Mein. Mein. Mein. Mein.

Mein. Mein. Mein. Mein. Mein. Mein. Mein. Mein. Mein.
Mein. Mein. Mein. Mein. Mein. Mein. Mein. Mein. Mein.
Mein. Mein. Mein. Mein. Mein. Mein. Mein. Mein. Mein.
Mein. Mein. Mein. Mein. Mein. Mein. Mein. Mein. Mein.
Mein. Mein. Mein. Mein. Mein. Mein. Mein. Mein. Mein.
Mein. Mein. Mein. Mein. Mein. Mein. Mein. Mein. Mein.
Mein. Mein. Mein. Mein. Mein. Mein. Mein. Mein. Mein.
Mein. Mein. Mein. Mein. Mein. Mein. Mein. Mein.

Mein. Mein. Mein. Mein. Mein. Mein. Mein. Mein. Mein.
Mein. Mein. Mein. Mein. Mein. Mein. Mein. Mein. Mein.
Mein. Mein. Mein. Mein. Mein. Mein. Mein. Mein. Mein.
Mein. Mein. Mein. Mein. Mein. Mein. Mein. Mein. Mein.
Mein. Mein. Mein. Mein. Mein. Mein. Mein. Mein. Mein.
Mein. Mein. Mein. Mein. Mein. Mein. Mein. Mein. Mein.

Mein. Mein. Mein. Mein. Mein. Mein. Mein. Mein. Mein.
Mein. Mein. Mein. Mein. Mein. Mein. Mein. Mein. Mein.
Mein. Mein. Mein.

Mein. Mein. Mein. Mein. Mein. Mein. Mein. Mein. Mein.
Mein. Mein. Mein. Mein. Mein. Mein. Mein. Mein. Mein.
Mein. Mein. Mein. Mein. Mein. Mein. Mein. Mein. Mein.
Mein. Mein. Mein. Mein. Mein. Mein. Mein. Mein. Mein.
Mein. Mein. Mein. Mein. Mein. Mein. Mein. Mein. Mein.
Mein. Mein. Mein. Mein. Mein. Mein. Mein. Mein. Mein.
Mein. Mein. Mein.

Mein. Mein. Mein. Mein. Mein. Mein. Mein. Mein. Mein.
Mein. Mein. Mein. Mein. Mein. Mein. Mein. Mein. Mein.
Mein. Mein. Mein. Mein. Mein. Mein. Mein. Mein. Mein.
Mein. Mein. Mein. Mein. Mein. Mein. Mein. Mein. Mein.
Mein. Mein. Mein. Mein. Mein. Mein. Mein. Mein. Mein.
Mein. Mein. Mein. Mein. Mein. Mein. Mein. Mein. Mein.
Mein. Mein. Mein. Mein. Mein. Mein. Mein. Mein. Mein.
Mein. Mein. Mein. Mein. Mein. Mein. Mein. Mein. Mein.
Mein. Mein. Mein. Mein. Mein. Mein. Mein. Mein. Mein.
Mein. Mein. Mein. Mein. Mein. Mein. Mein.

Mein. Mein. Mein. Mein. Mein. Mein. Mein. Mein. Mein.
Mein. Mein. Mein. Mein. Mein. Mein. Mein. Mein. Mein.
Mein. Mein. Mein. Mein. Mein. Mein. Mein. Mein. Mein.
Mein. Mein. Mein. Mein. Mein. Mein. Mein. Mein. Mein.

Mein. Mein. Mein. Mein. Mein. Mein. Mein. Mein. Mein.
Mein. Mein. Mein. Mein. Mein. Mein. Mein. Mein. Mein.
Mein. Mein. Mein. Mein. Mein. Mein. Mein. Mein. Mein.
Mein. Mein. Mein. Mein. Mein. Mein. Mein. Mein.

Mein. Mein. Mein. Mein. Mein. Mein. Mein. Mein. Mein.
Mein. Mein. Mein. Mein. Mein. Mein. Mein. Mein. Mein.
Mein. Mein. Mein. Mein. Mein. Mein. Mein. Mein. Mein.
Mein. Mein. Mein. Mein. Mein. Mein. Mein. Mein. Mein.
Mein. Mein. Mein. Mein. Mein. Mein. Mein. Mein. Mein.
Mein. Mein. Mein. Mein. Mein. Mein. Mein. Mein. Mein.

Mein. Mein. Mein. Mein. Mein. Mein. Mein. Mein. Mein.
Mein. Mein. Mein. Mein. Mein. Mein. Mein. Mein. Mein.
Mein. Mein. Mein. Mein. Mein. Mein. Mein. Mein. Mein.
Mein. Mein. Mein. Mein. Mein. Mein. Mein. Mein. Mein.
Mein. Mein. Mein. Mein. Mein. Mein. Mein. Mein. Mein.
Mein. Mein. Mein. Mein. Mein. Mein. Mein. Mein. Mein.
Mein. Mein. Mein. Mein. Mein. Mein. Mein. Mein. Mein.
Mein. Mein. Mein. Mein. Mein. Mein. Mein. Mein. Mein.
Mein. Mein. Mein. Mein. Mein.

Mein. Mein. Mein. Mein. Mein. Mein. Mein. Mein. Mein.
Mein. Mein. Mein. Mein. Mein. Mein. Mein. Mein. Mein.
Mein. Mein. Mein. Mein. Mein. Mein. Mein. Mein. Mein.
Mein. Mein. Mein. Mein. Mein. Mein. Mein. Mein. Mein.
Mein. Mein. Mein. Mein. Mein. Mein. Mein. Mein. Mein.
Mein. Mein. Mein. Mein. Mein. Mein. Mein. Mein. Mein.

Mein. Mein. Mein. Mein. Mein. Mein. Mein. Mein. Mein.
Mein. Mein. Mein. Mein. Mein. Mein. Mein. Mein. Mein.
Mein. Mein. Mein. Mein. Mein. Mein. Mein. Mein. Mein.
Mein. Mein. Mein. Mein. Mein. Mein. Mein.

Mein. Mein. Mein. Mein. Mein. Mein. Mein. Mein. Mein.
Mein. Mein. Mein. Mein. Mein. Mein. Mein. Mein. Mein.
Mein. Mein. Mein. Mein. Mein. Mein. Mein. Mein. Mein.
Mein. Mein. Mein. Mein. Mein. Mein. Mein. Mein. Mein.
Mein. Mein. Mein. Mein. Mein. Mein. Mein. Mein. Mein.
Mein. Mein. Mein. Mein. Mein. Mein. Mein. Mein. Mein.
Mein. Mein. Mein. Mein. Mein. Mein. Mein. Mein. Mein.
Mein. Mein. Mein. Mein. Mein. Mein. Mein. Mein. Mein.

Mein. Mein. Mein. Mein. Mein. Mein. Mein. Mein. Mein.
Mein. Mein. Mein. Mein. Mein. Mein. Mein. Mein. Mein.
Mein. Mein. Mein. Mein. Mein. Mein. Mein. Mein. Mein.
Mein. Mein. Mein. Mein. Mein. Mein. Mein. Mein. Mein.
Mein. Mein. Mein. Mein. Mein. Mein. Mein. Mein. Mein.
Mein. Mein. Mein. Mein. Mein. Mein. Mein. Mein. Mein.
Mein. Mein. Mein. Mein. Mein. Mein. Mein. Mein. Mein.
Mein. Mein. Mein. Mein. Mein. Mein. Mein. Mein.

Mein. Mein. Mein. Mein. Mein. Mein. Mein. Mein. Mein.
Mein. Mein. Mein. Mein. Mein. Mein. Mein. Mein. Mein.
Mein. Mein. Mein. Mein. Mein. Mein. Mein. Mein. Mein.
Mein. Mein. Mein. Mein. Mein. Mein. Mein. Mein. Mein.

Mein. Mein. Mein. Mein. Mein. Mein. Mein. Mein. Mein.
Mein. Mein. Mein. Mein. Mein. Mein. Mein. Mein. Mein.
Mein. Mein. Mein. Mein. Mein. Mein. Mein. Mein. Mein.
Mein. Mein. Mein. Mein. Mein. Mein. Mein. Mein. Mein.
Mein. Mein. Mein. Mein. Mein. Mein. Mein. Mein. Mein.
Mein. Mein. Mein. Mein. Mein. Mein. Mein. Mein. Mein.
Mein. Mein. Mein. Mein. Mein. Mein. Mein. Mein. Mein.
Mein. Mein.

Mein. Mein. Mein. Mein. Mein. Mein. Mein. Mein. Mein.
Mein. Mein. Mein. Mein. Mein. Mein. Mein. Mein. Mein.
Mein. Mein. Mein. Mein. Mein. Mein. Mein. Mein. Mein.
Mein. Mein. Mein. Mein. Mein. Mein. Mein. Mein.

Mein. Mein. Mein. Mein. Mein. Mein. Mein. Mein. Mein.
Mein. Mein. Mein. Mein. Mein. Mein. Mein. Mein. Mein.
Mein. Mein. Mein. Mein. Mein. Mein. Mein. Mein. Mein.
Mein. Mein. Mein. Mein. Mein. Mein. Mein. Mein. Mein.
Mein. Mein. Mein. Mein. Mein.

Mein. Mein. Mein. Mein. Mein. Mein. Mein. Mein. Mein.
Mein. Mein. Mein. Mein. Mein. Mein. Mein. Mein. Mein.
Mein. Mein. Mein. Mein. Mein. Mein. Mein. Mein. Mein.
Mein. Mein. Mein. Mein. Mein. Mein. Mein. Mein. Mein.
Mein. Mein. Mein. Mein. Mein.

Mein. Mein. Mein. Mein. Mein. Mein. Mein. Mein. Mein.
Mein. Mein. Mein. Mein. Mein. Mein. Mein. Mein. Mein.
Mein. Mein. Mein. Mein. Mein. Mein. Mein. Mein. Mein.
Mein. Mein. Mein. Mein. Mein. Mein. Mein. Mein. Mein.
Mein. Mein. Mein. Mein. Mein. Mein. Mein. Mein. Mein.

Mein. Mein. Mein. Mein. Mein. Mein. Mein. Mein. Mein.
Mein. Mein. Mein. Mein. Mein. Mein. Mein. Mein. Mein.
Mein. Mein. Mein. Mein. Mein. Mein. Mein. Mein. Mein.

Mein. Mein. Mein. Mein. Mein. Mein. Mein. Mein. Mein.
Mein. Mein. Mein. Mein. Mein. Mein. Mein. Mein. Mein.
Mein. Mein.

Kapitle 4

Bin ich?

Bin ich? Bin ich?

Bin ich? Bin ich? Bin ich? Bin ich? Bin ich? Bin ich? Bin ich? Bin ich? Bin ich? Bin ich? Bin ich?

Bin ich? Bin ich?

Bin ich? Bin ich?

Bin ich? Bin ich?

Bin ich? Bin ich? Bin ich? Bin ich? Bin ich? Bin ich? Bin ich? Bin ich? Bin ich? Bin ich?

Bin ich? Bin ich?

Bin ich? Bin

ich? Bin ich? Bin ich? Bin ich? Bin ich? Bin ich? Bin ich?
Bin ich? Bin ich? Bin ich?

Bin ich? Bin ich? Bin ich? Bin ich? Bin ich? Bin ich? Bin
ich? Bin ich? Bin ich? Bin ich? Bin ich? Bin ich? Bin ich?
Bin ich? Bin ich? Bin ich? Bin ich? Bin ich? Bin ich? Bin
ich? Bin ich? Bin ich? Bin ich? Bin ich? Bin ich? Bin ich?
Bin ich? Bin ich? Bin ich? Bin ich? Bin ich? Bin ich? Bin
ich? Bin ich? Bin ich? Bin ich? Bin ich? Bin ich? Bin ich?
Bin ich? Bin ich? Bin ich? Bin ich? Bin ich? Bin ich? Bin
ich? Bin ich? Bin ich? Bin ich? Bin ich? Bin ich? Bin ich?

Bin ich? Bin ich? Bin ich? Bin ich? Bin ich? Bin ich? Bin
ich? Bin ich? Bin ich? Bin ich? Bin ich? Bin ich? Bin ich?
Bin ich? Bin ich? Bin ich? Bin ich? Bin ich? Bin ich? Bin
ich? Bin ich? Bin ich? Bin ich? Bin ich? Bin ich? Bin ich?
Bin ich? Bin ich? Bin ich? Bin ich? Bin ich? Bin ich? Bin
ich? Bin ich? Bin ich? Bin ich? Bin ich? Bin ich? Bin ich?
Bin ich? Bin ich? Bin ich? Bin ich? Bin ich? Bin ich? Bin
ich? Bin ich? Bin ich? Bin ich? Bin ich? Bin ich? Bin ich?
Bin ich? Bin ich? Bin ich? Bin ich? Bin ich? Bin ich? Bin
ich? Bin ich? Bin ich? Bin ich? Bin ich? Bin ich? Bin ich?
Bin ich? Bin ich? Bin ich? Bin ich? Bin ich? Bin ich? Bin
ich? Bin ich? Bin ich? Bin ich? Bin ich? Bin ich? Bin ich?
Bin ich? Bin ich? Bin ich? Bin ich? Bin ich? Bin ich? Bin
ich? Bin ich?

Bin ich? Bin ich? Bin ich? Bin ich? Bin ich? Bin ich? Bin
ich? Bin ich? Bin ich? Bin ich? Bin ich? Bin ich? Bin ich?

Bin ich? Bin ich?

Bin ich? Bin ich?

Bin ich? Bin ich?

 Bin ich? Bin

ich? Bin ich? Bin ich? Bin ich? Bin ich? Bin ich? Bin ich?
Bin ich? Bin ich? Bin ich? Bin ich? Bin ich? Bin ich? Bin
ich? Bin ich? Bin ich? Bin ich? Bin ich? Bin ich? Bin ich?
Bin ich? Bin ich? Bin ich? Bin ich? Bin ich? Bin ich? Bin
ich? Bin ich? Bin ich? Bin ich?

Bin ich? Bin ich? Bin ich? Bin ich? Bin ich? Bin ich? Bin
ich? Bin ich? Bin ich? Bin ich? Bin ich? Bin ich? Bin ich?
Bin ich? Bin ich? Bin ich? Bin ich? Bin ich? Bin ich? Bin
ich? Bin ich? Bin ich? Bin ich? Bin ich? Bin ich? Bin ich?
Bin ich? Bin ich? Bin ich? Bin ich? Bin ich? Bin ich? Bin
ich? Bin ich? Bin ich? Bin ich? Bin ich? Bin ich? Bin ich?
Bin ich? Bin ich? Bin ich? Bin ich? Bin ich? Bin ich? Bin
ich? Bin ich? Bin ich? Bin ich? Bin ich? Bin ich?

Bin ich? Bin ich? Bin ich? Bin ich? Bin ich? Bin ich? Bin
ich? Bin ich? Bin ich? Bin ich? Bin ich? Bin ich? Bin ich?
Bin ich? Bin ich? Bin ich? Bin ich? Bin ich? Bin ich? Bin
ich? Bin ich? Bin ich? Bin ich? Bin ich? Bin ich? Bin ich?
Bin ich? Bin ich? Bin ich? Bin ich? Bin ich? Bin ich? Bin
ich? Bin ich? Bin ich? Bin ich? Bin ich? Bin ich? Bin ich?
Bin ich? Bin ich? Bin ich? Bin ich? Bin ich? Bin ich? Bin
ich? Bin ich? Bin ich? Bin ich? Bin ich? Bin ich? Bin ich?
Bin ich? Bin ich? Bin ich? Bin ich? Bin ich? Bin ich? Bin
ich? Bin ich? Bin ich? Bin ich? Bin ich? Bin ich? Bin ich?
Bin ich? Bin ich? Bin ich? Bin ich? Bin ich? Bin ich? Bin
ich? Bin ich? Bin ich? Bin ich? Bin ich? Bin ich? Bin ich?
Bin ich? Bin ich? Bin ich? Bin ich? Bin ich? Bin ich? Bin
ich? Bin ich? Bin ich? Bin ich? Bin ich? Bin ich? Bin ich?
Bin ich? Bin ich? Bin ich? Bin ich? Bin ich? Bin ich? Bin
ich? Bin ich? Bin ich? Bin ich? Bin ich? Bin ich? Bin ich?

Bin ich? Bin ich? Bin ich? Bin Ich? Bin ich?

Bin ich? Bin ich?

Bin ich? Bin ich?

Bin ich? Bin ich?

Bin ich? Bin ich?

Bin ich? Bin

ich? Bin ich?

Bin ich? Bin ich?

Bin ich? Bin ich?

Bin ich? Bin ich?

Bin ich? Bin ich?

Bin ich? Bin ich?

Bin ich? Bin ich?

Bin ich? Bin ich?

Bin ich? Bin ich? Bin ich? Bin ich? Bin ich? Bin ich? Bin ich? Bin ich? Bin ich? Bin ich? Bin ich? Bin ich? Bin ich? Bin ich? Bin ich? Bin ich? Bin ich? Bin ich? Bin ich?

Bin ich? Bin

ich? Bin ich? Bin ich? Bin ich? Bin ich? Bin ich? Bin ich?
Bin ich? Bin ich? Bin ich? Bin ich? Bin ich? Bin ich? Bin
ich? Bin ich? Bin ich? Bin ich? Bin ich? Bin ich? Bin ich?
Bin ich? Bin ich? Bin ich? Bin ich? Bin ich? Bin ich? Bin
ich? Bin ich? Bin ich? Bin ich? Bin ich? Bin ich? Bin ich?
Bin ich? Bin ich? Bin ich? Bin ich? Bin ich? Bin ich? Bin
ich? Bin ich? Bin ich? Bin ich? Bin ich?

Bin ich? Bin ich? Bin ich? Bin ich? Bin ich? Bin ich? Bin
ich? Bin ich? Bin ich? Bin ich? Bin ich? Bin ich? Bin ich?
Bin ich? Bin ich? Bin ich? Bin ich? Bin ich? Bin ich? Bin
ich? Bin ich? Bin ich? Bin ich? Bin ich? Bin ich? Bin ich?
Bin ich? Bin ich? Bin ich? Bin ich? Bin ich? Bin ich? Bin
ich? Bin ich? Bin ich? Bin ich? Bin ich? Bin ich? Bin ich?
Bin ich? Bin ich? Bin ich? Bin ich? Bin ich? Bin ich? Bin
ich? Bin ich? Bin ich? Bin ich? Bin ich? Bin ich? Bin ich?
Bin ich? Bin ich? Bin ich? Bin ich? Bin ich? Bin ich? Bin
ich? Bin ich? Bin ich? Bin ich? Bin ich? Bin ich? Bin ich?
Bin ich? Bin ich? Bin ich? Bin ich? Bin ich? Bin ich? Bin
ich? Bin ich? Bin ich? Bin ich? Bin ich? Bin ich? Bin ich?
Bin ich? Bin ich? Bin ich? Bin ich? Bin ich? Bin ich? Bin
ich? Bin ich? Bin ich? Bin ich? Bin ich? Bin ich? Bin ich?
Bin ich? Bin ich? Bin ich? Bin ich? Bin ich? Bin ich? Bin
ich? Bin ich? Bin ich?

Bin ich? Bin ich? Bin ich? Bin ich? Bin ich? Bin ich? Bin
ich? Bin ich? Bin ich? Bin ich? Bin ich? Bin ich? Bin ich?
Bin ich? Bin ich? Bin ich? Bin ich? Bin ich? Bin ich? Bin
ich? Bin ich? Bin ich? Bin ich? Bin ich? Bin ich? Bin ich?
Bin ich?

Bin ich? Bin ich?

Bin ich? Bin ich?

Bin ich? Bin ich?

Bin ich? Bin ich? Bin ich? Bin ich? Bin ich? Bin ich? Bin ich? Bin ich? Bin ich? Bin ich? Bin ich? Bin ich? Bin ich? Bin ich? Bin ich? Bin ich? Bin ich? Bin ich?

Bin ich? Bin

ich? Bin ich? Bin ich? Bin ich? Bin ich? Bin ich? Bin ich?
Bin ich? Bin ich? Bin ich? Bin ich? Bin ich? Bin ich? Bin
ich? Bin ich? Bin ich? Bin ich? Bin ich? Bin ich? Bin ich?
Bin ich? Bin ich? Bin ich? Bin ich? Bin ich? Bin ich? Bin
ich? Bin ich? Bin ich? Bin ich? Bin ich? Bin ich? Bin ich?
Bin ich? Bin ich? Bin ich? Bin ich? Bin ich? Bin ich? Bin
ich? Bin ich? Bin ich? Bin ich? Bin ich? Bin ich? Bin ich?
Bin ich? Bin ich? Bin ich? Bin ich? Bin ich? Bin ich? Bin
ich? Bin ich? Bin ich? Bin ich? Bin ich? Bin ich? Bin ich?
Bin ich? Bin ich? Bin ich? Bin ich? Bin ich? Bin ich? Bin
ich? Bin ich? Bin ich? Bin ich? Bin ich?

Bin ich? Bin ich? Bin ich? Bin ich? Bin ich? Bin ich? Bin
ich? Bin ich? Bin ich? Bin ich? Bin ich? Bin ich? Bin ich?
Bin ich? Bin ich? Bin ich? Bin ich? Bin ich? Bin ich? Bin
ich? Bin ich? Bin ich? Bin ich? Bin ich? Bin ich? Bin ich?
Bin ich? Bin ich? Bin ich? Bin ich? Bin ich? Bin ich? Bin
ich? Bin ich? Bin ich? Bin ich?

Bin ich? Bin ich? Bin ich? Bin ich? Bin ich? Bin ich? Bin
ich? Bin ich? Bin ich? Bin ich? Bin ich? Bin ich? Bin ich?
Bin ich? Bin ich? Bin ich? Bin ich? Bin ich? Bin ich? Bin
ich? Bin ich? Bin ich? Bin ich?

Bin ich? Bin ich? Bin ich? Bin ich? Bin ich? Bin ich? Bin
ich? Bin ich? Bin ich? Bin ich? Bin ich? Bin ich? Bin ich?
Bin ich? Bin ich? Bin ich? Bin ich? Bin ich? Bin ich? Bin
ich? Bin ich? Bin ich? Bin ich? Bin ich? Bin ich? Bin ich?
Bin ich? Bin ich? Bin ich? Bin ich? Bin ich? Bin ich? Bin

ich? Bin ich? Bin ich? Bin ich? Bin ich? Bin ich? Bin ich?
Bin ich? Bin ich? Bin ich? Bin ich? Bin ich? Bin ich? Bin
ich? Bin ich? Bin ich? Bin ich? Bin ich? Bin ich? Bin ich?

Bin ich? Bin ich? Bin ich? Bin ich? Bin ich? Bin ich? Bin
ich? Bin ich? Bin ich? Bin ich? Bin ich? Bin ich? Bin ich?
Bin ich? Bin ich? Bin ich? Bin ich? Bin ich? Bin ich? Bin
ich? Bin ich? Bin ich? Bin ich? Bin ich? Bin ich? Bin ich?
Bin ich? Bin ich? Bin ich? Bin ich? Bin ich? Bin ich? Bin
ich? Bin ich? Bin ich? Bin ich? Bin ich? Bin ich? Bin ich?
Bin ich? Bin ich? Bin ich? Bin ich? Bin ich? Bin ich? Bin
ich? Bin ich? Bin ich? Bin ich? Bin ich?

Bin ich? Bin ich? Bin ich? Bin ich? Bin ich? Bin ich? Bin
ich? Bin ich? Bin ich? Bin ich? Bin ich? Bin ich? Bin ich?
Bin ich? Bin ich? Bin ich? Bin ich? Bin ich? Bin ich? Bin
ich? Bin ich? Bin ich? Bin ich? Bin ich? Bin ich?

Bin ich? Bin ich? Bin ich? Bin ich? Bin ich? Bin ich? Bin
ich? Bin ich? Bin ich? Bin ich? Bin ich? Bin ich? Bin ich?
Bin ich? Bin ich? Bin ich? Bin ich? Bin ich? Bin ich? Bin
ich? Bin ich? Bin ich? Bin ich? Bin ich? Bin ich? Bin ich?
Bin ich? Bin ich? Bin ich? Bin ich? Bin ich? Bin ich? Bin
ich? Bin ich? Bin ich? Bin ich? Bin ich? Bin ich? Bin ich?
Bin ich? Bin ich? Bin ich? Bin ich? Bin ich? Bin ich? Bin
ich? Bin ich? Bin ich? Bin ich?

Bin ich? Bin ich? Bin ich? Bin ich? Bin ich? Bin ich? Bin
ich? Bin ich? Bin ich? Bin ich? Bin ich? Bin ich? Bin ich?
Bin ich? Bin ich? Bin ich? Bin ich? Bin ich? Bin ich? Bin
ich? Bin ich? Bin ich? Bin ich? Bin ich? Bin ich? Bin ich?
Bin ich? Bin ich? Bin ich? Bin ich? Bin ich? Bin ich? Bin

ich? Bin ich? Bin ich? Bin ich? Bin ich? Bin ich? Bin ich?
Bin ich?

Bin ich? Bin ich? Bin ich? Bin ich? Bin ich? Bin ich? Bin
ich? Bin ich? Bin ich? Bin ich? Bin ich? Bin ich? Bin ich?
Bin ich? Bin ich? Bin ich? Bin ich? Bin ich? Bin ich? Bin
ich? Bin ich? Bin ich? Bin ich? Bin ich? Bin ich? Bin ich?
Bin ich? Bin ich? Bin ich? Bin ich? Bin ich?

Bin ich? Bin ich? Bin ich? Bin ich? Bin ich? Bin ich? Bin
ich? Bin ich? Bin ich? Bin ich? Bin ich? Bin ich? Bin ich?
Bin ich? Bin ich? Bin ich? Bin ich? Bin ich? Bin ich? Bin
ich? Bin ich? Bin ich? Bin ich? Bin ich? Bin ich? Bin ich?
Bin ich? Bin ich? Bin ich? Bin ich? Bin ich? Bin ich? Bin
ich? Bin ich? Bin ich? Bin ich? Bin ich? Bin ich? Bin ich?
Bin ich? Bin ich? Bin ich? Bin ich? Bin ich? Bin ich? Bin
ich? Bin ich? Bin ich? Bin ich? Bin ich? Bin ich? Bin ich?
Bin ich? Bin ich? Bin ich? Bin ich?

Bin ich? Bin ich? Bin ich? Bin ich? Bin ich? Bin ich? Bin
ich? Bin ich? Bin ich? Bin ich? Bin ich? Bin ich? Bin ich?
Bin ich? Bin ich? Bin ich? Bin ich? Bin ich? Bin ich? Bin
ich? Bin ich? Bin ich? Bin ich? Bin ich? Bin ich? Bin ich?
Bin ich? Bin ich? Bin ich? Bin ich? Bin ich? Bin ich? Bin
ich? Bin ich?

Bin ich? Bin ich? Bin ich? Bin ich? Bin ich? Bin ich? Bin
ich? Bin ich? Bin ich? Bin ich? Bin ich? Bin ich? Bin ich?
Bin ich? Bin ich? Bin ich? Bin ich?

Bin ich? Bin ich?

Bin ich? Bin ich?

 Bin ich?

Bin ich? Bin ich?

Bin ich? Bin ich?

Bin ich? Bin ich?

Bin ich? Bin ich?

Bin ich? Bin ich?

Bin ich? Bin ich? Bin ich? Bin ich? Bin ich? Bin ich? Bin ich? Bin ich?

Bin ich? Bin ich?

Bin ich? Bin ich? Bin ich? Bin ich? Bin ich? Bin ich? Bin ich? Bin ich? Bin ich? Bin ich? Bin ich? Bin ich? Bin ich? Bin ich? Bin ich?

Bin ich? Bin ich?

Bin ich? Bin ich?

Bin ich? Bin ich?

Bin ich? Bin ich?

Bin ich? Bin ich?

Bin ich? Bin ich?

Bin ich? Bin ich?

Bin ich? Bin ich?

Bin ich? Bin ich?

Bin ich? Bin ich?

Bin ich? Bin ich?

Bin ich? Bin ich?

Bin ich? Bin ich?

Bin ich? Bin ich?

 Bin ich? Bin ich? Bin ich? Bin ich? Bin ich? Bin ich? Bin ich? Bin ich? Bin ich? Bin ich? Bin ich? Bin ich? Bin ich?

Bin ich? Bin ich?

Bin ich? Bin ich? Bin ich? Bin ich? Bin ich? Bin ich? Bin ich? Bin ich? Bin ich? Bin ich? Bin ich? Bin ich? Bin ich? Bin ich? Bin ich? Bin ich? Bin ich?

Bin ich? Bin ich?

Bin ich? Bin ich?

Bin ich? Bin ich?

Bin ich? Bin ich? Bin ich? Bin ich? Bin ich? Bin ich? Bin ich? Bin ich? Bin ich? Bin ich? Bin ich? Bin ich?

Bin ich? Bin ich?

Bin ich? Bin ich?

Bin ich? Bin ich?

Bin ich? Bin ich?

Bin ich? Bin ich?

Bin ich? Bin ich?

Bin ich? Bin ich?

Bin ich? Bin ich?

Bin ich? Bin ich?

 Bin ich?

Bin ich? Bin ich? Bin ich? Bin ich? Bin ich? Bin ich? Bin ich? Bin ich? Bin ich? Bin ich? Bin ich? Bin ich? Bin ich? Bin ich? Bin ich? Bin ich?

 Bin ich? Bin

ich? Bin ich? Bin ich? Bin ich? Bin ich? Bin ich? Bin ich?
Bin ich? Bin ich? Bin ich? Bin ich?

Bin ich? Bin ich? Bin ich? Bin ich? Bin ich? Bin ich? Bin
ich? Bin ich? Bin ich? Bin ich? Bin ich? Bin ich? Bin ich?
Bin ich? Bin ich? Bin ich? Bin ich? Bin ich? Bin ich? Bin
ich? Bin ich? Bin ich? Bin ich? Bin ich? Bin ich? Bin ich?
Bin ich? Bin ich? Bin ich? Bin ich?

Bin ich? Bin ich? Bin ich? Bin ich? Bin ich? Bin ich? Bin
ich? Bin ich? Bin ich? Bin ich? Bin ich? Bin ich? Bin ich?
Bin ich? Bin ich? Bin ich? Bin ich? Bin ich? Bin ich? Bin
ich? Bin ich? Bin ich? Bin ich? Bin ich? Bin ich? Bin ich?
Bin ich? Bin ich? Bin ich? Bin ich? Bin ich? Bin ich? Bin
ich? Bin ich? Bin ich? Bin ich? Bin ich? Bin ich? Bin ich?
Bin ich? Bin ich? Bin ich? Bin ich? Bin ich? Bin ich? Bin
ich? Bin ich? Bin ich? Bin ich? Bin ich? Bin ich?

Bin ich? Bin Ich? Bin ich? Bin ich? Bin ich? Bin ich? Bin
ich? Bin ich? Bin ich? Bin ich? Bin ich? Bin ich? Bin ich?
Bin ich? Bin ich? Bin ich? Bin ich? Bin ich? Bin ich? Bin
ich? Bin ich? Bin ich? Bin ich? Bin ich? Bin ich? Bin ich?
Bin ich? Bin ich? Bin ich? Bin ich? Bin ich? Bin ich? Bin
ich? Bin ich? Bin ich? Bin ich? Bin ich? Bin ich? Bin ich?
Bin ich? Bin ich? Bin ich? Bin ich? Bin ich? Bin ich? Bin
ich? Bin ich? Bin ich? Bin ich? Bin ich? Bin ich? Bin ich?

Bin ich? Bin ich? Bin ich? Bin ich? Bin ich? Bin ich? Bin
ich? Bin ich? Bin ich? Bin ich? Bin ich? Bin ich? Bin ich?
Bin ich? Bin ich? Bin ich? Bin ich? Bin ich? Bin ich? Bin
ich? Bin ich? Bin ich? Bin ich? Bin ich? Bin ich? Bin ich?

Bin ich? Bin ich?

Bin ich? Bin ich?

Bin ich? Bin ich?

Bin ich? Bin ich?

Bin ich? Bin ich?

Bin ich? Bin ich?

Bin ich? Bin ich?

Bin ich? Bin ich?

Bin ich? Bin ich? Bin ich? Bin ich? Bin ich? Bin ich? Bin ich?

Bin ich? Bin ich?

Bin ich? Bin ich?

Bin ich? Bin

ich? Bin ich? Bin ich? Bin ich? Bin ich? Bin ich? Bin ich?
Bin ich? Bin ich? Bin ich? Bin ich? Bin ich? Bin ich? Bin
ich? Bin ich? Bin ich? Bin ich? Bin ich? Bin ich? Bin ich?
Bin ich? Bin ich? Bin ich? Bin ich? Bin ich? Bin ich? Bin
ich?

Bin ich? Bin ich? Bin ich? Bin ich? Bin ich? Bin ich? Bin
ich? Bin ich? Bin ich? Bin ich? Bin ich? Bin ich? Bin ich?
Bin ich? Bin ich? Bin ich? Bin ich? Bin ich? Bin ich? Bin
ich? Bin ich? Bin ich? Bin ich? Bin ich? Bin ich? Bin ich?
Bin ich? Bin ich? Bin ich? Bin ich? Bin ich? Bin ich? Bin
ich? Bin ich? Bin ich? Bin ich? Bin ich? Bin ich? Bin ich?
Bin ich? Bin ich? Bin ich? Bin ich? Bin ich? Bin ich? Bin
ich? Bin ich? Bin ich? Bin ich? Bin ich? Bin ich? Bin ich?
Bin ich? Bin ich? Bin ich? Bin ich? Bin ich? Bin ich? Bin
ich? Bin ich? Bin ich? Bin ich? Bin ich? Bin ich? Bin ich?
Bin ich? Bin ich? Bin ich? Bin ich? Bin ich? Bin ich? Bin
ich? Bin ich? Bin ich? Bin ich? Bin ich? Bin ich? Bin ich?
Bin ich? Bin ich? Bin ich? Bin ich? Bin ich? Bin ich?

 Bin ich? Bin ich? Bin ich? Bin ich? Bin ich? Bin ich? Bin
ich? Bin ich? Bin ich? Bin ich? Bin ich? Bin ich? Bin ich?
Bin ich? Bin ich? Bin ich? Bin ich? Bin ich? Bin ich? Bin
ich? Bin ich? Bin ich? Bin ich? Bin ich? Bin ich? Bin ich?
Bin ich? Bin ich? Bin ich? Bin ich? Bin ich? Bin ich? Bin
ich? Bin ich? Bin ich? Bin ich? Bin ich? Bin ich? Bin ich?
Bin ich? Bin ich? Bin ich? Bin ich? Bin ich? Bin ich? Bin
ich? Bin ich? Bin ich? Bin ich? Bin ich? Bin ich? Bin ich?
Bin ich? Bin ich? Bin ich? Bin ich? Bin ich? Bin ich? Bin
ich? Bin ich? Bin ich? Bin ich? Bin ich? Bin ich? Bin ich?
Bin ich? Bin ich? Bin ich? Bin ich? Bin ich? Bin ich? Bin

ich? Bin ich?

 Bin ich?

Bin ich? Bin ich?

Bin ich? Bin ich?

Bin ich? Bin ich?

 Bin ich?

Bin ich? Bin ich?

Bin ich? Bin ich?

Bin ich? Bin ich?

Bin ich? Bin ich?

Bin ich? Bin ich? Bin ich? Bin ich? Bin ich? Bin ich? Bin ich? Bin ich?

 Bin ich?

 Bin ich?

 Bin ich?

Bin ich? Bin ich? Bin ich? Bin ich? Bin ich? Bin ich? Bin ich? Bin ich? Bin ich?

Bin ich? Bin ich?

Bin ich? Bin ich?

Bin ich? Bin

ich? Bin ich? Bin ich? Bin ich? Bin ich? Bin ich? Bin ich?
Bin ich? Bin ich? Bin ich? Bin ich? Bin ich? Bin ich? Bin
ich? Bin ich? Bin ich? Bin ich? Bin ich? Bin ich? Bin ich?
Bin ich? Bin ich? Bin ich? Bin ich? Bin ich? Bin ich? Bin
ich? Bin ich? Bin ich? Bin ich? Bin ich? Bin ich? Bin ich?
Bin ich? Bin ich? Bin ich? Bin ich? Bin ich? Bin ich? Bin
ich? Bin ich? Bin ich? Bin ich? Bin ich? Bin ich?

Bin ich? Bin ich? Bin ich? Bin ich? Bin ich? Bin ich? Bin
ich? Bin ich? Bin ich? Bin ich? Bin ich? Bin ich? Bin ich?
Bin ich? Bin ich? Bin ich? Bin ich? Bin ich? Bin ich? Bin
ich? Bin ich? Bin ich? Bin ich? Bin ich? Bin ich? Bin ich?
Bin ich? Bin ich? Bin ich? Bin ich? Bin ich? Bin ich? Bin
ich? Bin ich? Bin ich? Bin ich? Bin ich? Bin ich? Bin ich?
Bin ich? Bin ich? Bin ich? Bin ich? Bin ich? Bin ich? Bin
ich? Bin ich? Bin ich? Bin ich? Bin ich? Bin ich? Bin ich?
Bin ich? Bin ich? Bin ich? Bin ich? Bin ich? Bin ich? Bin
ich? Bin ich? Bin ich? Bin ich? Bin ich? Bin ich? Bin ich?
Bin ich? Bin ich? Bin ich? Bin ich? Bin ich? Bin ich? Bin
ich? Bin ich? Bin ich? Bin ich? Bin ich? Bin ich? Bin ich?
Bin ich? Bin ich? Bin ich? Bin ich? Bin ich?

 Bin ich? Bin ich? Bin ich? Bin ich? Bin ich? Bin ich? Bin
ich? Bin ich? Bin ich? Bin ich? Bin ich? Bin ich? Bin ich?
Bin ich? Bin ich? Bin ich? Bin ich? Bin ich? Bin ich? Bin
ich? Bin ich? Bin ich? Bin ich? Bin ich? Bin ich? Bin ich?
Bin ich? Bin ich? Bin ich? Bin ich? Bin ich? Bin ich? Bin
ich? Bin ich? Bin ich? Bin ich? Bin ich? Bin ich? Bin ich?
Bin ich? Bin ich? Bin ich? Bin ich? Bin ich? Bin ich? Bin

ich? Bin ich? Bin ich? Bin ich? Bin ich? Bin ich? Bin ich? Bin ich? Bin ich?

Bin ich? Bin ich?

Kapitel 5

War ich?

War ich? War ich? War ich? War ich? War ich? War ich?
War ich? War ich? War ich? War ich? War ich? War ich?
War ich? War ich? War ich? War ich? War ich? War ich?
War ich? War ich? War ich? War ich? War ich? War ich?
War ich? War ich? War ich? War ich? War ich? War ich?
War ich? War ich? War ich? War ich? War ich? War ich?
War ich? War ich? War ich?

War ich? War ich? War ich? War ich? War ich? War ich?
War ich? War ich? War ich? War ich? War ich? War ich?
War ich? War ich? War ich? War ich? War ich? War ich?
War ich? War ich? War ich? War ich? War ich? War ich?
War ich? War ich?

War ich? War ich? War ich? War ich? War ich? War ich?
War ich? War ich? War ich? War ich? War ich? War ich?
War ich? War ich? War ich? War ich? War ich? War ich?
War ich? War ich? War ich? War ich? War ich? War ich?
War ich? War ich? War ich? War ich? War ich? War ich?
War ich? War ich? War ich? War ich? War ich? War ich?
War ich? War ich? War ich? War ich? War ich? War ich?
War ich? War ich? War ich? War ich? War ich? War ich?
War ich? War ich? War ich? War ich?

War ich? War ich? War ich? War ich? War ich? War ich?
War ich? War ich? War ich? War ich? War ich? War ich?
War ich? War ich? War ich? War ich? War ich? War ich?
War ich? War ich? War ich? War ich? War ich? War ich?
War ich? War ich? War ich? War ich? War ich? War ich?
War ich? War ich? War ich? War ich? War ich? War ich?
War ich? War ich? War ich? War ich? War ich? War ich?
War ich? War ich? War ich? War ich? War ich? War ich?
War ich? War ich? War ich? War ich? War ich? War ich?
War ich? War ich? War ich? War ich? War ich? War ich?
War ich? War ich? War ich? War ich? War ich? War ich?
War ich? War ich? War ich? War ich? War ich? War ich?

War ich? War ich? War ich? War ich? War ich? War ich?
War ich? War ich? War ich? War ich? War ich? War ich?
War ich? War ich? War ich? War ich? War ich? War ich?
War ich? War ich? War ich? War ich? War ich? War ich?
War ich? War ich? War ich?

War ich? War ich? War ich? War ich? War ich? War ich?
War ich? War ich? War ich? War ich? War ich? War ich?
War ich? War ich? War ich? War ich? War ich? War ich?
War ich? War ich? War ich? War ich? War ich? War ich?
War ich? War ich? War ich? War ich? War ich? War ich?
War ich? War ich? War ich? War ich? War ich? War ich?
War ich? War ich? War ich? War ich? War ich? War ich?

War ich? War ich? War ich? War ich? War ich? War ich?
War ich? War ich? War ich?

War ich? War ich? War ich? War ich? War ich? War ich?
War ich? War ich? War ich? War ich? War ich? War ich?
War ich? War ich? War ich? War ich? War ich? War ich?
War ich? War ich? War ich? War ich? War ich? War ich?
War ich? War ich? War ich? War ich? War ich? War ich?
War ich? War ich? War ich? War ich? War ich? War ich?
War ich? War ich? War ich? War ich? War ich? War ich?
War ich? War ich? War ich? War ich? War ich? War ich?
War ich? War ich? War ich? War ich? War ich? War ich?
War ich? War ich? War ich? War ich? War ich? War ich?
War ich? War ich? War ich? War ich?

War ich? War ich? War ich? War ich? War ich? War ich?
War ich? War ich? War ich? War ich? War ich? War ich?
War ich? War ich? War ich? War ich? War ich? War ich?
War ich? War ich? War ich? War ich? War ich? War ich?
War ich? War ich? War ich? War ich? War ich? War ich?
War ich? War ich? War ich? War ich? War ich? War ich?
War ich? War ich? War ich? War ich? War ich? War ich?
War ich? War ich? War ich? War ich? War ich? War ich?
War ich? War ich? War ich? War ich? War ich? War ich?
War ich? War ich? War ich? War ich? War ich? War ich?
War ich? War ich? War ich? War ich? War ich? War ich?
War ich? War ich? War ich? War ich? War ich? War ich?

War ich? War ich? War ich? War ich? War ich? War ich?
War ich? War ich?

War ich? War ich? War ich? War ich? War ich? War ich?
War ich? War ich? War ich? War ich? War ich? War ich?
War ich? War ich? War ich? War ich? War ich? War ich?
War ich? War ich? War ich? War ich? War ich? War ich?
War ich? War ich? War ich? War ich?

War ich? War ich? War ich? War ich? War ich? War ich?
War ich? War ich? War ich? War ich? War ich? War ich?
War ich? War ich? War ich? War ich? War ich? War ich?
War ich? War ich? War ich? War ich? War ich? War ich?
War ich? War ich? War ich? War ich? War ich? War ich?
War ich? War ich? War ich? War ich? War ich? War ich?
War ich? War ich? War ich? War ich? War ich? War ich?
War ich? War ich? War ich? War ich? War ich? War ich?
War ich? War ich?

War ich? War ich? War ich? War ich? War ich? War ich?
War ich? War ich? War ich? War ich? War ich? War ich?
War ich? War ich? War ich? War ich? War ich? War ich?
War ich? War ich? War ich? War ich? War ich? War ich?
War ich? War ich? War ich? War ich? War ich? War ich?
War ich? War ich? War ich? War ich? War ich? War ich?
War ich? War ich? War ich? War ich? War ich? War ich?
War ich? War ich? War ich? War ich? War ich? War ich?
War ich? War ich?

War ich? War ich?

War ich? War ich?

War ich? War ich?

War ich? War ich?

War ich? War ich?

War ich? War ich? War ich? War ich? War ich? War ich?
War ich? War ich? War ich? War ich? War ich? War ich?
War ich? War ich? War ich? War ich? War ich? War ich?
War ich? War ich? War ich? War ich? War ich? War ich?
War ich? War ich?

War ich? War ich? War ich? War ich? War ich? War ich?
War ich? War ich? War ich? War ich? War ich? War ich?
War ich? War ich? War ich? War ich? War ich? War ich?
War ich? War ich? War ich? War ich? War ich? War ich?
War ich? War ich? War ich? War ich? War ich? War ich?
War ich? War ich? War ich? War ich? War ich? War ich?
War ich? War ich? War ich? War ich? War ich? War ich?
War ich? War ich? War ich? War ich? War ich? War ich?
War ich? War ich? War ich? War ich? War ich? War ich?
War ich? War ich?

War ich? War ich? War ich? War ich? War ich? War ich?
War ich? War ich? War ich? War ich? War ich? War ich?
War ich? War ich? War ich? War ich? War ich? War ich?
War ich? War ich? War ich? War ich? War ich? War ich?
War ich? War ich? War ich? War ich? War ich? War ich?
War ich? War ich? War ich? War ich? War ich? War ich?
War ich? War ich? War ich? War ich? War ich? War ich?
War ich? War ich? War ich? War ich? War ich? War ich?
War ich? War ich? War ich? War ich? War ich? War ich?
War ich? War ich? War ich? War ich? War ich? War ich?
War ich? War ich? War ich? War ich? War ich?

War ich? War ich? War ich? War ich? War ich? War ich?
War ich? War ich? War ich? War ich? War ich? War ich?
War ich? War ich? War ich? War ich? War ich? War ich?
War ich? War ich? War ich? War ich? War ich? War ich?
War ich? War ich? War ich? War ich? War ich? War ich?
War ich? War ich? War ich? War ich? War ich? War ich?
War ich? War ich? War ich? War ich? War ich? War ich?
War ich? War ich? War ich? War ich?

War ich? War ich? War ich? War ich? War ich? War ich?
War ich? War ich? War ich? War ich? War ich? War ich?
War ich? War ich? War ich? War ich? War ich? War ich?
War ich? War ich? War ich? War ich? War ich? War ich?
War ich? War ich? War ich? War ich? War ich? War ich?
War ich? War ich? War ich? War ich? War ich? War ich?
War ich? War ich? War ich? War ich? War ich? War ich?
War ich? War ich? War ich? War ich? War ich? War ich?
War ich? War ich? War ich?

War ich? War ich? War ich? War ich? War ich? War ich?
War ich? War ich? War ich? War ich? War ich? War ich?
War ich? War ich? War ich? War ich? War ich? War ich?
War ich? War ich? War ich? War ich? War ich? War ich?
War ich? War ich? War ich? War ich? War ich? War ich?
War ich? War ich? War ich? War ich? War ich? War ich?
War ich? War ich? War ich? War ich? War ich? War ich?
War ich? War ich? War ich? War ich? War ich? War ich?
War ich? War ich? War ich? War ich? War ich? War ich?
War ich? War ich? War ich? War ich? War ich? War ich?

War ich? War ich? War ich? War ich? War ich? War ich?
War ich? War ich? War ich? War ich? War ich? War ich?
War ich? War ich? War ich? War ich? War ich? War ich?
War ich? War ich? War ich? War ich? War ich? War ich?
War ich? War ich? War ich? War ich? War ich? War ich?
War ich? War ich? War ich? War ich? War ich? War ich?
War ich? War ich? War ich? War ich? War ich? War ich?
War ich? War ich? War ich? War ich? War ich? War ich?
War ich? War ich? War ich? War ich? War ich? War ich?
War ich? War ich? War ich? War ich?

War ich? War ich? War ich? War ich? War ich? War ich?
War ich? War ich? War ich? War ich? War ich? War ich?
War ich? War ich? War ich? War ich? War ich? War ich?
War ich? War ich? War ich? War ich? War ich? War ich?
War ich? War ich? War ich? War ich? War ich? War ich?

War ich? War ich? War ich? War ich? War ich? War ich?
War ich? War ich? War ich? War ich? War ich? War ich?
War ich? War ich? War ich? War ich? War ich? War ich?
War ich? War ich? War ich? War ich? War ich? War ich?
War ich? War ich? War ich? War ich? War ich?

War ich? War ich? War ich? War ich? War ich? War ich?
War ich? War ich? War ich? War ich? War ich? War ich?
War ich? War ich? War ich? War ich? War ich? War ich?
War ich? War ich? War ich? War ich? War ich? War ich?
War ich? War ich? War ich? War ich? War ich? War ich?
War ich? War ich? War ich? War ich? War ich? War ich?

War ich? War ich? War ich? War ich? War ich? War ich?
War ich? War ich? War ich? War ich? War ich? War ich?
War ich?

 War ich? War ich? War ich? War ich? War ich? War ich?
War ich? War ich? War ich? War ich? War ich? War ich?
War ich? War ich? War ich? War ich? War ich? War ich?
War ich? War ich? War ich? War ich? War ich? War ich?
War ich? War ich? War ich? War ich? War ich? War ich?
War ich? War ich? War ich? War ich? War ich? War ich?
War ich? War ich? War ich?

War ich? War ich? War ich? War ich? War ich? War ich?
War ich? War ich? War ich? War ich? War ich? War ich?
War ich? War ich? War ich? War ich? War ich? War ich?
War ich? War ich? War ich? War ich? War ich? War ich?
War ich? War ich? War ich? War ich? War ich?

War ich? War ich? War ich? War ich? War ich? War ich?
War ich? War ich? War ich? War ich? War ich? War ich?
War ich? War ich? War ich? War ich? War ich? War ich?
War ich? War ich? War ich? War ich? War ich? War ich?
War ich? War ich? War ich? War ich? War ich? War ich?
War ich? War ich? War ich? War ich? War ich? War ich?
War ich? War ich? War ich? War ich? War ich? War ich?
War ich? War ich? War ich? War ich? War ich? War ich?
War ich? War ich? War ich? War ich? War ich? War ich?
War ich? War ich? War ich? War ich? War ich? War ich?
War ich? War ich? War ich?

War ich? War ich?

War ich? War ich? War ich? War ich? War ich? War ich? War ich? War ich? War ich? War ich? War ich? War ich? War ich? War ich? War ich? War ich? War ich? War ich?

War ich? War ich? War ich? War ich? War ich? War ich? War ich? War ich? War ich?

War ich? War ich?

War ich? War ich?

War ich? War ich? War ich? War ich? War ich? War ich?
War ich? War ich? War ich? War ich? War ich? War ich?
War ich? War ich? War ich? War ich? War ich? War ich?
War ich? War ich? War ich? War ich? War ich? War ich?
War ich? War ich? War ich? War ich?

War ich? War ich? War ich? War ich? War ich? War ich?
War ich? War ich? War ich? War ich? War ich? War ich?
War ich? War ich? War ich? War ich? War ich? War ich?
War ich? War ich? War ich? War ich? War ich? War ich?

War ich? War ich? War ich? War ich? War ich? War ich?
War ich? War ich? War ich? War ich? War ich? War ich?
War ich? War ich? War ich? War ich? War ich? War ich?
War ich? War ich? War ich? War ich? War ich? War ich?
War ich? War ich? War ich? War ich? War ich? War ich?
War ich? War ich? War ich? War ich? War ich? War ich?
War ich? War ich? War ich? War ich? War ich? War ich?

War ich? War ich? War ich? War ich? War ich? War ich?
War ich? War ich? War ich? War ich? War ich? War ich?
War ich? War ich? War ich? War ich? War ich? War ich?
War ich? War ich? War ich? War ich? War ich? War ich?
War ich? War ich? War ich? War ich? War ich?

War ich? War ich? War ich? War ich? War ich? War ich?
War ich? War ich? War ich? War ich? War ich? War ich?

War ich? War ich? War ich? War ich? War ich? War ich?
War ich? War ich? War ich? War ich? War ich? War ich?

War ich? War ich? War ich? War ich? War ich? War ich?
War ich? War ich? War ich? War ich? War ich? War ich?
War ich? War ich? War ich? War ich? War ich? War ich?
War ich? War ich? War ich? War ich? War ich? War ich?

War ich? War ich? War ich? War ich? War ich? War ich?
War ich? War ich? War ich? War ich? War ich? War ich?
War ich? War ich? War ich? War ich? War ich? War ich?
War ich? War ich? War ich? War ich? War ich? War ich?
War ich? War ich? War ich? War ich? War ich? War ich?
War ich?

War ich? War ich? War ich? War ich? War ich? War ich?
War ich? War ich? War ich? War ich? War ich? War ich?
War ich? War ich? War ich? War ich? War ich? War ich?
War ich? War ich? War ich? War ich? War ich? War ich?
War ich? War ich? War ich? War ich? War ich? War ich?
War ich? War ich? War ich? War ich? War ich? War ich?
War ich? War ich? War ich? War ich? War ich? War ich?
War ich? War ich? War ich? War ich? War ich? War ich?

War ich? War ich? War ich? War ich? War ich? War ich?
War ich? War ich? War ich? War ich? War ich? War ich?
War ich? War ich? War ich? War ich? War ich? War ich?
War ich? War ich? War ich? War ich? War ich? War ich?
War ich? War ich? War ich? War ich? War ich? War ich?
War ich? War ich? War ich? War ich? War ich? War ich?
War ich? War ich? War ich? War ich? War ich? War ich?
War ich? War ich? War ich? War ich? War ich? War ich?
War ich? War ich? War ich? War ich? War ich? War ich?

War ich? War ich? War ich? War ich? War ich? War ich?
War ich? War ich? War ich? War ich? War ich? War ich?
War ich? War ich? War ich? War ich? War ich? War ich?

War ich? War ich? War ich? War ich? War ich? War ich?
War ich? War ich? War ich? War ich? War ich? War ich?
War ich? War ich? War ich? War ich? War ich? War ich?
War ich? War ich? War ich? War ich? War ich? War ich?
War ich? War ich? War ich? War ich? War ich? War ich?
War ich? War ich? War ich? War ich? War ich?

War ich?

Kapitel 6

Will ich?

Will ich? Will ich?

Will ich? Will ich?

Will ich? Will ich?

Will ich? Will ich? Will ich? Will ich? Will ich? Will ich? Will ich? Will ich? Will ich?

Will ich? Will ich?

Will ich? Will ich?

Will ich? Will

ich? Will ich?

Will ich? Will ich?

Will ich? Will ich?

Will ich? Will ich?

Will ich? Will ich?

Will ich? Will ich?

Will ich? Will ich? Will ich? Will ich? Will ich? Will ich? Will ich? Will ich? Will ich? Will ich? Will ich? Will ich? Will ich? Will ich?

Will ich? Will ich? Will ich? Will ich? Will ich? Will ich? Will ich? Will ich? Will ich? Will ich? Will ich? Will ich? Will ich? Will ich? Will ich? Will ich? Will ich? Will ich? Will ich? Will ich?

Will ich? Will ich?

Will ich? Will ich?

Will ich? Will ich?

Will ich? Will ich? Will ich? Will ich? Will ich? Will ich? Will ich? Will ich? Will ich? Will ich? Will ich? Will ich? Will ich?

Will ich? Will ich?

Will ich? Will ich? Will ich? Will ich? Will ich? Will ich? Will ich? Will ich? Will ich?

Will ich? Will ich?

Will ich? Will ich?

Will ich? Will ich?

Will ich? Will ich?

Will ich? Will ich? Will ich? Will ich? Will ich? Will ich? Will ich? Will ich? Will ich? Will ich? Will ich? Will ich? Will ich? Will ich? Will ich? Will ich? Will ich? Will ich? Will ich? Will ich?

Will ich? Will ich?

Will ich? Will ich? Will ich? Will ich?

Will ich? Will ich?

Will ich? Will ich?

Will ich? Will ich?

Will ich? Will ich? Will ich? Will ich? Will ich? Will ich? Will ich? Will ich? Will ich? Will ich? Will ich? Will ich? Will ich? Will ich? Will ich?

Will ich? Will ich?

Will ich? Will ich? Will ich? Will ich? Will ich? Will ich? Will ich? Will ich? Will ich? Will ich? Will ich? Will ich? Will ich? Will ich?

Will ich? Will

ich? Will ich? Will ich? Will ich? Will ich? Will ich? Will ich? Will ich? Will ich? Will ich? Will ich? Will ich? Will ich? Will ich? Will ich? Will ich? Will ich? Will ich? Will ich?

Will ich? Will ich? Will ich? Will ich? Will ich? Will ich? Will ich? Will ich? Will ich? Will ich? Will ich? Will ich? Will ich? Will ich?

Will ich? Will ich?

Will ich? Will ich?

Will ich? Will ich?

Will ich? Will ich? Will ich? Will ich? Will ich? Will ich? Will
ich? Will ich? Will ich? Will ich? Will ich? Will ich? Will ich?
Will ich? Will ich? Will ich? Will ich? Will ich? Will ich? Will
ich? Will ich? Will ich? Will ich? Will ich? Will ich? Will ich?
Will ich? Will ich? Will ich? Will ich? Will ich? Will ich?

Will ich? Will ich? Will ich? Will ich? Will ich? Will ich? Will
ich? Will ich? Will ich? Will ich? Will ich? Will ich? Will ich?
Will ich? Will ich? Will ich? Will ich? Will ich? Will ich? Will
ich? Will ich? Will ich? Will ich? Will ich? Will ich? Will ich?
Will ich? Will ich? Will ich? Will ich? Will ich? Will ich? Will
ich? Will ich?

 Will ich? Will ich? Will ich? Will ich? Will ich? Will ich? Will
ich? Will ich? Will ich? Will ich? Will ich? Will ich? Will ich?
Will ich? Will ich? Will ich? Will ich? Will ich? Will ich? Will
ich? Will ich? Will ich? Will ich? Will ich? Will ich? Will ich?
Will ich? Will ich? Will ich? Will ich? Will ich? Will ich? Will
ich? Will ich? Will ich? Will ich? Will ich? Will ich? Will ich?
Will ich? Will ich? Will ich? Will ich? Will ich? Will ich? Will
ich? Will ich? Will ich? Will ich? Will ich? Will ich? Will ich?
Will ich? Will ich? Will ich? Will ich? Will ich?

Will ich? Will ich? Will ich? Will ich? Will ich? Will ich? Will
ich? Will ich? Will ich? Will ich? Will ich? Will ich? Will ich?
Will ich? Will ich? Will ich? Will ich? Will ich? Will ich? Will
ich? Will ich? Will ich? Will ich? Will ich? Will ich? Will ich?
Will ich? Will ich? Will ich? Will ich? Will ich? Will ich? Will
ich? Will ich? Will ich? Will ich? Will ich? Will ich? Will ich?
Will ich? Will ich? Will ich? Will ich? Will ich? Will ich? Will

ich? Will ich? Will ich? Will ich? Will ich? Will ich? Will ich?
Will ich? Will ich? Will ich? Will ich?

 Will ich? Will ich? Will ich? Will ich? Will ich? Will ich? Will
ich? Will ich? Will ich? Will ich? Will ich? Will ich? Will ich?
Will ich? Will ich? Will ich? Will ich? Will ich? Will ich? Will
ich? Will ich? Will ich? Will ich? Will ich? Will ich? Will ich?
Will ich? Will ich? Will ich? Will ich? Will ich? Will ich? Will
ich? Will ich? Will ich? Will ich? Will ich? Will ich? Will ich?
Will ich? Will ich? Will ich? Will ich? Will ich? Will ich? Will
ich? Will ich? Will ich? Will ich? Will ich? Will ich? Will ich?
Will ich? Will ich? Will ich? Will ich? Will ich?

 Will ich? Will ich? Will ich? Will ich? Will ich? Will ich? Will
ich? Will ich? Will ich? Will ich? Will ich? Will ich? Will ich?
Will ich? Will ich? Will ich? Will ich? Will ich? Will ich? Will
ich? Will ich? Will ich? Will ich? Will ich? Will ich? Will ich?
Will ich? Will ich? Will ich? Will ich? Will ich? Will ich? Will
ich? Will ich? Will ich? Will ich? Will ich? Will ich? Will ich?
Will ich? Will ich? Will ich? Will ich? Will ich? Will ich? Will
ich? Will ich? Will ich? Will ich? Will ich? Will ich? Will ich?
Will ich? Will ich? Will ich? Will ich?

 Will ich? Will ich? Will ich? Will ich? Will ich? Will ich? Will
ich? Will ich? Will ich? Will ich? Will ich? Will ich? Will ich?
Will ich? Will ich? Will ich? Will ich? Will ich? Will ich? Will
ich? Will ich? Will ich? Will ich? Will ich? Will ich? Will ich?
Will ich? Will ich? Will ich? Will ich? Will ich? Will ich? Will
ich? Will ich?

Will ich? Will ich? Will ich? Will ich? Will ich? Will ich? Will
ich? Will ich? Will ich? Will ich? Will ich? Will ich? Will ich?

Will ich? Will ich?

Will ich? Will ich? Will ich? Will ich? Will ich? Will ich? Will ich? Will ich? Will ich? Will ich? Will ich? Will ich? Will ich? Will ich? Will ich? Will ich?

Will ich? Will ich?

Will ich? Will

ich? Will ich? Will ich? Will ich? Will ich? Will ich? Will ich? Will ich? Will ich?

Will ich? Will ich?

Will ich? Will ich?

Will ich? Will ich?

Will ich? Will ich?

Will ich? Will ich?

Will ich? Will

ich? Will ich? Will ich? Will ich? Will ich? Will ich? Will ich? Will ich? Will ich?

Will ich? Will ich?

Will ich? Will ich?

Will ich? Will ich?

Will ich? Will ich?

Will ich? Will ich?

Will ich? Will ich?

Will ich? Will ich? Will ich? Will ich? Will ich? Will ich? Will ich? Will ich? Will ich? Will ich? Will ich? Will ich? Will ich? Will ich? Will ich? Will ich? Will ich? Will ich? Will ich?

Will ich? Will ich?

Will ich? Will ich?

Will ich? Will ich?

Will ich? Will ich? Will ich? Will ich? Will ich? Will ich? Will ich? Will ich? Will ich? Will ich? Will ich? Will ich? Will ich? Will ich? Will ich?

Will ich? Will

ich? Will ich? Will ich? Will ich? Will ich? Will ich? Will ich?
Will ich? Will ich? Will ich? Will ich?

 Will ich? Will ich? Will ich? Will ich? Will ich? Will ich? Will
ich? Will ich? Will ich? Will ich? Will ich? Will ich? Will ich?
Will ich? Will ich? Will ich? Will ich? Will ich? Will ich? Will
ich? Will ich? Will ich? Will ich? Will ich? Will ich? Will ich?
Will ich? Will ich? Will ich? Will ich? Will ich? Will ich? Will
ich? Will ich? Will ich? Will ich? Will ich? Will ich? Will ich?
Will ich? Will ich? Will ich?

Will ich? Will ich? Will ich? Will ich? Will ich? Will ich? Will
ich? Will ich? Will ich? Will ich? Will ich? Will ich? Will ich?
Will ich? Will ich?

 Will ich? Will ich? Will ich? Will ich? Will ich? Will ich? Will
ich? Will ich? Will ich? Will ich? Will ich? Will ich? Will ich?
Will ich? Will ich? Will ich? Will ich? Will ich? Will ich? Will
ich? Will ich? Will ich? Will ich? Will ich? Will ich? Will ich?
Will ich? Will ich? Will ich? Will ich? Will ich? Will ich? Will
ich? Will ich? Will ich? Will ich? Will ich? Will ich? Will ich?
Will ich? Will ich? Will ich? Will ich? Will ich? Will ich? Will
ich? Will ich?

Will ich? Will ich? Will ich? Will ich? Will ich? Will ich? Will
ich? Will ich? Will ich? Will ich? Will ich? Will ich? Will ich?
Will ich? Will ich? Will ich? Will ich? Will ich? Will ich? Will
ich? Will ich? Will ich? Will ich? Will ich? Will ich? Will ich?
Will ich? Will ich? Will ich? Will ich? Will ich? Will ich? Will
ich? Will ich? Will ich? Will ich? Will ich? Will ich? Will ich?
Will ich? Will ich? Will ich? Will ich? Will ich? Will ich? Will

ich? Will ich? Will ich? Will ich? Will ich? Will ich? Will ich? Will ich? Will ich? Will ich?

Will ich? Will ich?

 Will ich?

Will ich? Will ich?

Will ich? Will ich? Will ich? Will ich? Will ich? Will ich? Will ich? Will ich? Will ich? Will ich? Will ich? Will ich? Will ich?

Will ich? Will ich?

Will ich? Will ich?

Will ich?

Kapitel 7

Ist Mir.

Ist Mir. Ist Mir.

Ist Mir. Ist Mir.

Ist Mir. Ist Mir.

Ist Mir. Ist Mir. Ist Mir. Ist Mir. Ist Mir. Ist Mir. IIst Mir.
Ist Mir. Ist Mir. Ist Mir. Ist Mir. Ist Mir. Ist Mir. Ist Mir. Ist
Mir. Ist Mir. Ist Mir. Ist Mir. Ist Mir. Ist Mir. Ist Mir. st
Mir. Ist Mir. Ist Mir. Ist Mir. Ist Mir. Ist Mir. Ist Mir. Mir.
ir. Ist Mir. Ist Mir. Ist Mir. Ist Mir. Ist Mir. Ist Mir. Ist Mir.
Ist Mir. Ist Mir. Ist Mir. Ist Mir. Ist Mir. Ist Mir. Ist Mir. Ist
Mir. Ist Mir. Ist Mir. Ist Mir. Ist Mir. Ist Mir. Ist Mir. Ist
Mir. Ist Mir. Ist Mir. Ist Mir. Ist Mir. Ist Mir. Ist Mir. Ist
Mir. Ist Mir.

Ist Mir. Ist Mir. Ist Mir. Ist Mir. Ist Mir. Ist Mir. Ist Mir. Ist
Mir. Ist Mir. Ist Mir. Ist Mir. Ist Mir. Ist Mir. Ist Mir. Ist
Mir. Ist Mir. Ist Mir. Ist Mir. Ist Mir. Ist Mir. Ist Mir. Ist
Mir.

Ist Mir. Ist Mir. Ist Mir. Ist Mir. Ist Mir. Ist Mir. Ist Mir. Ist
Mir. Ist Mir. Ist Mir. Ist Mir. Ist Mir. Ist Mir. Ist Mir. Ist
Mir. Ist Mir. Ist Mir. Ist Mir. Ist Mir. Ist Mir. Ist Mir. Ist
Mir. Ist Mir.
Ist Mir. Ist Mir. Ist Mir. Ist Mir. Ist Mir. Ist Mir. Ist Mir.

Ist Mir. Ist Mir. Ist Mir. Ist Mir. Ist Mir. Ist Mir. Ist Mir. Ist
Mir. Ist Mir. Ist Mir. Ist Mir. Ist Mir. Ist Mir. Ist Mir.
Ist Mir. Ist Mir. Ist Mir. Ist Mir. Ist Mir. Ist Mir. Ist Mir. Ist
Mir. Ist Mir. Ist Mir. Ist Mir. Ist Mir. Ist Mir. Ist Mir.

Ist Mir. Ist Mir. Ist Mir. Ist Mir. Ist Mir. Ist Mir. Ist Mir. Ist
Mir. Ist Mir. Ist Mir. Ist Mir. Ist Mir. Ist Mir. Ist Mir. Ist
Mir. Ist Mir. Ist Mir. Ist Mir. Ist Mir.

Ist Mir. Ist Mir.

Ist Mir. Ist Mir. Ist Mir. Ist Mir. Ist Mir. Ist Mir. Ist Mir.

Ist Mir. Ist Mir.

Ist Mir. Ist Mir. Ist Mir. Ist Mir. Ist Mir. Ist Mir. Ist Mir. Ist Mir. Ist Mir. Ist Mir. Ist Mir. Ist Mir. Ist Mir. Ist Mir. Ist Mir. Mir ist. Mir ist. Ist Mir. Ist Mir. Ist Mir. Ist Mir. Ist Mir. Ist Mir. Ist Mir. Ist Mir. Ist Mir. Ist Mir. Ist Mir. Ist Mir. Ist Mir. Ist Mir. Ist Mir. Ist Mir. Ist Mir. Mir ist. Mir ist. Mir ist. Mir ist. Ist Mir. Ist Mir. Ist Mir. Ist Mir. Ist Mir. Ist Mir. Ist Mir. Ist Mir. Ist Mir. Ist Mir. Ist Mir. Ist Mir. Mir ist. Mir ist. Mir ist. Mir ist. Mir ist. Mir ist. Mir ist.

Ist Mir. Ist Mir.

Ist Mir. Ist Mir. Ist Mir. Ist Mir. Ist Mir. Ist Mir. Ist Mir. Ist Mir. Ist Mir. Ist Mir. Ist Mir. Ist Mir. Ist Mir. Ist Mir. Ist Mir. Ist Mir. Ist Mir. Ist Mir. Ist Mir.

Ist Mir. Ist Mir. Ist Mir. Ist Mir. Ist Mir. Ist Mir. Ist Mir. Ist Mir. Ist Mir. Ist Mir. Ist Mir. Ist Mir. Mir ist. Mir ist. Ist Mir.

Ist Mir. Mir ist. Mir ist. Mir ist. Mir ist. Mir ist. Mir ist. Mir ist. Mir ist. Mir ist. Mir ist. Ist Mir. Ist Mir. Ist Mir. Ist Mir. Ist Mir. Ist Mir. Ist Mir. Ist Mir. Ist Mir. Ist Mir. Ist Mir. Ist Mir. Ist Mir. Ist Mir. Ist Mir. Ist Mir. Ist Mir.

Ist Mir. Ist Mir.

Mir ist. Mir ist. Ist Mir. Ist Mir. Ist Mir. Ist Mir. Ist Mir. Mir ist.

Ist Mir. Ist Mir. Ist Mir. Ist Mir. Ist Mir. Ist Mir. Ist Mir. Ist Mir. Mir ist. Mir ist. Mir ist. Mir ist. Mir ist. Mir ist. Mir ist. Mir ist. Ist Mir. Ist Mir. Ist Mir. Ist Mir. Ist Mir. Ist Mir. Mir ist. Mir ist. Mir ist. Mir ist. Mir ist. Mir ist. Mir ist. Mir ist. Ist Mir. Ist Mir. Ist Mir. Ist Mir. Ist Mir. Ist Mir.

Ist Mir. Ist Mir.

Mir ist. Mir ist. Mir ist. Mir ist. Mir ist.

Ist Mir. Ist Mir.

Ist Mir. Ist Mir.

Mir ist. Ist Mir. Mir ist. Mir ist. Mir ist. Mir ist. Mir ist. Mir ist. Mir ist. Mir ist. Mir ist. Mir ist. Mir ist. Mir ist. Mir ist.

Ist Mir. Mir ist. Mir ist. Mir ist. Mir ist. Ist Mir.

Ist Mir. Ist Mir. Ist Mir. Ist Mir. Ist Mir. Ist Mir. Ist Mir. Ist
Mir. Ist Mir. Ist Mir. Ist Mir. Ist Mir. Ist Mir. Ist Mir. Ist
Mir. Ist Mir. Ist Mir. Ist Mir. Ist Mir. Ist Mir. Ist Mir. Ist
Mir. Ist Mir. Ist Mir. Ist Mir. Ist Mir. Ist Mir. Ist Mir.
Ist Mir. Ist Mir. Ist Mir. Ist Mir. Ist Mir. Ist Mir. Ist Mir. Ist
Mir. Ist Mir. Ist Mir.
Ist Mir. Ist Mir. Ist Mir. Ist Mir. Ist Mir. Ist Mir. Ist Mir. Ist
Mir. Ist Mir. Ist Mir. Ist Mir. Ist Mir. Ist Mir. Ist Mir. Ist
Mir. Ist Mir.

Mir ist. Mir ist. Mir ist. Mir ist. Mir ist. Mir ist. Mir ist.
Mir ist. Mir ist. Mir ist. Mir ist. Mir ist. Mir ist. Mir ist.
Mir ist. Mir ist. Ist Mir. Ist Mir. Ist Mir. Ist Mir. Ist Mir.
Ist Mir. Ist Mir. Ist Mir. Ist Mir. Ist Mir. Ist Mir. Ist Mir. Ist
Mir. Ist Mir. Ist Mir. Ist Mir. Ist Mir. Ist Mir. Ist Mir. Ist
Mir. Ist Mir. Ist Mir. Ist Mir. Ist Mir. Ist Mir. Ist Mir. Ist
Mir. Ist Mir. Ist Mir. Ist Mir. Ist Mir. Ist Mir. Ist Mir.

Mir ist. Mir ist. Mir ist.

Ist Mir. Ist Mir. Ist Mir. Ist Mir. Ist Mir. Ist Mlr. Ist Mir. Ist
Mir. Ist Mir. Ist Mir. Ist Mir. Ist Mir. Ist Mir. Ist Mir. Ist
Mir. Ist Mir. Ist Mir. Ist Mir.
Ist Mir. Ist Mir. Ist Mir. Ist Mir. Ist Mir. Ist Mir. Ist Mir. Ist
Mir. Ist Mir.
Ist Mir. Ist Mir. Ist Mir. Ist Mir. Ist Mir. Ist Mir. Ist Mir. Ist
Mir. Ist Mir. Ist Mir. Ist Mir. Ist Mir. Ist Mir.

Mir ist. Mir ist. Mir ist. Ist Mir. Ist Mir. Ist Mir. Ist Mir.
Ist Mir. Ist Mir. Ist Mir. Ist Mir. Ist Mir. Ist Mir. Ist Mir. Ist
Mir. Ist Mir. Ist Mir. Ist Mir. Ist Mir. Ist Mir. Ist Mir. Ist
Mir. Ist Mir. Ist Mir. Ist Mir. Mir ist. Mir ist. Mir ist. Mir

ist. Ist Mir. Mir ist. Mir ist. Mir ist. Mir ist. Mir ist. Mir ist. Mir ist. Mir ist. Mir ist. Ist Mir. Ist Mir. Ist Mir. Ist Mir. Ist Mir. Ist Mir. Ist Mir. Ist Mir. Ist Mir.

Ist Mir. Ist Mir.

Mir ist. Mir ist.

Ist Mir. Ist Mir.

Mir ist. Mir ist. Mir ist. Mir ist. Mir ist. Mir ist. Mir ist. Mir ist. Mir ist. Ist Mir. Ist Mir. Ist Mir. Ist Mir. Ist Mir. Ist Mir. Ist Mir. Ist Mir. Ist Mir. Ist Mir. Ist Mir. Ist Mir. Ist Mir. Ist Mir. Ist Mir. Ist Mir.
Ist Mir. Ist Mir. Ist Mir. Ist Mir. Ist Mir. Ist Mir. Ist Mir. Ist Mir. Ist Mir.
Ist Mir. Ist Mir. Ist Mir. Ist Mir. Ist Mir. Ist Mir. Ist Mir. Ist Mir. Ist Mir. Ist Mir. Mir ist. Mir ist. Mir ist. Mir ist. Mir ist. Mir ist. Mir ist. Mir ist. Mir ist. Ist Mir. Ist Mir. Ist

Mir. Ist Mir. Ist Mir. Ist Mir. Ist Mir. Ist Mir. Ist Mir. Ist
Mir.

Mir ist. Mir ist. Mir ist.

Ist Mir. Ist Mir. Ist Mir. Ist Mir. Ist Mir. Ist Mir. Ist Mir. Ist
Mir. Ist Mir. Ist Mir. Ist Mir. Ist Mir. Ist Mir. Ist Mir. Ist
Mir. Ist Mir. Ist Mir. Ist Mir. Ist Mir. Ist Mir. Ist Mir. Ist
Mir. Ist Mir. Ist Mir. Ist Mir. Ist Mir. Ist Mir. Ist Mir. Ist
Mir. Ist Mir. Ist Mir. Ist Mir. Ist Mir. Ist Mir. Ist Mir. Ist
Mir. Ist Mir. Ist Mir. Ist Mir. Ist Mir. Ist Mir. Ist Mir. Ist
Mir. Ist Mir. Ist Mir. Ist Mir. Ist Mir. Ist Mir. Ist Mir. Ist
Mir. Ist Mir. Ist Mir. Ist Mir. Ist Mir. Ist Mir.

Ist Mir. Ist Mir. Ist Mir. Ist Mir. Ist Mir. Ist Mir. Ist Mir. Ist
Mir. Ist Mir. Ist Mir. Ist Mir. Ist Mir. Ist Mir. Ist Mir. Ist
Mir. Ist Mir. Ist Mir. Ist Mir. Ist Mir. Ist Mir. Ist Mir. Ist
Mir. Ist Mir. Ist Mir.
Mir ist. Mir ist. Mir ist. Mir ist. Ist Mir. Ist Mir. Ist Mir.
Ist Mir. Ist Mir. Ist Mir. Ist Mir. Ist Mir. Ist Mir. Ist Mir. Ist
Mir. Ist Mir. Ist Mir. Ist Mir. Ist Mir. Ist Mir. Mir ist.

Ist Mir. Ist Mir. Ist Mir. Ist Mir. Ist Mir. Ist Mir. Ist Mir. Ist
Mir. Ist Mir. Ist Mir. Ist Mir. Ist Mir. Ist Mir. Ist Mir. Ist
Mir. Ist Mir. Ist Mir. Ist Mir. Ist Mir. Ist Mir. Ist Mir. Ist
Mir. Ist Mir. Ist Mir. Ist Mir. Ist Mir. Ist Mir. Ist Mir. Ist
Mir. Ist Mir. Ist Mir. Ist Mir. Mir ist. Mir ist. Mir ist. Mir
ist. Mir ist. Mir ist. Mir ist. Mir ist. Mir ist. Mir ist. Mir
ist. Mir ist. Mir ist. Ist Mir. Ist Mir. Ist Mir. Ist Mir. Ist
Mir.

Ist Mir. Ist Mir. Ist Mir. Ist Mir. Ist Mir. Ist Mir. Ist Mir. Ist
Mir. Ist Mir. Ist Mir. Ist Mir. Ist Mir. Ist Mir. Ist Mir. Ist

Mir. Ist Mir. Mir ist. Mir ist. Mir ist. Mir ist. Mir ist. Mir ist. Mir ist. Mir ist. Mir ist. Mir ist. Mir ist. Mir ist.

Ist Mir. Ist Mir.

Mir ist. Mir ist. Mir ist. Mir ist.

Ist Mir. Mir ist. Mir ist. Mir ist. Mir ist. Mir ist. Ist Mir. Ist Mir. Ist Mir. Ist Mir. Ist Mir. Ist Mir. Ist Mir. Ist Mir. Ist Mir. Ist Mir. Mir ist. Mir ist. Mir ist. Mir ist.

Ist Mir. Ist

Mir. Ist Mir. Ist Mir. Ist Mir. Ist Mir. Ist Mir. Ist Mir. Ist
Mir. Ist Mir.

Mir ist. Mir ist. Ist Mir. Ist Mir. Mir ist.

Mir ist. Mir ist. Mir ist. Mir ist. Mir ist. Mir ist. Mir ist.
Mir ist. Mir ist. Ist Mir. Ist Mir. Ist Mir. Ist Mir. Ist Mir.
Ist Mir. Ist Mir. Ist Mir. Ist Mir. Ist Mir. Ist Mir. Ist Mir. Ist
Mir. Ist Mir. Ist Mir. Ist Mir. Ist Mir. Ist Mir. Ist Mir. Ist
Mir. Ist Mir. Ist Mir. Ist Mir. Ist Mir. Ist Mir. Ist Mir. Ist
Mir. Mir ist. Mir ist. Mir ist. Mir ist. Mir ist. Mir ist.

Ist Mir. Ist Mir. Ist Mir. Ist Mir. Ist Mir. Ist Mir. Ist Mir. Ist
Mir. Ist Mir. Ist Mir. Ist Mir. Ist Mir. Ist Mir. Ist Mir. Ist
Mir. Ist Mir. Ist Mir. Ist Mir. Ist Mir. Ist Mir. Ist Mir. Ist
Mir. Ist Mir. Ist Mir. Ist Mir. Ist Mir. Ist Mir. Ist Mir. Ist
Mir. Ist Mir. Ist Mir. Ist Mir. Ist Mir. Ist Mir. Ist Mir. Ist
Mir. Ist Mir.

Ist Mir. Ist Mir. Ist Mir. Ist Mir. Ist Mir. Ist Mir. Ist Mir. Ist
Mir. Ist Mir. Ist Mir. Ist Mir. Ist Mir. Ist Mir. Ist Mir. Ist
Mir. Mir ist. Mir ist. Mir ist. Mir ist. Mir ist. Mir ist. Mir
ist. Mir ist. Mir ist.

Ist Mir. Ist Mir. Ist Mir. Ist Mir. Ist Mir. Ist Mir. Ist Mir. Ist
Mir. Ist Mir. Ist Mir. Ist Mir. Ist Mir. Ist Mir. Ist Mir. Ist
Mir. Ist Mir. Ist Mir. Ist Mir. Ist Mir. Ist Mir. Ist Mir. Ist
Mir. Ist Mir.

Mir ist. Mir ist. Mir ist. Mir ist. Mir ist. Mir ist. Mir ist.
Mir ist. Mir ist. Ist Mir. Ist Mir. Ist Mir. Ist Mir. Ist Mir.
Ist Mir. Ist Mir. Mir ist. Mir ist. Mir ist. Mir ist. Mir ist.

Mir ist. Mir ist. Ist Mir. Mir ist.

Ist Mir. Ist Mir.

Mir ist. Mir ist. Mir ist. Mir ist. Mir ist. Mir ist. Mir ist. Mir ist. Mir ist. Mir ist. Mir ist. Mir ist. Mir ist. Mir ist. Mir ist. Mir ist.
Ist Mir. Ist Mir. Ist Mir. Ist Mir. Ist Mir. Ist Mir. Ist Mir. Ist Mir. Ist Mir. Ist Mir. Ist Mir. Ist Mir. Ist Mir.
Ist Mir. Ist Mir. Ist Mir. Mir ist. Mir ist. Mir ist. Mir ist. Mir ist. Mir ist. Mir ist. Mir ist. Mir ist. Ist Mir. Ist Mir. Ist Mir. Ist Mir. Ist Mir. Ist Mir.

Ist Mir. Ist Mir. Ist Mir. Ist Mir. Ist Mir.

Ist Mir. Ist Mir. Ist Mir. Ist Mir. Ist Mir. Ist Mir. Ist Mir. Ist Mir. Ist Mir. Ist Mir. Ist Mir. Ist Mir. Ist Mir. Ist Mir. Ist Mir. Ist Mir. Ist Mir. Ist Mir.
Ist Mir. Ist Mir. Ist Mir. Ist Mir. Ist Mir. Ist Mir. Ist Mir. Ist Mir. Ist Mir. Ist Mir. Ist Mir. Ist Mir. Ist Mir.
Ist Mir. Ist Mir. Ist Mir. Ist Mir. Ist Mir. Ist Mir. Ist Mir. Ist

Mir. Ist Mir. Ist Mir. Ist Mir. Ist Mir. Ist Mir. Ist Mir. Ist Mir. Ist Mir. Ist Mir.

Ist Mir. Ist Mir.

Mir ist. Mir ist. Mir ist. Mir ist. Mir ist. Mir ist. Mir ist. Mir ist. Mir ist. Ist Mir. Ist Mir. Ist Mir. Ist Mir. Ist Mir. Ist Mir. Ist Mir. Ist Mir. Ist Mir. Ist Mir. Ist Mir. Ist Mir. Ist Mir. Ist Mir. Ist Mir. Ist Mir. Ist Mir.

Mir ist. Mir ist. Ist Mir. Ist Mir. Ist Mir. Ist Mir. Ist Mir. Ist Mir. Ist Mir. Ist Mir. Ist Mir. Mir ist. Mir ist.

Ist Mir. Ist Mir.

Ist Mir. Ist Mir.

Mir ist. Mir ist. Mir ist. Ist Mir.

Ist Mir. Ist Mir.

Mir ist. Mir ist. Ist Mir. Ist Mir. Ist Mir. Ist Mir. Ist Mir. Ist Mir. Ist Mir. Ist Mir. Ist Mir. Ist Mir. Ist Mir.

Ist Mir. Ist Mir.

Mir ist. Mir ist. Mir ist. Mir ist. Mir ist. Mir ist. Mir ist. Mir ist. Mir ist. Mir ist. Mir ist. Mir ist. Mir ist. Mir ist.

Ist Mir. Ist Mir. Ist Mir. Ist Mir. Ist Mir. Ist Mir. Ist Mir. Ist Mir. Ist Mir. Ist Mir. Ist Mir. Ist Mir. Ist Mir. Ist Mir. Ist Mir. Ist Mir. Ist Mir. Ist Mir Ist Mir. Ist Mir. Ist Mir. Ist Mir. Ist Mir. Ist Mir. Ist Mir. Ist Mir.
Ist Mir. Ist Mir. Ist Mir. Ist Mir. Ist Mir. Ist Mir. Ist Mir. Ist Mir. Ist Mir Ist Mir. Ist Mir. Ist Mir. Ist Mir. Ist Mir. Ist Mir. Ist Mir. Ist Mir. Ist Mir. Ist Mir. Ist Mir. Ist Mir. Ist Mir. Ist Mir. Ist Mir. Ist Mir. Ist Mir. Ist Mir.

Ist Mir. Ist Mir. Ist Mir. Ist Mir. Ist Mir. Ist Mir. Ist Mir. Ist Mir. Ist Mir. Ist Mir. Ist Mir. Ist Mir. Ist Mir. Ist Mir. Ist Mir. Ist Mir. Ist Mir Ist Mir. Ist Mir. Ist Mir. Ist Mir. Ist Mir. Ist Mir. Ist Mir. Ist Mir. Ist Mir. Ist Mir. Ist Mir. Ist Mir. Ist Mir. Ist Mir. Ist Mir. Ist Mir. Ist Mir.

Ist Mir Ist Mir. Ist Mir. Ist Mir. Ist Mir. Ist Mir. Ist Mir. Ist Mir. Ist Mir. Ist Mir. Ist Mir. Ist Mir. Ist Mir. Ist Mir. Ist Mir. Ist Mir. Ist Mir. Ist Mir.
Ist Mir Ist Mir. Ist Mir. Ist Mir. Ist Mir. Ist Mir. Ist Mir. Ist Mir. Ist Mir. Ist Mir. Ist Mir. Ist Mir. Ist Mir. Ist Mir. Ist Mir. Ist Mir. Ist Mir. Ist Mir.

Ist Mir Ist Mir. Ist Mir. Ist Mir. Ist Mir. Ist Mir. Ist Mir. Ist Mir. Ist Mir. Ist Mir. Ist Mir. Ist Mir. Ist Mir. Ist Mir. Ist Mir. Ist Mir. Ist Mir. Mir ist. Mir ist. Mir ist. Mir ist. Mir ist. Mir ist. Mir ist. Mir ist. Mir ist. Mir ist.

Ist Mir Ist Mir. Ist Mir. Ist Mir. Ist Mir. Ist Mir. Ist Mir. Ist Mir. Ist Mir. Ist Mir. Ist Mir. Ist Mir. Ist Mir. Ist Mir. Ist Mir. Ist Mir.
Ist Mir Ist Mir. Ist Mir. Ist Mir. Ist Mir. Ist Mir. Ist Mir. Ist Mir. Ist Mir. Ist Mir. Ist Mir. Ist Mir. Ist Mir. Ist Mir. Ist Mir. Ist Mir. Ist Mir. Ist Mir.

Ist Mir Ist Mir. Ist Mir. Ist Mir. Ist Mir. Ist Mir. Ist Mir. Ist Mir. Ist Mir. Ist Mir. Ist Mir. Ist Mir. Ist Mir. Ist Mir. Ist Mir. Ist Mir. Ist Mir.Mir ist. Mir ist. Mir ist. Mir ist. Mir ist. Mir ist. Mir ist. Mir ist. Mir ist. Mir ist. Mir ist. Mir ist.

Ist Mir Ist Mir. Ist Mir. Ist Mir. Ist Mir. Ist Mir. Ist Mir. Ist Mir. Ist Mir. Ist Mir. Ist Mir. Ist Mir. Ist Mir. Ist Mir. Ist

Mir. Ist Mir. Ist Mir. Ist Mir.Ist Mir Ist Mir. Ist Mir. Ist Mir. Ist Mir. Ist Mir. Ist Mir. Ist Mir. Ist Mir. Ist Mir. Ist Mir. Ist Mir. Ist Mir. Ist Mir. Ist Mir. Ist Mir. Ist Mir. Ist Mir.
Ist Mir Ist Mir. Ist Mir. Ist Mir. Ist Mir. Ist Mir. Ist Mir. Ist Mir. Ist Mir. Ist Mir. Ist Mir. Ist Mir. Ist Mir. Ist Mir. Ist Mir. Ist Mir. Ist Mir.

Ist Mir Ist Mir. Ist Mir. Ist Mir. Ist Mir. Ist Mir. Ist Mir. Ist Mir. Ist Mir. Ist Mir. Ist Mir. Ist Mir. Ist Mir. Ist Mir. Ist Mir. Ist Mir. Ist Mir.Ist Mir Ist Mir. Ist Mir. Ist Mir. Ist Mir. Ist Mir. Ist Mir. Ist Mir. Ist Mir. Ist Mir. Ist Mir. Ist Mir. Ist Mir. Ist Mir. Ist Mir. Ist Mir.

Mir ist. Mir ist. Mir ist. Mir ist. Mir ist. Mir ist. Mir ist. Mir ist. Mir ist. Mir ist. Mir ist. Mir ist. Mir ist. Mir ist. Mir ist. Mir ist. Mir ist. Ist Mir Ist Mir. Ist Mir. Ist Mir. Ist Mir. Ist Mir. Ist Mir. Ist Mir. Ist Mir. Ist Mir. Ist Mir. Ist Mir. Ist Mir. Ist Mir. Ist Mir. Ist Mir. Ist Mir.

Mir ist. Mir ist. Mir ist. Mir ist. Mir ist. Mir ist. Mir ist. Mir ist. Mir ist. Mir ist. Ist Mir Ist Mir. Ist Mir. Ist Mir. Ist Mir. Ist Mir. Ist Mir. Ist Mir. Ist Mir. Ist Mir. Ist Mir. Ist Mir. Ist Mir. Ist Mir. Ist Mir. Ist Mir. Ist Mir. Mir ist. Mir ist.

Mir ist. Mir ist. Mir ist. Mir ist.

Ist Mir Ist Mir. Ist Mir. Ist Mir. Ist Mir. Ist Mir. Ist Mir. Ist Mir. Ist Mir. Ist Mir. Ist Mir. Ist Mir. Ist Mir. Ist Mir. Ist Mir. Ist Mir. Ist Mir. Ist Mir.Ist Mir Ist Mir. Ist Mir. Ist Mir. Ist Mir. Ist Mir. Ist Mir. Ist Mir. Ist Mir. Ist Mir. Ist Mir. Ist Mir. Ist Mir. Ist Mir. Ist Mir. Ist Mir. Ist Mir.

Mir ist. Mir ist.

Ist Mir Ist Mir. Ist Mir. Ist Mir. Ist Mir. Ist Mir. Ist Mir. Ist Mir. Ist Mir. Ist Mir. Ist Mir. Ist Mir. Ist Mir. Ist Mir. Ist Mir. Ist Mir. Ist Mir.Ist Mir Ist Mir. Ist Mir. Ist Mir. Ist Mir. Ist Mir. Ist Mir. Ist Mir. Ist Mir. Ist Mir. Ist Mir. Ist Mir. Ist Mir. Ist Mir. Ist Mir. Ist Mir. Ist Mir.

Mir ist. Mir ist. Mir ist. Mir ist. Mir ist. Mir ist. Mir ist. Mir ist. Mir ist. Mir ist. Mir ist. Mir ist. Mir ist. Mir ist. Mir ist. Mir ist. Mir ist. Mir ist. Ist Mir Ist Mir. Ist Mir. Ist Mir. Ist Mir. Ist Mir. Ist Mir. Ist Mir. Ist Mir. Ist Mir. Ist Mir. Ist Mir. Ist Mir. Ist Mir. Ist Mir. Ist Mir. Ist Mir.

Mir ist. Mir ist. Mir ist. Mir ist. Mir ist. Mir ist. Mir ist. Mir ist. Mir ist. Mir ist. Ist Mir Ist Mir. Ist Mir. Ist Mir. Ist Mir. Ist Mir. Ist Mir. Ist Mir. Ist Mir. Ist Mir. Ist Mir. Ist Mir. Ist Mir. Ist Mir. Ist Mir. Ist Mir. Ist Mir. Ist Mir.

Mir ist. Mir ist. Mir ist. Mir ist. Mir ist. Mir ist. Mir ist. Mir ist. Mir ist. Mir ist.Ist Mir Ist Mir. Ist Mir. Ist Mir. Ist Mir. Ist Mir. Ist Mir. Ist Mir. Ist Mir. Ist Mir.

Mir ist. Ist Mir. Mir ist.

Ist Mir. Ist Mir. Ist Mir. Ist Mir. Ist Mir. Ist Mir. Ist Mir. Ist Mir. Ist Mir. Ist Mir. Ist Mir. Ist Mir. Ist Mir. Ist Mir. Ist Mir. Ist Mir. Ist Mir. Ist Mir.
Ist Mir. Ist Mir. Ist Mir. Ist Mir. Ist Mir. Ist Mir.

Mir ist. Mir ist. Mir ist. Mir ist. Mir ist. Mir ist. Mir ist. Mir ist. Mir ist. Mir ist. Ist Mir. Ist Mir. Ist Mir. Ist Mir.

Ist Mir. Ist Mir. Ist Mir. Ist Mir. Ist Mir. Ist Mir. Ist Mir. Ist Mir. Ist Mir. Ist Mir.

Ist Mir. Ist Mir.

Ist Mir. Ist Mir.

Mir ist. Mir ist. Mir ist. Mir ist. Mir ist. Mir ist. Mir ist. Mir ist. Mir ist. Mir ist. Ist Mir. Ist Mir. Ist Mir. Ist Mir. Ist Mir. Ist Mir. Ist Mir. Ist Mir. Ist Mir. Ist Mir. Ist Mir. Ist Mir. Ist Mir. Ist Mir. Ist Mir. Ist Mir. Ist Mir. Ist Mir. Mir ist. Mir ist. Mir ist. Mir ist. Mir ist. Mir ist. Mir ist. Ist Mir. Ist Mir. Ist Mir. Ist Mir.

Mir ist. Mir ist. Mir ist. Mir ist. Mir ist. Mir ist. Mir ist. Mir ist. Mir ist. Ist Mir. Ist Mir. Ist Mir. Ist Mir. Ist Mir. Ist Mir. Ist Mir. Ist Mir. Ist Mir. Ist Mir. Ist Mir. Ist Mir. Mir ist. Mir ist. Mir ist. Mir ist. Mir ist. Mir ist. Ist Mir. Ist Mir.

Ist Mir. Ist

Mir. Ist Mir. Ist Mir. Ist Mir. Ist Mir. Ist Mir. Ist Mir. Ist
Mir. Ist Mir. Ist Mir. Ist Mir. Ist Mir. Ist Mir.

Mir ist. Mir ist. Mir ist. Mir ist. Mir ist. Mir ist. Mir ist.
Mir ist. Mir ist. Mir ist. Ist Mir. Ist Mir. Ist Mir. Ist Mir.
Ist Mir. Ist Mir. Ist Mir. Ist Mir. Ist Mir. Ist Mir. Ist Mir. Ist
Mir. Ist Mir. Ist Mir. Mir ist. Mir ist. Mir ist. Mir ist. Mir
ist.

Ist Mir. Ist Mir. Ist Mir. Ist Mir. Ist Mir. Ist Mir. Ist Mir. Ist
Mir. Ist Mir. Ist Mir. Ist Mir. Ist Mir. Ist Mir. Ist Mir.
Ist Mir. Ist Mir. Ist Mir. Ist Mir. Ist Mir. Ist Mir. Ist Mir. Ist
Mir. Ist Mir. Ist Mir. Ist Mir. Ist Mir. Ist Mir. Ist Mir. Ist
Mir. Ist Mir.

Ist Mir. Ist Mir. Ist Mir. Ist Mir. Ist Mir. Ist Mir. Ist Mir. Ist
Mir. Ist Mir. Ist Mir. Ist Mir. Ist Mir. Ist Mir. Ist Mir. Ist
Mir. Ist Mir. Ist Mir. Ist Mir. Ist Mir. Ist Mir. Ist Mir. Ist
Mir. Ist Mir. Ist Mir. Ist Mir. Ist Mir. Ist Mir. Ist Mir. Ist
Mir. Ist Mir. Ist Mir. Ist Mir. Ist Mir. Ist Mir. Ist Mir. Ist
Mir. Ist Mir. Ist Mir.

Ist Mir. Ist Mir. Ist Mir. Ist Mir. Ist Mir. Ist Mir. Ist Mir. Ist
Mir. Ist Mir. Ist Mir. Ist Mir. Ist Mir. Ist Mir. Ist Mir. Ist
Mir. Ist Mir. Ist Mir. Ist Mir. Ist Mir. Ist Mir. Ist Mir. Ist
Mir. Ist Mir. Ist Mir. Ist Mir. Ist Mir. Ist Mir. Ist Mir. Ist
Mir. Ist Mir. Ist Mir. Ist Mir. Ist Mir. Ist Mir. Ist Mir. Ist
Mir. Ist Mir. Ist Mir. Ist Mir. Ist Mir. Ist Mir. Ist Mir. Ist
Mir. Ist Mir. Ist Mir. Ist Mir.

Mir ist. Mir ist. Mir ist. Mir ist. Mir ist. Mir ist. Mir ist. Mir ist. Mir ist. Mir ist. Ist Mir. Mir ist. Mir ist.

Mir ist. Mir ist. Mir ist. Mir ist. Mir ist. Mir ist. Mir ist. Mir ist. Mir ist. Mir ist. Ist Mir. Ist Mir. Ist Mir. Ist Mir. Ist Mir. Ist Mir. Ist Mir. Ist Mir. Ist Mir. Ist Mir. Ist Mir. Ist Mir.

Ist Mir. Ist Mir.

Mir ist. Mir ist. Mir ist. Mir ist. Mir ist. Mir ist. Mir ist. Mir ist. Mir ist. Ist Mir. Ist Mir. Ist Mir. Ist Mir. Ist Mir. Ist Mir. Ist Mir. Ist Mir. Ist Mir. Ist Mir. Ist Mir. Ist Mir. Ist Mir. Ist Mir. Ist Mir. Ist Mir. Ist Mir. Ist Mir.

Ist Mir. Ist Mir.

Ist Mir. Ist Mir. Ist Mir. Ist Mir. Ist Mir. Ist Mir. Ist Mir. Ist Mir. Ist Mir. Ist Mir. Ist Mir. Ist Mir.

Mir ist. Mir ist. Mir ist. Ist Mir. Ist Mir. Ist Mir. Ist Mir.
Ist Mir. Ist Mir. Ist Mir. Ist Mir. Ist Mir. Ist Mir. Ist Mir. Ist
Mir. Ist Mir. Ist Mir. Mir ist. Mir ist. Mir ist. Ist Mir. Ist
Mir. Ist Mir. Ist Mir.

Ist Mir. Ist Mir. Ist Mir. Ist Mir. Ist Mir. Ist Mir. Ist Mir.
Mir ist. Mir ist. Mir ist.Ist Mir. Ist Mir. Mir ist. Mir ist.
Mir ist. Mir ist.

Mir ist. Ist mir?

Kapitel 8

Ich und Mir.

Ich und Mir. Ich und Mir.

Ich und Mir. Ich und Mir. Ich und Mir. Ich und Mir. Ich und Mir. Ich und Mir. Ich und Mir. Ich und Mir. Ich und Mir. Ich und Mir. Ich und Mir. Ich und Mir. Ich und Mir. Ich und Mir. Ich und Mir. Ich und Mir. Ich und Mir.

Ich und Mir. Ich und Mir. Ich und Mir. Ich und Mir. Ich und Mir. Ich und Mir. Ich und Mir. Ich und Mir. Ich und Mir. Ich und Mir. Ich und Mir. Ich und Mir. Ich und Mir. Ich und Mir. Ich und Mir. Ich und Mir. Ich und Mir. Ich und Mir. Ich und Mir. Ich und Mir.

Ich und Mir. Ich und Mir. Ich und Mir. Ich und Mir. Ich und Mir. Ich und Mir. Ich und Mir. Ich und Mir. Ich und Mir. Ich und Mir. Ich und Mir. Ich und Mir. Ich und Mir.

Ich und Mir. Ich und Mir. Ich und Mir. Ich und Mir. Ich und Mir.

 Ich und Mir.

Ich und Mir. Ich und Mir.

Ich und Mir. Ich und Mir.

Ich und Mir. Ich und Mir. Ich und Mir. Ich und Mir. Ich und Mir.

Ich und Mir. Ich und Mir. Ich und Mir. Ich und Mir. Ich und Mir. Ich und Mir. Ich und Mir. Ich und Mir. Ich und Mir. Ich und Mir. Ich und Mir.

Ich und Mir. Ich und Mir.

Ich und Mir. Ich und Mir. Ich und Mir. Ich und Mir. Ich und Mir. Ich und Mir. Ich und Mir. Ich und Mir. Ich und Mir. Ich und Mir. Ich und Mir. Ich und Mir. Ich und Mir. Ich und Mir. Ich und Mir. Ich und Mir. Ich und Mir. Ich und Mir.

Ich und Mir. Ich und Mir. Ich und Mir. Ich und Mir. Ich und Mir. Ich und Mir. Ich und Mir. Ich und Mir. Ich und Mir. Ich und Mir. Ich und Mir. Ich und Mir.

Ich und Mir. Ich und Mir.

Ich und Mir. Ich und

Mir. Ich und Mir. Ich und Mir. Ich und Mir. Ich und Mir. Ich und Mir. Ich und Mir. Ich und Mir. Ich und Mir. Ich und Mir.

Ich und Mir. Ich und Mir. Ich und Mir. Ich und Mir. Ich und Mir. Ich und Mir. Ich und Mir. Ich und Mir. Ich und Mir. Ich und Mir. Ich und Mir. Ich und Mir. Ich und Mir. Ich und Mir. Ich und Mir. Ich und Mir. Ich und Mir. Ich und Mir. Ich und Mir.

Ich und Mir. Ich und Mir. Ich und Mir. Ich und Mir. Ich und Mir. Ich und Mir. Ich und Mir. Ich und Mir. Ich und Mir. Ich und Mir. Ich und Mir. Ich und Mir.

Ich und Mir. Ich und Mir. Ich und Mir. Ich und Mir. Ich und Mir. Ich und Mir. Ich und Mir. Ich und Mir. Ich und Mir. Ich und Mir. Ich und Mir.

Ich und Mir. Ich und Mir. Ich und Mir. Ich und Mir. Ich und Mir. Ich und Mir. Ich und Mir. Ich und Mir. Ich und Mir. Ich und Mir. Ich und Mir. Ich und Mir. Ich und Mir.

Ich und Mir. Ich und Mir. Ich und Mir. Ich und Mir. Ich und Mir. Ich und Mir. Ich und Mir. Ich und Mir. Ich und Mir. Ich und Mir. Ich und Mir. Ich und Mir. Ich und Mir. Ich und Mir. Ich und Mir. Ich und Mir. Ich und Mir. Ich und Mir. Ich und Mir. Ich und Mir.

Ich und Mir. Ich und Mir. Ich und Mir. Ich und Mir. Ich und Mir. Ich und Mir. Ich und Mir. Ich und Mir. Ich und Mir. Ich und Mir. Ich und Mir. Ich und Mir. Ich und Mir. Ich und Mir. Ich und Mir. Ich und Mir. Ich und Mir. Ich und Mir. Ich und Mir. Ich und Mir.

Ich und Mir. Ich und Mir. Ich und Mir. Ich und Mir. Ich und Mir. Ich und Mir. Ich und Mir. Ich und Mir. Ich und Mir. Ich und Mir. Ich und Mir. Ich und Mir.

Ich und Mir. Ich und Mir. Ich und Mir. Ich und Mir. Ich und Mir. Ich und Mir. Ich und Mir. Ich und Mir. Ich und Mir. Ich und Mir. Ich und Mir. Ich und Mir. Ich und Mir. Ich und Mir. Ich und Mir. Ich und Mir. Ich und Mir. Ich und Mir. Ich und Mir. Ich und Mir.

Ich und Mir. Ich und Mir. Ich und Mir. Ich und Mir. Ich und Mir. Ich und Mir. Ich und Mir. Ich und Mir. Ich und Mir. Ich und Mir. Ich und Mir. Ich und Mir. Ich und Mir.

Ich und Mir. Ich und Mir. Ich und Mir. Ich und Mir. Ich und Mir. Ich und Mir. Ich und Mir. Ich und Mir. Ich und Mir. Ich und Mir. Ich und Mir. Ich und Mir. Ich und Mir.

Ich und Mir. Ich und Mir.

Ich und Mir. Ich und Mir. Ich und Mir. Ich und Mir. Ich und Mir. Ich und Mir. Ich und Mir. Ich und Mir. Ich und

Mir. Ich und Mir. Ich und Mir. Ich und Mir. Ich und Mir.
Ich und Mir. Ich und Mir. Ich und Mir. Ich und Mir. Ich
und Mir. Ich und Mir. Ich und Mir. Ich und Mir. Ich und
Mir. Ich und Mir. Ich und Mir. Ich und Mir. Ich und Mir.
Ich und Mir. Ich und Mir. Ich und Mir. Ich und Mir. Ich
und Mir. Ich und Mir. Ich und Mir. Ich und Mir. Ich und
Mir. Ich und Mir.

Ich und Mir. Ich und Mir. Ich und Mir. Ich und Mir. Ich
und Mir. Ich und Mir. Ich und Mir. Ich und Mir. Ich und
Mir. Ich und Mir. Ich und Mir. Ich und Mir. Ich und Mir.
Ich und Mir. Ich und Mir. Ich und Mir. Ich und Mir. Ich
und Mir.

Ich und Mir. Ich und Mir. Ich und Mir. Ich und Mir. Ich
und Mir. Ich und Mir. Ich und Mir. Ich und Mir. Ich und
Mir. Ich und Mir. Ich und Mir. Ich und Mir. Ich und Mir.
Ich und Mir. Ich und Mir. Ich und Mir. Ich und Mir. Ich
und Mir.

Ich und Mir. Ich und Mir. Ich und Mir. Ich und Mir. Ich
und Mir. Ich und Mir. Ich und Mir. Ich und Mir. Ich und
Mir. Ich und Mir. Ich und Mir. Ich und Mir. Ich und Mir.
Ich und Mir. Ich und Mir. Ich und Mir. Ich und Mir. Ich
und Mir. Ich und Mir. Ich und Mir. Ich und Mir. Ich und
Mir. Ich und Mir. Ich und Mir. Ich und Mir. Ich und Mir.
Ich und Mir. Ich und Mir. Ich und Mir. Ich und Mir. Ich
und Mir. Ich und Mir. Ich und Mir. Ich und Mir. Ich und
Mir.

Ich und Mir. Ich und Mir. Ich und Mir. Ich und Mir. Ich
und Mir. Ich und Mir. Ich und Mir. Ich und Mir. Ich und

Mir. Ich und Mir. Ich und Mir. Ich und Mir. Ich und Mir.
Ich und Mir. Ich und Mir. Ich und Mir. Ich und Mir. Ich
und Mir. Ich und Mir. Ich und Mir. Ich und Mir. Ich und
Mir. Ich und Mir. Ich und Mir. Ich und Mir. Ich und Mir.
Ich und Mir. Ich und Mir.

Ich und Mir. Ich und Mir. Ich und Mir. Ich und Mir. Ich
und Mir. Ich und Mir. Ich und Mir. Ich und Mir. Ich und
Mir. Ich und Mir. Ich und Mir. Ich und Mir. Ich und Mir.
Ich und Mir. Ich und Mir. Ich und Mir. Ich und Mir. Ich
und Mir. Ich und Mir. Ich und Mir. Ich und Mir. Ich und
Mir. Ich und Mir. Ich und Mir. Ich und Mir. Ich und Mir.
Ich und Mir. Ich und Mir. Ich und Mir. Ich und Mir. Ich
und Mir. Ich und Mir. Ich und Mir. Ich und Mir.

Ich und Mir. Ich und Mir. Ich und Mir. Ich und Mir. Ich
und Mir. Ich und Mir. Ich und Mir. Ich und Mir. Ich und
Mir. Ich und Mir. Ich und Mir. Ich und Mir. Ich und Mir.
Ich und Mir. Ich und Mir. Ich und Mir. Ich und Mir. Ich
und Mir. Ich und Mir.

Ich und Mir. Ich und Mir. Ich und Mir. Ich und Mir. Ich
und Mir. Ich und Mir. Ich und Mir. Ich und Mir. Ich und
Mir. Ich und Mir. Ich und Mir. Ich und Mir. Ich und Mir.
Ich und Mir. Ich und Mir. Ich und Mir. Ich und Mir. Ich
und Mir. Ich und Mir. Ich und Mir. Ich und Mir.

Ich und Mir. Ich und Mir.

Ich und Mir. Ich und Mir. Ich und Mir. Ich und Mir. Ich und Mir. Ich und Mir. Ich und Mir. Ich und Mir. Ich und

Mir. Ich und Mir. Ich und Mir. Ich und Mir. Ich und Mir.
Ich und Mir. Ich und Mir. Ich und Mir. Ich und Mir. Ich
und Mir. Ich und Mir. Ich und Mir. Ich und Mir. Ich und
Mir. Ich und Mir. Ich und Mir. Ich und Mir. Ich und Mir.
Ich und Mir. Ich und Mir. Ich und Mir. Ich und Mir. Ich
und Mir. Ich und Mir. Ich und Mir. Ich und Mir. Ich und
Mir. Ich und Mir. Ich und Mir. Ich und Mir. Ich und Mir.
Ich und Mir. Ich und Mir. Ich und Mir. Ich und Mir. Ich
und Mir. Ich und Mir. Ich und Mir.

Ich und Mir. Ich und Mir. Ich und Mir. Ich und Mir. Ich
und Mir. Ich und Mir. Ich und Mir. Ich und Mir. Ich und
Mir. Ich und Mir. Ich und Mir. Ich und Mir. Ich und Mir.
Ich und Mir. Ich und Mir. Ich und Mir. Ich und Mir. Ich
und Mir. Ich und Mir. Ich und Mir. Ich und Mir. Ich und
Mir. Ich und Mir. Ich und Mir. Ich und Mir. Ich und Mir.
Ich und Mir. Ich und Mir. Ich und Mir.

Ich und Mir. Ich und Mir. Ich und Mir. Ich und Mir. Ich
und Mir. Ich und Mir. Ich und Mir. Ich und Mir. Ich und
Mir. Ich und Mir. Ich und Mir. Ich und Mir. Ich und Mir.

Ich und Mir. Ich und Mir. Ich und Mir. Ich und Mir. Ich
und Mir. Ich und Mir. Ich und Mir. Ich und Mir. Ich und
Mir. Ich und Mir. Ich und Mir. Ich und Mir. Ich und Mir.
Ich und Mir. Ich und Mir.

Ich und Mir. Ich und Mir. Ich und Mir. Ich und Mir. Ich und Mir. Ich und Mir. Ich und Mir. Ich und Mir. Ich und Mir. Ich und Mir. Ich und Mir. Ich und Mir. Ich und Mir.

Ich und Mir. Ich und Mir. Ich und Mir. Ich und Mir. Ich und Mir. Ich und Mir. Ich und Mir. Ich und Mir. Ich und Mir. Ich und Mir. Ich und Mir. Ich und Mir.

Ich und Mir. Ich und Mir. Ich und Mir. Ich und Mir. Ich und Mir. Ich und Mir. Ich und Mir. Ich und Mir. Ich und Mir. Ich und Mir. Ich und Mir. Ich und Mir. Ich und Mir. Ich und Mir. Ich und Mir. Ich und Mir. Ich und Mir. Ich und Mir. Ich und Mir.

Ich und Mir. Ich und Mir. Ich und Mir. Ich und Mir. Ich und Mir. Ich und Mir. Ich und Mir. Ich und Mir. Ich und Mir. Ich und Mir. Ich und Mir. Ich und Mir. Ich und Mir. Ich und Mir. Ich und Mir. Ich und Mir. Ich und Mir. Ich und Mir. Ich und Mir. Ich und Mir.

Ich und Mir. Ich und Mir. Ich und Mir. Ich und Mir. Ich und Mir. Ich und Mir. Ich und Mir. Ich und Mir. Ich und Mir. Ich und Mir. Ich und Mir.

Ich und Mir. Ich und Mir. Ich und Mir. Ich und Mir. Ich und Mir. Ich und Mir. Ich und Mir. Ich und Mir. Ich und Mir. Ich und Mir. Ich und Mir. Ich und Mir. Ich und Mir. Ich und Mir. Ich und Mir. Ich und Mir. Ich und Mir. Ich

und Mir. Ich und Mir. Ich und Mir. Ich und Mir. Ich und Mir. Ich und Mir. Ich und Mir. Ich und Mir. Ich und Mir. Ich und Mir.

Ich und Mir. Ich und Mir. Ich und Mir. Ich und Mir. Ich und Mir. Ich und Mir. Ich und Mir. Ich und Mir. Ich und Mir. Ich und Mir. Ich und Mir. Ich und Mir. Ich und Mir. Ich und Mir. Ich und Mir. Ich und Mir. Ich und Mir. Ich und Mir.

Ich und Mir. Ich und Mir.

Ich und Mir. Ich und Mir. Ich und Mir.

Ich und Mir. Ich und Mir. Ich und Mir. Ich und Mir. Ich und Mir. Ich und Mir. Ich und Mir. Ich und Mir. Ich und Mir. Ich und Mir. Ich und Mir. Ich und Mir. Ich und Mir. Ich und Mir. Ich und Mir. Ich und Mir. Ich und Mir. Ich und Mir.

Ich und Mir. Ich und Mir. Ich und Mir. Ich und Mir. Ich und Mir. Ich und Mir. Ich und Mir. Ich und Mir. Ich und Mir. Ich und Mir. Ich und Mir. Ich und Mir. Ich und Mir. Ich und Mir. Ich und Mir. Ich und Mir. Ich und Mir.

Ich und Mir. Ich und Mir.

Ich und Mir. Ich und Mir.

Ich und Mir. Ich und Mir. Ich und Mir. Ich und Mir. Ich und Mir. Ich und Mir. Ich und Mir. Ich und Mir. Ich und Mir. Ich und Mir. Ich und Mir.

Ich und Mir. Ich und Mir.

Ich und Mir. Ich und Mir.

Ich und Mir. Ich und Mir.

Ich und Mir. Ich und Mir. Ich und Mir. Ich und Mir. Ich und Mir. Ich und Mir. Ich und Mir. Ich und Mir. Ich und Mir.

Ich und Mir. Ich und Mir.

Ich und Mir. Ich und Mir. Ich und Mir. Ich und Mir. Ich und Mir. Ich und Mir. Ich und Mir. Ich und Mir. Ich und Mir. Ich und Mir. Ich und Mir. Ich und Mir. Ich und Mir. Ich und Mir. Ich und Mir. Ich und Mir.

Ich und Mir. Ich und Mir.

Ich und Mir. Ich und Mir. Ich und Mir. Ich und Mir. Ich und Mir. Ich und Mir. Ich und Mir. Ich und Mir. Ich und Mir. Ich und Mir. Ich und Mir.

Ich und Mir. Ich und Mir. Ich und Mir. Ich und Mir. Ich und Mir. Ich und Mir. Ich und Mir. Ich und Mir. Ich und Mir. Ich und Mir. Ich und Mir. Ich und Mir. Ich und Mir. Ich und Mir. Ich und Mir. Ich und Mir. Ich und Mir.

Ich und Mir. Ich und Mir.

Ich und Mir. Ich und Mir.

Ich und Mir. Ich und Mir. Ich und Mir. Ich und Mir. Ich und Mir. Ich und Mir. Ich und Mir. Ich und Mir. Ich und Mir. Ich und Mir. Ich und Mir. Ich und Mir. Ich und Mir. Ich und Mir. Ich und Mir. Ich und Mir. Ich und Mir. Ich und Mir.

Ich und Mir. Ich und Mir. Ich und Mir. Ich und Mir. Ich und Mir. Ich und Mir. Ich und Mir. Ich und Mir. Ich und Mir. Ich und Mir. Ich und Mir. Ich und Mir. Ich und Mir.

Ich und Mir. Ich und Mir. Ich und Mir. Ich und Mir. Ich und Mir. Ich und Mir.

Ich und Mir. Ich und Mir. Ich und Mir. Ich und Mir. Ich und Mir. Ich und Mir. Ich und Mir. Ich und Mir.

Ich und Mir.

Kapitel 9

Mir ist.

Mir ist. Mir ist. Mir ist. Mir ist. Mir ist. Mir ist. Mir ist. Mir ist. Mir ist. Mir ist. Mir ist. Mir ist. Mir ist. Mir ist. Mir ist. Mir ist. Mir ist.

Mir ist. Mir ist.

Mir ist. Mir ist.

Mir ist. Mir ist.

Mir ist. Mir ist. Mir ist. Mir ist. Mir ist. Mir ist. Mir ist. Mir ist. Mir ist. Mir ist. Mir ist. Mir ist. Mir ist. Mir ist. Mir ist. Mir ist. Mir ist. Mir ist. Mir ist.

Mir ist. Mir ist.

Mir ist. Mir ist. Mir ist. Mir ist. Mir ist. Mir ist. Mir ist. Mir ist. Mir ist. Mir ist. Mir ist. Mir ist. Mir ist. Mir ist. Mir ist. Mir ist. Mir ist. Mir ist. Mir ist.

Mir ist. Mir ist.

Mir ist. Mir ist. Mir ist. Mir ist. Mir ist.

Mir ist. Mir ist.

Mir ist. Mir ist. Mir ist. Mir ist.

Mir ist. Mir ist.

Mir ist. Mir ist. Mir ist. Mir ist. Mir ist. Mir ist. Mir ist. Mir ist. Mir ist. Mir ist.

Mir ist. Mir ist.

Mir ist. Mir ist. Mir ist. Mir ist. Mir ist. Mir ist. Mir ist. Mir ist. Mir ist. Mir ist. Mir ist. Mir ist. Mir ist. Mir ist. Mir ist. Mir ist. Mir ist. Mir ist. Mir ist.

Mir ist. Mir ist.

Mir ist. Mir ist.

Mir ist. Mir ist.

Mir ist. Mir ist.

Mir ist. Mir ist. Mir ist. Mir ist. Mir ist. Mir ist. Mir ist. Mir ist. Mir ist. Mir ist. Mir ist. Mir ist. Mir ist. Mir ist. Mir ist. Mir ist. Mir ist. Mir ist. Mir ist.

Mir ist. Mir ist.

Mir ist. Mir ist.

Mir ist. Mir ist.

Mir ist. Mir ist. Mir ist. Mir ist. Mir ist. Mir ist. Mir ist. Mir ist. Mir ist. Mir ist. Mir ist. Mir ist. Mir ist. Mir ist. Mir ist. Mir ist. Mir ist.

Mir ist. Mir ist.

Mir ist. Mir ist.

Mir ist. Mir ist.

Mir ist. Mir ist.

Mir ist. Mir ist.

Mir ist. Mir ist.

Mir ist. Mir ist.

Mir ist. Mir

ist. Mir ist. Mir ist. Mir ist. Mir ist. Mir ist. Mir ist. Mir ist.
Mir ist. Mir ist. Mir ist. Mir ist.

Mir ist. Mir ist. Mir ist. Mir ist. Mir ist. Mir ist. Mir ist. Mir
ist. Mir ist. Mir ist. Mir ist. Mir ist. Mir ist. Mir ist. Mir ist.
Mir ist. Mir ist. Mir ist. Mir ist. Mir ist. Mir ist. Mir ist. Mir
ist. Mir ist. Mir ist. Mir ist. Mir ist. Mir ist. Mir ist. Mir ist.
Mir ist. Mir ist. Mir ist. Mir ist. Mir ist. Mir ist. Mir ist. Mir
ist. Mir ist. Mir ist. Mir ist. Mir ist. Mir ist. Mir ist. Mir ist.
Mir ist. Mir ist.

Mir ist. Mir ist. Mir ist. Mir ist. Mir ist. Mir ist. Mir ist. Mir
ist. Mir ist. Mir ist. Mir ist. Mir ist. Mir ist. Mir ist. Mir ist.
Mir ist.

 Mir ist. Mir ist. Mir ist. Mir ist. Mir ist. Mir ist. Mir ist. Mir
ist. Mir ist. Mir ist. Mir ist. Mir ist. Mir ist. Mir ist. Mir ist.
Mir ist. Mir ist. Mir ist. Mir ist. Mir ist. Mir ist. Mir ist. Mir
ist. Mir ist. Mir ist. Mir ist. Mir ist. Mir ist. Mir ist. Mir ist.
Mir ist. Mir ist. Mir ist. Mir ist. Mir ist. Mir ist. Mir ist. Mir
ist. Mir ist. Mir ist. Mir ist. Mir ist. Mir ist. Mir ist. Mir ist.

 Mir ist. Mir ist. Mir ist. Mir ist. Mir ist. Mir ist. Mir ist. Mir
ist. Mir ist. Mir ist. Mir ist. Mir ist. Mir ist. Mir ist. Mir ist.
Mir ist. Mir ist. Mir ist. Mir ist. Mir ist. Mir ist. Mir ist. Mir
ist. Mir ist. Mir ist. Mir ist. Mir ist. Mir ist. Mir ist. Mir ist.
Mir ist. Mir ist. Mir ist.

Mir ist. Mir ist. Mir ist. Mir ist. Mir ist. Mir ist. Mir ist. Mir
ist. Mir ist. Mir ist. Mir ist. Mir ist. Mir ist. Mir ist. Mir ist.
Mir ist. Mir ist. Mir ist. Mir ist. Mir ist. Mir ist. Mir ist. Mir
ist. Mir ist. Mir ist. Mir ist. Mir ist. Mir ist. Mir ist. Mir ist.

Mir ist. Mir ist. Mir ist. Mir ist. Mir ist. Mir ist. Mir ist. Mir ist. Mir ist. Mir ist. Mir ist. Mir ist. Mir ist. Mir ist.

 Mir ist.

Mir ist. Mir ist.

Mir ist. Mir ist.

Mir ist. Mir ist.

Mir ist. Mir

ist. Mir ist. Mir ist. Mir ist. Mir ist. Mir ist. Mir ist. Mir ist. Mir ist.
Mir ist. Mir ist. Mir ist.

Mir ist. Mir ist. Mir ist. Mir ist. Mir ist. Mir ist. Mir ist. Mir ist.

Mir ist. Mir ist.

Mir ist. Mir ist.

Mir ist. Mir ist.

Mir ist. Mir ist. Mir ist.

Mir ist. Mir ist. Mir ist. Mir ist. Mir ist. Mir ist. Mir ist. Mir ist. Mir ist. Mir ist. Mir ist. Mir ist. Mir ist. Mir ist. Mir ist.

Mir ist. Mir ist. Mir ist. Mir ist. Mir ist. Mir ist. Mir ist. Mir ist. Mir ist.

Mir ist. Mir ist.

Mir ist. Mir ist.

Mir ist. Mir ist.

Mir ist. Mir ist.

Mir ist. Mir ist.

Mir ist. Mir ist.

Mir ist. Mir ist. Mir ist. Mir ist. Mir ist. Mir ist. Mir ist. Mir ist. Mir ist. Mir ist. Mir ist. Mir ist. Mir ist. Mir ist. Mir ist. Mir ist. Mir ist. Mir ist. Ist. Mir ist.

Mir ist. Mir ist.

Mir ist. Mir ist. Mir ist. Mir ist. Mir ist. Mir ist. Mir ist. Mir ist. Mir ist. Mir ist. Mir ist. Mir ist. Mir ist. Mir ist. Mir ist. Mir ist. Mir ist.

Mir ist. Mir ist. Mir ist. Mir ist. Mir ist. Mir ist. Mir ist. Mir ist. Mir ist. Mir ist. Mir ist. Mir ist. Mir ist. Mir ist. Mir ist. Mir ist. Mir ist. Mir ist.

Mir ist. Mir ist.

Mir ist. Mir ist. Mir ist. Mir ist. Mir ist. Mir ist. Mir ist. Mir ist. Mir ist.

Mir ist. Mir ist.

Mir ist. Mir ist. Mir ist. Mir ist. Mir ist. Mir ist. Mir ist. Mir ist. Mir ist. Mir ist. Mir ist. Mir ist. Mir ist. Mir ist. Mir ist. Mir ist.

Mir ist. Mir ist.

Mir ist. Mir ist. Mir ist. Mir ist. Mir ist. Mir ist. Mir ist. Mir ist. Mir ist. Mir ist. Mir ist. Mir ist. Mir ist.

Mir ist. Mir ist.

Mir ist. Mir ist.

Mir ist. Mir ist.

Mir ist. Mir ist.

Mir ist. Mir ist. Mir ist. Mir ist. Mir ist. Mir ist. Mir ist. Mir ist. Mir ist. Mir ist. Mir ist. Mir ist. Mir ist. Mir ist. Mir ist. Mir ist.

Mir ist. Mir ist. Mir ist. Mir ist. Mir ist. Mir ist. Mir ist. Mir ist. Mir ist. Mir ist.

Mir ist. Mir ist.

Mir ist. Mir ist. Mir ist. Mir ist. Mir ist. Mir ist. Mir ist. Mir ist. Mir ist. Mir ist. Mir ist. Mir ist. Mir ist. Mir ist. Mir ist. Mir ist. Mir ist. Mir ist. Mir ist.

Mir ist. Mir ist.

 Mir ist.

Mir ist. Mir ist. Mir ist. Mir ist. Mir ist. Mir ist. Mir ist. Mir ist. Mir ist. Mir ist. Mir ist. Mir ist. Mir ist. Mir ist. Mir ist. Mir ist. Mir ist. Mir ist.

Mir ist. Mir ist. Mir ist. Mir ist. Mir ist. Mir ist. Mir ist. Mir ist. Mir ist. Mir ist. Mir ist. Mir ist. Mir ist. Mir ist.

Mir ist. Mir ist. Mir ist. Mir ist. Mir ist. Mir ist. Mir ist. Mir ist. Mir ist. Mir ist. Mir ist. Mir ist. Mir ist. Mir ist. Mir ist. Mir ist. Mir ist. Mir ist.

Mir ist. Mir ist.

Mir ist. Mir ist.

Mir ist. Mir ist.

Mir ist. Mir ist.

Mir ist. Mir ist.

Mir ist. Mir ist. Mir ist. Mir ist.

Mir ist. Mir ist. Mir ist. Mir ist. Mir ist. Mir ist.Mir ist. Mir ist. Mir ist. Mir ist. Mir ist. Mir ist. Mir ist. Mir ist. Mir ist. Mir ist. Mir ist. Mir ist. Mir ist. Mir ist. Mir I

st. Mir ist.

Mir ist. Mir ist.

Mir ist. Mir ist. Mir ist. Mir ist.

Mir ist. Mir ist.

Mir ist. Mir ist.

Mir ist. Mir ist.

Mir ist. Mir ist.

Mir ist. Mir

ist. Mir ist. Mir ist. Mir ist. Mir ist. Mir ist. Mir ist. Mir ist. Mir ist.

Mir ist. Mir ist. Mir ist. Mir ist. Mir ist. Mir ist. Mir ist. Mir ist. Mir ist. Mir ist. Mir ist. Mir ist.

Wie ist mir? Mir ist.

Kapitel 10

Mein ist

Mein ist. Mein ist. Mein ist. Mein ist. Mein ist. Mein ist. Mein ist. Mein ist. Mein ist. Mein ist. Mein ist. Mein ist. Mein ist. Mein ist.

Mein ist. Mein ist.

Mein ist. Mein ist. Mein ist. Mein ist. Mein ist. Mein ist. Mein ist. Mein ist. Mein ist. Mein ist. Mein ist. Mein ist. Mein ist. Mein ist.

Mein ist. Mein ist.

Mein ist. Mein ist. Mein ist. Mein ist. Mein ist. Mein ist. Mein ist. Mein ist. Mein ist. Mein ist. Mein ist. Mein ist. Mein ist. Mein ist. Mein ist. Mein ist. Mein ist. Mein ist.

Mein ist. Mein ist. Mein ist. Mein ist. Mein ist. Mein ist. Mein ist. Mein ist. Mein ist. Mein ist. Mein ist.

Mein ist. Mein ist. Mein ist. Mein ist. Mein ist.

Mein ist. Mein ist. Mein ist. Mein ist. Mein ist. Mein ist. Mein ist. Mein ist. Mein ist. Mein ist.

Mein ist. Mein ist. Mein ist. Mein ist. Mein ist. Mein ist. Mein ist. Mein ist. Mein ist. Mein ist. Mein ist. Mein ist. Mein ist. Mein ist. Mein ist. Mein ist.

Mein ist. Mein ist. Mein ist. Mein ist. Mein ist. Mein ist. Mein ist. Mein ist. Mein ist. Mein ist.

Mein ist. Mein ist. Mein ist. Mein ist. Mein ist. Mein ist. Mein ist. Mein ist. Mein ist. Mein ist. Mein ist. Mein ist. Mein ist. Mein ist.

Mein ist. Mein ist.

Mein ist. Mein ist.

Mein ist. Mein ist. Mein ist. Mein ist. Mein ist. Mein ist.
Mein ist. Mein ist. Mein ist. Mein ist. Mein ist. Mein ist.
Mein ist. Mein ist. Mein ist. Mein ist. Mein ist. Mein ist.
Mein ist. Mein ist. Mein ist. Mein ist. Mein ist. Mein ist.
Mein ist. Mein ist. Mein ist. Mein ist. Mein ist. Mein ist.
Mein ist. Mein ist. Mein ist. Mein ist. Mein ist. Mein ist.
Mein ist.

Mein ist. Mein ist. Mein ist. Mein ist. Mein ist. Mein ist.
Mein ist. Mein ist. Mein ist. Mein ist. Mein ist. Mein ist.
Mein ist. Mein ist. Mein ist. Mein ist. Mein ist. Mein ist.

Mein ist. Mein ist. Mein ist. Mein ist. Mein ist. Mein ist.
Mein ist. Mein ist. Mein ist. Mein ist. Mein ist. Mein ist.
Mein ist. Mein ist. Mein ist.

Mein ist. Mein ist. Mein ist. Mein ist. Mein ist. Mein ist.
Mein ist. Mein ist. Mein ist. Mein ist. Mein ist. Mein ist.
Mein ist. Mein ist. Mein ist. Mein ist. Mein ist. Mein ist.
Mein ist. Mein ist. Mein ist. Mein ist. Mein ist. Mein ist.
Mein ist. Mein ist. Mein ist. Mein ist. Mein ist. Mein ist.
Mein ist. Mein ist. Mein ist. Mein ist. Mein ist. Mein ist.
Mein ist. Mein ist. Mein ist. Mein ist.

Mein ist. Mein ist. Mein ist. Mein ist. Mein ist. Mein ist.
Mein ist. Mein ist. Mein ist. Mein ist. Mein ist. Mein ist.
Mein ist. Mein ist. Mein ist. Mein ist. Mein ist. Mein ist.
Mein ist. Mein ist. Mein ist. Mein ist. Mein ist. Mein ist.
Mein ist. Mein ist. Mein ist. Mein ist. Mein ist. Mein ist.
Mein ist. Mein ist. Mein ist. Mein ist. Mein

ist. Mein ist.

Mein ist. Mein ist. Mein ist. Mein ist. Mein ist. Mein ist. Mein ist. Mein ist. Mein ist. Mein ist. Mein ist. Mein ist. Mein ist. Mein ist. Mein ist. Mein ist.

Mein ist. Mein ist.

Mein ist. Mein ist.

Mein ist. Mein ist. Mein ist. Mein ist. Mein ist. Mein ist. Mein ist. Mein ist. Mein ist.

Mein ist. Mein ist.

Mein ist. Mein ist. Mein ist. Mein ist. Mein ist. Mein ist. Mein ist. Mein ist. Mein ist. Mein ist. Mein ist. Mein ist. Mein ist. Mein ist. Mein ist. Mein ist. Mein ist. Mein ist. Mein ist.

Mein ist. Mein ist. Mein ist. Mein ist. Mein ist. Mein ist. Mein ist. Mein ist.

Mein ist. Mein ist.

Mein ist. Mein ist.

Mein ist. Mein ist.

Mein ist. Mein ist. Mein ist. Mein ist. Mein ist. Mein ist. Mein ist. Mein ist.

Mein ist. Mein ist. Mein ist. Mein ist. Mein ist. Mein ist. Mein ist. Mein ist. Mein ist. Mein ist. Mein ist. Mein ist. Mein ist. Mein ist. Mein ist. Mein ist. Mein ist.

Mein ist. Mein ist.

Mein ist. Mein ist.

Mein ist. Mein ist. Mein ist. Mein ist. Mein ist. Mein ist. Mein ist. Mein ist. Mein ist. Mein ist. Mein ist. Mein ist. Mein ist. Mein ist. Mein ist. Mein ist.

Mein ist. Mein ist.

Mein ist. Mein ist.

Mein ist. Mein ist. Mein ist. Mein ist. Mein ist. Mein ist.
Mein ist. Mein ist. Mein ist. Mein ist. Mein ist. Mein ist.
Mein ist. Mein ist. Mein ist. Mein ist. Mein ist. Mein ist.
Mein ist. Mein ist. Mein ist. Mein ist. Mein ist. Mein ist.
Mein ist. Mein ist. Mein ist. Mein ist. Mein ist. Mein ist.
Mein ist. Mein ist. Mein ist. Mein ist. Mein ist. Mein ist.

Mein ist. Mein ist. Mein ist. Mein ist. Mein ist. Mein ist.
Mein ist. Mein ist. Mein ist. Mein ist. Mein ist. Mein ist.
Mein ist. Mein ist. Mein ist. Mein ist. Mein ist.

Mein ist. Mein ist. Mein ist. Mein ist. Mein ist. Mein ist.
Mein ist. Mein ist. Mein ist. Mein ist. Mein ist. Mein ist.
Mein ist. Mein ist. Mein ist. Mein ist. Mein ist. Mein ist.
Mein ist. Mein ist. Mein ist. Mein ist. Mein ist. Mein ist.
Mein ist. Mein ist. Mein ist. Mein ist. Mein ist. Mein ist.
Mein ist. Mein ist. Mein ist. Mein ist. Mein ist. Mein ist.
Mein ist. Mein ist. Mein ist. Mein ist. Mein ist. Mein ist.
Mein ist. Mein ist. Mein ist. Mein ist. Mein ist. Mein ist.
Mein ist. Mein ist. Mein ist. Mein ist. Mein ist. Mein ist.
Mein ist.

Mein ist. Mein ist. Mein ist. Mein ist. Mein ist. Mein ist.
Mein ist. Mein ist. Mein ist. Mein ist. Mein ist. Mein ist.
Mein ist. Mein ist. Mein ist. Mein ist. Mein ist. Mein ist.
Mein ist. Mein ist. Mein ist. Mein ist. Mein ist. Mein ist.
Mein ist. Mein ist. Mein ist.

Mein ist. Mein ist.

Mein ist. Mein ist. Mein ist. Mein ist. Mein ist. Mein ist. Mein ist. Mein ist. Mein ist. Mein ist. Mein ist. Mein ist. Mein ist. Mein ist. Mein ist.

Mein ist. Mein ist.

Mein ist. Mein ist.

Mein ist. Mein ist.

Mein ist. Mein ist. Mein ist. Mein ist. Mein ist. Mein ist.
Mein ist. Mein ist. Mein ist. Mein ist. Mein ist. Mein ist.
Mein ist. Mein ist. Mein ist. Mein ist. Mein ist. Mein ist.
Mein ist. Mein ist. Mein ist. Mein ist. Mein ist. Mein ist.

Mein ist. Mein ist. Mein ist. Mein ist. Mein ist. Mein ist.
Mein ist. Mein ist. Mein ist. Mein ist. Mein ist. Mein ist.
Mein ist. Mein ist. Mein ist. Mein ist. Mein ist. Mein ist.
Mein ist. Mein ist. Mein ist. Mein ist. Mein ist. Mein ist.
Mein ist. Mein ist. Mein ist. Mein ist. Mein ist. Mein ist.
Mein ist.

Mein ist. Mein ist. Mein ist. Mein ist. Mein ist. Mein ist.
Mein ist. Mein ist. Mein ist. Mein ist. Mein ist. Mein ist.
Mein ist. Mein ist. Mein ist. Mein ist. Mein ist. Mein ist.
Mein ist. Mein ist. Mein ist. Mein ist. Mein ist. Mein ist.
Mein ist. Mein ist. Mein ist. Mein ist. Mein ist. Mein ist.
Mein ist. Mein ist. Mein ist. Mein ist. Mein ist. Mein ist.
Mein ist. Mein ist. Mein ist. Mein ist. Mein ist. Mein ist.
Mein ist. Mein ist. Mein ist. Mein ist. Mein ist. Mein ist.
Mein ist. Mein ist. Mein ist. Mein ist. Mein ist. Mein ist.
Mein ist.

Mein ist. Mein ist. Mein ist. Mein ist. Mein ist.

Mein ist. Mein ist. Mein ist. Mein ist. Mein ist. Mein ist.
Mein ist. Mein ist. Mein ist. Mein ist. Mein ist. Mein ist.
Mein ist. Mein ist. Mein ist. Mein ist. Mein ist. Mein ist.
Mein ist. Mein ist. Mein ist. Mein ist. Mein ist. Mein ist.
Mein ist. Mein ist. Mein ist. Mein ist. Mein ist. Mein ist.
Mein ist. Mein ist. Mein ist. Mein ist. Mein ist. Mein ist.

Mein ist. Mein ist. Mein ist. Mein ist. Mein ist. Mein ist. Mein ist. Mein ist. Mein ist. Mein ist. Mein ist.

Mein ist. Mein ist. Mein ist.

Mein ist. Mein ist.

Mein ist. Mein ist.

Mein ist. Mein ist.

Mein ist. Mein ist.

Mein ist. Mein ist. Mein ist. Mein ist. Mein ist. Mein ist.
Mein ist. Mein ist. Mein ist. Mein ist. Mein ist. Mein ist.
Mein ist. Mein ist. Mein ist. Mein ist. Mein ist. Mein ist.
Mein ist. Mein ist. Mein ist. Mein ist. Mein ist. Mein ist.
Mein ist. Mein ist.

Mein ist. Mein ist. Mein ist. Mein ist. Mein ist. Mein ist.
Mein ist. Mein ist. Mein ist. Mein ist. Mein ist. Mein ist.
Mein ist. Mein ist. Mein ist. Mein ist. Mein ist. Mein ist.
Mein ist. Mein ist. Mein ist. Mein ist. Mein ist. Mein ist.
Mein ist. Mein ist. Mein ist. Mein ist. Mein ist.

Mein ist. Mein ist. Mein ist. Mein ist. Mein ist. Mein ist.
Mein ist. Mein ist. Mein ist. Mein ist. Mein ist. Mein ist.
Mein ist. Mein ist. Mein ist. Mein ist. Mein ist. Mein ist.
Mein ist. Mein ist. Mein ist. Mein ist. Mein ist. Mein ist.
Mein ist. Mein ist.

Mein ist. Mein ist. Mein ist. Mein ist. Mein ist. Mein ist.
Mein ist. Mein ist. Mein ist. Mein ist. Mein ist. Mein ist.
Mein ist. Mein ist. Mein ist. Mein ist. Mein ist. Mein ist.
Mein ist. Mein ist. Mein ist. Mein ist. Mein ist. Mein ist.
Mein ist. Mein ist. Mein ist. Mein ist. Mein ist.

Mein ist. Mein ist. Mein ist. Mein ist. Mein ist. Mein ist.
Mein ist. Mein ist. Mein ist. Mein ist. Mein ist. Mein ist.
Mein ist. Mein ist. Mein ist. Mein ist. Mein ist. Mein ist.
Mein ist. Mein ist. Mein ist. Mein ist. Mein ist. Mein ist.
Mein ist. Mein ist.

Mein ist. Mein ist.

Mein ist. Mein ist. Mein ist. Mein ist. Mein ist. Mein ist. Mein ist. Mein ist. Mein ist. Mein ist. Mein ist. Mein ist. Mein ist. Mein ist. Mein ist.

Mein ist. Mein ist.

Mein ist. Mein ist. Mein ist. Mein ist. Mein ist. Mein ist. Mein ist. Mein ist. Mein ist. Mein ist. Mein ist. Mein ist. Mein ist. Mein ist. Mein ist. Mein ist.

Mein ist. Mein ist.

Mein ist. Mein ist. Mein ist. Mein ist.

Mein ist. Mein ist. Mein ist. Mein ist. Mein ist. Mein ist.
Mein ist. Mein ist. Mein ist. Mein ist. Mein ist. Mein ist.
Mein ist. Mein ist. Mein ist. Mein ist. Mein ist. Mein ist.
Mein ist. Mein ist. Mein ist. Mein ist. Mein ist. Mein ist.
Mein ist. Mein ist. Mein ist. Mein ist. Mein ist. Mein ist.
Mein ist. Mein ist. Mein ist. Mein ist. Mein ist. Mein ist.
Mein ist. Mein ist. Mein ist. Mein ist. Mein ist. Mein ist.
Mein ist. Mein ist.

Mein ist. Mein ist. Mein ist. Mein ist. Mein ist. Mein ist.
Mein ist.

Mein ist. Mein ist. Mein ist. Mein ist. Mein ist. Mein ist.
Mein ist. Mein ist. Mein ist. Mein ist. Mein ist. Mein ist.
Mein ist. Mein ist. Mein ist. Mein ist. Mein ist. Mein ist.
Mein ist. Mein ist. Mein ist. Mein ist. Mein ist. Mein ist.
Mein ist. Mein ist.

Mein ist. Mein ist. Mein ist. Mein ist. Mein ist. Mein ist.
Mein ist. Mein ist. Mein ist. Mein ist. Mein ist. Mein ist.
Mein ist. Mein ist. Mein ist. Mein ist. Mein ist. Mein ist.
Mein ist. Mein ist. Mein ist. Mein ist. Mein ist. Mein ist.
Mein ist. Mein ist. Mein ist. Mein ist. Mein ist.

Mein ist. Mein ist. Mein ist. Mein ist. Mein ist. Mein ist.
Mein ist. Mein ist. Mein ist. Mein ist. Mein ist. Mein ist.
Mein ist. Mein ist. Mein ist. Mein ist. Mein ist. Mein ist.
Mein ist. Mein ist. Mein ist. Mein ist. Mein ist. Mein ist.
Mein ist. Mein ist. Mein ist. Mein ist. Mein ist. Mein ist.
Mein ist. Mein ist. Mein ist. Mein ist. Mein ist. Mein ist.
Mein ist. Mein ist. Mein ist. Mein ist. Mein ist. Mein ist.

Mein ist. Mein ist. Mein ist. Mein ist. Mein ist. Mein ist. Mein ist. Mein ist. Mein ist. Mein ist. Mein ist. Mein ist. Mein ist.

Mein ist. Mein ist.

Mein ist. Mein ist.

Mein ist. Mein ist.

Mein ist. Mein ist. Mein ist. Mein ist. Mein ist. Mein ist. Mein ist. Mein ist. Mein ist. Mein ist. Mein ist. Mein ist. Mein ist. Mein ist. Mein ist. Mein ist. Mein ist. Mein ist.

Mein ist. Mein ist. Mein ist. Mein ist. Mein ist. Mein ist. Mein ist. Mein ist. Mein ist. Mein ist. Mein ist. Mein ist. Mein ist. Mein ist. Mein ist.

Mein ist. Mein ist. Mein ist. Mein ist. Mein ist. Mein ist. Mein ist. Mein ist.

Mein ist. Mein ist.

Mein ist. Mein ist. Mein ist. Mein ist. Mein ist. Mein ist. Mein ist. Mein ist. Mein ist. Mein ist. Mein ist. Mein ist. Mein ist. Mein ist.

Mein ist. Mein ist.

Mein ist. Mein ist. Mein ist. Mein ist. Mein ist.

Mein ist. Mein ist.

Mein ist. Mein ist.

Mein ist. Mein ist. Mein ist. Mein ist. Mein ist. Mein ist. Mein ist. Mein ist. Mein ist. Mein ist. Mein ist. Mein ist. Mein ist. Mein ist. Mein ist.

Mein ist. Mein ist.

Mein ist. Mein ist. Mein ist. Mein ist. Mein ist. Mein ist.

Mein ist. Mein ist.

Mein ist. Mein ist. Mein ist. Mein ist. Mein ist. Mein ist. Mein ist. Mein ist. Mein ist. Mein ist. Mein ist. Mein ist. Mein ist.

Mein ist. Mein ist.

Mein ist. Mein ist. Mein ist. Mein ist. Mein ist. Mein ist. Mein ist. Mein ist. Mein ist. Mein ist. Mein ist. Mein ist. Mein ist. Mein ist. Mein ist. Mein ist. Mein ist. Mein ist. Mein ist. Mein ist.

Mein ist. Mein ist. Mein ist. Mein ist. Mein ist. Mein ist. Mein ist. Mein ist. Mein ist. Mein ist. Mein ist. Mein ist.

Mein ist. Mein ist.

Mein ist. Mein ist. Mein ist. Mein ist. Mein ist. Mein ist. Mein ist. Mein ist. Mein ist. Mein ist. Mein ist. Mein ist. Mein ist. Mein ist. Mein ist. Mein ist. Mein ist.

Mein ist. Mein ist. Mein ist. Mein ist. Mein ist. Mein ist. Mein ist.

Mein ist. Mein ist. Mein ist. Mein ist. Mein ist. Mein ist. Mein ist. Mein ist. Mein ist. Mein ist. Mein ist. Mein ist. Mein ist. Mein ist. Mein ist. Mein ist. Mein ist. Mein ist.

Mein ist. Mein ist. Mein ist. Mein ist. Mein ist. Mein ist.
Mein ist. Mein ist. Mein ist. Mein ist. Mein ist.

Mein ist. Mein ist. Mein ist. Mein ist. Mein ist. Mein ist.
Mein ist. Mein ist. Mein ist. Mein ist. Mein ist. Mein ist.
Mein ist. Mein ist. Mein ist. Mein ist. Mein ist. Mein ist.

Mein ist. Mein ist mein.

Kapitel 11

Mein selbst.

Mein selbst. Mein selbst. Mein selbst. Mein selbst. Mein selbst. Mein selbst. Mein selbst. Mein selbst. Mein selbst. Mein selbst. Mein selbst. Mein selbst. Mein selbst. Mein selbst. Mein selbst. Mein selbst. Mein selbst. Mein selbst. Mein selbst.

Mein selbst. Mein selbst. Mein selbst. Mein selbst. Mein selbst.

Mein selbst. Mein selbst. Mein selbst. Mein selbst. Mein selbst. Mein selbst. Mein selbst. Mein selbst. Mein selbst. Mein selbst. Mein selbst.

Mein selbst. Mein selbst. Mein selbst. Mein selbst.

Mein selbst. Mein selbst. Mein selbst. Mein selbst. Mein selbst. Mein selbst. Mein selbst. Mein selbst. Mein selbst. Mein selbst. Mein selbst. Mein selbst. Mein selbst. Mein selbst.

Mein selbst. Mein selbst. Mein selbst.

Mein selbst. Mein selbst. Mein selbst. Mein selbst. Mein selbst. Mein selbst. Mein selbst. Mein selbst. Mein selbst. Mein selbst. Mein selbst. Mein selbst. Mein selbst. Mein selbst. Mein selbst. Mein selbst.

Mein selbst. Mein selbst. Mein selbst. Mein selbst. Mein selbst. Mein selbst. Mein selbst. Mein selbst. Mein selbst. Mein selbst. Mein selbst. Mein selbst.

Mein selbst. Mein selbst. Mein selbst. Mein selbst. Mein selbst. Mein selbst. Mein selbst. Mein selbst. Mein selbst. Mein selbst. Mein selbst. Mein selbst. Mein selbst. Mein selbst. Mein selbst. Mein selbst. Mein selbst. Mein selbst. Mein selbst. Mein selbst.

Mein selbst. Mein selbst.

Mein selbst. Mein selbst. Mein selbst. Mein selbst. Mein selbst. Mein selbst. Mein selbst. Mein selbst. Mein selbst. Mein selbst. Mein selbst. Mein selbst. Mein selbst. Mein selbst.

Mein selbst. Mein selbst. Mein selbst. Mein selbst. Mein selbst. Mein selbst. Mein selbst. Mein selbst. Mein selbst. Mein selbst. Mein selbst. Mein selbst. Mein selbst. Mein selbst.

Mein selbst. Mein selbst. Mein selbst. Mein selbst. Mein selbst. Mein selbst. Mein selbst. Mein selbst. Mein selbst. Mein selbst. Mein selbst. Mein selbst. Mein

selbst. Mein selbst. Mein selbst. Mein selbst. Mein selbst. Mein selbst.

Mein selbst. Mein selbst. Mein selbst. Mein selbst. Mein selbst. Mein selbst. Mein selbst. Mein selbst. Mein selbst. Mein selbst. Mein selbst. Mein selbst. Mein selbst. Mein selbst. Mein selbst. Mein selbst. Mein selbst. Mein selbst. Mein selbst.

Mein selbst. Mein selbst.

Mein selbst. Mein selbst.

Mein selbst. Mein selbst. Mein selbst. Mein selbst. Mein selbst. Mein selbst. Mein selbst. Mein selbst. Mein

selbst. Mein selbst. Mein selbst. Mein selbst. Mein selbst. Mein selbst. Mein selbst. Mein selbst. Mein selbst. Mein selbst. Mein selbst. Mein selbst. Mein selbst. Mein selbst. Mein selbst. Mein selbst. Mein selbst. Mein selbst. Mein selbst. Mein selbst.

Mein selbst. Mein selbst.

Mein selbst. Mein selbst.

Mein selbst. Mein selbst.

Mein selbst. Mein selbst.

Mein selbst. Mein selbst.

Mein selbst. Mein selbst. Mein selbst. Mein selbst. Mein selbst. Mein selbst. Mein selbst. Mein selbst. Mein selbst. Mein selbst. Mein selbst. Mein selbst. Mein selbst.

Mein selbst. Mein selbst. Mein selbst. Mein selbst. Mein selbst. Mein selbst. Mein selbst. Mein selbst.

Mein selbst. Mein selbst. Mein selbst. Mein selbst. Mein selbst. Mein selbst. Mein selbst. Mein selbst. Mein selbst. Mein selbst. Mein selbst. Mein selbst. Mein

selbst. Mein selbst. Mein selbst. Mein selbst. Mein selbst. Mein selbst. Mein selbst. Mein selbst. Mein selbst. Mein selbst. Mein selbst. Mein selbst. Mein selbst. Mein selbst. Mein selbst. Mein selbst. Mein selbst.

Mein selbst. Mein selbst.

Mein selbst. Mein selbst.

Mein selbst. Mein

selbst. Mein selbst. Mein selbst. Mein selbst. Mein
selbst. Mein selbst. Mein selbst. Mein selbst.

Mein selbst. Mein selbst. Mein selbst. Mein selbst. Mein
selbst. Mein selbst. Mein selbst. Mein selbst. Mein
selbst. Mein selbst. Mein selbst. Mein selbst. Mein
selbst. Mein selbst. Mein selbst. Mein selbst. Mein
selbst. Mein selbst.

Mein selbst. Mein selbst. Mein selbst. Mein selbst. Mein
selbst. Mein selbst. Mein selbst. Mein selbst. Mein
selbst. Mein selbst. Mein selbst. Mein selbst. Mein
selbst. Mein selbst. Mein selbst. Mein selbst. Mein
selbst. Mein selbst. Mein selbst. Mein selbst. Mein
selbst. Mein selbst. Mein selbst. Mein selbst.

Mein selbst. Mein selbst.

Mein selbst. Mein selbst.

Mein selbst. Mein selbst.

Mein selbst. Mein

selbst. Mein selbst. Mein selbst. Mein selbst. Mein
selbst. Mein selbst. Mein selbst. Mein selbst.

Mein selbst. Mein selbst. Mein selbst. Mein selbst. Mein
selbst. Mein selbst. Mein selbst. Mein selbst. Mein
selbst. Mein selbst. Mein selbst. Mein selbst. Mein
selbst. Mein selbst. Mein selbst. Mein selbst. Mein
selbst.

Mein selbst. Mein selbst. Mein selbst. Mein selbst. Mein
selbst. Mein selbst. Mein selbst. Mein selbst. Mein
selbst. Mein selbst. Mein selbst. Mein selbst. Mein
selbst. Mein selbst. Mein selbst. Mein selbst. Mein
selbst. Mein selbst. Mein selbst. Mein selbst. Mein
selbst. Mein selbst. Mein selbst. Mein selbst. Mein
selbst. Mein selbst. Mein selbst. Mein selbst.

Mein selbst. Mein selbst. Mein selbst. Mein selbst. Mein
selbst. Mein selbst.

Mein selbst. Mein selbst. Mein selbst. Mein selbst. Mein
selbst. Mein selbst. Mein selbst. Mein selbst. Mein
selbst. Mein selbst. Mein selbst. Mein selbst.

Mein selbst. Mein selbst. Mein selbst. Mein selbst. Mein
selbst. Mein selbst. Mein selbst. Mein selbst. Mein
selbst. Mein selbst. Mein selbst. Mein selbst. Mein
selbst. Mein selbst.

Mein selbst. Mein selbst.

Mein selbst. Mein selbst.

Mein selbst. Mein selbst. Mein selbst. Mein selbst. Mein selbst. Mein selbst. Mein selbst. Mein selbst. Mein selbst. Mein selbst. Mein selbst. Mein selbst. Mein

selbst. Mein selbst. Mein selbst. Mein selbst. Mein selbst. Mein selbst. Mein selbst. Mein selbst.

Mein selbst. Mein selbst.

Mein selbst. Mein selbst. Mein selbst. Mein selbst. Mein selbst. Mein selbst. Mein selbst. Mein selbst. Mein selbst. Mein selbst. Mein selbst. Mein selbst. Mein selbst. Mein selbst.

Mein selbst.

Kapitel 12.

Mein Ich.

Mein Ich. Mein Ich.

Mein Ich. Mein Ich. Mein Ich. Mein Ich. Mein Ich. Mein Ich. Mein Ich. Mein Ich.

Mein Ich. Mein Ich. Mein Ich. Mein Ich. Mein Ich. Mein Ich. Mein Ich. Mein Ich. Mein Ich. Mein Ich. Mein Ich. Mein Ich. Mein Ich.

Mein Ich. Mein Ich. Mein Ich. Mein Ich. Mein Ich. Mein Ich. Mein Ich. Mein Ich. Mein Ich. Mein Ich. Mein Ich. Mein Ich. Mein Ich. Mein Ich. Mein Ich. Mein Ich.

Mein Ich. Mein Ich. Mein Ich. Mein Ich. Mein Ich.

Mein Ich. Mein Ich. Mein Ich. Mein Ich. Mein Ich. Mein Ich. Mein Ich. Mein Ich. Mein Ich. Mein Ich. Mein Ich. Mein Ich. Mein Ich. Mein Ich. Mein Ich. Mein Ich. Mein Ich. Mein

Ich. Mein Ich. Mein Ich. Mein Ich. Mein Ich. Mein Ich.
Mein Ich. Mein Ich. Mein Ich. Mein Ich. Mein Ich.

Mein Ich. Mein Ich. Mein Ich. Mein Ich. Mein Ich. Mein
Ich. Mein Ich. Mein Ich. Mein Ich. Mein Ich. Mein Ich.
Mein Ich. Mein Ich. Mein Ich.

Mein Ich. Mein Ich. Mein Ich. Mein Ich. Mein Ich. Mein
Ich. Mein Ich. Mein Ich. Mein Ich. Mein Ich. Mein Ich.
Mein Ich. Mein Ich. Mein Ich. Mein Ich. Mein Ich. Mein
Ich. Mein Ich.

Mein Ich. Mein Ich. Mein Ich. Mein Ich.

Mein Ich. Mein Ich. Mein Ich. Mein Ich. Mein Ich. Mein
Ich. Mein Ich. Mein Ich. Mein Ich. Mein Ich. Mein Ich.
Mein Ich. Mein Ich. Mein Ich. Mein Ich. Mein Ich. Mein
Ich. Mein Ich. Mein Ich. Mein Ich. Mein Ich. Mein Ich.
Mein Ich. Mein Ich. Mein Ich. Mein Ich. Mein Ich. Mein
Ich.

Mein Ich. Mein Ich. Mein Ich. Mein Ich. Mein Ich. Mein
Ich. Mein Ich. Mein Ich. Mein Ich. Mein Ich. Mein Ich.
Mein Ich. Mein Ich. Mein Ich. Mein Ich. Mein Ich.

Mein Ich. Mein Ich. Mein Ich. Mein Ich. Mein Ich. Mein
Ich. Mein Ich. Mein Ich. Mein Ich. Mein Ich. Mein Ich.
Mein Ich. Mein Ich. Mein Ich. Mein Ich. Mein Ich.

Mein Ich. Mein Ich. Mein Ich. Mein Ich. Mein Ich. Mein
Ich. Mein Ich. Mein Ich. Mein Ich. Mein Ich. Mein Ich.
Mein Ich. Mein Ich. Mein Ich.

Mein Ich. Mein Ich. Mein Ich. Mein Ich. Mein Ich. Mein Ich. Mein Ich. Mein Ich. Mein Ich. Mein Ich. Mein Ich. Mein Ich. Mein Ich. Mein Ich. Mein Ich. Mein Ich. Mein Ich.

Mein Ich. Mein Ich. Mein Ich. Mein Ich. Mein Ich. Mein Ich. Mein Ich. Mein Ich. Mein Ich. Mein Ich. Mein Ich. Mein Ich. Mein Ich. Mein Ich. Mein Ich. Mein Ich. Mein Ich.

Mein Ich. Mein Ich. Mein Ich. Mein Ich. Mein Ich. Mein Ich. Mein Ich. Mein Ich. Mein Ich. Mein Ich. Mein Ich. Mein Ich. Mein Ich. Mein Ich. Mein Ich.

Mein Ich. Mein Ich. Mein Ich. Mein Ich. Mein Ich. Mein Ich. Mein Ich. Mein Ich. Mein Ich. Mein Ich. Mein Ich. Mein Ich. Mein Ich. Mein Ich. Mein Ich.

Mein Ich. Mein Ich. Mein Ich. Mein Ich. Mein Ich. Mein Ich. Mein Ich. Mein Ich. Mein Ich. Mein Ich. Mein Ich. Mein Ich. Mein Ich. Mein Ich. Mein Ich. Mein Ich.

Mein Ich. Mein Ich. Mein Ich.

Mein Ich. Mein Ich. Mein Ich. Mein Ich. Mein Ich. Mein Ich. Mein Ich. Mein Ich. Mein Ich. Mein Ich. Mein Ich. Mein Ich. Mein Ich. Mein Ich. Mein Ich. Mein Ich. Mein Ich.

Mein Ich. Mein Ich. Mein Ich. Mein Ich. Mein Ich. Mein Ich. Mein Ich. Mein Ich. Mein Ich. Mein Ich. Mein Ich. Mein Ich.

Mein Ich. Mein Ich. Mein Ich. Mein Ich. Mein Ich. Mein Ich. Mein Ich. Mein Ich. Mein Ich. Mein Ich. Mein Ich. Mein Ich. Mein Ich. Mein Ich.

Mein Ich. Mein Ich. Mein Ich. Mein Ich. Mein Ich. Mein Ich. Mein Ich. Mein Ich. Mein Ich. Mein Ich. Mein Ich. Mein Ich. Mein Ich. Mein Ich. Mein Ich. Mein Ich.

Mein Ich. Mein Ich. Mein Ich. Mein Ich. Mein Ich. Mein Ich. Mein Ich. Mein Ich. Mein Ich. Mein Ich. Mein Ich. Mein Ich. Mein Ich. Mein Ich.

Mein Ich. Mein Ich. Mein Ich. Mein Ich. Mein Ich. Mein Ich. Mein Ich. Mein Ich. Mein Ich. Mein Ich. Mein Ich. Mein Ich. Mein Ich. Mein Ich. Mein Ich. Mein Ich.

Mein Ich. Mein Ich. Mein Ich.

Mein Ich. Mein Ich.

Mein Ich. Mein Ich.

Mein Ich. Mein Ich.

Mein Ich. Mein Ich.

Mein Ich. Mein Ich.

Mein Ich. Mein Ich.

Mein Ich. Mein Ich.

Mein Ich. Mein Ich.

Mein Ich. Mein Ich. Mein Ich. Mein Ich. Mein Ich. Mein Ich. Mein Ich. Mein Ich. Mein Ich. Mein Ich. Mein Ich. Mein Ich. Mein Ich. Mein Ich.

Mein Ich. Mein Ich. Mein Ich. Mein Ich. Mein Ich. Mein Ich. Mein Ich. Mein Ich. Mein Ich. Mein Ich. Mein Ich. Mein Ich.

Mein Ich. Mein Ich. Mein Ich. Mein Ich. Mein Ich. Mein Ich. Mein Ich.

Mein Ich. Mein Ich. Mein Ich.

Mein Ich. Mein Ich. Mein Ich. Mein Ich. Mein Ich. Mein Ich. Mein Ich. Mein Ich. Mein Ich. Mein Ich. Mein Ich. Mein Ich. Mein Ich. Mein Ich. Mein Ich. Mein Ich. Mein Ich.

Mein Ich. Mein Ich. Mein Ich. Mein Ich. Mein Ich. Mein Ich. Mein Ich. Mein Ich. Mein Ich. Mein Ich. Mein Ich. Mein Ich.

Mein Ich. Mein Ich. Mein Ich. Mein Ich. Mein Ich. Mein Ich. Mein Ich. Mein Ich. Mein Ich. Mein Ich. Mein Ich. Mein Ich. Mein Ich.

Mein Ich. Mein Ich. Mein Ich. Mein Ich. Mein Ich. Mein Ich. Mein Ich. Mein Ich. Mein Ich. Mein Ich. Mein Ich. Mein Ich. Mein Ich. Mein Ich. Mein Ich. Mein Ich. Mein Ich.

Mein Ich. Mein Ich. Mein Ich. Mein Ich. Mein Ich. Mein Ich.

Mein Ich. Mein Ich. Mein Ich. Mein Ich. Mein Ich. Mein Ich. Mein Ich. Mein Ich. Mein Ich. Mein Ich. Mein Ich. Mein Ich. Mein Ich.

Mein Ich. Mein Ich. Mein Ich.

Mein Ich. Mein Ich. Mein Ich. Mein Ich. Mein Ich. Mein Ich. Mein Ich. Mein Ich. Mein Ich.

Mein Ich. Mein Ich. Mein Ich. Mein Ich. Mein Ich. Mein Ich. Mein Ich.

Mein Ich. Mein Ich. Mein Ich. Mein Ich. Mein Ich. Mein Ich. Mein Ich. Mein Ich. Mein Ich. Mein Ich. Mein Ich. Mein Ich. Mein Ich. Mein Ich. Mein Ich.

Mein Ich. Mein Ich. Mein Ich. Mein Ich. Mein Ich. Mein Ich. Mein Ich. Mein Ich. Mein Ich. Mein Ich.

Mein Ich. Mein Ich.

Mein Ich. Mein Ich. Mein Ich. Mein Ich.

Mein Ich. Mein Ich.

Mein Ich. Mein Ich. Mein Ich. Mein Ich.

Mein Ich. Mein Ich.

Mein Ich. Mein Ich. Mein Ich. Mein Ich. Mein Ich.

Mein Ich. Mein Ich.

Mein Ich. Mein Ich.

Mein Ich. Mein Ich. Mein Ich. Mein Ich. Mein Ich. Mein Ich. Mein Ich. Mein Ich. Mein Ich. Mein Ich. Mein Ich. Mein Ich. Mein Ich.

Mein Ich. Mein Ich. Mein Ich. Mein Ich. Mein Ich. Mein Ich. Mein Ich. Mein Ich. Mein Ich. Mein Ich. Mein Ich.

Mein Ich. Mein Ich. Mein Ich. Mein Ich. Mein Ich. Mein Ich. Mein Ich. Mein Ich.

Mein Ich. Mein Ich. Mein Ich. Mein Ich. Mein Ich.

Mein Ich. Mein Ich. Mein Ich. Mein Ich. Mein Ich. Mein Ich. Mein Ich. Mein Ich. Mein Ich. Mein Ich. Mein Ich. Mein Ich. Mein Ich. Mein Ich. Mein Ich.

Mein Ich. Mein Ich. Mein Ich. Mein Ich. Mein Ich. Mein Ich. Mein Ich. Mein Ich. Mein Ich. Mein Ich. Mein Ich.

Mein Ich. Mein Ich.

Mein Ich. Mein Ich. Mein Ich. Mein Ich.

Mein Ich. Mein Ich.

Mein Ich. Mein Ich.

Mein Ich. Mein Ich. Mein Ich. Mein Ich. Mein Ich. Mein Ich. Mein Ich. Mein Ich. Mein Ich. Mein Ich. Mein Ich. Mein Ich. Mein Ich. Mein Ich. Mein Ich. Mein Ich.

Mein Ich. Mein Ich. Mein Ich. Mein Ich. Mein Ich. Mein Ich. Mein Ich. Mein Ich. Mein Ich. Mein Ich. Mein Ich. Mein Ich. Mein Ich.

Mein Ich.

Mein Ich. Mein Ich.

Mein Ich. Mein Ich. Mein Ich. Mein Ich. Mein Ich. Mein Ich. Mein Ich. Mein Ich. Mein Ich. Mein Ich. Mein Ich. Mein Ich. Mein Ich.

Mein Ich. Mein Ich. Mein Ich. Mein Ich. Mein Ich. Mein Ich. Mein Ich. Mein Ich. Mein Ich. Mein Ich. Mein Ich. Mein Ich. Mein Ich. Mein Ich. Mein Ich. Mein Ich. Mein Ich.

Mein Ich. Mein Ich. Mein Ich. Mein Ich. Mein Ich. Mein Ich. Mein Ich. Mein Ich. Mein Ich. Mein Ich. Mein Ich. Mein Ich. Mein Ich. Mein Ich.

Mein Ich. Mein Ich. Mein Ich. Mein Ich. Mein Ich. Mein Ich. Mein Ich. Mein Ich. Mein Ich. Mein Ich. Mein Ich. Mein Ich. Mein Ich. Mein Ich. Mein Ich. Mein Ich. Mein Ich. Mein Ich. Mein Ich.

Mein Ich. Mein Ich. Mein Ich. Mein Ich. Mein Ich. Mein Ich. Mein Ich. Mein Ich. Mein Ich. Mein Ich. Mein Ich. Mein Ich. Mein Ich.

Mein Ich. Mein Ich. Mein Ich. Mein Ich. Mein Ich. Mein Ich. Mein Ich. Mein Ich. Mein Ich. Mein Ich. Mein Ich. Mein Ich. Mein Ich. Mein Ich. Mein Ich. Mein Ich. Mein Ich. Mein Ich.

Mein Ich. Mein Ich. Mein Ich. Mein Ich. Mein Ich.

Mein Ich. Mein Ich.

Mein Ich. Mein Ich. Mein Ich. Mein Ich. Mein Ich. Mein Ich. Mein Ich. Mein Ich. Mein Ich. Mein Ich. Mein Ich. Mein Ich. Mein Ich. Mein Ich. Mein Ich. Mein Ich. Mein

Ich. Mein Ich. Mein Ich. Mein Ich. Mein Ich. Mein Ich.
Mein Ich. Mein Ich. Mein Ich. Mein Ich. Mein Ich. Mein
Ich. Mein Ich. Mein Ich. Mein Ich. Mein Ich.

Mein Ich. Mein Ich. Mein Ich. Mein Ich. Mein Ich. Mein
Ich. Mein Ich. Mein Ich. Mein Ich. Mein Ich. Mein Ich.
Mein Ich. Mein Ich. Mein Ich. Mein Ich. Mein Ich. Mein
Ich. Mein Ich. Mein Ich. Mein Ich. Mein Ich. Mein Ich.
Mein Ich. Mein Ich. Mein Ich. Mein Ich. Mein Ich. Mein
Ich. Mein Ich. Mein Ich. Mein Ich. Mein Ich.

Mein Ich. Mein Ich. Mein Ich. Mein Ich. Mein Ich. Mein
Ich. Mein Ich. Mein Ich. Mein Ich. Mein Ich. Mein Ich.
Mein Ich. Mein Ich. Mein Ich. Mein Ich. Mein Ich. Mein
Ich. Mein Ich. Mein Ich. Mein Ich. Mein Ich. Mein Ich.
Mein Ich. Mein Ich. Mein Ich. Mein Ich. Mein Ich. Mein
Ich. Mein Ich. Mein Ich. Mein Ich. Mein Ich.

Mein Ich. Mein Ich. Mein Ich. Mein Ich. Mein Ich. Mein
Ich. Mein Ich. Mein Ich. Mein Ich. Mein Ich. Mein Ich.
Mein Ich. Mein Ich. Mein Ich. Mein Ich. Mein Ich. Mein
Ich. Mein Ich. Mein Ich. Mein Ich. Mein Ich. Mein Ich.
Mein Ich. Mein Ich. Mein Ich. Mein Ich. Mein Ich. Mein
Ich. Mein Ich. Mein Ich. Mein Ich. Mein Ich.

Mein Ich. Mein Ich. Mein Ich. Mein Ich. Mein Ich. Mein
Ich. Mein Ich. Mein Ich. Mein Ich. Mein Ich. Mein Ich.
Mein Ich. Mein Ich. Mein Ich. Mein Ich. Mein Ich. Mein
Ich. Mein Ich. Mein Ich. Mein Ich. Mein Ich. Mein Ich.
Mein Ich. Mein Ich. Mein Ich. Mein Ich. Mein Ich. Mein
Ich. Mein Ich. Mein Ich. Mein Ich. Mein Ich.

Mein Ich. Mein Ich.

Mein Ich. Mein Ich.

Mein Ich. Mein Ich.

Mein Ich. Mein Ich.

Mein Ich. Mein Ich.

Mein Ich. Mein Ich.

Mein Ich. Mein Ich.

Mein Ich. Mein Ich.

Mein Ich. Mein Ich. Mein Ich. Mein Ich. Mein Ich. Mein
Ich. Mein Ich. Mein Ich. Mein Ich. Mein Ich. Mein Ich.
Mein Ich. Mein Ich. Mein Ich. Mein Ich. Mein Ich. Mein
Ich. Mein Ich. Mein Ich. Mein Ich. Mein Ich. Mein Ich.
Mein Ich. Mein Ich. Mein Ich. Mein Ich. Mein Ich. Mein
Ich. Mein Ich. Mein Ich. Mein Ich. Mein Ich.

Mein Ich. Mein Ich. Mein Ich. Mein Ich. Mein Ich. Mein
Ich. Mein Ich. Mein Ich. Mein Ich. Mein Ich. Mein Ich.
Mein Ich. Mein Ich. Mein Ich. Mein Ich. Mein Ich. Mein
Ich. Mein Ich. Mein Ich. Mein Ich. Mein Ich. Mein Ich.
Mein Ich. Mein Ich. Mein Ich. Mein Ich. Mein Ich. Mein
Ich. Mein Ich. Mein Ich. Mein Ich. Mein Ich.

Mein Ich. Mein Ich. Mein Ich. Mein Ich. Mein Ich. Mein
Ich. Mein Ich. Mein Ich. Mein Ich. Mein Ich. Mein Ich.
Mein Ich. Mein Ich. Mein Ich. Mein Ich. Mein Ich. Mein
Ich. Mein Ich. Mein Ich. Mein Ich. Mein Ich. Mein Ich.
Mein Ich. Mein Ich. Mein Ich. Mein Ich. Mein Ich. Mein
Ich. Mein Ich. Mein Ich. Mein Ich. Mein Ich.

Mein Ich. Mein Ich. Mein Ich. Mein Ich. Mein Ich. Mein
Ich. Mein Ich. Mein Ich. Mein Ich. Mein Ich. Mein Ich.
Mein Ich. Mein Ich. Mein Ich. Mein Ich. Mein Ich. Mein
Ich. Mein Ich. Mein Ich. Mein Ich. Mein Ich. Mein Ich.
Mein Ich. Mein Ich. Mein Ich. Mein Ich. Mein Ich. Mein
Ich. Mein Ich. Mein Ich. Mein Ich. Mein Ich.

Mein Ich. Mein Ich. Mein Ich. Mein Ich. Mein Ich. Mein
Ich. Mein Ich. Mein Ich. Mein Ich. Mein Ich. Mein Ich.
Mein Ich. Mein Ich. Mein Ich. Mein Ich. Mein Ich. Mein

Ich. Mein Ich. Mein Ich. Mein Ich. Mein Ich. Mein Ich. Mein Ich. Mein Ich. Mein Ich. Mein Ich. Mein Ich. Mein Ich. Mein Ich. Mein Ich. Mein Ich. Mein Ich.

Mein Ich. Mein Ich.

Mein Ich. Mein Ich.

Mein Ich. Mein Ich.

Mein Ich. Mein Ich.

Mein Ich. Mein Ich. Mein Ich. Mein Ich. Mein Ich. Mein
Ich. Mein Ich. Mein Ich. Mein Ich. Mein Ich.

Mein Ich. Mein Ich. Mein Ich. Mein Ich. Mein Ich. Mein
Ich. Mein Ich. Mein Ich. Mein Ich. Mein Ich. Mein Ich.
Mein Ich. Mein Ich. Mein Ich. Mein Ich. Mein Ich. Mein
Ich. Mein Ich. Mein Ich. Mein Ich. Mein Ich. Mein Ich.
Mein Ich. Mein Ich. Mein Ich. Mein Ich. Mein Ich. Mein
Ich. Mein Ich. Mein Ich. Mein Ich. Mein Ich.

Mein Ich. Mein Ich. Mein Ich. Mein Ich. Mein Ich. Mein
Ich. Mein Ich. Mein Ich. Mein Ich. Mein Ich. Mein Ich.
Mein Ich. Mein Ich. Mein Ich. Mein Ich. Mein Ich. Mein
Ich. Mein Ich. Mein Ich. Mein Ich. Mein Ich. Mein Ich.
Mein Ich. Mein Ich. Mein Ich. Mein Ich. Mein Ich. Mein
Ich. Mein Ich. Mein Ich. Mein Ich. Mein Ich.

Mein Ich. Mein Ich. Mein Ich. Mein Ich. Mein Ich. Mein
Ich. Mein Ich. Mein Ich. Mein Ich. Mein Ich. Mein Ich.
Mein Ich. Mein Ich. Mein Ich. Mein Ich. Mein Ich. Mein
Ich. Mein Ich. Mein Ich. Mein Ich. Mein Ich. Mein Ich.
Mein Ich. Mein Ich. Mein Ich. Mein Ich. Mein Ich. Mein
Ich. Mein Ich. Mein Ich. Mein Ich. Mein Ich.

Mein Ich. Mein Ich. Mein Ich. Mein Ich. Mein Ich. Mein
Ich. Mein Ich. Mein Ich. Mein Ich. Mein Ich. Mein Ich.
Mein Ich. Mein Ich. Mein Ich. Mein Ich. Mein Ich. Mein
Ich. Mein Ich. Mein Ich. Mein Ich. Mein Ich. Mein Ich.
Mein Ich. Mein Ich. Mein Ich. Mein Ich. Mein Ich. Mein
Ich. Mein Ich. Mein Ich. Mein Ich. Mein Ich.

Mein Ich. Mein Ich.

Mein Ich. Mein Ich.

Mein Ich. Mein Ich.

Mein Ich. Mein Ich. Mein Ich. Mein Ich. Mein Ich. Mein Ich. Mein Ich. Mein Ich. Mein Ich. Mein Ich. Mein Ich. Mein Ich. Mein Ich.

Mein Ich. Mein Ich. Mein Ich. Mein Ich. Mein Ich. Mein Ich. Mein Ich. Mein Ich. Mein Ich. Mein Ich. Mein Ich. Mein Ich. Mein Ich. Mein Ich. Mein Ich. Mein Ich. Mein Ich. Mein Ich.

Mein Ich. Mein Ich. Mein Ich. Mein Ich.

Mein Ich. Mein Ich.

Mein Ich. Mein Ich. Mein Ich. Mein Ich. Mein Ich. Mein Ich. Mein Ich. Mein Ich. Mein Ich. Mein Ich. Mein Ich. Mein Ich. Mein Ich. Mein Ich. Mein Ich. Mein Ich.

Mein Ich. Mein Ich. Mein Ich. Mein Ich. Mein Ich. Mein Ich. Mein Ich. Mein Ich. Mein Ich. Mein Ich. Mein Ich. Mein Ich. Mein Ich. Mein Ich. Mein Ich. Mein Ich.

Mein Ich. Mein Ich.

Mein Ich. Mein Ich. Mein Ich. Mein Ich. Mein Ich. Mein Ich. Mein Ich. Mein Ich. Mein Ich. Mein Ich. Mein Ich. Mein Ich. Mein Ich. Mein Ich. Mein Ich. Mein Ich. Mein Ich.

Mein Ich. Mein Ich. Mein Ich. Mein Ich. Mein Ich. Mein Ich. Mein Ich. Mein Ich. Mein Ich. Mein Ich. Mein Ich. Mein Ich. Mein Ich.

Mein Ich. Mein Ich. Mein Ich. Mein Ich. Mein Ich. Mein Ich. Mein Ich. Mein Ich. Mein Ich. Mein Ich. Mein Ich. Mein Ich. Mein Ich. Mein Ich. Mein Ich.

Mein Ich. Mein Ich. Mein Ich. Mein Ich. Mein Ich. Mein Ich. Mein Ich. Mein Ich. Mein Ich. Mein Ich. Mein Ich. Mein Ich. Mein Ich. Mein Ich. Mein Ich. Mein Ich.

Mein Ich. Mein Ich.

Mein Ich. Mein Ich. Mein Ich. Mein Ich. Mein Ich. Mein Ich. Mein Ich. Mein Ich. Mein Ich. Mein Ich. Mein Ich. Mein Ich. Mein Ich. Mein Ich. Mein Ich. Mein Ich.

Mein Ich. Mein Ich. Mein Ich. Mein Ich. Mein Ich. Mein Ich. Mein Ich. Mein Ich. Mein Ich. Mein Ich. Mein Ich. Mein Ich. Mein Ich. Mein Ich. Mein Ich. Mein Ich. Mein Ich.

Mein Ich. Mein Ich. Mein Ich.

Mein Ich. Mein Ich.

Mein Ich. Mein Ich. Mein Ich. Mein Ich. Mein Ich. Mein Ich.

Mein Ich. Mein Ich. Mein Ich. Mein Ich. Mein Ich. Mein Ich. Mein Ich. Mein Ich. Mein Ich. Mein Ich. Mein Ich. Mein Ich. Mein Ich. Mein Ich.

Mein Ich. Mein Ich. Mein Ich. Mein Ich. Mein Ich. Mein Ich. Mein Ich. Mein Ich. Mein Ich. Mein Ich. Mein Ich. Mein Ich. Mein Ich. Mein Ich. Mein Ich. Mein Ich. Mein Ich. Mein Ich. Mein Ich.

Mein Ich. Mein Ich. Mein Ich. Mein Ich. Mein Ich. Mein Ich. Mein Ich. Mein Ich. Mein Ich. Mein Ich. Mein Ich. Mein Ich. Mein Ich. Mein Ich.

Mein Ich. Mein Ich.

Mein Ich. Mein Ich. Mein Ich. Mein Ich. Mein Ich. Mein Ich. Mein Ich. Mein Ich. Mein Ich. Mein Ich. Mein Ich. Mein Ich. Mein Ich. Mein Ich. Mein Ich. Mein Ich.

Mein Ich. Mein Ich.

Mein Ich. Mein Ich. Mein Ich. Mein Ich. Mein Ich. Mein Ich. Mein Ich. Mein Ich. Mein Ich. Mein Ich. Mein Ich. Mein Ich. Mein Ich. Mein Ich.

Mein Ich. Mein Ich. Mein Ich. Mein Ich. Mein Ich. Mein
Ich. Mein Ich. Mein Ich. Mein Ich. Mein Ich. Mein Ich.
Mein Ich. Mein Ich. Mein Ich. Mein Ich. Mein Ich. Mein
Ich.

Mein Ich. Mein Ich. Mein Ich. Mein Ich.

Mein Ich. Mein Ich. Mein Ich. Mein Ich. Mein Ich. Mein
Ich. Mein Ich. Mein Ich. Mein Ich. Mein Ich. Mein Ich.
Mein Ich.

Mein Ich. Mein Ich. Mein Ich. Mein Ich. Mein Ich. Mein
Ich. Mein Ich. Mein Ich. Mein Ich. Mein Ich. Mein Ich.
Mein Ich. Mein Ich. Mein Ich. Mein Ich. Mein Ich.

Mein Ich. Mein Ich. Mein Ich. Mein Ich. Mein Ich. Mein
Ich. Mein Ich. Mein Ich. Mein Ich. Mein Ich. Mein Ich.
Mein Ich. Mein Ich. Mein Ich.

Mein Ich. Mein Ich. Mein Ich. Mein Ich. Mein Ich. Mein
Ich. Mein Ich. Mein Ich. Mein Ich. Mein Ich. Mein Ich.
Mein Ich. Mein Ich. Mein Ich. Mein Ich. Mein Ich. Mein
Ich. Mein Ich.

Mein Ich. Mein Ich. Mein Ich. Mein Ich. Mein Ich. Mein
Ich. Mein Ich. Mein Ich. Mein Ich. Mein Ich. Mein Ich.
Mein Ich. Mein Ich. Mein Ich. Mein Ich.

Mein Ich. Mein Ich. Mein Ich. Mein Ich. Mein Ich. Mein
Ich. Mein Ich. Mein Ich. Mein Ich. Mein Ich. Mein Ich.
Mein Ich. Mein Ich. Mein Ich. Mein Ich. Mein Ich. Mein
Ich.

Mein Ich. Mein Ich. Mein Ich. Mein Ich. Mein Ich. Mein Ich. Mein Ich. Mein Ich. Mein Ich. Mein Ich. Mein Ich. Mein Ich. Mein Ich. Mein Ich.

Mein Ich. Mein Ich. Mein Ich. Mein Ich. Mein Ich. Mein Ich. Mein Ich. Mein Ich. Mein Ich. Mein Ich. Mein Ich. Mein Ich. Mein Ich. Mein Ich. Mein Ich. Mein Ich. Mein Ich.

Mein Ich. Mein Ich. Mein Ich. Mein Ich.

Mein Ich. Mein Ich.

Mein Ich. Mein Ich. Mein Ich. Mein Ich. Mein Ich. Mein Ich.

Mein Ich. Mein Ich. Mein Ich. Mein Ich. Mein Ich. Mein Ich. Mein Ich. Mein Ich. Mein Ich. Mein Ich. Mein Ich. Mein Ich. Mein Ich. Mein Ich. Mein Ich.

Mein Ich. Mein Ich. Mein Ich. Mein Ich. Mein Ich. Mein Ich. Mein Ich. Mein Ich. Mein Ich. Mein Ich. Mein Ich. Mein Ich. Mein Ich. Mein Ich. Mein Ich. Mein Ich. Mein Ich. Mein Ich.

Mein Ich. Mein Ich. Mein Ich. Mein Ich. Mein Ich. Mein Ich. Mein Ich. Mein Ich. Mein Ich. Mein Ich. Mein Ich. Mein Ich. Mein Ich. Mein Ich.

Mein Ich. Mein Ich. Mein Ich. Mein Ich. Mein Ich. Mein Ich. Mein Ich. Mein Ich. Mein Ich. Mein Ich. Mein Ich. Mein Ich. Mein Ich. Mein Ich. Mein Ich. Mein Ich. Mein Ich. Mein Ich.

Mein Ich. Mein Ich. Mein Ich. Mein Ich. Mein Ich. Mein Ich.

Mein Ich. Mein Ich. Mein Ich. Mein Ich. Mein Ich. Mein Ich. Mein Ich. Mein Ich. Mein Ich. Mein Ich. Mein Ich. Mein Ich. Mein Ich. Mein Ich. Mein Ich. Mein Ich. Mein Ich.

Mein Ich. Mein Ich. Mein Ich. Mein Ich. Mein Ich. Mein Ich. Mein Ich. Mein Ich. Mein Ich.

Mein Ich. Mein Ich. Mein Ich. Mein Ich. Mein Ich. Mein Ich. Mein Ich. Mein Ich. Mein Ich. Mein Ich. Mein Ich. Mein Ich. Mein Ich. Mein Ich. Mein Ich. Mein Ich.

Mein Ich. Mein Ich. Mein Ich. Mein Ich. Mein Ich. Mein Ich. Mein Ich. Mein Ich. Mein Ich. Mein Ich. Mein Ich. Mein Ich. Mein Ich. Mein Ich.

Mein Ich. Mein Ich. Mein Ich. Mein Ich. Mein Ich. Mein Ich. Mein Ich. Mein Ich. Mein Ich. Mein Ich. Mein Ich. Mein Ich. Mein Ich. Mein Ich.

Mein Ich. Mein Ich. Mein Ich. Mein Ich. Mein Ich. Mein Ich. Mein Ich. Mein Ich. Mein Ich. Mein Ich.

Mein Ich. Mein Ich. Mein Ich. Mein Ich. Mein Ich. Mein Ich.

Mein Ich. Mein Ich.

Mein Ich. Mein Ich. Mein Ich. Mein Ich. Mein Ich. Mein Ich. Mein Ich. Mein Ich.

Mein Ich. Mein Ich. Mein Ich. Mein Ich. Mein Ich. Mein Ich. Mein Ich. Mein Ich. Mein Ich. Mein Ich. Mein Ich. Mein Ich. Mein Ich.

Mein Ich. Mein Ich. Mein Ich. Mein Ich. Mein Ich. Mein Ich. Mein Ich. Mein Ich. Mein Ich. Mein Ich. Mein Ich. Mein Ich. Mein Ich. Mein Ich. Mein Ich. Mein Ich. Mein Ich. Mein Ich.

Mein Ich. Mein Ich.

Mein Ich. Mein Ich.

Mein Ich. Mein Ich. Mein Ich. Mein Ich. Mein Ich. Mein Ich. Mein Ich. Mein Ich.

Mein Ich. Mein Ich. Mein Ich. Mein Ich. Mein Ich. Mein Ich. Mein Ich. Mein Ich. Mein Ich. Mein Ich. Mein Ich. Mein Ich. Mein Ich. Mein Ich. Mein Ich. Mein Ich.

Mein Ich. Mein Ich. Mein Ich. Mein Ich. Mein Ich. Mein Ich. Mein Ich. Mein Ich. Mein Ich. Mein Ich. Mein Ich. Mein Ich. Mein Ich. Mein Ich. Mein Ich. Mein Ich.

Mein Ich. Mein Ich. Mein Ich. Mein Ich.

Mein Ich. Mein Ich. Mein Ich. Mein Ich. Mein Ich. Mein Ich. Mein Ich. Mein Ich. Mein Ich. Mein Ich. Mein Ich. Mein Ich. Mein Ich. Mein Ich. Mein Ich. Mein Ich.

Mein Ich. Mein Ich. Mein Ich. Mein Ich. Mein Ich. Mein Ich. Mein Ich. Mein Ich. Mein Ich. Mein Ich. Mein Ich.

Mein Ich. Mein Ich. Mein Ich. Mein Ich. Mein Ich. Mein Ich. Mein Ich. Mein Ich. Mein Ich. Mein Ich. Mein Ich. Mein Ich. Mein Ich. Mein Ich.

Mein Ich. Mein Ich. Mein Ich. Mein Ich. Mein Ich. Mein Ich. Mein Ich. Mein Ich. Mein Ich. Mein Ich. Mein Ich. Mein Ich. Mein Ich. Mein Ich. Mein Ich. Mein Ich. Mein Ich.

Mein Ich. Mein Ich. Mein Ich. Mein Ich. Mein Ich. Mein Ich. Mein Ich. Mein Ich. Mein Ich. Mein Ich. Mein Ich. Mein Ich. Mein Ich. Mein Ich. Mein Ich. Mein Ich. Mein Ich. Mein Ich. Mein Ich. Mein Ich.

Mein Ich. Mein Ich. Mein Ich. Mein Ich. Mein Ich. Mein Ich. Mein Ich. Mein Ich. Mein Ich. Mein Ich.

Mein Ich. Mein Ich. Mein Ich. Mein Ich. Mein Ich. Mein Ich. Mein Ich. Mein Ich. Mein Ich. Mein Ich. Mein Ich. Mein Ich. Mein Ich. Mein Ich. Mein Ich. Mein Ich. Mein Ich.

Mein Ich. Mein Ich. Mein Ich. Mein Ich. Mein Ich. Mein Ich. Mein Ich. Mein Ich. Mein Ich. Mein Ich. Mein Ich. Mein Ich. Mein Ich. Mein Ich. Mein Ich.

Mein Ich. Mein Ich. Mein Ich. Mein Ich. Mein Ich. Mein Ich. Mein Ich. Mein Ich. Mein Ich. Mein Ich. Mein Ich. Mein Ich. Mein Ich.

Mein Ich. Mein Ich. Mein Ich.

Mein Ich. Mein Ich. Mein Ich. Mein Ich. Mein Ich. Mein Ich. Mein Ich. Mein Ich. Mein Ich. Mein Ich. Mein Ich. Mein Ich. Mein Ich. Mein Ich. Mein Ich.

Mein Ich. Mein Ich. Mein Ich. Mein Ich.

Mein Ich. Mein Ich.

Mein Ich. Mein Ich. Mein Ich.

Mein Ich. Mein Ich. Mein Ich. Mein Ich. Mein Ich. Mein Ich. Mein Ich. Mein Ich. Mein Ich. Mein Ich. Mein Ich. Mein Ich. Mein Ich.

Mein Ich. Mein Ich. Mein Ich. Mein Ich. Mein Ich. Mein Ich. Mein Ich. Mein Ich. Mein Ich. Mein Ich. Mein Ich. Mein Ich. Mein Ich. Mein Ich. Mein Ich.

Mein Ich. Mein Ich. Mein Ich. Mein Ich. Mein Ich. Mein Ich. Mein Ich. Mein Ich. Mein Ich. Mein Ich. Mein Ich. Mein Ich. Mein Ich. Mein Ich. Mein Ich. Mein Ich.

Mein Ich. Mein Ich. Mein Ich. Mein Ich. Mein Ich. Mein Ich. Mein Ich. Mein Ich. Mein Ich. Mein Ich. Mein Ich. Mein Ich. Mein Ich. Mein Ich. Mein Ich.

Mein Ich. Mein Ich. Mein Ich. Mein Ich. Mein Ich. Mein Ich. Mein Ich. Mein Ich. Mein Ich. Mein Ich. Mein Ich. Mein Ich. Mein Ich. Mein Ich. Mein Ich. Mein Ich.

Mein Ich. Mein Ich. Mein Ich. Mein Ich. Mein Ich. Mein Ich. Mein Ich. Mein Ich. Mein Ich. Mein Ich. Mein Ich. Mein Ich. Mein Ich. Mein Ich.

Mein Ich. Mein Ich. Mein Ich. Mein Ich. Mein Ich. Mein Ich. Mein Ich. Mein Ich.

Mein Ich. Mein Ich. Mein Ich. Mein Ich. Mein Ich.

Mein Ich. Mein Ich. Mein Ich. Mein Ich. Mein Ich. Mein Ich. Mein Ich. Mein Ich. Mein Ich. Mein Ich. Mein Ich. Mein Ich. Mein Ich. Mein Ich. Mein Ich.

Mein Ich. Mein Ich. Mein Ich. Mein Ich.

Mein Ich. Mein Ich. Mein Ich. Mein Ich. Mein Ich. Mein Ich. Mein Ich. Mein Ich. Mein Ich. Mein Ich. Mein Ich. Mein Ich. Mein Ich. Mein Ich. Mein Ich. Mein Ich.

Mein Ich. Mein Ich. Mein Ich. Mein Ich. Mein Ich. Mein Ich. Mein Ich.

Mein Ich. Mein Ich. Mein Ich. Mein Ich. Mein Ich. Mein Ich. Mein Ich. Mein Ich. Mein Ich.

Mein Ich. Mein Ich. Mein Ich. Mein Ich. Mein Ich. Mein Ich. Mein Ich. Mein Ich. Mein Ich.

Mein Ich. Mein Ich. Mein Ich. Mein Ich. Mein Ich. Mein Ich. Mein Ich. Mein Ich.

Mein Ich. Mein Ich. Mein Ich. Mein Ich. Mein Ich. Mein Ich. Mein Ich. Mein Ich. Mein Ich. Mein Ich. Mein Ich. Mein Ich. Mein Ich. Mein Ich. Mein Ich.

Mein Ich. Mein Ich. Mein Ich. Mein Ich. Mein Ich. Mein Ich. Mein Ich. Mein Ich. Mein Ich. Mein Ich. Mein Ich. Mein Ich. Mein Ich.

Mein Ich. Mein Ich. Mein Ich. Mein Ich. Mein Ich. Mein Ich. Mein Ich. Mein Ich. Mein Ich. Mein Ich. Mein Ich. Mein Ich. Mein Ich. Mein Ich. Mein Ich. Mein Ich. Mein Ich. Mein Ich. Mein Ich.

Mein Ich. Mein Ich. Mein Ich.

Mein Ich. Mein Ich. Mein Ich. Mein Ich. Mein Ich. Mein Ich. Mein Ich. Mein Ich. Mein Ich. Mein Ich. Mein Ich. Mein Ich.

Mein Ich. Mein Ich. Mein Ich. Mein Ich. Mein Ich. Mein Ich. Mein Ich. Mein Ich. Mein Ich. Mein Ich. Mein Ich. Mein Ich. Mein Ich. Mein Ich. Mein Ich. Mein Ich.

Mein Ich. Mein Ich.

Mein Ich. Mein Ich. Mein Ich. Mein Ich. Mein Ich. Mein Ich. Mein Ich. Mein Ich. Mein Ich.

Mein Ich. Mein Ich. Mein Ich.

Mein Ich. Mein Ich. Mein Ich. Mein Ich. Mein Ich. Mein Ich. Mein Ich. Mein Ich. Mein Ich. Mein Ich. Mein Ich. Mein Ich. Mein Ich. Mein Ich. Mein Ich. Mein Ich.

Mein Ich. Mein Ich. Mein Ich. Mein Ich. Mein Ich. Mein
Ich. Mein Ich. Mein Ich. Mein Ich. Mein Ich. Mein Ich.
Mein Ich. Mein Ich.

Mein Ich. Mein Ich. Mein Ich. Mein Ich. Mein Ich. Mein
Ich. Mein Ich.

Mein Ich. Mein Ich. Mein Ich. Mein Ich. Mein Ich. Mein
Ich. Mein Ich. Mein Ich. Mein Ich. Mein Ich. Mein Ich.
Mein Ich.

Mein Ich. Mein Ich. Mein Ich. Mein Ich. Mein Ich. Mein
Ich. Mein Ich. Mein Ich. Mein Ich. Mein Ich. Mein Ich.
Mein Ich. Mein Ich.

Mein Ich. Mein Ich. Mein Ich. Mein Ich. Mein Ich. Mein
Ich. Mein Ich. Mein Ich. Mein Ich. Mein Ich. Mein Ich.
Mein Ich. Mein Ich.

Mein Ich. Mein Ich. Mein Ich. Mein Ich. Mein Ich. Mein
Ich. Mein Ich.

Mein Ich. Mein Ich. Mein Ich. Mein Ich. Mein Ich. Mein
Ich. Mein Ich. Mein Ich. Mein Ich. Mein Ich. Mein Ich.
Mein Ich.

Mein Ich. Mein Ich. Mein Ich. Mein Ich. Mein Ich. Mein
Ich. Mein Ich. Mein Ich. Mein Ich. Mein Ich. Mein Ich.
Mein Ich. Mein Ich. Mein Ich. Mein Ich. Mein Ich. Mein
Ich. Mein Ich. Mein Ich. Mein Ich. Mein Ich. Mein Ich.

Mein Ich. Mein Ich. Mein Ich. Mein Ich. Mein Ich. Mein Ich. Mein Ich. Mein Ich. Mein Ich. Mein Ich.

Mein Ich. Mein Ich. Mein Ich. Mein Ich. Mein Ich. Mein Ich.

Mein Ich. Mein Ich. Mein Ich. Mein Ich. Mein Ich. Mein Ich. Mein Ich. Mein Ich. Mein Ich. Mein Ich. Mein Ich. Mein Ich.

Mein Ich. Mein Ich. Mein Ich. Mein Ich. Mein Ich. Mein Ich. Mein Ich. Mein Ich. Mein Ich. Mein Ich. Mein Ich. Mein Ich.

Mein Ich. Mein Ich. Mein Ich. Mein Ich. Mein Ich. Mein Ich. Mein Ich. Mein Ich. Mein Ich. Mein Ich. Mein Ich. Mein Ich. Mein Ich.

Mein Ich. Mein Ich. Mein Ich. Mein Ich. Mein Ich. Mein Ich. Mein Ich. Mein Ich. Mein Ich. Mein Ich. Mein Ich. Mein Ich. Mein Ich. Mein Ich. Mein Ich. Mein Ich.

Mein Ich. Mein Ich. Mein Ich. Mein Ich. Mein Ich. Mein Ich. Mein Ich. Mein Ich. Mein Ich. Mein Ich. Mein Ich. Mein Ich. Mein Ich. Mein Ich. Mein Ich. Mein Ich.

Mein Ich. Mein Ich.

Mein Ich. Mein Ich. Mein Ich. Mein Ich. Mein Ich. Mein Ich. Mein Ich. Mein Ich. Mein Ich. Mein Ich. Mein Ich. Mein Ich. Mein Ich. Mein Ich.

Mein Ich. Mein Ich. Mein Ich. Mein Ich. Mein Ich. Mein Ich. Mein Ich. Mein Ich.

Mein Ich. Mein Ich.

Mein Ich. Mein Ich. Mein Ich. Mein Ich. Mein Ich. Mein Ich. Mein Ich. Mein Ich. Mein Ich. Mein Ich. Mein Ich. Mein Ich. Mein Ich.

Mein Ich. Mein Ich. Mein Ich. Mein Ich. Mein Ich.

Mein Ich. Mein Ich. Mein Ich. Mein Ich.

Mein Ich. Mein Ich.

Mein Ich. Mein Ich. Mein Ich. Mein Ich. Mein Ich. Mein Ich. Mein Ich. Mein Ich.

Mein Ich. Mein Ich.

Mein Ich. Mein Ich. Mein Ich. Mein Ich. Mein Ich. Mein Ich. Mein Ich. Mein Ich. Mein Ich.

Mein Ich. Mein Ich. Mein Ich. Mein Ich. Mein Ich. Mein Ich. Mein Ich. Mein Ich. Mein Ich. Mein Ich. Mein Ich. Mein Ich. Mein Ich. Mein Ich. Mein Ich.

Mein Ich. Mein Ich. Mein Ich. Mein Ich. Mein Ich. Mein Ich. Mein Ich. Mein Ich. Mein Ich. Mein Ich. Mein Ich. Mein Ich. Mein Ich. Mein Ich. Mein Ich. Mein Ich.

Mein Ich. Mein Ich. Mein Ich. Mein Ich. Mein Ich. Mein Ich. Mein Ich. Mein Ich. Mein Ich. Mein Ich. Mein Ich. Mein Ich. Mein Ich.

Mein Ich. Mein Ich. Mein Ich. Mein Ich. Mein Ich. Mein Ich. Mein Ich. Mein Ich. Mein Ich. Mein Ich. Mein Ich. Mein Ich. Mein Ich. Mein Ich. Mein Ich. Mein Ich.

Mein Ich.

Kapitel 13

Mein ist Mir.

Mein ist Mir. Mein ist Mir. Mein ist Mir. Mein ist Mir.
Mein ist Mir. Mein ist Mir. Mein ist Mir. Mein ist Mir.
Mein ist Mir. Mein ist Mir. Mein ist Mir. Mein ist Mir.
Mein ist Mir. Mein ist Mir. Mein ist Mir. Mein ist Mir.
Mein ist Mir. Mein ist Mir. Mein ist Mir. Mein ist Mir.
Mein ist Mir. Mein ist Mir. Mein ist Mir. Mein ist Mir.
Mein ist Mir. Mein ist Mir.

Mein ist Mir. Mein ist Mir. Mein ist Mir. Mein ist Mir.
Mein ist Mir. Mein ist Mir. Mein ist Mir. Mein ist Mir.
Mein ist Mir. Mein ist Mir. Mein ist Mir. Mein ist Mir.
Mein ist Mir. Mein ist Mir. Mein ist Mir. Mein ist Mir.
Mein ist Mir. Mein ist Mir. Mein ist Mir. Mein ist Mir.

Mein ist Mir. Mein ist Mir. Mein ist Mir. Mein ist Mir.
Mein ist Mir. Mein ist Mir. Mein ist Mir. Mein ist Mir.
Mein ist Mir. Mein ist Mir. Mein ist Mir. Mein ist Mir.
Mein ist Mir. Mein ist Mir. Mein ist Mir. Mein ist Mir.
Mein ist Mir. Mein ist Mir. Mein ist Mir. Mein ist Mir.
Mein ist Mir. Mein ist Mir. Mein ist Mir. Mein ist Mir.
Mein ist Mir. Mein ist Mir. Mein ist Mir. Mein ist Mir.
Mein ist Mir. Mein ist Mir. Mein ist Mir. Mein ist Mir.
Mein ist

Mir. Mein ist Mir. Mein ist Mir. Mein ist Mir. Mein ist Mir.
Mein ist Mir. Mein ist Mir. Mein ist Mir. Mein ist Mir.
Mein ist Mir. Mein ist Mir. Mein ist Mir. Mein ist Mir.
Mein ist Mir. Mein ist Mir. Mein ist Mir. Mein ist Mir.
Mein ist Mir. Mein ist Mir.

Mein ist Mir. Mein ist Mir. Mein ist Mir. Mein ist Mir.
Mein ist Mir. Mein ist Mir. Mein ist Mir. Mein ist Mir.
Mein ist Mir. Mein ist Mir. Mein ist Mir. Mein ist Mir.
Mein ist Mir. Mein ist Mir. Mein ist Mir. Mein ist Mir.
Mein ist Mir. Mein ist Mir. Mein ist Mir. Mein ist Mir.
Mein ist Mir. Mein ist Mir. Mein ist Mir. Mein ist Mir.
Mein ist Mir.

Mein ist Mir. Mein ist Mir. Mein ist Mir. Mein ist Mir.
Mein ist Mir. Mein ist Mir. Mein ist Mir. Mein ist Mir.
Mein ist Mir. Mein ist Mir. Mein ist Mir. Mein ist Mir.
Mein ist Mir. Mein ist Mir. Mein ist Mir. Mein ist Mir.
Mein ist

Mir. Mein ist Mir. Mein ist Mir. Mein ist Mir. Mein ist Mir.
Mein ist Mir. Mein ist Mir. Mein ist Mir. Mein ist Mir.
Mein ist Mir. Mein ist Mir. Mein ist Mir. Mein ist Mir.
Mein ist Mir. Mein ist Mir. Mein ist Mir. Mein ist Mir.
Mein ist Mir.

Mein ist Mir. Mein ist Mir. Mein ist Mir. Mein ist Mir.
Mein ist Mir. Mein ist Mir. Mein ist Mir. Mein ist Mir.
Mein ist Mir. Mein ist Mir. Mein ist Mir. Mein ist Mir.
Mein ist Mir. Mein ist Mir. Mein ist Mir. Mein ist Mir.
Mein ist Mir. Mein ist Mir. Mein ist Mir.

Mein ist Mir. Mein ist Mir. Mein ist Mir. Mein ist Mir.
Mein ist Mir. Mein ist Mir. Mein ist Mir. Mein ist Mir.
Mein ist Mir. Mein ist Mir. Mein ist Mir. Mein ist Mir.
Mein ist Mir. Mein ist Mir. Mein ist Mir. Mein ist Mir.
Mein ist Mir. Mein ist Mir. Mein ist Mir.

Mein ist Mir. Mein ist Mir. Mein ist Mir. Mein ist Mir.
Mein ist Mir. Mein ist Mir. Mein ist Mir. Mein ist Mir.
Mein ist Mir. Mein ist Mir. Mein ist Mir. Mein ist Mir.

Mein ist Mir. Mein ist Mir. Mein ist Mir. Mein ist Mir.
Mein ist Mir. Mein ist Mir. Mein ist Mir. Mein ist Mir.
Mein ist Mir. Mein ist Mir. Mein ist Mir. Mein ist Mir.
Mein ist Mir. Mein ist Mir.

Mein ist Mir. Mein ist Mir. Mein ist Mir. Mein ist Mir.
Mein ist Mir. Mein ist Mir. Mein ist Mir. Mein ist Mir.
Mein ist Mir. Mein ist Mir. Mein ist Mir. Mein ist Mir.

Mein ist Mir. Mein ist Mir. Mein ist Mir. Mein ist Mir.
Mein ist Mir. Mein ist Mir. Mein ist Mir. Mein ist Mir.
Mein ist Mir. Mein ist Mir. Mein ist Mir. Mein ist Mir.
Mein ist

Mir. Mein ist Mir. Mein ist Mir. Mein ist Mir. Mein ist Mir.
Mein ist Mir. Mein ist Mir. Mein ist Mir. Mein ist Mir.
Mein ist Mir. Mein ist Mir. Mein ist Mir. Mein ist Mir.
Mein ist Mir. Mein ist Mir. Mein ist Mir. Mein ist Mir.
Mein ist Mir.

Mein ist Mir. Mein ist Mir. Mein ist Mir. Mein ist Mir.
Mein ist Mir. Mein ist Mir. Mein ist Mir. Mein ist Mir.
Mein ist Mir. Mein ist Mir. Mein ist Mir. Mein ist Mir.

Mein ist Mir. Mein ist Mir. Mein ist Mir. Mein ist Mir.

Mein ist Mir. Mein ist Mir. Mein ist Mir. Mein ist Mir.
Mein ist Mir. Mein ist Mir. Mein ist Mir. Mein ist Mir.
Mein ist Mir.

Mein ist Mir. Mein ist Mir. Mein ist Mir. Mein ist Mir.
Mein ist Mir. Mein ist Mir. Mein ist Mir. Mein ist Mir.
Mein ist Mir. Mein ist Mir. Mein ist Mir. Mein ist Mir.
Mein ist Mir. Mein ist Mir. Mein ist Mir. Mein ist Mir.
Mein ist Mir. Mein ist Mir. Mein ist Mir. Mein ist Mir.
Mein ist Mir. Mein ist Mir.

Mein ist Mir. Mein ist Mir. Mein ist Mir. Mein ist Mir.
Mein ist Mir. Mein ist Mir. Mein ist Mir. Mein ist Mir.
Mein ist Mir. Mein ist Mir. Mein ist Mir. Mein ist Mir.
Mein ist Mir. Mein ist Mir. Mein ist Mir. Mein ist Mir.
Mein ist Mir. Mein ist Mir. Mein ist Mir. Mein ist Mir.
Mein ist Mir. Mein ist Mir. Mein ist Mir. Mein ist Mir.
Mein ist Mir. Mein ist Mir. Mein ist Mir. Mein ist Mir.
Mein ist Mir. Mein ist Mir. Mein ist Mir. Mein ist Mir.
Mein ist Mir. Mein ist Mir.

Mein ist Mir. Mein ist Mir. Mein ist Mir. Mein ist Mir.
Mein ist Mir. Mein ist Mir. Mein ist Mir. Mein ist Mir.
Mein ist Mir. Mein ist Mir. Mein ist Mir. Mein ist Mir.

Mein ist Mir. Mein ist Mir. Mein ist Mir. Mein ist Mir.
Mein ist Mir. Mein ist Mir. Mein ist Mir. Mein ist Mir.
Mein ist Mir. Mein ist Mir. Mein ist Mir. Mein ist Mir.
Mein ist Mir. Mein ist Mir.

Mein ist Mir. Mein ist Mir. Mein ist Mir. Mein ist Mir.
Mein ist Mir. Mein ist Mir. Mein ist Mir. Mein ist Mir.
Mein ist Mir. Mein ist Mir. Mein ist Mir. Mein ist Mir.
Mein ist Mir. Mein ist Mir. Mein ist Mir. Mein ist Mir.
Mein ist Mir. Mein ist Mir. Mein ist Mir. Mein ist Mir.
Mein ist Mir. Mein ist Mir. Mein ist Mir. Mein ist Mir.
Mein ist Mir. Mein ist Mir. Mein ist Mir. Mein ist Mir.
Mein ist Mir. Mein ist Mir. Mein ist Mir. Mein ist Mir.
Mein ist Mir. Mein ist Mir.

Mein ist Mir. Mein ist Mir. Mein ist Mir. Mein ist Mir.
Mein ist Mir. Mein ist Mir. Mein ist Mir. Mein ist Mir.
Mein ist Mir. Mein ist Mir. Mein ist Mir. Mein ist Mir.

Mein ist Mir. Mein ist Mir. Mein ist Mir. Mein ist Mir.
Mein ist Mir. Mein ist Mir. Mein ist Mir. Mein ist Mir.
Mein ist Mir. Mein ist Mir. Mein ist Mir. Mein ist Mir.
Mein ist Mir.

Mein ist Mir. Mein ist Mir. Mein ist Mir. Mein ist Mir.

Mein ist Mir. Mein ist Mir. Mein ist Mir. Mein ist Mir.
Mein ist Mir. Mein ist Mir. Mein ist Mir. Mein ist Mir.
Mein ist Mir. Mein ist Mir. Mein ist Mir. Mein ist Mir.
Mein ist Mir. Mein ist Mir. Mein ist Mir. Mein ist Mir.

Mein ist Mir. Mein ist Mir. Mein ist Mir. Mein ist Mir.
Mein ist Mir. Mein ist Mir. Mein ist Mir. Mein ist Mir.
Mein ist Mir. Mein ist Mir.

Mein ist Mir. Mein ist Mir. Mein ist Mir. Mein ist Mir.
Mein ist Mir. Mein ist Mir. Mein ist Mir. Mein ist Mir.
Mein ist Mir. Mein ist Mir. Mein ist Mir. Mein ist Mir.
Mein ist Mir. Mein ist Mir. Mein ist Mir. Mein ist Mir.
Mein ist Mir. Mein ist Mir. Mein ist Mir. Mein ist Mir.
Mein ist Mir. Mein ist Mir. Mein ist Mir. Mein ist Mir.
Mein ist Mir. Mein ist Mir. Mein ist Mir. Mein ist Mir.
Mein ist Mir. Mein ist Mir. Mein ist Mir. Mein ist Mir.
Mein ist Mir. Mein ist Mir. Mein ist Mir. Mein ist Mir.
Mein ist Mir. Mein ist Mir. Mein ist Mir.

Mein ist Mir. Mein ist Mir. Mein ist Mir. Mein ist Mir.
Mein ist Mir. Mein ist Mir. Mein ist Mir. Mein ist Mir.
Mein ist Mir. Mein ist Mir. Mein ist Mir. Mein ist Mir.
Mein ist Mir. Mein ist Mir. Mein ist Mir. Mein ist Mir.
Mein ist Mir. Mein ist Mir. Mein ist Mir. Mein ist Mir.
Mein ist Mir. Mein ist Mir. Mein ist Mir. Mein ist Mir.
Mein ist Mir. Mein ist Mir.

Mein ist Mir. Mein ist Mir. Mein ist Mir. Mein ist Mir.
Mein ist Mir. Mein ist Mir. Mein ist Mir. Mein ist Mir.
Mein ist Mir. Mein ist Mir. Mein ist Mir. Mein ist Mir.
Mein ist Mir. Mein ist Mir. Mein ist Mir. Mein ist Mir.
Mein ist Mir. Mein ist Mir. Mein ist Mir.

Mein ist Mir. Mein ist Mir. Mein ist Mir. Mein ist Mir.
Mein ist Mir. Mein ist Mir. Mein ist Mir. Mein ist Mir.

Mein ist Mir. Mein ist Mir. Mein ist Mir. Mein ist Mir.
Mein ist Mir. Mein ist Mir. Mein ist Mir. Mein ist Mir.
Mein ist Mir. Mein ist Mir. Mein ist Mir. Mein ist Mir.
Mein ist Mir. Mein ist Mir. Mein ist Mir. Mein ist Mir.
Mein ist Mir.

Mein ist Mir. Mein ist Mir. Mein ist Mir. Mein ist Mir.
Mein ist Mir. Mein ist Mir. Mein ist Mir. Mein ist Mir.
Mein ist Mir. Mein ist Mir. Mein ist Mir. Mein ist Mir.

Mein ist Mir. Mein ist Mir. Mein ist Mir. Mein ist Mir.
Mein ist Mir. Mein ist Mir. Mein ist Mir. Mein ist Mir.
Mein ist Mir. Mein ist Mir. Mein ist Mir. Mein ist Mir.

Mein ist Mir. Mein ist Mir. Mein ist Mir. Mein ist Mir.
Mein ist Mir. Mein ist Mir. Mein ist Mir. Mein ist Mir.
Mein ist Mir. Mein ist Mir. Mein ist Mir. Mein ist Mir.
Mein ist Mir. Mein ist Mir. Mein ist Mir. Mein ist Mir.
Mein ist Mir. Mein ist Mir. Mein ist Mir.

Mein ist Mir. Mein ist Mir. Mein ist Mir. Mein ist Mir.
Mein ist Mir. Mein ist Mir. Mein ist Mir. Mein ist Mir.
Mein ist Mir. Mein ist Mir. Mein ist Mir. Mein ist Mir.
Mein ist Mir. Mein ist Mir. Mein ist Mir. Mein ist Mir.
Mein ist Mir. Mein ist Mir. Mein ist Mir. Mein ist Mir.
Mein ist Mir. Mein ist Mir. Mein ist Mir. Mein ist Mir.
Mein ist Mir. Mein ist Mir.

Mein ist Mir. Mein ist Mir. Mein ist Mir. Mein ist Mir.
Mein ist Mir. Mein ist Mir. Mein ist Mir. Mein ist Mir.
Mein ist Mir. Mein ist Mir. Mein ist Mir. Mein ist Mir.
Mein ist Mir. Mein ist Mir. Mein ist Mir. Mein ist Mir.
Mein ist Mir. Mein ist Mir.

Mein ist Mir. Mein ist Mir. Mein ist Mir. Mein ist Mir.
Mein ist Mir. Mein ist Mir. Mein ist Mir. Mein ist Mir.
Mein ist Mir. Mein ist Mir. Mein ist Mir. Mein ist Mir.
Mein ist Mir. Mein ist Mir. Mein ist Mir. Mein ist Mir.
Mein ist Mir. Mein ist Mir. Mein ist Mir. Mein ist Mir.
Mein ist Mir. Mein ist Mir. Mein ist Mir. Mein ist Mir.
Mein ist Mir. Mein ist Mir. Mein ist Mir. Mein ist Mir.
Mein ist Mir. Mein ist Mir. Mein ist Mir. Mein ist Mir.
Mein ist Mir. Mein ist Mir. Mein ist Mir. Mein ist Mir.
Mein ist Mir. Mein ist Mir. Mein ist Mir. Mein ist Mir.

Mein ist Mir. Mein ist Mir. Mein ist Mir. Mein ist Mir.
Mein ist Mir. Mein ist Mir. Mein ist Mir. Mein ist Mir.
Mein ist Mir.

Mein ist Mir. Mein ist Mir. Mein ist Mir. Mein ist Mir.
Mein ist Mir. Mein ist Mir. Mein ist Mir. Mein ist Mir.
Mein ist Mir. Mein ist Mir. Mein ist Mir. Mein ist Mir.
Mein ist Mir. Mein ist Mir. Mein ist Mir. Mein ist Mir.
Mein ist Mir.

Mein ist Mir. Mein ist Mir. Mein ist Mir. Mein ist Mir.
Mein ist Mir. Mein ist Mir. Mein ist Mir. Mein ist Mir.

Mein ist Mir. Mein ist Mir. Mein ist Mir. Mein ist Mir.
Mein ist Mir. Mein ist Mir. Mein ist Mir. Mein ist Mir.
Mein ist Mir. Mein ist Mir. Mein ist Mir. Mein ist Mir.
Mein ist Mir. Mein ist Mir. Mein ist Mir. Mein ist Mir.
Mein ist Mir. Mein ist Mir. Mein ist Mir. Mein ist Mir.
Mein ist Mir. Mein ist Mir. Mein ist Mir. Mein ist Mir.

Mein ist Mir. Mein ist Mir. Mein ist Mir. Mein ist Mir.

Mein ist Mir. Mein ist Mir. Mein ist Mir. Mein ist Mir.
Mein ist Mir. Mein ist Mir. Mein ist Mir. Mein ist Mir.
Mein ist Mir. Mein ist Mir. Mein ist Mir.

Mein ist Mir. Mein ist Mir. Mein ist Mir. Mein ist Mir.
Mein ist Mir. Mein ist Mir. Mein ist Mir. Mein ist Mir.
Mein ist Mir. Mein ist Mir. Mein ist Mir. Mein ist Mir.
Mein ist Mir. Mein ist Mir. Mein ist Mir. Mein ist Mir.
Mein ist Mir. Mein ist Mir. Mein ist Mir. Mein ist Mir.

Mein ist Mir. Mein ist Mir. Mein ist Mir. Mein ist Mir.
Mein ist Mir. Mein ist Mir. Mein ist Mir. Mein ist Mir.
Mein ist Mir. Mein ist Mir. Mein ist Mir. Mein ist Mir.
Mein ist Mir. Mein ist Mir. Mein ist Mir. Mein ist Mir.
Mein ist Mir.

Mein ist Mir. Mein ist Mir. Mein ist Mir. Mein ist Mir.
Mein ist Mir. Mein ist Mir. Mein ist Mir. Mein ist Mir.
Mein ist Mir. Mein ist Mir. Mein ist Mir. Mein ist Mir.
Mein ist Mir. Mein ist Mir. Mein ist Mir. Mein ist Mir.
Mein ist Mir. Mein ist Mir. Mein ist Mir.

Mein ist Mir. Mein ist Mir. Mein ist Mir.

Mein ist Mir. Mein ist Mir. Mein ist Mir. Mein ist Mir.
Mein ist Mir. Mein ist Mir. Mein ist Mir. Mein ist Mir.
Mein ist Mir. Mein ist Mir. Mein ist Mir. Mein ist Mir.
Mein ist Mir. Mein ist Mir. Mein ist Mir. Mein ist Mir.
Mein ist Mir. Mein ist Mir. Mein ist Mir. Mein ist Mir.
Mein ist Mir. Mein ist Mir. Mein ist Mir. Mein ist Mir.
Mein ist Mir. Mein ist Mir. Mein ist Mir. Mein ist Mir.
Mein ist Mir. Mein ist Mir. Mein ist Mir. Mein ist Mir.
Mein ist Mir. Mein ist Mir.

Mein ist Mir. Mein ist Mir. Mein ist Mir. Mein ist Mir.
Mein ist Mir. Mein ist Mir. Mein ist Mir. Mein ist Mir.
Mein ist Mir. Mein ist Mir. Mein ist Mir. Mein ist Mir.
Mein ist Mir. Mein ist Mir. Mein ist Mir. Mein ist Mir.
Mein ist Mir. Mein ist Mir. Mein ist Mir. Mein ist Mir.
Mein ist Mir. Mein ist Mir. Mein ist Mir. Mein ist Mir.
Mein ist Mir. Mein ist Mir. Mein ist Mir. Mein ist Mir.
Mein ist Mir. Mein ist Mir. Mein ist Mir. Mein ist Mir.
Mein ist Mir. Mein ist Mir. Mein ist Mir. Mein ist Mir.
Mein ist Mir. Mein ist Mir. Mein ist Mir. Mein ist Mir.
Mein ist Mir. Mein ist Mir. Mein ist Mir. Mein ist Mir.
Mein ist Mir.

Mein ist Mir. Mein ist Mir. Mein ist Mir. Mein ist Mir.
Mein ist Mir. Mein ist Mir. Mein ist Mir. Mein ist Mir.
Mein ist Mir. Mein ist Mir. Mein ist Mir. Mein ist Mir.
Mein ist Mir. Mein ist Mir. Mein ist Mir. Mein ist Mir.
Mein ist Mir. Mein ist Mir. Mein ist Mir. Mein ist Mir.
Mein ist Mir. Mein ist Mir. Mein ist Mir. Mein ist Mir.

Mein ist Mir. Mein ist Mir. Mein ist Mir. Mein ist Mir.
Mein ist Mir. Mein ist Mir. Mein ist Mir. Mein ist Mir.
Mein ist Mir. Mein ist Mir. Mein ist Mir. Mein ist Mir.
Mein ist Mir. Mein ist Mir. Mein ist Mir. Mein ist Mir.
Mein ist Mir. Mein ist Mir. Mein ist Mir. Mein ist Mir.
Mein ist Mir. Mein ist Mir. Mein ist Mir. Mein ist Mir.
Mein ist Mir. Mein ist Mir. Mein ist Mir. Mein ist Mir.
Mein ist Mir. Mein ist Mir. Mein ist Mir.

Mein ist Mir. Mein ist Mir. Mein ist Mir. Mein ist Mir.
Mein ist Mir. Mein ist Mir. Mein ist Mir. Mein ist Mir.
Mein ist Mir. Mein ist Mir. Mein ist Mir. Mein ist Mir.
Mein ist Mir. Mein ist Mir. Mein ist Mir. Mein ist Mir.
Mein ist Mir. Mein ist Mir.

Mein ist Mir. Mein ist Mir. Mein ist Mir. Mein ist Mir.
Mein ist Mir. Mein ist Mir. Mein ist Mir. Mein ist Mir.
Mein ist Mir. Mein ist Mir. Mein ist Mir. Mein ist Mir.
Mein ist Mir. Mein ist Mir. Mein ist Mir. Mein ist Mir.
Mein ist Mir. Mein ist Mir. Mein Ist Mir. Mein ist Mir.
Mein ist Mir. Mein ist Mir. Mein ist Mir.

Mein ist Mir. Mein ist Mir.

Mein ist Mir. Mein ist Mir. Mein ist Mir. Mein ist Mir.
Mein ist Mir. Mein ist Mir. Mein ist Mir. Mein ist Mir.
Mein ist Mir. Mein ist Mir. Mein ist Mir. Mein ist Mir.
Mein ist Mir. Mein ist Mir. Mein ist Mir. Mein ist Mir.
Mein ist Mir.

Mein ist Mir. Mein ist Mir. Mein ist Mir. Mein ist Mir.
Mein ist Mir. Mein ist Mir. Mein ist Mir. Mein ist Mir.

Mein ist Mir. Mein ist Mir. Mein ist Mir. Mein ist Mir.
Mein ist Mir. Mein ist Mir. Mein ist Mir.

Mein ist Mir. Mein ist Mir. Mein ist Mir. Mein ist Mir.
Mein ist Mir.

Mein ist Mir. Mein ist Mir. Mein ist Mir. Mein ist Mir.
Mein ist Mir. Mein ist Mir. Mein ist Mir. Mein ist Mir.
Mein ist Mir. Mein ist Mir. Mein ist Mir. Mein ist Mir.
Mein ist Mir. Mein ist Mir. Mein ist Mir. Mein ist Mir.
Mein ist Mir. Mein ist Mir. Mein ist Mir. Mein ist Mir.
Mein ist Mir. Mein ist Mir. Mein ist Mir. Mein ist Mir.
Mein ist Mir. Mein ist Mir. Mein ist Mir. Mein ist Mir.
Mein ist Mir. Mein ist Mir. Mein ist Mir. Mein ist Mir.
Mein ist Mir. Mein ist Mir. Mein ist Mir. Mein ist Mir.
Mein ist Mir. Mein ist Mir. Mein ist Mir. Mein ist Mir.
Mein ist Mir. Mein ist Mir. Mein ist Mir. Mein ist Mir.
Mein ist Mir. Mein ist Mir. Mein ist Mir. Mein ist Mir.
Mein ist Mir. Mein ist Mir. Mein ist Mir.

Mein ist Mir. Mein ist Mir. Mein ist Mir. Mein ist Mir.
Mein ist Mir. Mein ist Mir. Mein ist Mir. Mein ist Mir.
Mein ist Mir. Mein ist Mir. Mein ist Mir. Mein ist Mir.
Mein ist Mir. Mein ist Mir. Mein ist Mir. Mein ist Mir.
Mein ist Mir. Mein ist Mir. Mein ist Mir. Mein ist Mir.
Mein ist Mir. Mein ist Mir. Mein ist Mir. Mein ist Mir.
Mein ist Mir. Mein ist Mir. Mein ist Mir. Mein ist Mir.
Mein ist Mir. Mein ist Mir. Mein ist Mir. Mein ist Mir.
Mein ist Mir. Mein ist Mir. Mein ist Mir. Mein ist Mir.

Mein ist Mir. Mein ist Mir. Mein ist Mir. Mein ist Mir.
Mein ist Mir. Mein ist Mir. Mein ist Mir. Mein ist Mir.
Mein ist Mir. Mein ist Mir. Mein ist Mir. Mein ist Mir.

Mein ist Mir. Mein ist Mir. Mein ist Mir. Mein ist Mir.
Mein ist Mir. Mein ist Mir. Mein ist Mir. Mein ist Mir.
Mein ist Mir. Mein ist Mir. Mein ist Mir. Mein ist Mir.
Mein ist Mir. Mein ist Mir. Mein ist Mir. Mein ist Mir.
Mein ist Mir. Mein ist Mir. Mein ist Mir. Mein ist Mir.
Mein ist Mir. Mein ist Mir. Mein ist Mir. Mein ist Mir.
Mein ist Mir. Mein ist Mir. Mein ist Mir. Mein ist Mir.
Mein ist Mir. Mein ist Mir. Mein ist Mir. Mein ist Mir.
Mein ist Mir. Mein ist Mir. Mein ist Mir.

Mein ist Mir. Mein ist Mir. Mein ist Mir. Mein ist Mir.
Mein ist Mir. Mein ist Mir. Mein ist Mir. Mein ist Mir.
Mein ist Mir. Mein ist Mir. Mein ist Mir. Mein ist Mir.
Mein ist Mir. Mein ist Mir. Mein ist Mir. Mein ist Mir.
Mein ist Mir. Mein ist Mir. Mein ist Mir. Mein ist Mir.
Mein ist Mir. Mein ist Mir. Mein ist Mir. Mein ist Mir.
Mein ist Mir. Mein ist Mir. Mein ist Mir. Mein ist Mir.
Mein ist Mir. Mein ist Mir. Mein ist Mir. Mein ist Mir.

Mein ist Mir. Mein ist Mir. Mein ist Mir. Mein ist Mir.
Mein ist Mir. Mein ist Mir. Mein ist Mir. Mein ist Mir.
Mein ist Mir. Mein ist Mir. Mein ist Mir. Mein ist Mir.
Mein ist Mir. Mein ist Mir. Mein ist Mir. Mein ist Mir.
Mein ist Mir. Mein ist Mir. Mein ist Mir. Mein ist Mir.
Mein ist Mir. Mein ist Mir. Mein ist Mir. Mein ist Mir.
Mein ist Mir. Mein ist Mir. Mein ist Mir. Mein ist Mir.
Mein ist Mir. Mein ist Mir. Mein ist Mir. Mein ist Mir.
Mein ist Mir. Mein ist Mir. Mein ist Mir. Mein ist Mir.

Mein ist Mir. Mein ist Mir. Mein ist Mir. Mein ist Mir. Mein ist Mir. Mein ist Mir. Mein ist Mir. Mein ist Mir. Mein ist Mir. Mein ist Mir. Mein ist Mir. Mein ist Mir. Mein ist Mir. Mein ist Mir. Mein ist Mir. Mein ist Mir. Mein ist Mir.

Mein ist Mir. Mein ist Mir.

Mein ist Mir. Mein ist Mir. Mein ist Mir. Mein ist Mir. Mein ist Mir. Mein ist Mir. Mein ist Mir. Mein ist Mir. Mein ist Mir. Mein ist Mir. Mein ist Mir. Mein ist Mir. Mein ist Mir. Mein ist Mir. Mein ist Mir. Mein ist Mir. Mein ist Mir. Mein ist Mir. Mein ist Mir. Mein ist Mir.

Mein ist Mir. Mein ist Mir.

Mein ist Mir. Mein ist Mir. Mein ist Mir. Mein ist Mir. Mein ist Mir. Mein ist Mir. Mein ist Mir. Mein ist Mir. Mein ist Mir. Mein ist Mir. Mein ist Mir. Mein ist Mir.

Mein ist Mir. Mein ist Mir. Mein ist Mir. Mein ist Mir.
Mein ist Mir. Mein ist Mir. Mein ist Mir. Mein ist Mir.
Mein ist Mir. Mein ist Mir. Mein ist Mir. Mein ist Mir.
Mein ist Mir. Mein ist Mir. Mein ist Mir. Mein ist Mir.
Mein ist Mir. Mein ist Mir. Mein ist Mir. Mein ist Mir.
Mein ist Mir.

Mein ist Mir. Mein ist Mir. Mein ist Mir. Mein ist Mir.
Mein ist Mir. Mein ist Mir. Mein ist Mir. Mein ist Mir.
Mein ist Mir. Mein ist Mir. Mein ist Mir. Mein ist Mir.
Mein ist Mir. Mein ist Mir. Mein ist Mir. Mein ist Mir.
Mein ist Mir.

Mein ist Mir. Mein ist Mir. Mein ist Mir. Mein ist Mir.
Mein ist Mir. Mein ist Mir. Mein ist Mir. Mein ist Mir.
Mein ist Mir. Mein ist Mir. Mein ist Mir. Mein ist Mir.
Mein ist Mir. Mein ist Mir. Mein ist Mir. Mein ist Mir.
Mein ist Mir. Mein ist Mir. Mein ist Mir. Mein ist Mir.
Mein ist Mir. Mein ist Mir. Mein ist Mir. Mein ist Mir.
Mein ist Mir. Mein ist Mir. Mein ist Mir. Mein ist Mir.
Mein ist Mir. Mein ist Mir. Mein ist Mir. Mein ist Mir.
Mein ist Mir. Mein ist Mir. Mein ist Mir. Mein ist Mir.
Mein ist Mir. Mein ist Mir. Mein ist Mir. Mein ist Mir.
Mein ist Mir.

Mein ist Mir. Mein ist Mir. Mein ist Mir. Mein ist Mir.
Mein ist Mir. Mein ist Mir. Mein ist Mir. Mein ist Mir.
Mein ist Mir. Mein ist Mir. Mein ist Mir. Mein ist Mir.
Mein ist Mir. Mein ist Mir. Mein ist Mir. Mein ist Mir.
Mein ist Mir. Mein ist Mir. Mein ist Mir. Mein ist Mir.

Mein ist Mir. Mein ist Mir. Mein ist Mir. Mein ist Mir.
Mein ist Mir. Mein ist Mir. Mein ist Mir. Mein ist Mir.
Mein ist Mir. Mein ist Mir. Mein ist Mir. Mein ist Mir.
Mein ist Mir. Mein ist Mir. Mein ist Mir. Mein ist Mir.
Mein ist Mir. Mein ist Mir. Mein ist Mir. Mein ist Mir.
Mein ist Mir. Mein ist Mir.

Mein ist Mir. Mein ist Mir. Mein ist Mir. Mein ist Mir.
Mein ist Mir. Mein ist Mir. Mein ist Mir. Mein ist Mir.
Mein ist Mir. Mein ist Mir. Mein ist Mir. Mein ist Mir.
Mein ist Mir. Mein ist Mir. Mein ist Mir. Mein ist Mir.
Mein ist Mir. Mein ist Mir. Mein ist Mir. Mein ist Mir.
Mein ist Mir. Mein ist Mir. Mein ist Mir. Mein ist Mir.
Mein ist Mir. Mein ist Mir. Mein ist Mir. Mein ist Mir.
Mein ist Mir. Mein ist Mir. Mein ist Mir. Mein ist Mir.
Mein ist Mir. Mein ist Mir.

Mein ist Mir. Mein ist Mir. Mein ist Mir. Mein ist Mir.
Mein ist Mir. Mein ist Mir. Mein ist Mir. Mein ist Mir.
Mein ist Mir. Mein ist Mir. Mein ist Mir. Mein ist Mir.
Mein ist Mir. Mein ist Mir. Mein ist Mir. Mein ist Mir.
Mein ist Mir. Mein ist Mir. Mein ist Mir. Mein ist Mir.
Mein ist Mir. Mein ist Mir. Mein ist Mir. Mein ist Mir.
Mein ist Mir. Mein ist Mir.

Mein ist Mir. Mein ist Mir. Mein ist Mir. Mein ist Mir.
Mein ist Mir. Mein ist Mir. Mein ist Mir. Mein ist Mir.
Mein ist Mir. Mein ist Mir. Mein ist Mir. Mein ist Mir.
Mein ist Mir. Mein ist Mir. Mein ist Mir. Mein ist Mir.

Mein ist Mir. Mein ist Mir. Mein ist Mir. Mein ist Mir.
Mein ist Mir. Mein ist Mir. Mein ist Mir. Mein ist Mir.

Mein ist Mir. Mein ist Mir. Mein ist Mir. Mein ist Mir.
Mein ist Mir. Mein ist Mir. Mein ist Mir. Mein ist Mir.
Mein ist Mir. Mein ist Mir. Mein ist Mir. Mein ist Mir.
Mein ist Mir. Mein ist Mir. Mein ist Mir. Mein ist Mir.
Mein ist Mir. Mein ist Mir. Mein ist Mir. Mein ist Mir.
Mein ist Mir. Mein ist Mir. Mein ist Mir.

Kapitel 14

Mein Ich ist Mir.

Mein Ich ist Mir. Mein Ich ist Mir. Mein Ich ist Mir. Mein Ich ist Mir. Mein Ich ist Mir. Mein Ich ist Mir. Mein Ich ist Mir. Mein Ich ist Mir. Mein Ich ist Mir. Mein Ich ist Mir. Mein Ich ist Mir. Mein Ich ist Mir. Mein Ich ist Mir. Mein Ich ist Mir. Mein Ich ist Mir. Mein Ich ist Mir. Mein Ich ist Mir. Mein Ich ist Mir.

Mein Ich ist Mir. Mein Ich ist Mir. Mein Ich ist Mir. Mein Ich ist Mir. Mein Ich ist Mir. Mein Ich ist Mir. Mein Ich ist Mir. Mein Ich ist Mir. Mein Ich ist Mir. Mein Ich ist Mir. Mein Ich ist Mir.

Mein Ich ist Mir. Mein Ich ist Mir. Mein Ich ist Mir. Mein Ich ist Mir. Mein Ich ist Mir. Mein Ich ist Mir. Mein Ich ist Mir. Mein Ich ist Mir. Mein Ich ist Mir.

Mein Ich ist Mir. Mein Ich ist Mir. Mein Ich ist Mir. Mein Ich ist Mir. Mein Ich ist Mir. Mein Ich ist Mir. Mein Ich ist Mir. Mein Ich ist Mir. Mein Ich ist Mir. Mein Ich ist Mir.

Mein Ich ist Mir. Mein Ich ist Mir. Mein Ich ist Mir. Mein Ich ist Mir. Mein Ich ist Mir. Mein Ich ist Mir. Mein Ich ist Mir. Mein Ich ist Mir. Mein Ich ist Mir. Mein Ich ist Mir. Mein Ich ist Mir. Mein Ich ist Mir.

Mein Ich ist Mir. Mein Ich ist Mir. Mein Ich ist Mir. Mein Ich ist Mir. Mein Ich ist Mir. Mein Ich ist Mir. Mein Ich ist

Mir. Mein Ich ist Mir. Mein Ich ist Mir. Mein Ich ist Mir.
Mein Ich ist Mir. Mein Ich ist Mir. Mein Ich ist Mir. Mein
Ich ist Mir. Mein Ich ist Mir. Mein Ich ist Mir. Mein Ich ist
Mir. Mein Ich ist Mir. Mein Ich ist Mir. Mein Ich ist Mir.

Mein Ich ist Mir. Mein Ich ist Mir. Mein Ich ist Mir. Mein
Ich ist Mir. Mein Ich ist Mir. Mein Ich ist Mir. Mein Ich ist
Mir. Mein Ich ist Mir. Mein Ich ist Mir. Mein Ich ist Mir.
Mein Ich ist Mir. Mein Ich ist Mir. Mein Ich ist Mir. Mein
Ich ist Mir. Mein Ich ist Mir. Mein Ich ist Mir. Mein Ich ist
Mir. Mein Ich ist Mir. Mein Ich ist Mir. Mein Ich ist Mir.
Mein Ich ist Mir. Mein Ich ist Mir. Mein Ich ist Mir. Mein
Ich ist Mir. Mein Ich ist Mir. Mein Ich ist Mir. Mein Ich ist
Mir. Mein Ich ist Mir. Mein Ich ist Mir. Mein Ich ist Mir.
Mein Ich ist Mir. Mein Ich ist Mir. Mein Ich ist Mir. Mein
Ich ist Mir. Mein Ich ist Mir. Mein Ich ist Mir. Mein Ich ist
Mir. Mein Ich ist Mir. Mein Ich ist Mir.

Mein Ich ist Mir. Mein Ich ist Mir. Mein Ich ist Mir. Mein
Ich ist Mir. Mein Ich ist Mir. Mein Ich ist Mir. Mein Ich ist
Mir. Mein Ich ist Mir. Mein Ich ist Mir. Mein Ich ist Mir.
Mein Ich ist Mir. Mein Ich ist Mir. Mein Ich ist Mir. Mein
Ich ist Mir.

Mein Ich ist Mir. Mein Ich ist Mir. Mein Ich ist Mir. Mein
Ich ist Mir. Mein Ich ist Mir. Mein Ich ist Mir. Mein Ich ist
Mir. Mein Ich ist Mir. Mein Ich ist Mir. Mein Ich ist Mir.
Mein Ich ist Mir. Mein Ich ist Mir. Mein Ich ist Mir. Mein
Ich ist Mir. Mein Ich ist Mir. Mein Ich ist Mir. Mein Ich ist
Mir. Mein Ich ist Mir. Mein Ich ist Mir. Mein Ich ist Mir.
Mein Ich ist Mir. Mein Ich ist Mir. Mein Ich ist Mir. Mein
Ich ist Mir. Mein Ich ist Mir. Mein Ich ist Mir. Mein Ich ist

Mir. Mein Ich ist Mir. Mein Ich ist Mir. Mein Ich ist Mir. Mein Ich ist Mir. Mein Ich ist Mir.

Mein Ich ist Mir. Mein Ich ist Mir.

Mein Ich ist Mir. Mein Ich ist Mir. Mein Ich ist Mir. Mein Ich ist Mir. Mein Ich ist Mir. Mein Ich ist Mir. Mein Ich ist Mir. Mein Ich ist Mir. Mein Ich ist Mir. Mein Ich ist Mir.

Mein Ich ist Mir. Mein Ich ist Mir. Mein Ich ist Mir.

Mein Ich ist Mir. Mein Ich ist Mir.

Mein Ich ist Mir. Mein Ich ist Mir. Mein Ich ist Mir. Mein Ich ist Mir. Mein Ich ist Mir. Mein Ich ist Mir. Mein Ich ist Mir. Mein Ich ist Mir. Mein Ich ist Mir. Mein Ich ist Mir. Mein Ich ist Mir. Mein Ich ist Mir. Mein Ich ist Mir. Mein Ich ist Mir. Mein Ich ist Mir. Mein Ich ist Mir. Mein Ich ist Mir. Mein Ich ist Mir. Mein Ich ist Mir. Mein Ich ist Mir.

Mein Ich ist Mir. Mein Ich ist Mir.

Mein Ich ist Mir. Mein Ich ist Mir. Mein Ich ist Mir. Mein Ich ist Mir. Mein Ich ist Mir. Mein Ich ist Mir. Mein Ich ist Mir. Mein Ich ist Mir. Mein Ich ist Mir. Mein Ich ist Mir. Mein Ich ist Mir. Mein Ich ist Mir. Mein Ich ist Mir. Mein Ich ist Mir.

Mein Ich ist Mir. Mein Ich ist Mir. Mein Ich ist Mir. Mein Ich ist Mir. Mein Ich ist Mir. Mein Ich ist Mir. Mein Ich ist Mir. Mein Ich ist Mir. Mein Ich ist Mir. Mein Ich ist Mir. Mein Ich ist Mir. Mein Ich ist Mir. Mein Ich ist Mir. Mein Ich ist Mir. Mein Ich ist Mir. Mein Ich ist Mir. Mein Ich ist Mir. Mein Ich ist Mir. Mein Ich ist Mir.

Mein Ich ist Mir. Mein Ich ist Mir.

Mein Ich ist Mir. Mein Ich ist Mir.

Mein Ich ist Mir. Mein Ich ist Mir. Mein Ich ist Mir. Mein Ich ist Mir. Mein Ich ist Mir. Mein Ich ist Mir. Mein Ich ist Mir. Mein Ich ist Mir. Mein Ich ist Mir. Mein Ich ist Mir. Mein Ich ist Mir. Mein Ich ist Mir. Mein Ich ist Mir. Mein Ich ist Mir. Mein Ich ist Mir. Mein Ich ist Mir. Mein Ich ist Mir. Mein Ich ist Mir. Mein Ich ist Mir.

Mein Ich ist Mir. Mein Ich ist Mir. Mein Ich ist Mir. Mein Ich ist Mir. Mein Ich ist Mir. Mein Ich ist Mir. Mein Ich ist Mir. Mein Ich ist Mir. Mein Ich ist Mir. Mein Ich ist Mir. Mein Ich ist Mir. Mein Ich ist Mir. Mein Ich ist Mir. Mein

Ich ist Mir. Mein Ich ist Mir. Mein Ich ist Mir. Mein Ich ist Mir. Mein Ich ist Mir. Mein Ich ist Mir. Mein Ich ist Mir. Mein Ich ist Mir.

Mein Ich ist Mir. Mein Ich ist Mir. Mein Ich ist Mir. Mein Ich ist Mir. Mein Ich ist Mir. Mein Ich ist Mir. Mein Ich ist Mir. Mein Ich ist Mir. Mein Ich ist Mir. Mein Ich ist Mir. Mein Ich ist Mir. Mein Ich ist Mir. Mein Ich ist Mir. Mein Ich ist Mir. Mein Ich ist Mir. Mein Ich ist Mir. Mein Ich ist Mir. Mein Ich ist Mir.

Mein Ich ist Mir. Mein Ich ist Mir.

Mein Ich ist Mir. Mein Ich ist Mir. Mein Ich ist Mir. Mein Ich ist Mir. Mein Ich ist Mir. Mein Ich ist Mir. Mein Ich ist Mir. Mein Ich ist Mir. Mein Ich ist Mir. Mein Ich ist Mir.

Mein Ich ist Mir. Mein Ich ist Mir. Mein Ich ist Mir. Mein Ich ist Mir. Mein Ich ist Mir. Mein Ich ist Mir. Mein Ich ist Mir. Mein Ich ist Mir. Mein Ich ist Mir. Mein Ich ist Mir.

Mein Ich ist Mir. Mein Ich ist Mir.

Mein Ich ist Mir. Mein Ich ist Mir.

Mein Ich ist Mir. Mein Ich ist Mir. Mein Ich ist Mir. Mein Ich ist Mir. Mein Ich ist Mir. Mein Ich ist Mir. Mein Ich ist Mir. Mein Ich ist Mir. Mein Ich ist Mir. Mein Ich ist Mir. Mein Ich ist Mir. Mein Ich ist Mir. Mein Ich ist Mir. Mein Ich ist Mir. Mein Ich ist Mir. Mein Ich ist Mir.

Mein Ich ist Mir. Mein Ich ist Mir. Mein Ich ist Mir. Mein Ich ist Mir. Mein Ich ist Mir. Mein Ich ist Mir. Mein Ich ist

Mir. Mein Ich ist Mir. Mein Ich ist Mir. Mein Ich ist Mir. Mein Ich ist Mir. Mein Ich ist Mir. Mein Ich ist Mir. Mein Ich ist Mir. Mein Ich ist Mir. Mein Ich ist Mir. Mein Ich ist Mir.

Mein Ich ist Mir. Mein Ich ist Mir. Mein Ich ist Mir. Mein Ich ist Mir. Mein Ich ist Mir. Mein Ich ist Mir. Mein Ich ist Mir. Mein Ich ist Mir. Mein Ich ist Mir. Mein Ich ist Mir. Mein Ich ist Mir. Mein Ich ist Mir. Mein Ich ist Mir. Mein Ich ist Mir. Mein Ich ist Mir. Mein Ich ist Mir. Mein Ich ist Mir. Mein Ich ist Mir. Mein Ich ist Mir. Mein Ich ist Mir.

Mein Ich ist Mir. Mein Ich ist Mir. Mein Ich ist Mir. Mein Ich ist Mir. Mein Ich ist Mir. Mein Ich ist Mir. Mein Ich ist Mir. Mein Ich ist Mir. Mein Ich ist Mir. Mein Ich ist Mir. Mein Ich ist Mir. Mein Ich ist Mir. Mein Ich ist Mir. Mein Ich ist Mir.

Mein Ich ist Mir. Mein Ich ist Mir.

Mein Ich ist Mir. Mein Ich ist Mir. Mein Ich ist Mir. Mein Ich ist Mir. Mein Ich ist Mir. Mein Ich ist Mir. Mein Ich ist

Mir. Mein Ich ist Mir. Mein Ich ist Mir. Mein Ich ist Mir. Mein Ich ist Mir. Mein Ich ist Mir. Mein Ich ist Mir. Mein Ich ist Mir. Mein Ich ist Mir. Mein Ich ist Mir. Mein Ich ist Mir. Mein Ich ist Mir. Mein Ich ist Mir.

Mein Ich ist Mir. Mein Ich ist Mir.

 Mein Ich ist Mir. Mein Ich ist Mir. Mein Ich ist Mir. Mein Ich ist Mir. Mein Ich ist Mir. Mein Ich ist Mir. Mein Ich ist Mir. Mein Ich ist Mir. Mein Ich ist Mir. Mein Ich ist Mir. Mein Ich ist Mir. Mein Ich ist Mir. Mein Ich ist Mir. Mein Ich ist Mir. Mein Ich ist Mir. Mein Ich ist Mir.

 Mein Ich ist Mir. Mein Ich ist Mir. Mein Ich ist Mir. Mein Ich ist Mir. Mein Ich ist Mir. Mein Ich ist Mir. Mein Ich ist Mir. Mein Ich ist Mir. Mein Ich ist Mir. Mein Ich ist Mir. Mein Ich ist Mir. Mein Ich ist Mir. Mein Ich ist Mir. Mein

Ich ist Mir. Mein Ich ist Mir. Mein Ich ist Mir. Mein Ich ist Mir.

Mein Ich ist Mir. Mein Ich ist Mir.

Mein Ich ist Mir. Mein Ich ist Mir. Mein Ich ist Mir. Mein Ich ist Mir. Mein Ich ist Mir. Mein Ich ist Mir. Mein Ich ist Mir. Mein Ich ist Mir. Mein Ich ist Mir. Mein Ich ist Mir. Mein Ich ist Mir. Mein Ich ist Mir. Mein Ich ist Mir.

Mein Ich ist Mir. Mein Ich ist Mir. Mein Ich ist Mir. Mein Ich ist Mir. Mein Ich ist Mir. Mein Ich ist Mir. Mein Ich ist Mir. Mein Ich ist Mir. Mein Ich ist

Mir. Mein Ich ist Mir. Mein Ich ist Mir. Mein Ich ist Mir. Mein Ich ist Mir. Mein Ich ist Mir. Mein Ich ist Mir. Mein Ich ist Mir. Mein Ich ist Mir. Mein Ich ist Mir.

Mein Ich ist Mir. Mein Ich ist Mir. Mein Ich ist Mir. Mein Ich ist Mir. Mein Ich ist Mir. Mein Ich ist Mir. Mein Ich ist Mir. Mein Ich ist Mir. Mein Ich ist Mir. Mein Ich ist Mir. Mein Ich ist Mir. Mein Ich ist Mir.

Kapitel 15

Mein Ich Mir?

Mein Ich Mir? Mein Ich Mir? Mein Ich Mir? Mein Ich Mir?
Mein Ich Mir? Mein Ich Mir? Mein Ich Mir? Mein Ich Mir?
Mein Ich Mir? Mein Ich Mir? Mein Ich Mir? Mein Ich Mir?
Mein Ich Mir? Mein Ich Mir? Mein Ich Mir? Mein Ich Mir?
Mein Ich Mir? Mein Ich Mir? Mein Ich Mir? Mein Ich Mir?
Mein Ich Mir? Mein Ich Mir? Mein Ich Mir? Mein Ich Mir?

Mein Ich Mir? Mein Ich Mir? Mein Ich Mir? Mein Ich Mir?
Mein Ich Mir? Mein Ich Mir? Mein Ich Mir? Mein Ich Mir?
Mein Ich Mir? Mein Ich Mir? Mein Ich Mir? Mein Ich Mir?
Mein Ich Mir? Mein Ich Mir? Mein Ich Mir? Mein Ich Mir?
Mein Ich Mir? Mein Ich Mir?

Mein Ich Mir? Mein Ich Mir? Mein Ich Mir? Mein Ich Mir?
Mein Ich Mir? Mein Ich Mir? Mein Ich Mir? Mein Ich Mir?
Mein Ich Mir? Mein Ich Mir? Mein Ich Mir? Mein Ich Mir?
Mein Ich Mir? Mein Ich Mir? Mein Ich Mir? Mein Ich Mir?
Mein Ich Mir? Mein Ich Mir? Mein Ich Mir? Mein Ich Mir?
Mein Ich Mir? Mein Ich Mir? Mein Ich Mir? Mein Ich Mir?
Mein Ich Mir? Mein Ich Mir? Mein Ich Mir? Mein Ich Mir?
Mein Ich Mir? Mein Ich Mir? Mein Ich Mir? Mein Ich Mir?
Mein Ich Mir? Mein Ich Mir? Mein Ich Mir?

Mein Ich Mir? Mein Ich Mir? Mein Ich Mir? Mein Ich Mir?
Mein Ich Mir? Mein Ich Mir? Mein Ich Mir? Mein Ich Mir?
Mein Ich Mir? Mein Ich Mir? Mein Ich Mir? Mein Ich Mir?
Mein Ich Mir? Mein Ich Mir? Mein Ich Mir? Mein Ich Mir?
Mein Ich Mir? Mein Ich Mir? Mein Ich Mir? Mein Ich Mir?
Mein Ich Mir? Mein Ich Mir? Mein Ich Mir?

Mein Ich Mir? Mein Ich Mir? Mein Ich Mir? Mein Ich
Mir? Mein Ich Mir? Mein Ich Mir? Mein Ich Mir? Mein Ich
Mir? Mein Ich Mir? Mein Ich Mir? Mein Ich Mir? Mein Ich
Mir? Mein Ich Mir? Mein Ich Mir? Mein Ich Mir? Mein Ich
Mir? Mein Ich Mir? Mein Ich Mir? Mein Ich Mir? Mein Ich
Mir? Mein Ich Mir? Mein Ich Mir? Mein Ich Mir? Mein Ich
Mir? Mein Ich Mir? Mein Ich Mir? Mein Ich Mir? Mein Ich
Mir? Mein Ich Mir? Mein Ich Mir? Mein Ich Mir? Mein Ich
Mir? Mein Ich Mir? Mein Ich Mir? Mein Ich Mir? Mein Ich
Mir? Mein Ich Mir? Mein Ich Mir? Mein Ich Mir? Mein Ich
Mir? Mein Ich Mir? Mein Ich Mir? Mein Ich Mir? Mein Ich
Mir? Mein Ich Mir? Mein Ich Mir? Mein Ich Mir? Mein Ich
Mir? Mein Ich Mir? Mein Ich Mir? Mein Ich Mir? Mein Ich
Mir? Mein Ich Mir? Mein Ich Mir?

Mein Ich Mir? Mein Ich Mir? Mein Ich Mir? Mein Ich Mir?
Mein Ich Mir? Mein Ich Mir? Mein Ich Mir? Mein Ich Mir?
Mein Ich Mir? Mein Ich Mir? Mein Ich Mir? Mein Ich Mir?
Mein Ich Mir? Mein Ich Mir? Mein Ich Mir? Mein Ich Mir?
Mein Ich Mir? Mein Ich Mir? Mein Ich Mir? Mein Ich Mir?

Mein Ich Mir? Mein Ich Mir? Mein Ich Mir? Mein Ich Mir?
Mein Ich Mir? Mein Ich Mir? Mein Ich Mir? Mein Ich Mir?
Mein Ich Mir? Mein Ich Mir? Mein Ich Mir? Mein Ich Mir?
Mein Ich Mir? Mein Ich Mir? Mein Ich Mir? Mein Ich Mir?
Mein Ich Mir? Mein Ich Mir? Mein Ich Mir? Mein Ich Mir?
Mein Ich Mir? Mein Ich Mir? Mein Ich Mir? Mein Ich Mir?
Mein Ich Mir? Mein Ich Mir? Mein Ich Mir? Mein Ich Mir?
Mein Ich Mir? Mein Ich Mir? Mein Ich Mir? Mein Ich Mir?
Mein Ich Mir? Mein Ich Mir? Mein Ich Mir? Mein Ich Mir?
Mein Ich Mir? Mein Ich Mir? Mein Ich Mir? Mein Ich Mir?
Mein Ich Mir? Mein Ich Mir? Mein Ich Mir? Mein Ich Mir?
Mein Ich Mir? Mein Ich Mir? Mein Ich Mir? Mein Ich Mir?
Mein Ich Mir? Mein Ich Mir? Mein Ich Mir? Mein Ich Mir?
Mein Ich Mir? Mein Ich Mir? Mein Ich Mir? Mein Ich Mir?
Mein Ich Mir?

Mein Ich Mir? Mein Ich Mir? Mein Ich Mir? Mein Ich Mir?
Mein Ich Mir? Mein Ich Mir? Mein Ich Mir? Mein Ich Mir?
Mein Ich Mir?

Mein Ich Mir? Mein Ich Mir? Mein Ich Mir? Mein Ich Mir?
Mein

Ich Mir? Mein Ich Mir? Mein Ich Mir? Mein Ich Mir? Mein
Ich Mir? Mein Ich Mir? Mein Ich Mir? Mein Ich Mir? Mein
Ich Mir? Mein Ich Mir? Mein Ich Mir? Mein Ich Mir? Mein
Ich Mir? Mein Ich Mir? Mein Ich Mir? Mein Ich Mir? Mein
Ich Mir? Mein Ich Mir? Mein Ich Mir? Mein Ich Mir? Mein
Ich Mir? Mein Ich Mir? Mein Ich Mir? Mein Ich Mir?

Mein Ich Mir? Mein Ich Mir? Mein Ich Mir? Mein Ich Mir?
Mein Ich Mir? Mein Ich Mir? Mein Ich Mir? Mein Ich Mir?
Mein Ich Mir? Mein Ich Mir? Mein Ich Mir? Mein Ich Mir?
Mein Ich Mir? Mein Ich Mir? Mein Ich Mir? Mein Ich Mir?
Mein Ich Mir?

Mein Ich Mir? Mein Ich Mir? Mein Ich Mir? Mein Ich Mir?
Mein Ich Mir? Mein Ich Mir? Mein Ich Mir? Mein Ich Mir?
Mein Ich Mir? Mein Ich Mir? Mein Ich Mir? Mein Ich Mir?
Mein Ich Mir? Mein Ich Mir? Mein Ich Mir? Mein Ich Mir?
Mein Ich Mir? Mein Ich Mir? Mein Ich Mir? Mein Ich Mir?
Mein Ich Mir? Mein Ich Mir? Mein Ich Mir?

Mein Ich Mir? Mein Ich Mir? Mein Ich Mir? Mein Ich Mir?
Mein Ich Mir? Mein Ich Mir? Mein Ich Mir? Mein Ich Mir?
Mein Ich Mir? Mein Ich Mir? Mein Ich Mir? Mein Ich Mir?
Mein Ich Mir? Mein Ich Mir? Mein Ich Mir? Mein Ich Mir?
Mein Ich Mir? Mein Ich Mir? Mein Ich Mir? Mein Ich Mir?
Mein Ich Mir? Mein Ich Mir? Mein Ich Mir? Mein Ich Mir?
Mein Ich Mir? Mein Ich Mir? Mein Ich Mir? Mein Ich Mir?
Mein Ich Mir? Mein Ich Mir? Mein Ich Mir? Mein Ich Mir?

Mein Ich Mir? Mein Ich Mir? Mein Ich Mir? Mein Ich Mir?
Mein Ich Mir? Mein Ich Mir? Mein Ich Mir? Mein Ich Mir?
Mein Ich Mir? Mein Ich Mir? Mein Ich Mir? Mein Ich Mir?
Mein Ich Mir? Mein Ich Mir? Mein Ich Mir? Mein Ich Mir?
Mein Ich Mir? Mein Ich Mir? Mein Ich Mir? Mein Ich Mir?
Mein Ich Mir? Mein Ich Mir? Mein Ich Mir? Mein Ich Mir?
Mein Ich Mir? Mein Ich Mir?

Mein Ich Mir? Mein Ich Mir? Mein Ich Mir? Mein Ich Mir?
Mein Ich Mir? Mein Ich Mir? Mein Ich Mir? Mein Ich Mir?
Mein Ich Mir? Mein Ich Mir? Mein Ich Mir? Mein Ich Mir?

Mein Ich Mir? Mein Ich Mir? Mein Ich Mir? Mein Ich Mir?
Mein Ich Mir? Mein Ich Mir? Mein Ich Mir? Mein Ich Mir?
Mein Ich Mir? Mein Ich Mir?

Mein Ich Mir? Mein Ich Mir? Mein Ich Mir? Mein Ich Mir?
Mein Ich Mir? Mein Ich Mir? Mein Ich Mir? Mein Ich Mir?
Mein Ich Mir? Mein Ich Mir? Mein Ich Mir? Mein Ich Mir?
Mein Ich Mir? Mein Ich Mir? Mein Ich Mir?

Mein Ich Mir? Mein Ich Mir? Mein Ich Mir? Mein Ich Mir?
Mein Ich Mir? Mein Ich Mir? Mein Ich Mir? Mein Ich Mir?
Mein Ich Mir? Mein Ich Mir? Mein Ich Mir? Mein Ich Mir?
Mein Ich Mir? Mein Ich Mir? Mein Ich Mir? Mein Ich Mir?
Mein Ich Mir?

Mein Ich Mir?

Mein Ich Mir? Mein Ich Mir? Mein Ich Mir? Mein Ich Mir?
Mein Ich Mir? Mein Ich Mir? Mein Ich Mir? Mein Ich Mir?
Mein Ich Mir? Mein Ich Mir? Mein Ich Mir? Mein Ich Mir?
Mein Ich Mir? Mein Ich Mir? Mein Ich Mir? Mein Ich Mir?
Mein Ich Mir?

Mein Ich Mir? Mein Ich Mir? Mein Ich Mir? Mein Ich Mir?
Mein Ich Mir? Mein Ich Mir? Mein Ich Mir? Mein Ich Mir?

Mein Ich Mir? Mein Ich Mir? Mein Ich Mir? Mein Ich Mir?
Mein Ich Mir?

Mein Ich Mir? Mein Ich Mir?

Mein Ich Mir? Mein Ich Mir? Mein Ich Mir? Mein Ich Mir?
Mein Ich Mir? Mein Ich Mir? Mein Ich Mir? Mein Ich Mir?
Mein Ich Mir?

Mein Ich Mir? Mein Ich Mir? Mein Ich Mir? Mein Ich Mir?
Mein Ich Mir? Mein Ich Mir? Mein Ich Mir? Mein Ich Mir?
Mein Ich Mir? Mein Ich Mir? Mein Ich Mir? Mein Ich Mir?
Mein Ich Mir? Mein Ich Mir? Mein Ich Mir? Mein Ich Mir?
Mein Ich Mir? Mein Ich Mir? Mein Ich Mir? Mein Ich Mir?
Mein Ich Mir? Mein Ich Mir? Mein Ich Mir? Mein Ich Mir?

Mein Ich Mir? Mein Ich Mir? Mein Ich Mir? Mein Ich Mir?
Mein Ich Mir? Mein Ich Mir? Mein Ich Mir? Mein Ich Mir?
Mein Ich Mir? Mein Ich Mir? Mein Ich Mir? Mein Ich Mir?
Mein Ich Mir? Mein Ich Mir? Mein Ich Mir? Mein Ich Mir?
Mein Ich Mir? Mein Ich Mir?

Mein Ich Mir? Mein Ich Mir? Mein Ich Mir? Mein Ich Mir?
Mein Ich Mir? Mein Ich Mir? Mein Ich Mir? Mein Ich Mir?
Mein Ich Mir? Mein Ich Mir? Mein Ich Mir? Mein Ich Mir?
Mein Ich Mir? Mein Ich Mir? Mein Ich Mir? Mein Ich Mir?
Mein Ich Mir?

Mein Ich Mir? Mein Ich Mir? Mein Ich Mir? Mein Ich Mir?
Mein Ich Mir? Mein Ich Mir? Mein Ich Mir? Mein Ich Mir?
Mein Ich Mir? Mein Ich Mir? Mein Ich Mir? Mein Ich Mir?
Mein Ich Mir? Mein Ich Mir? Mein Ich Mir? Mein Ich Mir?
Mein Ich Mir?

Mein Ich Mir? Mein Ich Mir? Mein Ich Mir? Mein Ich Mir?
Mein Ich Mir? Mein Ich Mir? Mein Ich Mir? Mein Ich Mir?
Mein Ich Mir? Mein Ich Mir? Mein Ich Mir? Mein Ich Mir?
Mein Ich Mir? Mein Ich Mir? Mein Ich Mir? Mein Ich Mir?
Mein Ich Mir? Mein Ich Mir? Mein Ich Mir? Mein Ich Mir?

Mein Ich Mir? Mein Ich Mir? Mein Ich Mir? Mein Ich Mir?
Mein Ich Mir? Mein Ich Mir? Mein Ich Mir? Mein Ich Mir?
Mein Ich Mir? Mein Ich Mir? Mein Ich Mir? Mein Ich Mir?
Mein Ich Mir? Mein Ich Mir? Mein Ich Mir? Mein Ich Mir?
Mein Ich Mir? Mein Ich Mir? Mein Ich Mir? Mein Ich Mir?
Mein Ich Mir? Mein Ich Mir? Mein Ich Mir? Mein Ich Mir?
Mein Ich Mir? Mein Ich Mir? Mein Ich Mir? Mein Ich Mir?
Mein Ich Mir?

Mein Ich Mir? Mein Ich Mir? Mein Ich Mir? Mein Ich Mir?
Mein Ich Mir? Mein Ich Mir? Mein Ich Mir? Mein Ich Mir?
Mein Ich Mir? Mein Ich Mir? Mein Ich Mir? Mein Ich Mir?
Mein Ich Mir? Mein Ich Mir? Mein Ich Mir? Mein Ich Mir?
Mein Ich Mir? Mein Ich Mir? Mein Ich Mir? Mein Ich Mir?
Mein Ich Mir? Mein Ich Mir? Mein Ich Mir? Mein Ich Mir?
Mein Ich Mir? Mein Ich Mir? Mein Ich Mir? Mein Ich Mir?
Mein Ich Mir?

Mein Ich Mir? Mein Ich Mir? Mein Ich Mir?

Mein Ich Mir? Mein Ich Mir? Mein Ich Mir? Mein Ich Mir?
Mein Ich Mir? Mein Ich Mir? Mein Ich Mir? Mein Ich Mir?
Mein Ich Mir? Mein Ich Mir? Mein Ich Mir? Mein Ich Mir?
Mein Ich Mir? Mein Ich Mir? Mein Ich Mir? Mein Ich Mir?

Mein Ich Mir? Mein Ich Mir? Mein Ich Mir? Mein Ich Mir?
Mein Ich Mir? Mein Ich Mir? Mein Ich Mir? Mein Ich Mir?
Mein Ich Mir? Mein Ich Mir? Mein Ich Mir? Mein Ich Mir?
Mein Ich Mir? Mein Ich Mir? Mein Ich Mir? Mein Ich Mir?
Mein Ich Mir? Mein Ich Mir? Mein Ich Mir? Mein Ich Mir?
Mein Ich Mir?

Mein Ich Mir? Mein Ich Mir? Mein Ich Mir? Mein Ich Mir?
Mein Ich Mir? Mein Ich Mir? Mein Ich Mir? Mein Ich Mir?
Mein Ich Mir? Mein Ich Mir? Mein Ich Mir? Mein Ich Mir?
Mein Ich Mir? Mein Ich Mir? Mein Ich Mir? Mein Ich Mir?
Mein Ich Mir?

Mein Ich Mir? Mein Ich Mir? Mein Ich Mir? Mein Ich Mir?
Mein Ich Mir? Mein Ich Mir? Mein Ich Mir? Mein Ich Mir?
Mein Ich Mir?

Mein Ich Mir? Mein Ich Mir? Mein Ich Mir? Mein Ich Mir?
Mein Ich Mir? Mein Ich Mir? Mein Ich Mir? Mein Ich Mir?
Mein Ich Mir? Mein Ich Mir? Mein Ich Mir?

Mein Ich Mir? Mein Ich Mir? Mein Ich Mir? Mein Ich Mir?
Mein Ich Mir? Mein Ich Mir? Mein Ich Mir? Mein Ich Mir?

Mein Ich Mir? Mein Ich Mir? Mein Ich Mir? Mein Ich Mir?
Mein Ich Mir? Mein Ich Mir? Mein Ich Mir? Mein Ich Mir?
Mein Ich Mir? Mein Ich Mir? Mein Ich Mir? Mein Ich Mir?
Mein Ich Mir? Mein Ich Mir? Mein Ich Mir? Mein Ich Mir?
Mein Ich Mir? Mein Ich Mir? Mein Ich Mir? Mein Ich Mir?
Mein Ich Mir? Mein Ich Mir?

Mein Ich Mir? Mein Ich Mir? Mein Ich Mir? Mein Ich Mir?
Mein Ich Mir? Mein Ich Mir? Mein Ich Mir? Mein Ich Mir?
Mein Ich Mir? Mein Ich Mir? Mein Ich Mir? Mein Ich Mir?
Mein Ich Mir?

Mein Ich Mir? Mein Ich Mir? Mein Ich Mir? Mein Ich Mir?
Mein Ich Mir? Mein Ich Mir? Mein Ich Mir? Mein Ich Mir?
Mein Ich Mir? Mein Ich Mir? Mein Ich Mir? Mein Ich Mir?
Mein Ich Mir? Mein Ich Mir? Mein Ich Mir? Mein Ich Mir?
Mein Ich Mir? Mein Ich Mir? Mein Ich Mir?

Mein Ich Mir? Mein Ich Mir? Mein Ich Mir? Mein Ich Mir?
Mein Ich Mir? Mein Ich Mir? Mein Ich Mir? Mein Ich Mir?
Mein Ich Mir? Mein Ich Mir?

Mein Ich Mir? Mein Ich Mir? Mein Ich Mir? Mein Ich Mir?
Mein Ich Mir? Mein Ich Mir? Mein Ich Mir? Mein Ich Mir?
Mein Ich Mir? Mein Ich Mir? Mein Ich Mir? Mein Ich Mir?
Mein Ich Mir? Mein Ich Mir? Mein Ich Mir? Mein Ich Mir?
Mein Ich Mir? Mein Ich Mir? Mein Ich Mir? Mein Ich Mir?
Mein Ich Mir? Mein Ich Mir? Mein Ich Mir? Mein Ich Mir?

Mein Ich Mir? Mein Ich Mir?

Mein Ich Mir? Mein Ich Mir? Mein Ich Mir? Mein Ich Mir?
Mein Ich Mir? Mein Ich Mir? Mein Ich Mir?

Mein Ich Mir? Mein Ich Mir? Mein Ich Mir? Mein Ich Mir?
Mein Ich Mir? Mein Ich Mir? Mein Ich Mir? Mein Ich Mir?
Mein Ich Mir? Mein Ich Mir? Mein Ich Mir? Mein Ich Mir?
Mein Ich Mir? Mein Ich Mir? Mein Ich Mir? Mein Ich Mir?

Mein Ich Mir? Mein Ich Mir? Mein Ich Mir? Mein Ich Mir?
Mein Ich Mir? Mein Ich Mir? Mein Ich Mir? Mein Ich Mir?
Mein Ich Mir? Mein Ich Mir? Mein Ich Mir? Mein Ich Mir?
Mein Ich Mir? Mein Ich Mir? Mein Ich Mir? Mein Ich Mir?
Mein Ich Mir?

Mein Ich Mir? Mein Ich Mir? Mein Ich Mir? Mein Ich Mir?
Mein Ich Mir? Mein Ich Mir? Mein Ich Mir? Mein Ich Mir?
Mein Ich Mir? Mein Ich Mir? Mein Ich Mir? Mein Ich Mir?
Mein Ich Mir? Mein Ich Mir?

Mein Ich Mir? Mein Ich Mir?

Mein Ich Mir? Mein Ich Mir? Mein Ich Mir? Mein Ich Mir?
Mein Ich Mir? Mein Ich Mir? Mein Ich Mir? Mein Ich Mir?
Mein Ich Mir? Mein Ich Mir? Mein Ich Mir? Mein Ich Mir?
Mein Ich Mir? Mein Ich Mir? Mein Ich Mir? Mein Ich Mir?
Mein Ich Mir? Mein Ich Mir? Mein Ich Mir? Mein Ich Mir?
Mein Ich Mir? Mein Ich Mir? Mein Ich Mir? Mein Ich Mir?

Mein Ich Mir? Mein Ich Mir? Mein Ich Mir? Mein Ich Mir?
Mein Ich Mir? Mein Ich Mir? Mein Ich Mir? Mein Ich Mir?
Mein Ich Mir? Mein Ich Mir? Mein Ich Mir? Mein Ich Mir?

Mein Ich Mir? Mein Ich Mir? Mein Ich Mir? Mein Ich Mir?
Mein Ich Mir? Mein Ich Mir? Mein Ich Mir? Mein Ich Mir?
Mein Ich Mir? Mein Ich Mir? Mein Ich Mir? Mein Ich Mir?
Mein Ich Mir? Mein Ich Mir? Mein Ich Mir? Mein Ich Mir?
Mein Ich Mir?

Mein Ich Mir? Mein Ich Mir? Mein Ich Mir? Mein Ich Mir?
Mein Ich Mir? Mein Ich Mir? Mein Ich Mir? Mein Ich Mir?
Mein Ich Mir? Mein Ich Mir? Mein Ich Mir? Mein Ich Mir?
Mein Ich Mir? Mein Ich Mir? Mein Ich Mir? Mein Ich Mir?

Mein Ich Mir? Mein Ich Mir? Mein Ich Mir? Mein Ich Mir?
Mein Ich Mir? Mein Ich Mir? Mein Ich Mir? Mein Ich Mir?
Mein Ich Mir? Mein Ich Mir? Mein Ich Mir? Mein Ich Mir?
Mein Ich Mir? Mein Ich Mir? Mein Ich Mir?

Mein Ich Mir? Mein Ich Mir? Mein Ich Mir? Mein Ich Mir?
Mein Ich Mir? Mein Ich Mir? Mein Ich Mir? Mein Ich Mir?
Mein Ich Mir? Mein Ich Mir? Mein Ich Mir? Mein Ich Mir?
Mein Ich Mir? Mein Ich Mir? Mein Ich Mir?

Mein Ich Mir? Mein Ich Mir? Mein Ich Mir? Mein Ich Mir?
Mein Ich Mir? Mein Ich Mir? Mein Ich Mir? Mein Ich Mir?
Mein Ich Mir? Mein Ich Mir? Mein Ich Mir? Mein Ich Mir?
Mein Ich Mir? Mein Ich Mir? Mein Ich Mir? Mein Ich Mir?

Mein Ich Mir? Mein Ich Mir? Mein Ich Mir? Mein Ich Mir?
Mein Ich Mir? Mein Ich Mir? Mein Ich Mir? Mein Ich Mir?
Mein Ich Mir? Mein Ich Mir?

Mein Ich Mir? Mein Ich Mir? Mein Ich Mir? Mein Ich Mir?
Mein Ich Mir? Mein Ich Mir? Mein Ich Mir? Mein Ich Mir?
Mein Ich Mir? Mein Ich Mir? Mein Ich Mir? Mein Ich Mir?
Mein Ich Mir? Mein Ich Mir? Mein Ich Mir? Mein Ich Mir?

Mein Ich Mir? Mein Ich Mir? Mein Ich Mir? Mein Ich Mir?
Mein Ich Mir? Mein Ich Mir? Mein Ich Mir? Mein Ich Mir?
Mein Ich Mir? Mein Ich Mir?

Mein Ich Mir? Mein Ich Mir? Mein Ich Mir?

Mein Ich Mir? Mein Ich Mir? Mein Ich Mir? Mein Ich Mir?
Mein Ich Mir? Mein Ich Mir? Mein Ich Mir? Mein Ich Mir?
Mein Ich Mir? Mein Ich Mir? Mein Ich Mir? Mein Ich Mir?
Mein Ich Mir? Mein Ich Mir? Mein Ich Mir? Mein Ich Mir?

Mein Ich Mir? Mein Ich Mir? Mein Ich Mir? Mein Ich Mir?
Mein Ich Mir? Mein Ich Mir? Mein Ich Mir? Mein Ich Mir?
Mein Ich Mir? Mein Ich Mir? Mein Ich Mir? Mein Ich Mir?
Mein Ich Mir? Mein Ich Mir? Mein Ich Mir? Mein Ich Mir?
Mein Ich Mir? Mein Ich Mir?

Mein Ich Mir? Mein Ich Mir? Mein Ich Mir? Mein Ich Mir?
Mein Ich Mir? Mein Ich Mir? Mein Ich Mir? Mein Ich Mir?
Mein Ich Mir? Mein Ich Mir? Mein Ich Mir? Mein Ich Mir?

Mein Ich Mir? Mein Ich Mir? Mein Ich Mir? Mein Ich Mir?
Mein Ich Mir? Mein Ich Mir? Mein Ich Mir? Mein Ich Mir?
Mein Ich Mir? Mein Ich Mir? Mein Ich Mir? Mein Ich Mir?
Mein Ich Mir? Mein Ich Mir? Mein Ich Mir? Mein Ich Mir?

Mein Ich Mir? Mein Ich Mir? Mein Ich Mir? Mein Ich Mir?
Mein Ich Mir? Mein Ich Mir? Mein Ich Mir? Mein Ich Mir?
Mein Ich Mir? Mein Ich Mir? Mein Ich Mir? Mein Ich Mir?
Mein Ich Mir? Mein Ich Mir? Mein Ich Mir?

Mein Ich Mir? Mein Ich Mir? Mein Ich Mir? Mein Ich Mir?
Mein Ich Mir? Mein Ich Mir? Mein Ich Mir? Mein Ich Mir?
Mein Ich Mir? Mein Ich Mir? Mein Ich Mir? Mein Ich Mir?
Mein Ich Mir? Mein Ich Mir? Mein Ich Mir? Mein Ich Mir?

Mein Ich Mir? Mein Ich Mir? Mein Ich Mir? Mein Ich Mir?
Mein Ich Mir? Mein Ich Mir? Mein Ich Mir? Mein Ich Mir?
Mein Ich Mir?

Mein Ich Mir? Mein Ich Mir? Mein Ich Mir? Mein Ich Mir?
Mein Ich Mir? Mein Ich Mir? Mein Ich Mir? Mein Ich Mir?
Mein Ich Mir? Mein Ich Mir? Mein Ich Mir? Mein Ich Mir?
Mein Ich Mir? Mein Ich Mir? Mein Ich Mir? Mein Ich Mir?
Mein Ich Mir? Mein Ich Mir? Mein Ich Mir? Mein Ich Mir?
Mein Ich Mir? Mein Ich Mir? Mein Ich Mir?

Mein Ich Mir? Mein Ich Mir? Mein Ich Mir? Mein Ich Mir? Mein Ich Mir? Mein Ich Mir? Mein Ich Mir? Mein Ich Mir? Mein Ich Mir? Mein Ich Mir?

Mein Ich Mir? Mein Ich Mir? Mein Ich Mir? Mein Ich Mir? Mein Ich Mir? Mein Ich Mir? Mein Ich Mir? Mein Ich Mir? Mein Ich Mir? Mein Ich Mir? Mein Ich Mir?

Mein Ich Mir? Mein Ich Mir?

Mein Ich Mir? Mein Ich Mir?

Mein Ich Mir? Mein Ich Mir? Mein Ich Mir? Mein Ich Mir? Mein Ich Mir?

Mein Ich Mir? Mein Ich Mir? Mein Ich Mir? Mein Ich Mir? Mein Ich Mir? Mein Ich Mir? Mein Ich Mir? Mein Ich Mir? Mein Ich Mir? Mein Ich Mir?

Mein Ich Mir? Mein Ich Mir? Mein Ich Mir? Mein Ich Mir?
Mein Ich Mir? Mein Ich Mir? Mein Ich Mir? Mein Ich Mir?
Mein Ich Mir? Mein Ich Mir? Mein Ich Mir? Mein Ich Mir?
Mein Ich Mir? Mein Ich Mir? Mein Ich Mir? Mein Ich Mir?
Mein Ich Mir? Mein Ich Mir? Mein Ich Mir? Mein Ich Mir?
Mein Ich Mir? Mein Ich Mir? Mein Ich Mir? Mein Ich Mir?

Mein Ich Mir? Mein Ich Mir? Mein Ich Mir? Mein Ich Mir?
Mein Ich Mir? Mein Ich Mir? Mein Ich Mir? Mein Ich Mir?
Mein Ich Mir? Mein Ich Mir? Mein Ich Mir? Mein Ich Mir?
Mein Ich Mir? Mein Ich Mir? Mein Ich Mir? Mein Ich Mir?

 Mein Ich Mir? Mein Ich Mir? Mein Ich Mir? Mein Ich
Mir? Mein Ich Mir? Mein Ich Mir? Mein Ich Mir? Mein Ich
Mir? Mein Ich Mir? Mein Ich Mir?

Mein Ich Mir? Mein Ich Mir? Mein Ich Mir? Mein Ich Mir?
Mein Ich Mir? Mein Ich Mir? Mein Ich Mir? Mein Ich Mir?
Mein Ich Mir? Mein Ich Mir? Mein Ich Mir?

Mein Ich Mir? Mein Ich Mir? Mein Ich Mir? Mein Ich Mir?
Mein Ich Mir?

Mein Ich Mir? Mein Ich Mir? Mein Ich Mir? Mein Ich Mir?
Mein Ich Mir? Mein Ich Mir? Mein Ich Mir?

Mein Ich Mir? Mein Ich Mir? Mein Ich Mir? Mein Ich Mir?
Mein Ich Mir? Mein Ich Mir? Mein Ich Mir? Mein Ich Mir?
Mein Ich Mir? Mein Ich Mir?

Mein Ich Mir? Mein Ich Mir? Mein Ich Mir? Mein Ich Mir?
Mein Ich Mir? Mein Ich Mir? Mein Ich Mir? Mein Ich Mir?
Mein Ich Mir? Mein Ich Mir? Mein Ich Mir? Mein Ich Mir?
Mein Ich Mir? Mein Ich Mir? Mein Ich Mir? Mein Ich Mir?
Mein Ich Mir? Mein Ich Mir?

Mein Ich Mir? Mein Ich Mir? Mein Ich Mir? Mein Ich Mir?
Mein Ich Mir? Mein Ich Mir? Mein Ich Mir? Mein Ich Mir?
Mein Ich Mir? Mein Ich Mir? Mein Ich Mir? Mein Ich Mir?
Mein Ich Mir? Mein Ich Mir? Mein Ich Mir? Mein Ich Mir?
Mein Ich Mir? Mein Ich Mir? Mein Ich Mir? Mein Ich Mir?
Mein Ich Mir? Mein Ich Mir? Mein Ich Mir?

Mein Ich Mir? Mein Ich Mir? Mein Ich Mir? Mein Ich Mir?
Mein Ich Mir? Mein Ich Mir? Mein Ich Mir? Mein Ich Mir?
Mein Ich Mir? Mein Ich Mir? Mein Ich Mir? Mein Ich Mir?
Mein Ich Mir? Mein Ich Mir? Mein Ich Mir? Mein Ich Mir?
Mein Ich Mir? Mein Ich Mir? Mein Ich Mir? Mein Ich Mir?
Mein Ich Mir? Mein Ich Mir? Mein Ich Mir? Mein Ich Mir?
Mein Ich Mir? Mein Ich Mir? Mein Ich Mir? Mein Ich Mir?
Mein Ich Mir? Mein Ich Mir? Mein Ich Mir? Mein Ich Mir?

Mein Ich Mir? Mein Ich Mir? Mein Ich Mir? Mein Ich Mir?
Mein Ich Mir? Mein Ich Mir? Mein Ich Mir? Mein Ich Mir?
Mein Ich Mir? Mein Ich Mir? Mein Ich Mir? Mein Ich Mir?

Mein Ich Mir? Mein Ich Mir? Mein Ich Mir? Mein Ich Mir? Mein Ich Mir?

Mein Ich Mir? Mein Ich Mir? Mein Ich Mir? Mein Ich Mir? Mein Ich Mir? Mein Ich Mir? Mein Ich Mir? Mein Ich Mir? Mein Ich Mir? Mein Ich Mir? Mein Ich Mir? Mein Ich Mir? Mein Ich Mir? Mein Ich Mir? Mein Ich Mir? Mein Ich Mir?

Mein Ich Mir? Mein Ich Mir? Mein Ich Mir? Mein Ich Mir? Mein Ich Mir? Mein Ich Mir? Mein Ich Mir? Mein Ich Mir? Mein Ich Mir? Mein Ich Mir? Mein Ich Mir? Mein Ich Mir? Mein Ich Mir? Mein Ich Mir? Mein Ich Mir? Mein Ich Mir? Mein Ich Mir?

Mein Ich Mir? Mein Ich Mir? Mein Ich Mir? Mein Ich Mir? Mein Ich Mir? Mein Ich Mir? Mein Ich Mir? Mein Ich Mir? Mein Ich Mir? Mein Ich Mir? Mein Ich Mir? Mein Ich Mir? Mein Ich Mir? Mein Ich Mir? Mein Ich Mir? Mein Ich Mir? Mein Ich Mir?

Mein Ich Mir? Mein Ich Mir?

Mein Ich Mir? Mein Ich Mir? Mein Ich Mir? Mein Ich Mir?

Mein Ich Mir? Mein Ich Mir? Mein Ich Mir? Mein Ich Mir?
Mein Ich Mir? Mein Ich Mir? Mein Ich Mir? Mein Ich Mir?
Mein Ich Mir? Mein Ich Mir? Mein Ich Mir? Mein Ich Mir?
Mein Ich Mir? Mein Ich Mir? Mein Ich Mir? Mein Ich Mir?
Mein Ich Mir? Mein Ich Mir? Mein Ich Mir? Mein Ich Mir?
Mein Ich Mir? Mein Ich Mir?

Mein Ich Mir? Mein Ich Mir? Mein Ich Mir? Mein Ich Mir?
Mein Ich Mir? Mein Ich Mir? Mein Ich Mir? Mein Ich Mir?
Mein Ich Mir? Mein Ich Mir? Mein Ich Mir? Mein Ich Mir?
Mein Ich Mir? Mein Ich Mir? Mein Ich Mir? Mein Ich Mir?
Mein Ich Mir? Mein Ich Mir? Mein Ich Mir? Mein Ich Mir?
Mein Ich Mir? Mein Ich Mir?

Mein Ich Mir? Mein Ich Mir? Mein Ich Mir? Mein Ich Mir?
Mein Ich Mir? Mein Ich Mir? Mein Ich Mir? Mein Ich Mir?
Mein Ich Mir? Mein Ich Mir? Mein Ich Mir? Mein Ich Mir?
Mein Ich Mir? Mein Ich Mir? Mein Ich Mir? Mein Ich Mir?
Mein Ich Mir?

Mein Ich Mir? Mein Ich Mir? Mein Ich Mir? Mein Ich Mir?
Mein Ich Mir? Mein Ich Mir? Mein Ich Mir? Mein Ich Mir?
Mein Ich Mir? Mein Ich Mir? Mein Ich Mir? Mein Ich Mir?

Mein Ich Mir? Mein Ich Mir? Mein Ich Mir? Mein Ich Mir?
Mein Ich Mir? Mein Ich Mir? Mein Ich Mir? Mein Ich Mir?
Mein Ich Mir? Mein Ich Mir? Mein Ich Mir? Mein Ich Mir?
Mein Ich Mir? Mein Ich Mir? Mein Ich Mir? Mein Ich Mir?
Mein Ich Mir?

Mein Ich Mir? Mein Ich Mir? Mein Ich Mir? Mein Ich Mir?
Mein Ich Mir? Mein Ich Mir? Mein Ich Mir? Mein Ich Mir?
Mein Ich Mir? Mein Ich Mir? Mein Ich Mir? Mein Ich Mir?

Mein Ich Mir? Mein Ich Mir? Mein Ich Mir? Mein Ich Mir?
Mein Ich Mir? Mein Ich Mir? Mein Ich Mir? Mein Ich Mir?
Mein Ich Mir? Mein Ich Mir?

Mein Ich Mir? Mein Ich Mir? Mein Ich Mir? Mein Ich Mir?
Mein Ich Mir? Mein Ich Mir? Mein Ich Mir? Mein Ich Mir?
Mein Ich Mir? Mein Ich Mir? Mein Ich Mir? Mein Ich Mir?
Mein Ich Mir? Mein Ich Mir? Mein Ich Mir? Mein Ich Mir?
Mein Ich Mir? Mein Ich Mir? Mein Ich Mir? Mein Ich Mir?
Mein Ich Mir? Mein Ich Mir? Mein Ich Mir? Mein Ich Mir?
Mein Ich Mir?

Mein Ich Mir? Mein Ich Mir? Mein Ich Mir? Mein Ich Mir?
Mein Ich Mir? Mein Ich Mir? Mein Ich Mir? Mein Ich Mir?
Mein Ich Mir? Mein Ich Mir? Mein Ich Mir? Mein Ich Mir?
Mein Ich Mir? Mein Ich Mir? Mein Ich Mir? Mein Ich Mir?
Mein Ich Mir? Mein Ich Mir? Mein Ich Mir?

Mein Ich Mir? Mein Ich Mir? Mein Ich Mir? Mein Ich Mir?
Mein Ich Mir? Mein Ich Mir? Mein Ich Mir? Mein Ich Mir?
Mein Ich Mir? Mein Ich Mir? Mein Ich Mir? Mein Ich Mir?

Mein Ich Mir? Mein Ich Mir? Mein Ich Mir? Mein Ich Mir?
Mein Ich Mir? Mein Ich Mir? Mein Ich Mir? Mein Ich Mir?
Mein Ich Mir? Mein Ich Mir? Mein Ich Mir? Mein Ich Mir?
Mein Ich Mir? Mein Ich Mir? Mein Ich Mir? Mein Ich Mir?
Mein Ich Mir? Mein Ich Mir? Mein Ich Mir? Mein Ich Mir?

Mein Ich Mir? Mein Ich Mir? Mein Ich Mir? Mein Ich Mir?
Mein Ich Mir? Mein Ich Mir? Mein Ich Mir? Mein Ich Mir?
Mein Ich Mir? Mein Ich Mir? Mein Ich Mir? Mein Ich Mir?
Mein Ich Mir? Mein Ich Mir? Mein Ich Mir? Mein Ich Mir?
Mein Ich Mir? Mein Ich Mir?

Mein Ich Mir? Mein Ich Mir? Mein Ich Mir? Mein Ich Mir?
Mein Ich Mir? Mein Ich Mir? Mein Ich Mir? Mein Ich Mir?
Mein Ich Mir? Mein Ich Mir? Mein Ich Mir? Mein Ich Mir?
Mein Ich Mir? Mein Ich Mir? Mein Ich Mir? Mein Ich Mir?
Mein Ich Mir?

Mein Ich Mir? Mein Ich Mir? Mein Ich Mir? Mein Ich Mir?

Mein Ich Mir? Mein Ich Mir? Mein Ich Mir? Mein Ich Mir?
Mein Ich Mir? Mein Ich Mir? Mein Ich Mir? Mein Ich Mir?
Mein Ich Mir?

Mein Ich Mir? Mein Ich Mir? Mein Ich Mir? Mein Ich Mir?
Mein Ich Mir? Mein Ich Mir? Mein Ich Mir? Mein Ich Mir?
Mein Ich Mir? Mein Ich Mir? Mein Ich Mir? Mein Ich Mir?
Mein Ich Mir? Mein Ich Mir? Mein Ich Mir? Mein Ich Mir?
Mein Ich Mir? Mein Ich Mir? Mein Ich Mir? Mein Ich Mir?
Mein Ich Mir? Mein Ich Mir? Mein Ich Mir? Mein Ich Mir?
Mein Ich Mir? Mein Ich Mir? Mein Ich Mir? Mein Ich Mir?
Mein Ich Mir? Mein Ich Mir? Mein Ich Mir?

Mein Ich Mir? Mein Ich Mir? Mein Ich Mir? Mein Ich Mir?
Mein Ich Mir? Mein Ich Mir? Mein Ich Mir? Mein Ich Mir?

Mein Ich Mir? Mein Ich Mir? Mein Ich Mir? Mein Ich Mir?
Mein Ich Mir? Mein Ich Mir? Mein Ich Mir? Mein Ich Mir?

Mein Ich Mir? Mein Ich Mir? Mein Ich Mir? Mein Ich Mir?
Mein Ich Mir? Mein Ich Mir? Mein Ich Mir? Mein Ich Mir?
Mein Ich Mir? Mein Ich Mir? Mein Ich Mir? Mein Ich Mir?
Mein Ich Mir? Mein Ich Mir? Mein Ich Mir?

Mein Ich Mir? Mein Ich Mir? Mein Ich Mir? Mein Ich Mir?
Mein Ich Mir? Mein Ich Mir?

Mein Ich Mir? Mein Ich Mir? Mein Ich Mir? Mein Ich Mir?
Mein Ich Mir? Mein Ich Mir? Mein Ich Mir? Mein Ich Mir?
Mein Ich Mir? Mein Ich Mir?

Mein Ich Mir? Mein Ich Mir? Mein Ich Mir? Mein Ich Mir?
Mein Ich Mir? Mein Ich Mir? Mein Ich Mir? Mein Ich Mir?
Mein Ich Mir? Mein Ich Mir? Mein Ich Mir? Mein Ich Mir?
Mein Ich Mir? Mein Ich Mir? Mein Ich Mir? Mein Ich Mir?
Mein Ich Mir? Mein Ich Mir? Mein Ich Mir? Mein Ich Mir?
Mein Ich Mir? Mein Ich Mir? Mein Ich Mir? Mein Ich Mir?
Mein Ich Mir? Mein Ich Mir? Mein Ich Mir? Mein Ich Mir?
Mein Ich Mir?

Mein Ich Mir? Mein Ich Mir? Mein Ich Mir? Mein Ich Mir?
Mein Ich Mir? Mein Ich Mir? Mein Ich Mir? Mein Ich Mir?
Mein Ich Mir? Mein Ich Mir? Mein Ich Mir? Mein Ich Mir?
Mein Ich Mir? Mein Ich Mir? Mein Ich Mir? Mein Ich Mir?
Mein Ich Mir? Mein Ich Mir? Mein Ich Mir? Mein Ich Mir?
Mein Ich Mir? Mein Ich Mir? Mein Ich Mir? Mein Ich Mir?

Mein Ich Mir? Mein Ich Mir? Mein Ich Mir? Mein Ich Mir?
Mein Ich Mir? Mein Ich Mir? Mein Ich Mir? Mein Ich Mir?
Mein Ich Mir?

Mein Ich Mir? Mein Ich Mir? Mein Ich Mir? Mein Ich Mir?
Mein Ich Mir? Mein Ich Mir? Mein Ich Mir? Mein Ich Mir?
Mein Ich Mir? Mein Ich Mir? Mein Ich Mir? Mein Ich Mir?
Mein Ich Mir? Mein Ich Mir? Mein Ich Mir? Mein Ich Mir?
Mein Ich Mir? Mein Ich Mir? Mein Ich Mir? Mein Ich Mir?
Mein Ich Mir? Mein Ich Mir? Mein Ich Mir?

Mein Ich Mir? Mein Ich Mir? Mein Ich Mir? Mein Ich Mir?
Mein Ich Mir? Mein Ich Mir? Mein Ich Mir? Mein Ich Mir?
Mein Ich Mir? Mein Ich Mir? Mein Ich Mir? Mein Ich Mir?
Mein Ich Mir? Mein Ich Mir? Mein Ich Mir? Mein Ich Mir?
Mein Ich Mir? Mein Ich Mir? Mein Ich Mir? Mein Ich Mir?
Mein Ich Mir? Mein Ich Mir? Mein Ich Mir? Mein Ich Mir?

Mein Ich Mir? Mein Ich Mir? Mein Ich Mir? Mein Ich Mir?
Mein Ich Mir? Mein Ich Mir? Mein Ich Mir? Mein Ich Mir?
Mein Ich Mir? Mein Ich Mir? Mein Ich Mir? Mein Ich Mir?
Mein Ich Mir? Mein Ich Mir? Mein Ich Mir? Mein Ich Mir?
Mein Ich Mir? Mein Ich Mir? Mein Ich Mir? Mein Ich Mir?
Mein Ich Mir? Mein Ich Mir? Mein Ich Mir? Mein Ich Mir?
Mein Ich Mir? Mein Ich Mir? Mein Ich Mir? Mein Ich Mir?
Mein Ich Mir? Mein Ich Mir? Mein Ich Mir? Mein Ich Mir?
Mein Ich Mir? Mein Ich Mir? Mein Ich Mir?

Mein Ich Mir? Mein Ich Mir? Mein Ich Mir? Mein Ich Mir?
Mein Ich Mir? Mein Ich Mir? Mein Ich Mir? Mein Ich Mir?
Mein Ich Mir? Mein Ich Mir? Mein Ich Mir? Mein Ich Mir?

Mein Ich Mir? Mein Ich Mir? Mein Ich Mir? Mein Ich Mir?
Mein Ich Mir? Mein Ich Mir? Mein Ich Mir? Mein Ich Mir?
Mein Ich Mir? Mein Ich Mir? Mein Ich Mir? Mein Ich Mir?

Mein Ich Mir? Mein Ich Mir? Mein Ich Mir? Mein Ich Mir?
Mein Ich Mir? Mein Ich Mir? Mein Ich Mir? Mein Ich Mir?
Mein Ich Mir? Mein Ich Mir? Mein Ich Mir? Mein Ich Mir?
Mein Ich Mir? Mein Ich Mir? Mein Ich Mir? Mein Ich Mir?
Mein Ich Mir? Mein Ich Mir? Mein Ich Mir? Mein Ich Mir?
Mein Ich Mir? Mein Ich Mir? Mein Ich Mir? Mein Ich Mir?
Mein Ich Mir? Mein Ich Mir? Mein Ich Mir? Mein Ich Mir?
Mein Ich Mir? Mein Ich Mir? Mein Ich Mir? Mein Ich Mir?
Mein Ich Mir?

Mein Ich Mir? Mein Ich Mir? Mein Ich Mir? Mein Ich Mir?
Mein Ich Mir? Mein Ich Mir? Mein Ich Mir? Mein Ich Mir?
Mein Ich Mir? Mein Ich Mir? Mein Ich Mir? Mein Ich Mir?
Mein Ich Mir? Mein Ich Mir? Mein Ich Mir? Mein Ich Mir?

Mein Ich Mir? Mein Ich Mir? Mein Ich Mir? Mein Ich Mir?
Mein Ich Mir? Mein Ich Mir? Mein Ich Mir? Mein Ich Mir?
Mein Ich Mir? Mein Ich Mir? Mein Ich Mir? Mein Ich Mir?
Mein Ich Mir? Mein Ich Mir? Mein Ich Mir?

Mein Ich Mir? Mein Ich Mir? Mein Ich Mir? Mein Ich Mir?
Mein Ich Mir? Mein Ich Mir? Mein Ich Mir? Mein Ich Mir?
Mein Ich Mir? Mein Ich Mir? Mein Ich Mir? Mein Ich Mir?
Mein Ich Mir? Mein Ich Mir? Mein Ich Mir? Mein Ich Mir?
Mein Ich Mir?

Mein Ich Mir? Mein Ich Mir? Mein Ich Mir? Mein Ich Mir?
Mein Ich Mir? Mein Ich Mir? Mein Ich Mir? Mein Ich Mir?
Mein Ich Mir? Mein Ich Mir? Mein Ich Mir? Mein Ich Mir?
Mein Ich Mir? Mein Ich Mir? Mein Ich Mir? Mein Ich Mir?
Mein Ich Mir? Mein Ich Mir? Mein Ich Mir? Mein Ich Mir?
Mein Ich Mir? Mein Ich Mir? Mein Ich Mir? Mein Ich Mir?
Mein Ich Mir? Mein Ich Mir? Mein Ich Mir? Mein Ich Mir?
Mein Ich Mir? Mein Ich Mir? Mein Ich Mir? Mein Ich Mir?
Mein Ich Mir? Mein Ich Mir? Mein Ich Mir? Mein Ich Mir?
Mein Ich Mir? Mein Ich Mir? Mein Ich Mir? Mein Ich Mir?
Mein Ich Mir? Mein Ich Mir? Mein Ich Mir?

Mein Ich Mir? Mein Ich Mir? Mein Ich Mir? Mein Ich Mir?
Mein Ich Mir? Mein Ich Mir? Mein Ich Mir? Mein Ich Mir?
Mein Ich Mir? Mein Ich Mir? Mein Ich Mir? Mein Ich Mir?
Mein Ich Mir? Mein Ich Mir? Mein Ich Mir? Mein Ich Mir?
Mein Ich Mir? Mein Ich Mir? Mein Ich Mir? Mein Ich Mir?
Mein Ich Mir? Mein Ich Mir? Mein Ich Mir? Mein Ich Mir?
Mein Ich Mir? Mein Ich Mir? Mein Ich Mir? Mein Ich Mir?
Mein Ich Mir? Mein Ich Mir? Mein Ich Mir? Mein Ich Mir?
Mein Ich Mir? Mein Ich Mir? Mein Ich Mir? Mein Ich Mir?

Mein Ich Mir? Mein Ich Mir? Mein Ich Mir? Mein Ich Mir?
Mein Ich Mir? Mein Ich Mir? Mein Ich Mir? Mein Ich Mir?
Mein Ich Mir? Mein Ich Mir? Mein Ich Mir? Mein Ich Mir?
Mein Ich Mir? Mein Ich Mir? Mein Ich Mir? Mein Ich Mir?
Mein Ich Mir? Mein Ich Mir? Mein Ich Mir? Mein Ich Mir?
Mein Ich Mir? Mein Ich Mir? Mein Ich Mir? Mein Ich Mir?
Mein Ich Mir? Mein Ich Mir? Mein Ich Mir? Mein Ich Mir?
Mein Ich Mir? Mein Ich Mir? Mein Ich Mir? Mein Ich Mir?
Mein Ich Mir? Mein Ich Mir? Mein Ich Mir? Mein Ich Mir?

Mein Ich Mir? Mein Ich Mir? Mein Ich Mir? Mein Ich Mir?
Mein Ich Mir? Mein Ich Mir? Mein Ich Mir?

Mein Ich Mir? Mein Ich Mir? Mein Ich Mir? Mein Ich Mir?
Mein Ich Mir? Mein Ich Mir? Mein Ich Mir? Mein Ich Mir?
Mein Ich Mir? Mein Ich Mir? Mein Ich Mir? Mein Ich Mir?
Mein Ich Mir? Mein Ich Mir? Mein Ich Mir? Mein Ich Mir?
Mein Ich Mir? Mein Ich Mir? Mein Ich Mir? Mein Ich Mir?
Mein Ich Mir? Mein Ich Mir? Mein Ich Mir? Mein Ich Mir?
Mein Ich Mir? Mein Ich Mir? Mein Ich Mir? Mein Ich Mir?
Mein Ich Mir? Mein Ich Mir? Mein Ich Mir? Mein Ich Mir?
Mein Ich Mir? Mein Ich Mir? Mein Ich Mir? Mein Ich Mir?
Mein Ich Mir? Mein Ich Mir? Mein Ich Mir? Mein Ich Mir?
Mein Ich Mir? Mein Ich Mir? Mein Ich Mir? Mein Ich Mir?
Mein Ich Mir? Mein Ich Mir? Mein Ich Mir? Mein Ich Mir?
Mein Ich Mir? Mein Ich Mir? Mein Ich Mir? Mein Ich Mir?
Mein Ich Mir?

Mein Ich Mir? Mein Ich Mir? Mein Ich Mir? Mein Ich Mir?
Mein Ich Mir? Mein Ich Mir? Mein Ich Mir? Mein Ich Mir?
Mein Ich Mir? Mein Ich Mir? Mein Ich Mir? Mein Ich Mir?
Mein Ich Mir? Mein Ich Mir? Mein Ich Mir? Mein Ich Mir?
Mein Ich Mir? Mein Ich Mir? Mein Ich Mir? Mein Ich Mir?

Mein Ich Mir? Mein Ich Mir? Mein Ich Mir? Mein Ich Mir?
Mein Ich Mir? Mein Ich Mir? Mein Ich Mir? Mein Ich Mir?
Mein Ich Mir? Mein Ich Mir?

Mein Ich Mir? Mein Ich Mir? Mein Ich Mir? Mein Ich Mir?
Mein Ich Mir? Mein Ich Mir? Mein Ich Mir? Mein Ich Mir?

Mein Ich Mir? Mein Ich Mir? Mein Ich Mir? Mein Ich Mir?
Mein Ich Mir? Mein Ich Mir? Mein Ich Mir? Mein Ich Mir?
Mein Ich Mir? Mein Ich Mir? Mein Ich Mir? Mein Ich Mir?
Mein Ich Mir? Mein Ich Mir? Mein Ich Mir? Mein Ich Mir?
Mein Ich Mir? Mein Ich Mir? Mein Ich Mir? Mein Ich Mir?
Mein Ich Mir? Mein Ich Mir? Mein Ich Mir? Mein Ich Mir?
Mein Ich Mir? Mein Ich Mir? Mein Ich Mir? Mein Ich Mir?
Mein Ich Mir? Mein Ich Mir? Mein Ich Mir? Mein Ich Mir?
Mein Ich Mir? Mein Ich Mir? Mein Ich Mir?

Mein Ich Mir? Mein Ich Mir? Mein Ich Mir? Mein Ich Mir?
Mein Ich Mir? Mein Ich Mir? Mein Ich Mir? Mein Ich Mir?
Mein Ich Mir? Mein Ich Mir? Mein Ich Mir? Mein Ich Mir?
Mein Ich Mir? Mein Ich Mir? Mein Ich Mir? Mein Ich Mir?
Mein Ich Mir? Mein Ich Mir? Mein Ich Mir? Mein Ich Mir?
Mein Ich Mir? Mein Ich Mir? Mein Ich Mir? Mein Ich Mir?
Mein Ich Mir? Mein Ich Mir?

Mein Ich Mir? Mein Ich Mir? Mein Ich Mir? Mein Ich Mir?
Mein Ich Mir? Mein Ich Mir? Mein Ich Mir? Mein Ich Mir?
Mein Ich Mir? Mein Ich Mir? Mein Ich Mir? Mein Ich Mir?
Mein Ich Mir? Mein Ich Mir? Mein Ich Mir? Mein Ich Mir?
Mein Ich Mir? Mein Ich Mir? Mein Ich Mir? Mein Ich Mir?
Mein Ich Mir? Mein Ich Mir? Mein Ich Mir? Mein Ich Mir?
Mein Ich Mir? Mein Ich Mir? Mein Ich Mir? Mein Ich Mir?
Mein Ich Mir? Mein Ich Mir? Mein Ich Mir? Mein Ich Mir?
Mein Ich Mir? Mein Ich Mir? Mein Ich Mir? Mein Ich Mir?
Mein Ich Mir? Mein Ich Mir? Mein Ich Mir?

Mein Ich Mir? Mein Ich Mir? Mein Ich Mir? Mein Ich Mir?
Mein Ich Mir? Mein Ich Mir? Mein Ich Mir? Mein Ich Mir?
Mein Ich Mir? Mein Ich Mir? Mein Ich Mir? Mein Ich Mir?
Mein Ich Mir? Mein Ich Mir? Mein Ich Mir? Mein Ich Mir?
Mein Ich Mir? Mein Ich Mir? Mein Ich Mir? Mein Ich Mir?
Mein Ich Mir? Mein Ich Mir? Mein Ich Mir? Mein Ich Mir?

Mein Ich Mir? Mein Ich Mir? Mein Ich Mir? Mein Ich Mir?

Kapitel 16

Ich Mein Mir.

Ich Mein Mir. Ich Mein Mir. Ich Mein Mir. Ich Mein Mir.
Ich Mein Mir. Ich Mein Mir. Ich Mein Mir. Ich Mein Mir.
Ich Mein Mir. Ich Mein Mir. Ich Mein Mir. Ich Mein Mir.
Ich Mein Mir. Ich Mein Mir. Ich Mein Mir. Ich Mein Mir.
Ich Mein Mir. Ich Mein Mir. Ich Mein Mir. Ich Mein Mir.
Ich Mein Mir. Ich Mein Mir. Ich Mein Mir. Ich Mein Mir.

Ich Mein Mir. Ich Mein Mir. Ich Mein Mir. Ich Mein Mir.
Ich Mein Mir. Ich Mein Mir. Ich Mein Mir. Ich Mein Mir.
Ich Mein Mir. Ich Mein Mir. Ich Mein Mir. Ich Mein Mir.
Ich Mein Mir. Ich Mein Mir. Ich Mein Mir. Ich Mein Mir.
Ich Mein Mir. Ich Mein Mir. Ich Mein Mir. Ich Mein Mir.
Ich Mein Mir. Ich Mein Mir. Ich Mein Mir. Ich Mein Mir.
Ich Mein Mir.

Ich Mein Mir. Ich Mein Mir.

Ich Mein Mir. Ich Mein Mir. Ich Mein Mir. Ich Mein Mir.
Ich Mein Mir. Ich Mein Mir. Ich Mein Mir. Ich Mein Mir.
Ich Mein Mir. Ich Mein Mir. Ich Mein Mir. Ich Mein Mir.
Ich Mein Mir. Ich Mein Mir. Ich Mein Mir. Ich Mein Mir.

Ich Mein Mir. Ich Mein Mir. Ich Mein Mir. Ich Mein Mir.
Ich Mein Mir. Ich Mein Mir. Ich Mein Mir. Ich Mein Mir.
Ich Mein Mir. Ich Mein Mir. Ich Mein Mir. Ich Mein Mir.

Ich Mein Mir. Ich Mein Mir. Ich Mein Mir. Ich Mein Mir.
Ich Mein Mir. Ich Mein Mir.

Ich Mein Mir. Ich Mein Mir. Ich Mein Mir. Ich Mein Mir.
Ich Mein Mir. Ich Mein Mir. Ich Mein Mir. Ich Mein Mir.
Ich Mein Mir. Ich Mein Mir. Ich Mein Mir. Ich Mein Mir.
Ich Mein Mir. Ich Mein Mir. Ich Mein Mir. Ich Mein Mir.
Ich Mein Mir.

Ich Mein Mir. Ich Mein Mir. Ich Mein Mir. Ich Mein Mir.
Ich Mein Mir. Ich Mein Mir. Ich Mein Mir. Ich Mein Mir.
Ich Mein Mir. Ich Mein Mir. Ich Mein Mir. Ich Mein Mir.
Ich Mein Mir. Ich Mein Mir. Ich Mein Mir. Ich Mein Mir.
Ich Mein Mir. Ich Mein Mir. Ich Mein Mir. Ich Mein Mir.
Ich Mein Mir. Ich Mein Mir. Ich Mein Mir. Ich Mein Mir.
Ich Mein Mir. Ich Mein Mir. Ich Mein Mir. Ich Mein Mir.
Ich Mein Mir. Ich Mein Mir. Ich Mein Mir. Ich Mein Mir.

Ich Mein Mir. Ich Mein Mir. Ich Mein Mir. Ich Mein Mir.
Ich Mein Mir. Ich Mein Mir. Ich Mein Mir. Ich Mein Mir.
Ich Mein Mir. Ich Mein Mir. Ich Mein Mir. Ich Mein Mir.
Ich Mein Mir. Ich Mein Mir. Ich Mein Mir. Ich Mein Mir.
Ich Mein Mir. Ich Mein Mir. Ich Mein Mir.

Ich Mein Mir. Ich Mein Mir. Ich Mein Mir. Ich Mein Mir.
Ich Mein Mir. Ich Mein Mir. Ich Mein Mir. Ich Mein Mir.
Ich Mein Mir. Ich Mein Mir. Ich Mein Mir.

Ich Mein Mir. Ich Mein Mir. Ich Mein Mir. Ich Mein Mir.
Ich Mein Mir. Ich Mein Mir. Ich Mein Mir. Ich Mein Mir.

Ich Mein Mir. Ich Mein Mir. Ich Mein Mir. Ich Mein Mir.
Ich Mein Mir. Ich Mein Mir. Ich Mein Mir. Ich Mein Mir.
Ich Mein Mir. Ich Mein Mir. Ich Mein Mir. Ich Mein Mir.
Ich Mein Mir. Ich Mein Mir. Ich Mein Mir.

Ich Mein Mir. Ich Mein Mir. Ich Mein Mir. Ich Mein Mir.
Ich Mein Mir. Ich Mein Mir. Ich Mein Mir. Ich Mein Mir.
Ich Mein Mir. Ich Mein Mir. Ich Mein Mir.

Ich Mein Mir. Ich Mein Mir. Ich Mein Mir. Ich Mein Mir.
Ich Mein Mir. Ich Mein Mir.

Ich Mein Mir. Ich Mein Mir. Ich Mein Mir. Ich Mein Mir.
Ich Mein Mir. Ich Mein Mir. Ich Mein Mir. Ich Mein Mir.
Ich Mein Mir. Ich Mein Mir. Ich Mein Mir. Ich Mein Mir.
Ich Mein Mir. Ich Mein Mir. Ich Mein Mir. Ich Mein Mir.
Ich Mein Mir. Ich Mein Mir. Ich Mein Mir. Ich Mein Mir.
Ich Mein Mir. Ich Mein Mir. Ich Mein Mir. Ich Mein Mir.
Ich Mein Mir. Ich Mein Mir. Ich Mein Mir. Ich Mein Mir.
Ich Mein Mir. Ich Mein Mir. Ich Mein Mir. Ich Mein Mir.
Ich Mein Mir. Ich Mein Mir. Ich Mein Mir. Ich Mein Mir.
Ich Mein Mir. Ich Mein Mir. Ich Mein Mir. Ich Mein Mir.
Ich Mein Mir. Ich Mein Mir. Ich Mein Mir. Ich Mein Mir.
Ich Mein Mir. Ich Mein Mir. Ich Mein Mir. Ich Mein Mir.
Ich Mein Mir. Ich Mein Mir. Ich Mein Mir.

Ich Mein Mir. Ich Mein Mir. Ich Mein Mir. Ich Mein Mir.
Ich Mein Mir. Ich Mein Mir. Ich Mein Mir. Ich Mein Mir.

Ich Mein Mir. Ich Mein Mir. Ich Mein Mir. Ich Mein Mir.
Ich Mein Mir. Ich Mein Mir. Ich Mein Mir. Ich Mein Mir.
Ich Mein Mir. Ich Mein Mir. Ich Mein Mir. Ich Mein Mir.
Ich Mein Mir. Ich Mein Mir. Ich Mein Mir. Ich Mein Mir.
Ich Mein Mir. Ich Mein Mir. Ich Mein Mir. Ich Mein Mir.
Ich Mein Mir. Ich Mein Mir. Ich Mein Mir. Ich Mein Mir.

 Ich Mein Mir. Ich Mein Mir. Ich Mein Mir. Ich Mein Mir.
Ich Mein Mir. Ich Mein Mir. Ich Mein Mir. Ich Mein Mir.
Ich Mein Mir. Ich Mein Mir. Ich Mein Mir. Ich Mein Mir.
Ich Mein Mir. Ich Mein Mir. Ich Mein Mir. Ich Mein Mir.
Ich Mein Mir. Ich Mein Mir. Ich Mein Mir.

Ich Mein Mir. Ich Mein Mir. Ich Mein Mir. Ich Mein Mir.
Ich Mein Mir. Ich Mein Mir. Ich Mein Mir. Ich Mein Mir.
Ich Mein Mir. Ich Mein Mir. Ich Mein Mir. Ich Mein Mir.
Ich Mein Mir. Ich Mein Mir. Ich Mein Mir. Ich Mein Mir.
Ich Mein Mir. Ich Mein Mir. Ich Mein Mir. Ich Mein Mir.
Ich Mein Mir. Ich Mein Mir. Ich Mein Mir. Ich Mein Mir.

 Ich Mein Mir. Ich Mein Mir. Ich Mein Mir. Ich Mein Mir.
Ich Mein Mir. Ich Mein Mir. Ich Mein Mir. Ich Mein Mir.
Ich Mein Mir. Ich Mein Mir. Ich Mein Mir. Ich Mein Mir.
Ich Mein Mir. Ich Mein Mir. Ich Mein Mir. Ich Mein Mir.
Ich Mein Mir.

Ich Mein Mir. Ich Mein Mir. Ich Mein Mir. Ich Mein Mir.
Ich Mein Mir. Ich Mein Mir. Ich Mein Mir. Ich Mein Mir.
Ich Mein Mir. Ich Mein Mir.

Ich Mein Mir. Ich Mein Mir. Ich Mein Mir. Ich Mein Mir. Ich Mein Mir. Ich Mein Mir. Ich Mein Mir. Ich Mein Mir. Ich Mein Mir. Ich Mein Mir. Ich Mein Mir.

Ich Mein Mir. Ich Mein Mir.

Ich Mein Mir. Ich Mein Mir. Ich Mein Mir.

 Ich Mein Mir. Ich Mein Mir. Ich Mein Mir. Ich Mein Mir. Ich Mein Mir. Ich Mein Mir. Ich Mein Mir. Ich Mein Mir. Ich Mein Mir. Ich Mein Mir. Ich Mein Mir. Ich Mein Mir. Ich Mein Mir. Ich Mein Mir. Ich Mein Mir. Ich Mein Mir.

Ich Mein Mir. Ich Mein Mir. Ich Mein Mir. Ich Mein Mir. Ich Mein Mir. Ich Mein Mir. Ich Mein Mir. Ich Mein Mir. Ich Mein Mir. Ich Mein Mir. Ich Mein Mir. Ich Mein Mir.

Ich Mein Mir. Ich Mein Mir.

Ich Mein Mir. Ich Mein Mir.

Ich Mein Mir. Ich Mein Mir. Ich Mein Mir. Ich Mein Mir.
Ich Mein Mir. Ich Mein Mir. Ich Mein Mir. Ich Mein Mir.
Ich Mein Mir. Ich Mein Mir.

Ich Mein Mir. Ich Mein Mir. Ich Mein Mir. Ich Mein Mir.
Ich Mein Mir. Ich Mein Mir. Ich Mein Mir. Ich Mein Mir.
Ich Mein Mir. Ich Mein Mir.

Ich Mein Mir. Ich Mein Mir. Ich Mein Mir. Ich Mein Mir.
Ich Mein Mir. Ich Mein Mir. Ich Mein Mir. Ich Mein Mir.
Ich Mein Mir. Ich Mein Mir. Ich Mein Mir. Ich Mein Mir.
Ich Mein Mir. Ich Mein Mir. Ich Mein Mir. Ich Mein Mir.
Ich Mein Mir. Ich Mein Mir. Ich Mein Mir. Ich Mein Mir.
Ich Mein Mir. Ich Mein Mir. Ich Mein Mir. Ich Mein Mir.
Ich Mein Mir. Ich Mein Mir. Ich Mein Mir. Ich Mein Mir.
Ich Mein Mir. Ich Mein Mir.

Ich Mein Mir. Ich Mein Mir. Ich Mein Mir. Ich Mein Mir.
Ich Mein Mir. Ich Mein Mir. Ich Mein Mir. Ich Mein Mir.
Ich Mein Mir. Ich Mein Mir. Ich Mein Mir.

Ich Mein Mir. Ich Mein Mir. Ich Mein Mir. Ich Mein Mir.
Ich Mein Mir. Ich Mein Mir. Ich Mein Mir. Ich Mein Mir.
Ich Mein Mir. Ich Mein Mir. Ich Mein Mir. Ich Mein Mir.
Ich Mein Mir. Ich Mein Mir. Ich Mein Mir. Ich Mein Mir.

Ich Mein Mir. Ich Mein Mir. Ich Mein Mir. Ich Mein Mir.
Ich Mein Mir. Ich Mein Mir. Ich Mein Mir. Ich Mein Mir.
Ich Mein Mir. Ich Mein Mir. Ich Mein Mir. Ich Mein Mir.
Ich Mein Mir. Ich Mein Mir. Ich Mein Mir. Ich Mein Mir.
Ich Mein Mir.

Ich Mein Mir. Ich Mein Mir. Ich Mein Mir. Ich Mein Mir.
Ich Mein Mir. Ich Mein Mir. Ich Mein Mir. Ich Mein Mir.
Ich Mein Mir. Ich Mein Mir. Ich Mein Mir. Ich Mein Mir.
Ich Mein Mir. Ich Mein Mir. Ich Mein Mir. Ich Mein Mir.
Ich Mein Mir. Ich Mein Mir.

Ich Mein Mir. Ich Mein Mir. Ich Mein Mir. Ich Mein Mir.
Ich Mein Mir. Ich Mein Mir. Ich Mein Mir. Ich Mein Mir.
Ich Mein Mir. Ich Mein Mir. Ich Mein Mir. Ich Mein Mir.
Ich Mein Mir. Ich Mein Mir. Ich Mein Mir. Ich Mein Mir.
Ich Mein Mir.

Ich Mein Mir. Ich Mein Mir. Ich Mein Mir. Ich Mein Mir.
Ich Mein Mir. Ich Mein Mir. Ich Mein Mir. Ich Mein Mir.
Ich Mein Mir. Ich Mein Mir. Ich Mein Mir. Ich Mein Mir.
Ich Mein Mir. Ich Mein Mir. Ich Mein Mir.

Ich Mein Mir. Ich Mein Mir. Ich Mein Mir. Ich Mein Mir.
Ich Mein Mir. Ich Mein Mir. Ich Mein Mir. Ich Mein Mir.
Ich Mein Mir. Ich Mein Mir. Ich Mein Mir. Ich Mein Mir.
Ich Mein Mir. Ich Mein Mir. Ich Mein Mir. Ich Mein Mir.
Ich Mein Mir. Ich Mein Mir. Ich Mein Mir.

Ich Mein Mir. Ich Mein Mir. Ich Mein Mir. Ich Mein Mir.
Ich Mein Mir. Ich Mein Mir. Ich Mein Mir. Ich Mein Mir.
Ich Mein Mir. Ich Mein Mir.

Ich Mein Mir. Ich Mein Mir. Ich Mein Mir. Ich Mein Mir.
Ich Mein Mir. Ich Mein Mir. Ich Mein Mir. Ich Mein Mir.
Ich Mein Mir. Ich Mein Mir. Ich Mein Mir. Ich Mein Mir.
Ich Mein Mir. Ich Mein Mir. Ich Mein Mir. Ich Mein Mir.
Ich Mein Mir. Ich Mein Mir. Ich Mein Mir. Ich Mein Mir.
Ich Mein Mir. Ich Mein Mir. Ich Mein Mir. Ich Mein Mir.
Ich Mein Mir. Ich Mein Mir. Ich Mein Mir. Ich Mein Mir.
Ich Mein Mir. Ich Mein Mir. Ich Mein Mir. Ich Mein Mir.
Ich Mein Mir. Ich Mein Mir. Ich Mein Mir. Ich Mein Mir.
Ich Mein Mir. Ich Mein Mir. Ich Mein Mir. Ich Mein Mir.
Ich Mein Mir.

Ich Mein Mir. Ich Mein Mir. Ich Mein Mir.

Ich Mein Mir. Ich Mein Mir. Ich Mein Mir. Ich Mein Mir.
Ich Mein Mir. Ich Mein Mir. Ich Mein Mir. Ich Mein Mir.
Ich Mein Mir. Ich Mein Mir. Ich Mein Mir. Ich Mein Mir.
Ich Mein Mir. Ich Mein Mir. Ich Mein Mir. Ich Mein Mir.
Ich Mein Mir. Ich Mein Mir. Ich Mein Mir. Ich Mein Mir.
Ich Mein Mir. Ich Mein Mir. Ich Mein Mir. Ich Mein Mir.
Ich Mein Mir. Ich Mein Mir. Ich Mein Mir. Ich Mein Mir.
Ich Mein Mir. Ich Mein Mir. Ich Mein Mir. Ich Mein Mir.

Ich Mein Mir. Ich Mein Mir. Ich Mein Mir. Ich Mein Mir.
Ich Mein Mir. Ich Mein Mir. Ich Mein Mir. Ich Mein Mir.

Ich Mein Mir. Ich Mein Mir. Ich Mein Mir. Ich Mein Mir.
Ich Mein Mir. Ich Mein Mir. Ich Mein Mir. Ich Mein Mir.

Ich Mein Mir. Ich Mein Mir. Ich Mein Mir. Ich Mein Mir.
Ich Mein Mir. Ich Mein Mir. Ich Mein Mir. Ich Mein Mir.
Ich Mein Mir. Ich Mein Mir. Ich Mein Mir. Ich Mein Mir.
Ich Mein Mir. Ich Mein Mir. Ich Mein Mir. Ich Mein Mir.
Ich Mein Mir.

Ich Mein Mir. Ich Mein Mir. Ich Mein Mir. Ich Mein Mir.
Ich Mein Mir. Ich Mein Mir. Ich Mein Mir. Ich Mein Mir.
Ich Mein Mir. Ich Mein Mir. Ich Mein Mir. Ich Mein Mir.
Ich Mein Mir. Ich Mein Mir. Ich Mein Mir. Ich Mein Mir.
Ich Mein Mir. Ich Mein Mir. Ich Mein Mir. Ich Mein Mir.
Ich Mein Mir. Ich Mein Mir. Ich Mein Mir. Ich Mein Mir.
Ich Mein Mir. Ich Mein Mir. Ich Mein Mir. Ich Mein Mir.
Ich Mein Mir. Ich Mein Mir.

Ich Mein Mir. Ich Mein Mir. Ich Mein Mir. Ich Mein Mir.

Kapitel 17

Mir Mein Ich.

Mir Mein Ich. Mir Mein Ich. Mir Mein Ich. Mir Mein Ich.
Mir Mein Ich. Mir Mein Ich. Mir Mein Ich. Mir Mein Ich.
Mir Mein Ich. Mir Mein Ich. Mir Mein Ich. Mir Mein Ich.
Mir Mein Ich. Mir Mein Ich. Mir Mein Ich. Mir Mein Ich.
Mir Mein Ich. Mir Mein Ich. Mir Mein Ich. Mir Mein Ich.
Mir Mein Ich. Mir Mein Ich. Mir Mein Ich. Mir Mein Ich.
Mir Mein Ich. Mir Mein Ich. Mir Mein Ich. Mir Mein Ich.
Mir Mein Ich.

Mir Mein Ich. Mir Mein Ich. Mir Mein Ich. Mir Mein Ich.
Mir Mein Ich. Mir Mein Ich. Mir Mein Ich. Mir Mein Ich.
Mir Mein Ich. Mir Mein Ich. Mir Mein Ich. Mir Mein Ich.
Mir Mein Ich. Mir Mein Ich. Mir Mein Ich. Mir Mein Ich.
Mir Mein Ich.

Mir Mein Ich. Mir Mein Ich. Mir Mein Ich. Mir Mein Ich.
Mir Mein Ich. Mir Mein Ich. Mir Mein Ich. Mir Mein Ich.
Mir Mein Ich. Mir Mein Ich. Mir Mein Ich. Mir Mein Ich.
Mir Mein Ich. Mir Mein Ich. Mir Mein Ich. Mir Mein Ich.
Mir Mein Ich. Mir Mein Ich. Mir Mein Ich. Mir Mein Ich.
Mir Mein Ich. Mir Mein Ich. Mir Mein Ich. Mir Mein Ich.
Mir Mein Ich. Mir Mein Ich. Mir Mein Ich. Mir Mein Ich.
Mir Mein Ich. Mir Mein Ich. Mir Mein Ich. Mir Mein Ich.
Mir Mein Ich. Mir Mein Ich. Mir Mein Ich. Mir Mein Ich.

Mir Mein Ich. Mir Mein Ich. Mir Mein Ich. Mir Mein Ich. Mir Mein Ich.

Mir Mein Ich. Mir Mein Ich. Mir Mein Ich. Mir Mein Ich. Mir Mein Ich. Mir Mein Ich. Mir Mein Ich. Mir Mein Ich. Mir Mein Ich. Mir Mein Ich. Mir Mein Ich. Mir Mein Ich. Mir Mein Ich. Mir Mein Ich. Mir Mein Ich. Mir Mein Ich. Mir Mein Ich. Mir Mein Ich. Mir Mein Ich.

Mir Mein Ich. Mir Mein Ich.

Mir Mein Ich. Mir Mein Ich.

Mir Mein Ich. Mir Mein Ich. Mir Mein Ich. Mir Mein Ich. Mir Mein Ich. Mir Mein Ich. Mir Mein Ich. Mir Mein Ich. Mir Mein Ich.

Mir Mein Ich. Mir Mein Ich. Mir Mein Ich. Mir Mein Ich. Mir Mein Ich. Mir Mein Ich. Mir Mein Ich. Mir Mein Ich. Mir Mein Ich. Mir Mein Ich. Mir Mein Ich.

Mir Mein Ich. Mir Mein Ich. Mir Mein Ich. Mir Mein Ich.
Mir Mein Ich. Mir Mein Ich. Mir Mein Ich. Mir Mein Ich.
Mir Mein Ich. Mir Mein Ich. Mir Mein Ich. Mir Mein Ich.
Mir Mein Ich. Mir Mein Ich. Mir Mein Ich. Mir Mein Ich.
Mir Mein Ich. Mir Mein Ich. Mir Mein Ich. Mir Mein Ich.
Mir Mein Ich. Mir Mein Ich. Mir Mein Ich. Mir Mein Ich.
Mir Mein Ich. Mir Mein Ich. Mir Mein Ich. Mir Mein Ich.
Mir Mein Ich. Mir Mein Ich. Mir Mein Ich.

Mir Mein Ich. Mir Mein Ich. Mir Mein Ich. Mir Mein Ich.
Mir Mein Ich. Mir Mein Ich. Mir Mein Ich. Mir Mein Ich.
Mir Mein Ich. Mir Mein Ich. Mir Mein Ich. Mir Mein Ich.
Mir Mein Ich. Mir Mein Ich. Mir Mein Ich. Mir Mein Ich.
Mir Mein Ich. Mir Mein Ich. Mir Mein Ich. Mir Mein Ich.
Mir Mein Ich. Mir Mein Ich. Mir Mein Ich. Mir Mein Ich.
Mir Mein Ich. Mir Mein Ich. Mir Mein Ich. Mir Mein Ich.
Mir Mein Ich.

Mir Mein Ich. Mir Mein Ich. Mir Mein Ich. Mir Mein Ich.
Mir Mein Ich. Mir Mein Ich. Mir Mein Ich. Mir Mein Ich.
Mir Mein Ich. Mir Mein Ich. Mir Mein Ich.

Mir Mein Ich. Mir Mein Ich. Mir Mein Ich. Mir Mein Ich.
Mir Mein Ich. Mir Mein Ich. Mir Mein Ich. Mir Mein Ich.
Mir Mein Ich. Mir Mein Ich. Mir Mein Ich. Mir Mein Ich.
Mir Mein Ich. Mir Mein Ich. Mir Mein Ich. Mir Mein Ich.

Mir Mein Ich. Mir Mein Ich. Mir Mein Ich. Mir Mein Ich.
Mir Mein Ich. Mir Mein Ich. Mir Mein Ich. Mir Mein Ich.

Mir Mein Ich. Mir Mein Ich. Mir Mein Ich. Mir Mein Ich.
Mir Mein Ich. Mir Mein Ich. Mir Mein Ich. Mir Mein Ich.
Mir Mein Ich. Mir Mein Ich. Mir Mein Ich. Mir Mein Ich.
Mir Mein Ich. Mir Mein Ich. Mir Mein Ich. Mir Mein Ich.
Mir Mein Ich. Mir Mein Ich. Mir Mein Ich. Mir Mein Ich.
Mir Mein Ich. Mir Mein Ich. Mir Mein Ich.

Mir Mein Ich. Mir Mein Ich. Mir Mein Ich. Mir Mein Ich.
Mir Mein Ich. Mir Mein Ich. Mir Mein Ich. Mir Mein Ich.
Mir Mein Ich. Mir Mein Ich. Mir Mein Ich. Mir Mein Ich.
Mir Mein Ich. Mir Mein Ich. Mir Mein Ich. Mir Mein Ich.
Mir Mein Ich. Mir Mein Ich. Mir Mein Ich. Mir Mein Ich.
Mir Mein Ich. Mir Mein Ich. Mir Mein Ich.

Mir Mein Ich. Mir Mein Ich. Mir Mein Ich. Mir Mein Ich.

Mir Mein Ich. Mir Mein Ich. Mir Mein Ich. Mir Mein Ich.
Mir Mein Ich. Mir Mein Ich. Mir Mein Ich. Mir Mein Ich.
Mir Mein Ich. Mir Mein Ich. Mir Mein Ich. Mir Mein Ich.
Mir Mein Ich. Mir Mein Ich. Mir Mein Ich. Mir Mein Ich.
Mir Mein Ich. Mir Mein Ich. Mir Mein Ich. Mir Mein Ich.
Mir Mein Ich. Mir Mein Ich. Mir Mein Ich. Mir Mein Ich.

Mir Mein Ich. Mir Mein Ich. Mir Mein Ich. Mir Mein Ich.
Mir Mein Ich. Mir Mein Ich. Mir Mein Ich. Mir Mein Ich.
Mir Mein Ich. Mir Mein Ich. Mir Mein Ich. Mir Mein Ich.
Mir Mein Ich. Mir Mein Ich. Mir Mein Ich. Mir Mein Ich.
Mir Mein Ich. Mir Mein Ich.

Mir Mein Ich. Mir Mein Ich. Mir Mein Ich. Mir Mein Ich.
Mir Mein Ich. Mir Mein Ich. Mir Mein Ich. Mir Mein Ich.
Mir Mein Ich. Mir Mein Ich. Mir Mein Ich. Mir Mein Ich.
Mir Mein Ich. Mir Mein Ich. Mir Mein Ich. Mir Mein Ich.

Mir Mein Ich. Mir Mein Ich. Mir Mein Ich. Mir Mein Ich.
Mir Mein Ich. Mir Mein Ich. Mir Mein Ich. Mir Mein Ich.
Mir Mein Ich. Mir Mein Ich. Mir Mein Ich. Mir Mein Ich.
Mir Mein Ich. Mir Mein Ich. Mir Mein Ich. Mir Mein Ich.
Mir Mein Ich.

Mir Mein Ich. Mir Mein Ich. Mir Mein Ich. Mir Mein Ich.
Mir Mein Ich. Mir Mein Ich. Mir Mein Ich. Mir Mein Ich.
Mir Mein Ich. Mir Mein Ich. Mir Mein Ich. Mir Mein Ich.
Mir Mein Ich. Mir Mein Ich. Mir Mein Ich. Mir Mein Ich.
Mir Mein Ich. Mir Mein Ich. Mir Mein Ich. Mir Mein Ich.
Mir Mein Ich. Mir Mein Ich. Mir Mein Ich.

Mir Mein Ich. Mir Mein Ich. Mir Mein Ich. Mir Mein Ich.
Mir Mein Ich. Mir Mein Ich. Mir Mein Ich. Mir Mein Ich.
Mir Mein Ich. Mir Mein Ich. Mir Mein Ich. Mir Mein Ich.
Mir Mein Ich. Mir Mein Ich. Mir Mein Ich. Mir Mein Ich.
Mir Mein Ich.

Mir Mein Ich. Mir Mein Ich. Mir Mein Ich. Mir Mein Ich.
Mir Mein Ich. Mir Mein Ich. Mir Mein Ich. Mir Mein Ich.
Mir Mein Ich. Mir Mein Ich. Mir Mein Ich. Mir Mein Ich.

Mir Mein Ich. Mir Mein Ich. Mir Mein Ich. Mir Mein Ich.
Mir Mein Ich. Mir Mein Ich. Mir Mein Ich. Mir Mein Ich.
Mir Mein Ich. Mir Mein Ich. Mir Mein Ich. Mir Mein Ich.
Mir Mein Ich. Mir Mein Ich. Mir Mein Ich. Mir Mein Ich.
Mir Mein Ich. Mir Mein Ich.

Mir Mein Ich. Mir Mein Ich. Mir Mein Ich. Mir Mein Ich.
Mir Mein Ich. Mir Mein Ich. Mir Mein Ich. Mir Mein Ich.
Mir Mein Ich. Mir Mein Ich. Mir Mein Ich. Mir Mein Ich.
Mir Mein Ich. Mir Mein Ich. Mir Mein Ich. Mir Mein Ich.
Mir Mein Ich. Mir Mein Ich. Mir Mein Ich. Mir Mein Ich.
Mir Mein Ich. Mir Mein Ich. Mir Mein Ich. Mir Mein Ich.
Mir Mein Ich.

Mir Mein Ich. Mir Mein Ich. Mir Mein Ich. Mir Mein Ich.
Mir Mein Ich. Mir Mein Ich. Mir Mein Ich. Mir Mein Ich.
Mir Mein Ich. Mir Mein Ich. Mir Mein Ich. Mir Mein Ich.
Mir Mein Ich. Mir Mein Ich. Mir Mein Ich. Mir Mein Ich.

Mir Mein Ich. Mir Mein Ich. Mir Mein Ich. Mir Mein Ich.
Mir Mein Ich. Mir Mein Ich. Mir Mein Ich. Mir Mein Ich.
Mir Mein Ich. Mir Mein Ich. Mir Mein Ich. Mir Mein Ich.
Mir Mein Ich. Mir Mein Ich. Mir Mein Ich. Mir Mein Ich.
Mir Mein Ich. Mir Mein Ich.

Mir Mein Ich. Mir Mein Ich. Mir Mein Ich. Mir Mein Ich.
Mir Mein Ich. Mir Mein Ich. Mir Mein Ich. Mir Mein Ich.
Mir Mein Ich. Mir Mein Ich. Mir Mein Ich. Mir Mein Ich.
Mir Mein Ich. Mir Mein Ich. Mir Mein Ich. Mir Mein Ich.
Mir Mein Ich. Mir Mein Ich. Mir Mein Ich. Mir Mein Ich.
Mir Mein Ich. Mir Mein Ich. Mir Mein Ich. Mir Mein Ich.

Mir Mein Ich. Mir Mein Ich. Mir Mein Ich. Mir Mein Ich.

Mir Mein Ich. Mir Mein Ich. Mir Mein Ich. Mir Mein Ich.
Mir Mein Ich. Mir Mein Ich. Mir Mein Ich. Mir Mein Ich.
Mir Mein Ich. Mir Mein Ich. Mir Mein Ich. Mir Mein Ich.
Mir Mein Ich. Mir Mein Ich. Mir Mein Ich. Mir Mein Ich.
Mir Mein Ich. Mir Mein Ich. Mir Mein Ich. Mir Mein Ich.

Mir Mein Ich. Mir Mein Ich. Mir Mein Ich. Mir Mein Ich.
Mir Mein Ich.

Mir Mein Ich. Mir Mein Ich. Mir Mein Ich. Mir Mein Ich.
Mir Mein Ich. Mir Mein Ich. Mir Mein Ich. Mir Mein Ich.
Mir Mein Ich. Mir Mein Ich. Mir Mein Ich. Mir Mein Ich.
Mir Mein Ich. Mir Mein Ich. Mir Mein Ich. Mir Mein Ich.
Mir Mein Ich. Mir Mein Ich. Mir Mein Ich. Mir Mein Ich.
Mir Mein Ich. Mir Mein Ich. Mir Mein Ich. Mir Mein Ich.
Mir Mein Ich. Mir Mein Ich. Mir Mein Ich. Mir Mein Ich.
Mir Mein Ich. Mir Mein Ich. Mir Mein Ich.

Mir Mein Ich. Mir Mein Ich. Mir Mein Ich. Mir Mein Ich.
Mir Mein Ich. Mir Mein Ich. Mir Mein Ich. Mir Mein Ich.
Mir Mein Ich. Mir Mein Ich. Mir Mein Ich.

Mir Mein Ich. Mir Mein Ich. Mir Mein Ich. Mir Mein Ich.
Mir Mein Ich. Mir Mein Ich. Mir Mein Ich. Mir Mein Ich.
Mir Mein Ich. Mir Mein Ich. Mir Mein Ich. Mir Mein Ich.
Mir Mein Ich.

Mir Mein Ich. Mir Mein Ich. Mir Mein Ich. Mir Mein Ich.

Mir Mein Ich. Mir Mein Ich. Mir Mein Ich.

Mir Mein Ich. Mir Mein Ich. Mir Mein Ich. Mir Mein Ich.
Mir Mein Ich. Mir Mein Ich. Mir Mein Ich. Mir Mein Ich.
Mir Mein Ich. Mir Mein Ich. Mir Mein Ich.

Mir Mein Ich. Mir Mein Ich. Mir Mein Ich. Mir Mein Ich.
Mir Mein Ich. Mir Mein Ich. Mir Mein Ich. Mir Mein Ich.
Mir Mein Ich. Mir Mein Ich. Mir Mein Ich. Mir Mein Ich.

Mir Mein Ich. Mir Mein Ich. Mir Mein Ich. Mir Mein Ich.
Mir Mein Ich. Mir Mein Ich.

Mir Mein Ich. Mir Mein Ich. Mir Mein Ich. Mir Mein Ich.
Mir Mein Ich. Mir Mein Ich. Mir Mein Ich. Mir Mein Ich.
Mir Mein Ich. Mir Mein Ich. Mir Mein Ich. Mir Mein Ich.
Mir Mein Ich. Mir Mein Ich. Mir Mein Ich. Mir Mein Ich.
Mir Mein Ich.

Mir Mein Ich. Mir Mein Ich. Mir Mein Ich. Mir Mein Ich.
Mir Mein Ich. Mir Mein Ich. Mir Mein Ich. Mir Mein Ich.
Mir Mein Ich. Mir Mein Ich. Mir Mein Ich. Mir Mein Ich.

Mir Mein Ich. Mir Mein Ich.

Mir Mein Ich. Mir Mein Ich. Mir Mein Ich. Mir Mein Ich.
Mir Mein Ich. Mir Mein Ich. Mir Mein Ich. Mir Mein Ich.
Mir Mein Ich. Mir Mein Ich.

Mir Mein Ich. Mir Mein Ich. Mir Mein Ich. Mir Mein Ich.
Mir Mein Ich. Mir Mein Ich. Mir Mein Ich. Mir Mein Ich.
Mir Mein Ich. Mir Mein Ich. Mir Mein Ich. Mir Mein Ich.
Mir Mein Ich. Mir Mein Ich. Mir Mein Ich. Mir Mein Ich.

Mir Mein Ich. Mir Mein Ich. Mir Mein Ich. Mir Mein Ich.
Mir Mein Ich. Mir Mein Ich. Mir Mein Ich. Mir Mein Ich.
Mir Mein Ich. Mir Mein Ich. Mir Mein Ich. Mir Mein Ich.
Mir Mein Ich. Mir Mein Ich. Mir Mein Ich. Mir Mein Ich.
Mir Mein Ich. Mir Mein Ich. Mir Mein Ich. Mir Mein Ich.
Mir Mein Ich. Mir Mein Ich. Mir Mein Ich. Mir Mein Ich.

Mir Mein Ich. Mir Mein Ich. Mir Mein Ich. Mir Mein Ich.
Mir Mein Ich. Mir Mein Ich. Mir Mein Ich. Mir Mein Ich.
Mir Mein Ich. Mir Mein Ich. Mir Mein Ich.

Mir Mein Ich. Mir Mein Ich. Mir Mein Ich. Mir Mein Ich.
Mir Mein Ich. Mir Mein Ich. Mir Mein Ich. Mir Mein Ich.
Mir Mein Ich. Mir Mein Ich.

Mir Mein Ich. Mir Mein Ich. Mir Mein Ich. Mir Mein Ich.
Mir Mein Ich. Mir Mein Ich. Mir Mein Ich. Mir Mein Ich.
Mir Mein Ich. Mir Mein Ich. Mir Mein Ich. Mir Mein Ich.
Mir Mein Ich. Mir Mein Ich. Mir Mein Ich. Mir Mein Ich.
Mir Mein Ich. Mir Mein Ich.

Mir Mein Ich. Mir Mein Ich. Mir Mein Ich. Mir Mein Ich.
Mir Mein Ich. Mir Mein Ich. Mir Mein Ich. Mir Mein Ich.
Mir Mein Ich. Mir Mein Ich. Mir Mein Ich. Mir Mein Ich.
Mir Mein Ich. Mir Mein Ich. Mir Mein Ich. Mir Mein Ich.
Mir Mein Ich. Mir Mein Ich. Mir Mein Ich.

Mir Mein Ich. Mir Mein Ich. Mir Mein Ich. Mir Mein Ich.
Mir Mein Ich. Mir Mein Ich.

Mir Mein Ich. Mir Mein Ich. Mir Mein Ich.

Mir Mein Ich. Mir Mein Ich. Mir Mein Ich. Mir Mein Ich.
Mir Mein Ich. Mir Mein Ich. Mir Mein Ich. Mir Mein Ich.
Mir Mein Ich. Mir Mein Ich. Mir Mein Ich.

Mir Mein Ich. Mir Mein Ich. Mir Mein Ich. Mir Mein Ich.
Mir Mein Ich. Mir Mein Ich. Mir Mein Ich. Mir Mein Ich.

Mir Mein Ich. Mir Mein Ich. Mir Mein Ich. Mir Mein Ich.
Mir Mein Ich. Mir Mein Ich. Mir Mein Ich.

Mir Mein Ich. Mir Mein Ich. Mir Mein Ich. Mir Mein Ich.
Mir Mein Ich. Mir Mein Ich. Mir Mein Ich. Mir Mein Ich.
Mir Mein Ich. Mir Mein Ich. Mir Mein Ich. Mir Mein Ich.
Mir Mein Ich. Mir Mein Ich. Mir Mein Ich. Mir Mein Ich.
Mir Mein Ich. Mir Mein Ich. Mir Mein Ich. Mir Mein Ich.
Mir Mein Ich. Mir Mein Ich. Mir Mein Ich.

Mir Mein Ich. Mir Mein Ich. Mir Mein Ich. Mir Mein Ich.
Mir Mein Ich. Mir Mein Ich. Mir Mein Ich. Mir Mein Ich.
Mir Mein Ich. Mir Mein Ich. Mir Mein Ich. Mir Mein Ich.
Mir Mein Ich. Mir Mein Ich. Mir Mein Ich. Mir Mein Ich.

Mir Mein Ich. Mir Mein Ich. Mir Mein Ich. Mir Mein Ich.

Mir Mein Ich. Mir Mein Ich. Mir Mein Ich. Mir Mein Ich.
Mir Mein Ich. Mir Mein Ich. Mir Mein Ich. Mir Mein Ich.
Mir Mein Ich. Mir Mein Ich. Mir Mein Ich. Mir Mein Ich.
Mir Mein Ich. Mir Mein Ich. Mir Mein Ich. Mir Mein Ich.
Mir Mein Ich. Mir Mein Ich. Mir Mein Ich.

Mir Mein Ich. Mir Mein Ich. Mir Mein Ich. Mir Mein Ich.

Mir Mein Ich. Mir Mein Ich. Mir Mein Ich. Mir Mein Ich.
Mir Mein Ich. Mir Mein Ich. Mir Mein Ich. Mir Mein Ich.
Mir Mein Ich. Mir Mein Ich. Mir Mein Ich. Mir Mein Ich.
Mir Mein Ich. Mir Mein Ich. Mir Mein Ich. Mir Mein Ich.
Mir Mein Ich. Mir Mein Ich. Mir Mein Ich.

Mir Mein Ich. Mir Mein Ich. Mir Mein Ich. Mir Mein Ich.
Mir Mein Ich. Mir Mein Ich. Mir Mein Ich. Mir Mein Ich.
Mir Mein Ich. Mir Mein Ich. Mir Mein Ich. Mir Mein Ich.
Mir Mein Ich. Mir Mein Ich. Mir Mein Ich. Mir Mein Ich.
Mir Mein Ich.

Mir Mein Ich. Mir Mein Ich. Mir Mein Ich. Mir Mein Ich.
Mir Mein Ich. Mir Mein Ich. Mir Mein Ich. Mir Mein Ich.
Mir Mein Ich. Mir Mein Ich. Mir Mein Ich. Mir Mein Ich.
Mir Mein Ich. Mir Mein Ich. Mir Mein Ich. Mir Mein Ich.
Mir Mein Ich. Mir Mein Ich. Mir Mein Ich.

Mir Mein Ich. Mir Mein Ich. Mir Mein Ich. Mir Mein Ich.
Mir Mein Ich. Mir Mein Ich. Mir Mein Ich. Mir Mein Ich.
Mir Mein Ich. Mir Mein Ich. Mir Mein Ich. Mir Mein Ich.
Mir Mein Ich. Mir Mein Ich. Mir Mein Ich. Mir Mein Ich.
Mir Mein Ich. Mir Mein Ich.

Mir Mein Ich. Mir Mein Ich. Mir Mein Ich. Mir Mein Ich.
Mir Mein Ich. Mir Mein Ich. Mir Mein Ich. Mir Mein Ich.
Mir Mein Ich.

Mir Mein Ich. Mir Mein Ich. Mir Mein Ich. Mir Mein Ich.
Mir Mein Ich. Mir Mein Ich. Mir Mein Ich. Mir Mein Ich.
Mir Mein Ich. Mir Mein Ich. Mir Mein Ich. Mir Mein Ich.
Mir Mein Ich. Mir Mein Ich. Mir Mein Ich. Mir Mein Ich.

Mir Mein Ich. Mir Mein Ich. Mir Mein Ich. Mir Mein Ich.
Mir Mein Ich. Mir Mein Ich. Mir Mein Ich. Mir Mein Ich.
Mir Mein Ich. Mir Mein Ich. Mir Mein Ich. Mir Mein Ich.
Mir Mein Ich. Mir Mein Ich. Mir Mein Ich. Mir Mein Ich.
Mir Mein Ich. Mir Mein Ich. Mir Mein Ich.

Mir Mein Ich. Mir Mein Ich. Mir Mein Ich. Mir Mein Ich.
Mir Mein Ich. Mir Mein Ich. Mir Mein Ich. Mir Mein Ich.
Mir Mein Ich. Mir Mein Ich. Mir Mein Ich. Mir Mein Ich.
Mir Mein Ich. Mir Mein Ich. Mir Mein Ich. Mir Mein Ich.
Mir Mein Ich. Mir Mein Ich. Mir Mein Ich. Mir Mein Ich.
Mir Mein Ich. Mir Mein Ich. Mir Mein Ich. Mir Mein Ich.
Mir Mein Ich.

Mir Mein Ich. Mir Mein Ich. Mir Mein Ich. Mir Mein Ich.
Mir Mein Ich. Mir Mein Ich. Mir Mein Ich. Mir Mein Ich.
Mir Mein Ich. Mir Mein Ich. Mir Mein Ich. Mir Mein Ich.
Mir Mein Ich. Mir Mein Ich. Mir Mein Ich. Mir Mein Ich.
Mir Mein Ich. Mir Mein Ich. Mir Mein Ich. Mir Mein Ich.
Mir Mein Ich. Mir Mein Ich. Mir Mein Ich. Mir Mein Ich.
Mir Mein Ich. Mir Mein Ich. Mir Mein Ich. Mir Mein Ich.
Mir Mein Ich. Mir Mein Ich. Mir Mein Ich. Mir Mein Ich.

Mir Mein Ich. Mir Mein Ich. Mir Mein Ich. Mir Mein Ich.
Mir Mein Ich. Mir Mein Ich. Mir Mein Ich. Mir Mein Ich.
Mir Mein Ich. Mir Mein Ich. Mir Mein Ich. Mir Mein Ich.
Mir Mein Ich. Mir Mein Ich. Mir Mein Ich. Mir Mein Ich.
Mir Mein Ich. Mir Mein Ich. Mir Mein Ich. Mir Mein Ich.
Mir Mein Ich. Mir Mein Ich. Mir Mein Ich.

Mir Mein Ich. Mir Mein Ich. Mir Mein Ich. Mir Mein Ich.
Mir Mein Ich. Mir Mein Ich. Mir Mein Ich. Mir Mein Ich.
Mir Mein Ich. Mir Mein Ich. Mir Mein Ich. Mir Mein Ich.
Mir Mein Ich. Mir Mein Ich. Mir Mein Ich. Mir Mein Ich.
Mir Mein Ich. Mir Mein Ich. Mir Mein Ich. Mir Mein Ich.

Mir Mein Ich. Mir Mein Ich. Mir Mein Ich. Mir Mein Ich.
Mir Mein Ich.

Mir Mein Ich. Mir Mein Ich. Mir Mein Ich. Mir Mein Ich.
Mir Mein Ich. Mir Mein Ich. Mir Mein Ich. Mir Mein Ich.
Mir Mein Ich. Mir Mein Ich. Mir Mein Ich. Mir Mein Ich.
Mir Mein Ich. Mir Mein Ich. Mir Mein Ich. Mir Mein Ich.
Mir Mein Ich.

Mir Mein Ich. Mir Mein Ich. Mir Mein Ich. Mir Mein Ich.
Mir Mein Ich. Mir Mein Ich. Mir Mein Ich. Mir Mein Ich.
Mir Mein Ich. Mir Mein Ich. Mir Mein Ich. Mir Mein Ich.
Mir Mein Ich. Mir Mein Ich. Mir Mein Ich. Mir Mein Ich.
Mir Mein Ich. Mir Mein Ich. Mir Mein Ich. Mir Mein Ich.
Mir Mein Ich. Mir Mein Ich. Mir Mein Ich. Mir Mein Ich.
Mir Mein Ich. Mir Mein Ich. Mir Mein Ich. Mir Mein Ich.
Mir Mein Ich.

Mir Mein Ich. Mir Meln Ich. Mir Mein Ich. Mir Mein Ich.
Mir Mein Ich. Mir Mein Ich. Mir Mein Ich. Mir Mein Ich.
Mir Mein Ich. Mir Mein Ich. Mir Mein Ich. Mir Mein Ich.
Mir Mein Ich. Mir Mein Ich. Mir Mein Ich. Mir Mein Ich.
Mir Mein Ich. Mir Mein Ich. Mir Mein Ich. Mir Mein Ich.
Mir Mein Ich. Mir Mein Ich. Mir Mein Ich. Mir Mein Ich.
Mir Mein Ich. Mir Mein Ich. Mir Mein Ich. Mir Mein Ich.
Mir Mein Ich. Mir Mein Ich. Mir Mein Ich. Mir Mein Ich.
Mir Mein Ich. Mir Mein Ich. Mir Mein Ich. Mir Mein Ich.
Mir Mein Ich. Mir Mein Ich.

Mir Mein Ich. Mir Mein Ich. Mir Mein Ich. Mir Mein Ich.
Mir Mein Ich. Mir Mein Ich. Mir Mein Ich. Mir Mein Ich.

Mir Mein Ich. Mir Mein Ich. Mir Mein Ich. Mir Mein Ich.
Mir Mein Ich. Mir Mein Ich. Mir Mein Ich. Mir Mein Ich.
Mir Mein Ich. Mir Mein Ich. Mir Mein Ich.

Mir Mein Ich. Mir Mein Ich. Mir Mein Ich. Mir Mein Ich.
Mir Mein Ich. Mir Mein Ich. Mir Mein Ich. Mir Mein Ich.
Mir Mein Ich. Mir Mein Ich. Mir Mein Ich. Mir Mein Ich.
Mir Mein Ich. Mir Mein Ich. Mir Mein Ich.

Mir Mein Ich. Mir Mein Ich. Mir Mein Ich. Mir Mein Ich.
Mir Mein Ich. Mir Mein Ich. Mir Mein Ich. Mir Mein Ich.
Mir Mein Ich. Mir Mein Ich. Mir Mein Ich. Mir Mein Ich.
Mir Mein Ich. Mir Mein Ich. Mir Mein Ich. Mir Mein Ich.

Mir Mein Ich. Mir Mein Ich. Mir Mein Ich. Mir Mein Ich.
Mir Mein Ich. Mir Mein Ich. Mir Mein Ich. Mir Mein Ich.
Mir Mein Ich. Mir Mein Ich. Mir Mein Ich. Mir Mein Ich.
Mir Mein Ich.

Mir Mein Ich. Mir Mein Ich. Mir Mein Ich. Mir Mein Ich.
Mir Mein Ich. Mir Mein Ich. Mir Mein Ich. Mir Mein Ich.
Mir Mein Ich. Mir Mein Ich.

Mir Mein Ich. Mir Mein Ich. Mir Mein Ich. Mir Mein Ich.
Mir Mein Ich. Mir Mein Ich. Mir Mein Ich. Mir Mein Ich.
Mir Mein Ich. Mir Mein Ich.

Mir Mein Ich. Mir Mein Ich. Mir Mein Ich. Mir Mein Ich.
Mir Mein Ich. Mir Mein Ich. Mir Mein Ich. Mir Mein Ich.
Mir Mein Ich. Mir Mein Ich. Mir Mein Ich.

Mir Mein Ich. Mir Mein Ich. Mir Mein Ich. Mir Mein Ich.
Mir Mein Ich. Mir Mein Ich. Mir Mein Ich. Mir Mein Ich.
Mir Mein Ich. Mir Mein Ich. Mir Mein Ich. Mir Mein Ich.

Mir Mein Ich. Mir Mein Ich. Mir Mein Ich.

Mir Mein Ich. Mir Mein Ich. Mir Mein Ich. Mir Mein Ich.
Mir Mein Ich. Mir Mein Ich. Mir Mein Ich. Mir Mein Ich.
Mir Mein Ich.

Mir Mein Ich. Mir Mein Ich. Mir Mein Ich.

Mir Mein Ich. Mir Mein Ich. Mir Mein Ich. Mir Mein Ich.
Mir Mein Ich. Mir Mein Ich. Mir Mein Ich. Mir Mein Ich.
Mir Mein Ich. Mir Mein Ich. Mir Mein Ich. Mir Mein Ich.
Mir Mein Ich. Mir Mein Ich. Mir Mein Ich. Mir Mein Ich.

Mir Mein Ich. Mir Mein Ich. Mir Mein Ich.

Mir Mein Ich. Mir Mein Ich. Mir Mein Ich. Mir Mein Ich.
Mir Mein Ich. Mir Mein Ich. Mir Mein Ich. Mir Mein Ich.
Mir Mein Ich. Mir Mein Ich. Mir Mein Ich. Mir Mein Ich.
Mir Mein Ich. Mir Mein Ich. Mir Mein Ich. Mir Mein Ich.

Mir Mein Ich. Mir Mein Ich. Mir Mein Ich. Mir Mein Ich.
Mir Mein Ich. Mir Mein Ich. Mir Mein Ich. Mir Mein Ich.
Mir Mein Ich. Mir Mein Ich. Mir Mein Ich. Mir Mein Ich.
Mir Mein Ich. Mir Mein Ich. Mir Mein Ich. Mir Mein Ich.
Mir Mein Ich.

Mir Mein Ich. Mir Mein Ich. Mir Mein Ich. Mir Mein Ich.
Mir Mein Ich. Mir Mein Ich. Mir Mein Ich. Mir Mein Ich.
Mir Mein Ich. Mir Mein Ich. Mir Mein Ich. Mir Mein Ich.
Mir Mein Ich. Mir Mein Ich. Mir Mein Ich. Mir Mein Ich.
Mir Mein Ich. Mir Mein Ich. Mir Mein Ich. Mir Mein Ich.
Mir Mein Ich. Mir Mein Ich. Mir Mein Ich. Mir Mein Ich.
Mir Mein Ich. Mir Mein Ich. Mir Mein Ich. Mir Mein Ich.
Mir Mein Ich. Mir Mein Ich. Mir Mein Ich. Mir Mein Ich.

Mir Mein Ich. Mir Mein Ich. Mir Mein Ich.

Mir Mein Ich. Mir Mein Ich. Mir Mein Ich. Mir Mein Ich.

Mir Mein Ich. Mir Mein Ich. Mir Mein Ich. Mir Mein Ich.
Mir Mein Ich. Mir Mein Ich. Mir Mein Ich. Mir Mein Ich.
Mir Mein Ich. Mir Mein Ich.

Mir Mein Ich. Mir Mein Ich. Mir Mein Ich. Mir Mein Ich.
Mir Mein Ich. Mir Mein Ich. Mir Mein Ich. Mir Mein Ich.
Mir Mein Ich. Mir Mein Ich.

Mir Mein Ich. Mir Mein Ich. Mir Mein Ich. Mir Mein Ich.
Mir Mein Ich. Mir Mein Ich. Mir Mein Ich. Mir Mein Ich.

Mir Mein Ich. Mir Mein Ich. Mir Mein Ich. Mir Mein Ich.
Mir Mein Ich. Mir Mein Ich. Mir Mein Ich. Mir Mein Ich.
Mir Mein Ich. Mir Mein Ich. Mir Mein Ich. Mir Mein Ich.
Mir Mein Ich. Mir Mein Ich. Mir Mein Ich. Mir Mein Ich.
Mir Mein Ich. Mir Mein Ich. Mir Mein Ich. Mir Mein Ich.
Mir Mein Ich. Mir Mein Ich. Mir Mein Ich. Mir Mein Ich.

Mir Mein Ich. Mir Mein Ich. Mir Mein Ich. Mir Mein Ich.
Mir Mein Ich. Mir Mein Ich. Mir Mein Ich. Mir Mein Ich.
Mir Mein Ich. Mir Mein Ich. Mir Mein Ich. Mir Mein Ich.
Mir Mein Ich. Mir Mein Ich. Mir Mein Ich. Mir Mein Ich.
Mir Mein Ich. Mir Mein Ich.

Mir Mein Ich. Mir Mein Ich. Mir Mein Ich. Mir Mein Ich.
Mir Mein Ich. Mir Mein Ich. Mir Mein Ich. Mir Mein Ich.
Mir Mein Ich. Mir Mein Ich. Mir Mein Ich. Mir Mein Ich.
Mir Mein Ich.

Mir Mein Ich. Mir Mein Ich. Mir Mein Ich. Mir Mein Ich.
Mir Mein Ich. Mir Mein Ich. Mir Mein Ich. Mir Mein Ich.
Mir Mein Ich. Mir Mein Ich. Mir Mein Ich. Mir Mein Ich.
Mir Mein Ich. Mir Mein Ich. Mir Mein Ich. Mir Mein Ich.
Mir Mein Ich. Mir Mein Ich.

 Mir Mein Ich. Mir Mein Ich. Mir Mein Ich. Mir Mein Ich.
Mir Mein Ich. Mir Mein Ich. Mir Mein Ich. Mir Mein Ich.
Mir Mein Ich. Mir Mein Ich. Mir Mein Ich. Mir Mein Ich.
Mir Mein Ich. Mir Mein Ich. Mir Mein Ich. Mir Mein Ich.
Mir Mein Ich. Mir Mein Ich.

Mir Mein Ich. Mir Mein Ich. Mir Mein Ich. Mir Mein Ich.
Mir Mein Ich. Mir Mein Ich. Mir Mein Ich. Mir Mein Ich.

Mir Mein Ich. Mir Mein Ich. Mir Mein Ich. Mir Mein Ich.
Mir Mein Ich. Mir Mein Ich. Mir Mein Ich. Mir Mein Ich.
Mir Mein Ich. Mir Mein Ich. Mir Mein Ich. Mir Mein Ich.
Mir Mein Ich. Mir Mein Ich.

Mir Mein Ich. Mir Mein Ich. Mir Mein Ich. Mir Mein Ich.
Mir Mein Ich. Mir Mein Ich. Mir Mein Ich. Mir Mein Ich.
Mir Mein Ich. Mir Mein Ich. Mir Mein Ich. Mir Mein Ich.
Mir Mein Ich. Mir Mein Ich. Mir Mein Ich. Mir Mein Ich.
Mir Mein Ich.

Mir Mein Ich. Mir Mein Ich. Mir Mein Ich. Mir Mein Ich.
Mir Mein Ich. Mir Mein Ich. Mir Mein Ich. Mir Mein Ich.
Mir Mein Ich. Mir Mein Ich. Mir Mein Ich.

Mir Mein Ich. Mir Mein Ich. Mir Mein Ich. Mir Mein Ich.
Mir Mein Ich. Mir Mein Ich. Mir Mein Ich. Mir Mein Ich.
Mir Mein Ich. Mir Mein Ich.

Mir Mein Ich. Mir Mein Ich. Mir Mein Ich. Mir Mein Ich.
Mir Mein Ich. Mir Mein Ich. Mir Mein Ich. Mir Mein Ich.
Mir Mein Ich. Mir Mein Ich. Mir Mein Ich. Mir Mein Ich.

Mir Mein Ich. Mir Mein Ich. Mir Mein Ich. Mir Mein Ich.
Mir Mein Ich. Mir Mein Ich. Mir Mein Ich. Mir Mein Ich.
Mir Mein Ich.

Mir Mein Ich. Mir Mein Ich. Mir Mein Ich. Mir Mein Ich.
Mir Mein Ich. Mir Mein Ich. Mir Mein Ich. Mir Mein Ich.
Mir Mein Ich. Mir Mein Ich.

Mir Mein Ich. Mir Mein Ich. Mir Mein Ich. Mir Mein Ich.
Mir Mein Ich. Mir Mein Ich. Mir Mein Ich. Mir Mein Ich.
Mir Mein Ich. Mir Mein Ich. Mir Mein Ich. Mir Mein Ich.
Mir Mein Ich. Mir Mein Ich. Mir Mein Ich. Mir Mein Ich.
Mir Mein Ich. Mir Mein Ich.

Mir Mein Ich. Mir Mein Ich. Mir Mein Ich.

Mir Mein Ich. Mir Mein Ich. Mir Mein Ich. Mir Mein Ich.
Mir Mein Ich. Mir Mein Ich. Mir Mein Ich. Mir Mein Ich.
Mir Mein Ich. Mir Mein Ich. Mir Mein Ich. Mir Mein Ich.
Mir Mein Ich. Mir Mein Ich. Mir Mein Ich. Mir Mein Ich.
Mir Mein Ich.

Mir Mein Ich. Mir Mein Ich. Mir Mein Ich. Mir Mein Ich.
Mir Mein Ich. Mir Mein Ich. Mir Mein Ich. Mir Mein Ich.
Mir Mein Ich. Mir Mein Ich. Mir Mein Ich. Mir Mein Ich.
Mir Mein Ich. Mir Mein Ich. Mir Mein Ich. Mir Mein Ich.
Mir Mein Ich. Mir Mein Ich. Mir Mein Ich. Mir Mein Ich.
Mir Mein Ich. Mir Mein Ich. Mir Mein Ich. Mir Mein Ich.
Mir Mein Ich.

Mir Mein Ich. Mir Mein Ich. Mir Mein Ich. Mir Mein Ich.
Mir Mein Ich. Mir Mein Ich. Mir Mein Ich. Mir Mein Ich.
Mir Mein Ich. Mir Mein Ich. Mir Meln Ich. Mlr Mein Ich.
Mir Mein Ich. Mir Mein Ich. Mir Mein Ich. Mir Mein Ich.
Mir Mein Ich. Mir Mein Ich. Mir Mein Ich. Mir Mein Ich.
Mir Mein Ich. Mir Mein Ich. Mir Mein Ich. Mir Mein Ich.

Mir Mein Ich. Mir Mein Ich. Mir Mein Ich. Mir Mein Ich.
Mir Mein Ich. Mir Mein Ich. Mir Mein Ich. Mir Mein Ich.
Mir Mein Ich. Mir Mein Ich. Mir Mein Ich. Mir Mein Ich.
Mir Mein Ich. Mir Mein Ich. Mir Mein Ich.

Mir Mein Ich. Mir Mein Ich. Mir Mein Ich.

Mir Mein Ich. Mir Mein Ich. Mir Mein Ich. Mir Mein Ich.
Mir Mein Ich. Mir Mein Ich. Mir Mein Ich. Mir Mein Ich.

Mir Mein Ich. Mir Mein Ich. Mir Mein Ich. Mir Mein Ich.
Mir Mein Ich. Mir Mein Ich. Mir Mein Ich. Mir Mein Ich.
Mir Mein Ich.

Mir Mein Ich. Mir Mein Ich. Mir Mein Ich. Mir Mein Ich.
Mir Mein Ich. Mir Mein Ich. Mir Mein Ich. Mir Mein Ich.
Mir Mein Ich. Mir Mein Ich. Mir Mein Ich. Mir Mein Ich.
Mir Mein Ich. Mir Mein Ich. Mir Mein Ich. Mir Mein Ich.
Mir Mein Ich. Mir Mein Ich.

Mir Mein Ich. Mir Mein Ich. Mir Mein Ich. Mir Mein Ich.
Mir Mein Ich. Mir Mein Ich. Mir Mein Ich. Mir Mein Ich.
Mir Mein Ich. Mir Mein Ich. Mir Mein Ich. Mir Mein Ich.
Mir Mein Ich. Mir Mein Ich. Mir Mein Ich. Mir Mein Ich.
Mir Mein Ich. Mir Mein Ich. Mir Mein Ich. Mir Mein Ich.
Mir Mein Ich. Mir Mein Ich. Mir Mein Ich.

Mir Mein Ich. Mir Mein Ich. Mir Mein Ich. Mir Mein Ich.
Mir Mein Ich. Mir Mein Ich. Mir Mein Ich. Mir Mein Ich.
Mir Mein Ich. Mir Mein Ich. Mir Mein Ich. Mir Mein Ich.
Mir Mein Ich. Mir Mein Ich. Mir Mein Ich. Mir Mein Ich.
Mir Mein Ich. Mir Mein Ich. Mir Mein Ich. Mir Mein Ich.
Mir Mein Ich. Mir Mein Ich. Mir Mein Ich. Mir Mein Ich.

Mir Mein Ich. Mir Mein Ich. Mir Mein Ich. Mir Mein Ich.
Mir Mein Ich. Mir Mein Ich. Mir Mein Ich. Mir Mein Ich.
Mir Mein Ich. Mir Mein Ich. Mir Mein Ich. Mir Mein Ich.
Mir Mein Ich. Mir Mein Ich. Mir Mein Ich. Mir Mein Ich.

Mir Mein Ich. Mir Mein Ich. Mir Mein Ich. Mir Mein Ich.
Mir Mein Ich. Mir Mein Ich. Mir Mein Ich. Mir Mein Ich.
Mir Mein Ich. Mir Mein Ich.

Mir Mein Ich. Mir Mein Ich. Mir Mein Ich. Mir Mein Ich.
Mir Mein Ich. Mir Mein Ich. Mir Mein Ich. Mir Mein Ich.
Mir Mein Ich. Mir Mein Ich. Mir Mein Ich. Mir Mein Ich.
Mir Mein Ich. Mir Mein Ich. Mir Mein Ich. Mir Mein Ich.
Mir Mein Ich. Mir Mein Ich.

Mir Mein Ich. Mir Mein Ich. Mir Mein Ich. Mir Mein Ich.
Mir Mein Ich.

Mir Mein Ich. Mir Mein Ich. Mir Mein Ich. Mir Mein Ich.
Mir Mein Ich. Mir Mein Ich. Mir Mein Ich. Mir Mein Ich.
Mir Mein Ich. Mir Mein Ich. Mir Mein Ich. Mir Mein Ich.
Mir Mein Ich. Mir Mein Ich.

Mir Mein Ich. Mir Mein Ich. Mir Mein Ich.

 Mir Mein Ich. Mir Mein Ich. Mir Mein Ich. Mir Mein Ich.
Mir Mein Ich. Mir Mein Ich. Mir Mein Ich. Mir Mein Ich.
Mir Mein Ich.

Mir Mein Ich. Mir Mein Ich. Mir Mein Ich. Mir Mein Ich.
Mir Mein Ich. Mir Mein Ich. Mir Mein Ich. Mir Mein Ich.
Mir Mein Ich. Mir Mein Ich. Mir Mein Ich. Mir Mein Ich.
Mir Mein Ich. Mir Mein Ich. Mir Mein Ich. Mir Mein Ich.
Mir Mein Ich. Mir Mein Ich.

Mir Mein Ich. Mir Mein Ich. Mir Mein Ich. Mir Mein Ich.
Mir Mein Ich. Mir Mein Ich. Mir Mein Ich. Mir Mein Ich.
Mir Mein Ich. Mir Mein Ich. Mir Mein Ich. Mir Mein Ich.
Mir Mein Ich. Mir Mein Ich. Mir Mein Ich. Mir Mein Ich.
Mir Mein Ich. Mir Mein Ich. Mir Mein Ich. Mir Mein Ich.
Mir Mein Ich. Mir Mein Ich. Mir Mein Ich.

Mir Mein Ich. Mir Mein Ich. Mir Mein Ich. Mir Mein Ich.
Mir Mein Ich.

Mir Mein Ich. Mir Mein Ich. Mir Mein Ich. Mir Mein Ich.
Mir Mein Ich. Mir Mein Ich. Mir Mein Ich. Mir Mein Ich.
Mir Mein Ich. Mir Mein Ich. Mir Mein Ich. Mir Mein Ich.
Mir Mein Ich. Mir Mein Ich. Mir Mein Ich. Mir Mein Ich.
Mir Mein Ich. Mir Mein Ich. Mir Mein Ich. Mir Mein Ich.
Mir Mein Ich. Mir Mein Ich. Mir Mein Ich. Mir Mein Ich.

Mir Mein Ich. Mir Mein Ich. Mir Mein Ich. Mir Mein Ich.
Mir Mein Ich. Mir Mein Ich. Mir Mein Ich. Mir Mein Ich.
Mir Mein Ich. Mir Mein Ich. Mir Mein Ich. Mir Mein Ich.
Mir Mein Ich. Mir Mein Ich. Mir Mein Ich. Mir Mein Ich.
Mir Mein Ich. Mir Mein Ich. Mir Mein Ich. Mir Mein Ich.
Mir Mein Ich. Mir Mein Ich. Mir Mein Ich. Mir Mein Ich.
Mir Mein Ich. Mir Mein Ich. Mir Mein Ich. Mir Mein Ich.
Mir Mein Ich. Mir Mein Ich. Mir Mein Ich. Mir Mein Ich.
Mir Mein Ich. Mir Mein Ich. Mir Mein Ich. Mir Mein Ich.
Mir Mein Ich. Mir Mein Ich.

Mir Mein Ich. Mir Mein Ich. Mir Mein Ich. Mir Mein Ich.
Mir Mein Ich. Mir Mein Ich. Mir Mein Ich. Mir Mein Ich.
Mir Mein Ich. Mir Mein Ich. Mir Mein Ich. Mir Mein Ich.
Mir Mein Ich. Mir Mein Ich. Mir Mein Ich. Mir Mein Ich.
Mir Mein Ich. Mir Mein Ich. Mir Mein Ich. Mir Mein Ich.
Mir Mein Ich. Mir Mein Ich. Mir Mein Ich. Mir Mein Ich.
Mir Mein Ich.

Mir Mein Ich. Mir Mein Ich. Mir Mein Ich. Mir Mein Ich.
Mir Mein Ich. Mir Mein Ich. Mir Mein Ich. Mir Mein Ich.
Mir Mein Ich. Mir Mein Ich. Mir Mein Ich. Mir Mein Ich.
Mir Mein Ich. Mir Mein Ich. Mir Mein Ich. Mir Mein Ich.
Mir Mein Ich. Mir Mein Ich. Mir Mein Ich.

Mir Mein Ich. Mir Mein Ich. Mir Mein Ich. Mir Mein Ich.
Mir Mein Ich. Mir Mein Ich. Mir Mein Ich. Mir Mein Ich.
Mir Mein Ich. Mir Mein Ich. Mir Mein Ich. Mir Mein Ich.
Mir Mein Ich. Mir Mein Ich. Mir Mein Ich. Mir Mein Ich.
Mir Mein Ich.

Mir Mein Ich. Mir Mein Ich. Mir Mein Ich. Mir Mein Ich.
Mir Mein Ich. Mir Mein Ich. Mir Mein Ich. Mir Mein Ich.
Mir Mein Ich. Mir Mein Ich. Mir Mein Ich. Mir Mein Ich.
Mir Mein Ich. Mir Mein Ich. Mir Mein Ich. Mir Mein Ich.
Mir Mein Ich.

Mir Mein Ich. Mir Mein Ich. Mir Mein Ich. Mir Mein Ich.
Mir Mein Ich. Mir Mein Ich. Mir Mein Ich. Mir Mein Ich.

Mir Mein Ich. Mir Mein Ich. Mir Mein Ich. Mir Mein Ich.
Mir Mein Ich. Mir Mein Ich. Mir Mein Ich. Mir Mein Ich.
Mir Mein Ich. Mir Mein Ich. Mir Mein Ich. Mir Mein Ich.
Mir Mein Ich. Mir Mein Ich. Mir Mein Ich. Mir Mein Ich.
Mir Mein Ich. Mir Mein Ich. Mir Mein Ich. Mir Mein Ich.
Mir Mein Ich. Mir Mein Ich. Mir Mein Ich. Mir Mein Ich.
Mir Mein Ich. Mir Mein Ich.

Kapitel 18

Ich Mir Mein.

Ich Mir Mein. Ich Mir Mein. Ich Mir Mein. Ich Mir Mein.
Ich Mir Mein. Ich Mir Mein. Ich Mir Mein. Ich Mir Mein.
Ich Mir Mein. Ich Mir Mein. Ich Mir Mein. Ich Mir Mein.
Ich Mir Mein. Ich Mir Mein. Ich Mir Mein. Ich Mir Mein.
Ich Mir Mein. Ich Mir Mein. Ich Mir Mein. Ich Mir Mein.
Ich Mir Mein. Ich Mir Mein. Ich Mir Mein. Ich Mir Mein.

Ich Mir Mein. Ich Mir Mein. Ich Mir Mein. Ich Mir Mein.
Ich Mir Mein. Ich Mir Mein. Ich Mir Mein. Ich Mir Mein.
Ich Mir Mein. Ich Mir Mein. Ich Mir Mein. Ich Mir Mein.
Ich Mir Mein. Ich Mir Mein. Ich Mir Mein. Ich Mir Mein.
Ich Mir Mein. Ich Mir Mein. Ich Mir Mein. Ich Mir Mein.
Ich Mir Mein. Ich Mir Mein. Ich Mir Mein. Ich Mir Mein.
Ich Mir Mein. Ich Mir Mein. Ich Mir Mein. Ich Mir Mein.
Ich Mir Mein. Ich Mir Mein.

Ich Mir Mein. Ich Mir Mein. Ich Mir Mein. Ich Mir Mein.
Ich Mir Mein. Ich Mir Mein. Ich Mir Mein. Ich Mir Mein.
Ich Mir Mein. Ich Mir Mein. Ich Mir Mein. Ich Mir Mein.
Ich Mir Mein. Ich Mir Mein. Ich Mir Mein. Ich Mir Mein.
Ich Mir Mein. Ich Mir Mein. Ich Mir Mein. Ich Mir Mein.
Ich Mir Mein. Ich Mir Mein. Ich Mir Mein. Ich Mir Mein.

Ich Mir Mein. Ich Mir Mein. Ich Mir Mein. Ich Mir Mein.
Ich Mir Mein. Ich Mir Mein. Ich Mir Mein. Ich Mir Mein.
Ich Mir Mein. Ich Mir Mein. Ich Mir Mein. Ich Mir Mein.
Ich Mir Mein. Ich Mir Mein. Ich Mir Mein. Ich Mir Mein.
Ich Mir Mein. Ich Mir Mein. Ich Mir Mein.

Ich Mir Mein. Ich Mir Mein. Ich Mir Mein. Ich Mir Mein.
Ich Mir Mein. Ich Mir Mein. Ich Mir Mein. Ich Mir Mein.
Ich Mir Mein. Ich Mir Mein. Ich Mir Mein. Ich Mir Mein.
Ich Mir Mein. Ich Mir Mein. Ich Mir Mein. Ich Mir Mein.
Ich Mir Mein. Ich Mir Mein.

Ich Mir Mein. Ich Mir Mein. Ich Mir Mein. Ich Mir Mein.
Ich Mir Mein. Ich Mir Mein. Ich Mir Mein. Ich Mir Mein.
Ich Mir Mein. Ich Mir Mein. Ich Mir Mein. Ich Mir Mein.
Ich Mir Mein. Ich Mir Mein. Ich Mir Mein. Ich Mir Mein.
Ich Mir Mein. Ich Mir Mein. Ich Mir Mein.

Ich Mir Mein. Ich Mir Mein. Ich Mir Mein. Ich Mir Mein.
Ich Mir Mein. Ich Mir Mein. Ich Mir Mein. Ich Mir Mein.
Ich Mir Mein. Ich Mir Mein. Ich Mir Mein. Ich Mir Mein.
Ich Mir Mein. Ich Mir Mein. Ich Mir Mein. Ich Mir Mein.
Ich Mir Mein. Ich Mir Mein. Ich Mir Mein. Ich Mir Mein.
Ich Mir Mein. Ich Mir Mein. Ich Mir Mein. Ich Mir Mein.
Ich Mir Mein. Ich Mir Mein. Ich Mir Mein. Ich Mir Mein.
Ich Mir Mein. Ich Mir Mein. Ich Mir Mein. Ich Mir Mein.

Ich Mir Mein. Ich Mir Mein. Ich Mir Mein. Ich Mir Mein.
Ich Mir Mein. Ich Mir Mein. Ich Mir Mein. Ich Mir Mein.

Ich Mir Mein. Ich Mir Mein. Ich Mir Mein. Ich Mir Mein.
Ich Mir Mein. Ich Mir Mein. Ich Mir Mein. Ich Mir Mein.
Ich Mir Mein. Ich Mir Mein. Ich Mir Mein. Ich Mir Mein.
Ich Mir Mein. Ich Mir Mein. Ich Mir Mein. Ich Mir Mein.
Ich Mir Mein. Ich Mir Mein. Ich Mir Mein. Ich Mir Mein.

Ich Mir Mein. Ich Mir Mein. Ich Mir Mein. Ich Mir Mein.
Ich Mir Mein. Ich Mir Mein. Ich Mir Mein. Ich Mir Mein.
Ich Mir Mein. Ich Mir Mein. Ich Mir Mein. Ich Mir Mein.
Ich Mir Mein. Ich Mir Mein. Ich Mir Mein. Ich Mir Mein.

Ich Mir Mein. Ich Mir Mein. Ich Mir Mein. Ich Mir Mein.
Ich Mir Mein. Ich Mir Mein. Ich Mir Mein. Ich Mir Mein.
Ich Mir Mein. Ich Mir Mein. Ich Mir Mein. Ich Mir Mein.
Ich Mir Mein. Ich Mir Mein. Ich Mir Mein. Ich Mir Mein.
Ich Mir Mein. Ich Mir Mein. Ich Mir Mein. Ich Mir Mein.
Ich Mir Mein. Ich Mir Mein. Ich Mir Mein. Ich Mir Mein.
Ich

Mir Mein. Ich Mir Mein. Ich Mir Mein. Ich Mir Mein. Ich
Mir Mein. Ich Mir Mein. Ich Mir Mein. Ich Mir Mein. Ich
Mir Mein. Ich Mir Mein. Ich Mir Mein. Ich Mir Mein. Ich
Mir Mein. Ich Mir Mein. Ich Mir Mein. Ich Mir Mein. Ich
Mir Mein. Ich Mir Mein. Ich Mir Mein. Ich Mir Mein. Ich
Mir Mein. Ich Mir Mein. Ich Mir Mein. Ich Mir Mein. Ich
Mir Mein. Ich Mir Mein.

Ich Mir Mein. Ich Mir Mein. Ich Mir Mein. Ich Mir Mein.
Ich Mir Mein.

Ich Mir Mein. Ich Mir Mein. Ich Mir Mein. Ich Mir Mein.
Ich Mir Mein. Ich Mir Mein. Ich Mir Mein. Ich Mir Mein.
Ich Mir Mein. Ich Mir Mein. Ich Mir Mein. Ich Mir Mein.
Ich Mir Mein. Ich Mir Mein.

Ich Mir Mein. Ich Mir Mein. Ich Mir Mein. Ich Mir Mein.
Ich Mir Mein. Ich Mir Mein. Ich Mir Mein. Ich Mir Mein.
Ich Mir Mein. Ich Mir Mein. Ich Mir Mein. Ich Mir Mein.

Ich Mir Mein. Ich Mir Mein. Ich Mir Mein. Ich Mir Mein.
Ich Mir Mein. Ich Mir Mein. Ich Mir Mein. Ich Mir Mein.
Ich Mir Mein. Ich Mir Mein. Ich Mir Mein. Ich Mir Mein.
Ich Mir Mein. Ich Mir Mein. Ich Mir Mein. Ich Mir Mein.
Ich Mir Mein. Ich Mir Mein. Ich Mir Mein. Ich Mir Mein.
Ich Mir Mein. Ich Mir Mein. Ich Mir Mein. Ich Mir Mein.
Ich Mir Mein. Ich Mir Mein. Ich Mir Mein. Ich Mir Mein.
Ich Mir Mein. Ich Mir Mein. Ich Mir Mein.

Ich Mir Mein. Ich Mir Mein. Ich Mir Mein. Ich Mir Mein.
Ich Mir Mein. Ich Mir Mein. Ich Mir Mein. Ich Mir Mein.
Ich Mir Mein. Ich Mir Mein. Ich Mir Mein. Ich Mir Mein.
Ich Mir Mein. Ich Mir Mein. Ich Mir Mein. Ich Mir Mein.
Ich Mir Mein. Ich Mir Mein. Ich Mir Mein. Ich Mir Mein.

Ich Mir Mein. Ich Mir Mein. Ich Mir Mein. Ich Mir Mein.
Ich Mir Mein. Ich Mir Mein. Ich Mir Mein. Ich Mir Mein.
Ich Mir Mein. Ich Mir Mein. Ich Mir Mein.

Ich Mir Mein. Ich Mir Mein. Ich Mir Mein. Ich Mir Mein.
Ich Mir Mein. Ich Mir Mein. Ich Mir Mein. Ich Mir Mein.

Ich Mir Mein. Ich Mir Mein. Ich Mir Mein. Ich Mir Mein.
Ich Mir Mein. Ich Mir Mein. Ich Mir Mein. Ich Mir Mein.
Ich Mir Mein.

Ich Mir Mein. Ich Mir Mein. Ich Mir Mein. Ich Mir Mein.
Ich Mir Mein. Ich Mir Mein. Ich Mir Mein. Ich Mir Mein.
Ich Mir Mein. Ich Mir Mein. Ich Mir Mein. Ich Mir Mein.
Ich Mir Mein. Ich Mir Mein. Ich Mir Mein. Ich Mir Mein.
Ich Mir Mein. Ich Mir Mein. Ich Mir Mein. Ich Mir Mein.
Ich Mir Mein. Ich Mir Mein. Ich Mir Mein. Ich Mir Mein.
Ich Mir Mein.

Ich Mir Mein. Ich Mir Mein. Ich Mir Mein. Ich Mir Mein.
Ich Mir Mein. Ich Mir Mein. Ich Mir Mein. Ich Mir Mein.
Ich Mir Mein. Ich Mir Mein. Ich Mir Mein. Ich Mir Mein.
Ich Mir Mein. Ich Mir Mein. Ich Mir Mein. Ich Mir Mein.
Ich Mir Mein. Ich Mir Mein. Ich Mir Mein. Ich Mir Mein.
Ich Mir Mein. Ich Mir Mein. Ich Mir Mein. Ich Mir Mein.
Ich Mir Mein. Ich Mir Mein. Ich Mir Mein. Ich Mir Mein.
Ich Mir Mein. Ich Mir Mein. Ich Mir Mein. Ich Mir Mein.

Ich Mir Mein. Ich Mir Mein. Ich Mir Mein. Ich Mir Mein.
Ich Mir Mein. Ich Mir Mein. Ich Mir Mein. Ich Mir Mein.
Ich

Mir Mein. Ich Mir Mein. Ich Mir Mein. Ich Mir Mein. Ich
Mir Mein. Ich Mir Mein. Ich Mir Mein. Ich Mir Mein. Ich
Mir Mein. Ich Mir Mein. Ich Mir Mein. Ich Mir Mein. Ich
Mir Mein. Ich Mir Mein. Ich Mir Mein. Ich Mir Mein. Ich

Mir Mein. Ich Mir Mein. Ich Mir Mein. Ich Mir Mein. Ich Mir Mein. Ich Mir Mein. Ich Mir Mein. Ich Mir Mein.

Ich Mir Mein. Ich Mir Mein.

Ich Mir Mein. Ich Mir Mein. Ich Mir Mein. Ich Mir Mein. Ich Mir Mein. Ich Mir Mein. Ich Mir Mein. Ich Mir Mein. Ich Mir Mein. Ich Mir Mein. Ich Mir Mein.

Ich Mir Mein. Ich Mir Mein. Ich Mir Mein. Ich Mir Mein. Ich Mir Mein. Ich Mir Mein. Ich Mir Mein. Ich Mir Mein. Ich Mir Mein. Ich Mir Mein. Ich Mir Mein. Ich Mir Mein. Ich Mir Mein. Ich Mir Mein. Ich Mir Mein. Ich Mir Mein. Ich Mir Mein. Ich Mir

Mein. Ich Mir Mein.

Ich Mir Mein. Ich Mir Mein. Ich Mir Mein. Ich Mir Mein. Ich Mir Mein. Ich Mir Mein. Ich Mir Mein. Ich Mir Mein.

Ich Mir Mein. Ich Mir Mein. Ich Mir Mein. Ich Mir Mein.
Ich Mir Mein. Ich Mir Mein. Ich Mir Mein. Ich Mir Mein.
Ich Mir Mein.

Ich Mir Mein. Ich Mir Mein. Ich Mir Mein. Ich Mir Mein.
Ich Mir Mein. Ich Mir Mein. Ich Mir Mein. Ich Mir Mein.
Ich Mir Mein. Ich Mir Mein. Ich Mir Mein.

Ich Mir Mein. Ich Mir Mein. Ich Mir Mein. Ich Mir Mein.
Ich Mir Mein. Ich Mir Mein. Ich Mir Mein. Ich Mir Mein.
Ich Mir Mein. Ich Mir Mein. Ich Mir Mein. Ich Mir Mein.
Ich Mir Mein. Ich Mir Mein. Ich Mir Mein. Ich Mir Mein.
Ich Mir Mein.

Ich Mir Mein. Ich Mir Mein. Ich Mir Mein. Ich Mir Mein.
Ich Mir Mein. Ich Mir Mein. Ich Mir Mein. Ich Mir Mein.
Ich Mir Mein. Ich Mir Mein. Ich Mir Mein. Ich Mir Mein.
Ich Mir Mein. Ich Mir Mein. Ich Mir Mein. Ich Mir Mein.
Ich Mir Mein. Ich Mir Mein. Ich Mir Mein.

Ich Mir Mein. Ich Mir Mein. Ich Mir Meln. Ich Mir Mein.
Ich Mir Mein. Ich Mir Mein. Ich Mir Mein. Ich Mir Mein.
Ich Mir Mein. Ich Mir Mein. Ich Mir Mein. Ich Mir Mein.
Ich Mir Mein. Ich Mir Mein. Ich Mir Mein. Ich Mir Mein.
Ich Mir Mein. Ich Mir Mein.

Ich Mir Mein. Ich Mir Mein. Ich Mir Mein. Ich Mir Mein.
Ich Mir Mein. Ich Mir Mein. Ich Mir Mein. Ich Mir Mein.
Ich Mir Mein. Ich Mir Mein. Ich Mir Mein. Ich Mir Mein.
Ich Mir Mein. Ich Mir Mein. Ich Mir Mein. Ich Mir Mein.
Ich Mir Mein.

Ich Mir Mein. Ich Mir Mein. Ich Mir Mein. Ich Mir Mein. Ich Mir Mein. Ich Mir Mein. Ich Mir Mein. Ich Mir Mein. Ich Mir Mein. Ich Mir Mein. Ich Mir Mein. Ich Mir Mein. Ich Mir Mein. Ich Mir Mein. Ich Mir Mein. Ich Mir Mein. Ich Mir Mein. Ich Mir Mein. Ich Mir Mein.

Ich Mir Mein. Ich Mir Mein.

Ich Mir Mein. Ich Mir Mein.

Ich Mir Mein. Ich Mir Mein.

Ich Mir Mein. Ich Mir Mein. Ich Mir Mein. Ich Mir Mein. Ich Mir Mein. Ich Mir Mein. Ich Mir Mein. Ich Mir Mein.

Ich Mir Mein. Ich Mir Mein. Ich Mir Mein. Ich Mir Mein.
Ich Mir Mein. Ich Mir Mein. Ich Mir Mein. Ich Mir Mein.
Ich Mir Mein. Ich Mir Mein. Ich Mir Mein. Ich Mir Mein.
Ich Mir Mein. Ich Mir Mein.

Ich Mir Mein. Ich Mir Mein. Ich Mir Mein. Ich Mir Mein.
Ich Mir Mein. Ich Mir Mein. Ich Mir Mein. Ich Mir Mein.
Ich Mir Mein. Ich Mir Mein. Ich Mir Mein. Ich Mir Mein.
Ich Mir Mein. Ich Mir Mein. Ich Mir Mein. Ich Mir Mein.
Ich Mir Mein. Ich Mir Mein. Ich Mir Mein. Ich Mir Mein.
Ich Mir Mein. Ich Mir Mein.

Ich Mir Mein. Ich Mir Mein. Ich Mir Mein. Ich Mir Mein.
Ich Mir Mein. Ich Mir Mein. Ich Mir Mein. Ich Mir Mein.
Ich Mir Mein. Ich Mir Mein. Ich Mir Mein. Ich Mir Mein.
Ich Mir Mein. Ich Mir Mein. Ich Mir Mein. Ich Mir Mein.
Ich Mir Mein. Ich Mir Mein.

Ich Mir Mein. Ich Mir Mein. Ich Mir Mein. Ich Mir Mein.
Ich Mir Mein. Ich Mir Mein. Ich Mir Mein. Ich Mir Mein.
Ich Mir Mein. Ich Mir Mein. Ich Mir Mein. Ich Mir Mein.
Ich Mir Mein. Ich Mir Mein. Ich Mir Mein. Ich Mir Mein.
Ich Mir Mein. Ich Mir Mein.

Ich Mir Mein. Ich Mir Mein. Ich Mir Mein. Ich Mir Mein.
Ich Mir Mein. Ich Mir Mein. Ich Mir Mein. Ich Mir Mein.
Ich Mir Mein. Ich Mir Mein. Ich Mir Mein. Ich Mir Mein.
Ich Mir Mein. Ich Mir Mein. Ich Mir Mein. Ich Mir Mein.
Ich Mir Mein.

Ich Mir Mein. Ich Mir Mein. Ich Mir Mein. Ich Mir Mein.
Ich Mir Mein. Ich Mir Mein. Ich Mir Mein. Ich Mir Mein.
Ich Mir Mein. Ich Mir Mein. Ich Mir Mein. Ich Mir Mein.
Ich Mir Mein. Ich Mir Mein. Ich Mir Mein. Ich Mir Mein.
Ich Mir Mein. Ich Mir Mein. Ich Mir Mein. Ich Mir Mein.
Ich Mir Mein. Ich Mir Mein.

Ich Mir Mein. Ich Mir Mein. Ich Mir Mein. Ich Mir Mein.
Ich Mir Mein. Ich Mir Mein. Ich Mir Mein. Ich Mir Mein.
Ich Mir Mein. Ich Mir Mein.

Ich Mir Mein. Ich Mir Mein. Ich Mir Mein. Ich Mir Mein.
Ich Mir Mein. Ich Mir Mein. Ich Mir Mein. Ich Mir Mein.
Ich Mir Mein. Ich Mir Mein. Ich Mir Mein. Ich Mir Mein.
Ich Mir Mein. Ich Mir Mein. Ich Mir Mein. Ich Mir Mein.
Ich Mir Mein. Ich Mir Mein. Ich Mir Mein. Ich Mir Mein.
Ich Mir Mein. Ich Mir Mein. Ich Mir Mein. Ich Mir Mein.
Ich Mir Mein. Ich Mir Mein. Ich Mir Mein. Ich Mir Mein.
Ich Mir Mein. Ich Mir Mein. Ich Mir Mein.

Ich Mir Mein. Ich Mir Mein. Ich Mir Mein. Ich Mir Mein.
Ich Mir Mein. Ich Mir Mein. Ich Mir Mein. Ich Mir Mein.
Ich Mir Mein. Ich Mir Mein. Ich Mir Mein. Ich Mir Mein.
Ich Mir Mein. Ich Mir Mein. Ich Mir Mein. Ich Mir Mein.
Ich Mir Mein. Ich Mir Mein. Ich Mir Mein. Ich Mir Mein.
Ich Mir Mein. Ich Mir Mein. Ich Mir Mein. Ich Mir Mein.
Ich Mir Mein. Ich Mir Mein. Ich Mir Mein. Ich Mir Mein.
Ich Mir Mein. I

ch Mir Mein. Ich Mir Mein. Ich Mir Mein. Ich Mir Mein.
Ich Mir Mein. Ich Mir Mein. Ich Mir Mein. Ich Mir Mein.
Ich Mir Mein. Ich Mir Mein. Ich Mir Mein. Ich Mir Mein.
Ich Mir Mein. Ich Mir Mein. Ich Mir Mein. Ich Mir Mein.
Ich Mir Mein. Ich Mir Mein. Ich Mir Mein.

Ich Mir Mein. Ich Mir Mein. Ich Mir Mein. Ich Mir Mein.
Ich Mir Mein. Ich Mir Mein. Ich Mir Mein. Ich Mir Mein.
Ich Mir Mein. Ich Mir Mein. Ich Mir Mein. Ich Mir Mein.
Ich Mir Mein. Ich Mir Mein. Ich Mir Mein. Ich Mir Mein.
Ich Mir Mein. Ich Mir Mein.

Ich Mir Mein. Ich Mir Mein. Ich Mir Mein. Ich Mir Mein.
Ich Mir Mein. Ich Mir Mein. Ich Mir Mein. Ich Mir Mein.
Ich Mir Mein. Ich Mir Mein. Ich Mir Mein. Ich Mir Mein.

Ich Mir Mein. Ich Mir Mein. Ich Mir Mein. Ich Mir Mein.
Ich Mir Mein. Ich Mir Mein. Ich Mir Mein. Ich Mir Mein.
Ich Mir Mein. Ich Mir Mein. Ich Mir Mein. Ich Mir Mein.
Ich Mir Mein. Ich Mir Mein. Ich Mir Mein. Ich Mir Mein.
Ich Mir Mein. Ich Mir Mein. Ich Mir Mein. Ich Mir Mein.
Ich Mir Mein. Ich Mir Mein. Ich Mir Mein.

Ich Mir Mein. Ich Mir Mein. Ich Mir Mein. Ich Mir Mein.
Ich Mir Mein. Ich Mir Mein. Ich Mir Mein. Ich Mir Mein.
Ich Mir Mein. Ich Mir Mein. Ich Mir Mein. Ich Mir Mein.
Ich Mir Mein. Ich Mir Mein. Ich Mir Mein. Ich Mir Mein.
Ich Mir Mein. Ich Mir Mein. Ich Mir Mein. Ich Mir Mein.
Ich Mir Mein. Ich Mir Mein. Ich Mir Mein. Ich Mir Mein.

Ich Mir Mein. Ich Mir Mein. Ich Mir Mein. Ich Mir Mein.
Ich Mir Mein. Ich Mir Mein. Ich Mir Mein. Ich Mir Mein.

Ich Mir Mein. Ich Mir Mein. Ich Mir Mein. Ich Mir Mein.
Ich Mir Mein. Ich Mir Mein. Ich Mir Mein. Ich Mir Mein.
Ich Mir Mein. Ich Mir Mein. Ich Mir Mein. Ich Mir Mein.
Ich Mir Mein. Ich Mir Mein. Ich Mir Mein. Ich Mir Mein.
Ich Mir Mein. Ich Mir Mein. Ich Mir Mein. Ich Mir Mein.
Ich Mir Mein. Ich Mir Mein. Ich Mir Mein. Ich Mir Mein.
Ich Mir Mein. Ich Mir Mein. Ich Mir Mein. Ich Mir Mein.
Ich Mir Mein. Ich Mir Mein. Ich Mir Mein.

Ich Mir Mein. Ich Mir Mein. Ich Mir Mein. Ich Mir Mein.
Ich Mir Mein. Ich Mir Mein. Ich Mir Mein. Ich Mir Mein.
Ich Mir Mein. Ich Mir Mein. Ich Mir Mein. Ich Mir Mein.
Ich Mir Mein. Ich Mir Mein. Ich Mir Mein. Ich Mir Mein.
Ich Mir Mein.

Ich Mir Mein. Ich Mir Mein. Ich Mir Mein. Ich Mir Mein.
Ich Mir Mein. Ich Mir Mein. Ich Mir Mein. Ich Mir Mein.
Ich Mir Mein. Ich Mir Mein. Ich Mir Mein. Ich Mir Mein.
Ich Mir Mein. Ich Mir Mein. Ich Mir Mein. Ich Mir Mein.
Ich Mir Mein. Ich Mir Mein. Ich Mir Mein. Ich Mir Mein.
Ich Mir Mein. Ich Mir Mein. Ich Mir Mein. Ich Mir Mein.
Ich Mir Mein. Ich Mir Mein. Ich Mir Mein. Ich Mir Mein.
Ich Mir Mein. Ich Mir Mein. Ich Mir Mein. Ich Mir Mein.
Ich Mir Mein. Ich Mir Mein. Ich Mir Mein. Ich Mir Mein.
Ich Mir Mein. Ich Mir Mein. Ich Mir Mein. Ich Mir Mein.
Ich Mir Mein.

Ich Mir Mein. Ich Mir Mein. Ich Mir Mein. Ich Mir Mein.
Ich Mir Mein. Ich Mir Mein. Ich Mir Mein. Ich Mir Mein.
Ich Mir Mein. Ich Mir Mein. Ich Mir Mein. Ich Mir Mein.
Ich Mir Mein. Ich Mir Mein. Ich Mir Mein. Ich Mir Mein.
Ich Mir Mein.

Ich Mir Mein. Ich Mir Mein. Ich Mir Mein. Ich Mir Mein.
Ich Mir Mein. Ich Mir Mein. Ich Mir Mein. Ich Mir Mein.
Ich Mir Mein. Ich Mir Mein. Ich Mir Mein. Ich Mir Mein.
Ich Mir Mein. Ich Mir Mein. Ich Mir Mein. Ich Mir Mein.
Ich Mir Mein. Ich Mir Mein. Ich Mir Mein. Ich Mir Mein.
Ich Mir Mein. Ich Mir Mein. Ich Mir Mein. Ich Mir Mein.
Ich Mir Mein.

 Ich Mir Mein. Ich Mir Mein. Ich Mir Mein. Ich Mir Mein.
Ich Mir Mein. Ich Mir Mein. Ich Mir Mein. Ich Mir Mein.

Ich Mir Mein. Ich Mir Mein. Ich Mir Mein. Ich Mir Mein.
Ich Mir Mein. Ich Mir Mein. Ich Mir Mein. Ich Mir Mein.
Ich Mir Mein. Ich Mir Mein. Ich Mir Mein. Ich Mir Mein.
Ich Mir Mein. Ich Mir Mein. Ich Mir Mein. Ich Mir Mein.
Ich Mir Mein. Ich Mir Mein. Ich Mir Mein. Ich Mir Mein.
Ich Mir Mein. Ich Mir Mein. Ich Mir Mein. Ich Mir Mein.
Ich Mir Mein. Ich Mir Mein. Ich Mir Mein. Ich Mir Mein.
Ich Mir Mein. Ich Mir Mein. Ich Mir Mein.

Ich Mir Mein. Ich Mir Mein. Ich Mir Mein. Ich Mir Mein.
Ich Mir Mein. Ich Mir Mein. Ich Mir Mein. Ich Mir Mein.

Ich Mir Mein. Ich Mir Mein. Ich Mir Mein. Ich Mir Mein.
Ich Mir Mein. Ich Mir Mein. Ich Mir Mein. Ich Mir Mein.

Ich Mir Mein. Ich Mir Mein. Ich Mir Mein. Ich Mir Mein.
Ich Mir Mein. Ich Mir Mein. Ich Mir Mein. Ich Mir Mein.
Ich Mir Mein. Ich Mir Mein. Ich Mir Mein. Ich Mir Mein.
Ich Mir Mein. Ich Mir Mein. Ich Mir Mein. Ich Mir Mein.
Ich Mir Mein. Ich Mir Mein. Ich Mir Mein. Ich Mir Mein.
Ich Mir Mein. Ich Mir Mein. Ich Mir Mein. Ich Mir Mein.
Ich Mir Mein. Ich Mir Mein. Ich Mir Mein. Ich Mir Mein.
Ich Mir Mein. Ich Mir Mein. Ich Mir Mein. Ich Mir Mein.
Ich Mir Mein. Ich Mir Mein. Ich Mir Mein. Ich Mir Mein.
Ich Mir Mein. Ich Mir Mein. Ich Mir Mein. Ich Mir Mein.
Ich Mir Mein. Ich Mir Mein. Ich Mir Mein. Ich Mir Mein.

Ich Mir Mein. Ich Mir Mein. Ich Mir Mein. Ich Mir Mein.
Ich Mir Mein. Ich Mir Mein.

Ich Mir Mein. Ich Mir Mein. Ich Mir Mein. Ich Mir Mein.
Ich Mir Mein. Ich Mir Mein. Ich Mir Mein. Ich Mir Mein.
Ich Mir Mein. Ich Mir Mein.

Ich Mir Mein. Ich Mir Mein. Ich Mir Mein. Ich Mir Mein.
Ich Mir Mein. Ich Mir Mein. Ich Mir Mein. Ich Mir Mein.
Ich Mir Mein. Ich Mir Mein. Ich Mir Mein. Ich Mir Mein.
Ich Mir Mein. Ich Mir Mein.

Ich Mir Mein. Ich Mir Mein. Ich Mir Mein. Ich Mir Mein.
Ich Mir Mein. Ich Mir Mein. Ich Mir Mein. Ich Mir Mein.
Ich Mir Mein. Ich Mir Mein.

Ich Mir Mein. Ich Mir Mein. Ich Mir Mein. Ich Mir Mein.
Ich Mir Mein. Ich Mir Mein. Ich Mir Mein. Ich Mir Mein.
Ich Mir Mein. Ich Mir Mein. Ich Mir Mein. Ich Mir Mein.
Ich Mir Mein. Ich Mir Mein. Ich Mir Mein. Ich Mir Mein.
Ich Mir Mein. Ich Mir Mein. Ich Mir Mein. Ich Mir Mein.
Ich Mir Mein. Ich Mir Mein. Ich Mir Mein.

Ich Mir Mein. Ich Mir Mein. Ich Mir Mein. Ich Mir Mein.
Ich Mir Mein. Ich Mir Mein. Ich Mir Mein. Ich Mir Mein.
Ich Mir Mein. Ich Mir Mein. Ich Mir Mein. Ich Mir Mein.
Ich Mir Mein. Ich Mir Mein. Ich Mir Mein. Ich Mir Mein.
Ich Mir Mein. Ich Mir Mein. Ich Mir Mein. Ich Mir Mein.
Ich Mir Mein. Ich Mir Mein. Ich Mir Mein. Ich Mir Mein.
Ich

Mir Mein. Ich Mir Mein. Ich Mir Mein. Ich Mir Mein. Ich
Mir Mein. Ich Mir Mein. Ich Mir Mein. Ich Mir Mein. Ich
Mir Mein. Ich Mir Mein. Ich Mir Mein. Ich Mir Mein. Ich
Mir Mein. Ich Mir Mein. Ich Mir Mein. Ich Mir Mein.

Ich Mir Mein. Ich Mir Mein. Ich Mir Mein. Ich Mir Mein.
Ich Mir Mein. Ich Mir Mein. Ich Mir Mein. Ich Mir Mein.
Ich Mir Mein. Ich Mir Mein. Ich Mir Mein. Ich Mir Mein.
Ich Mir Mein. Ich Mir Mein. Ich Mir Mein. Ich Mir Mein.
Ich Mir Mein. Ich Mir Mein. Ich Mir Mein. Ich Mir Mein.
Ich Mir Mein. Ich Mir Mein. Ich Mir Mein. Ich Mir Mein.
Ich Mir Mein. Ich Mir Mein. Ich Mir Mein. Ich Mir Mein.
Ich Mir Mein. Ich Mir Mein. Ich Mir Mein. Ich Mir Mein.
Ich Mir Mein. Ich Mir Mein. Ich Mir Mein. Ich Mir Mein.

Ich Mir Mein. Ich Mir Mein. Ich Mir Mein. Ich Mir Mein.
Ich Mir Mein. Ich Mir Mein. Ich Mir Mein. Ich Mir Mein.
Ich Mir Mein. Ich Mir Mein. Ich Mir Mein. Ich Mir Mein.
Ich Mir Mein. Ich Mir Mein. Ich Mir Mein. Ich Mir Mein.
Ich Mir Mein.

Ich Mir Mein. Ich Mir Mein. Ich Mir Mein. Ich Mir Mein.
Ich Mir Mein. Ich Mir Mein. Ich Mir Mein. Ich Mir Mein.
Ich Mir Mein. Ich Mir Mein. Ich Mir Mein. Ich Mir Mein.
Ich Mir Mein. Ich Mir Mein. Ich Mir Mein. Ich Mir Mein.
Ich Mir Mein. Ich Mir Mein. Ich Mir Mein.

Ich Mir Mein. Ich Mir Mein. Ich Mir Mein. Ich Mir Mein.
Ich Mir Mein. Ich Mir Mein. Ich Mir Mein. Ich Mir Mein.
Ich Mir Mein. Ich Mir Mein. Ich Mir Mein. Ich Mir Mein.
Ich Mir Mein. Ich Mir Mein. Ich Mir Mein. Ich Mir Mein.
Ich Mir Mein. Ich Mir Mein. Ich Mir Mein. Ich Mir Mein.
Ich Mir Mein. Ich Mir Mein. Ich Mir Mein. Ich Mir Mein.
Ich Mir Mein. Ich Mir Mein. Ich Mir Mein. Ich Mir Mein.
Ich Mir Mein. Ich Mir Mein. Ich Mir Mein. Ich Mir Mein.
Ich Mir Mein. Ich Mir Mein. Ich Mir Mein. Ich Mir Mein.
Ich Mir Mein. Ich Mir Mein. Ich Mir Mein. Ich Mir Mein.
Ich Mir Mein. Ich Mir Mein. Ich Mir Mein. Ich Mir Mein.
Ich Mir Mein. Ich Mir Mein. Ich Mir Mein. Ich Mir Mein.
Ich Mir Mein. Ich Mir Mein. Ich Mir Mein. Ich Mir Mein.
Ich Mir Mein. Ich Mir Mein. Ich Mir Mein. Ich Mir Mein.
Ich Mir Mein. Ich Mir Mein. Ich Mir Mein.

Ich Mir Mein. Ich Mir Mein. Ich Mir Mein. Ich Mir Mein.
Ich Mir Mein. Ich Mir Mein. Ich Mir Mein. Ich Mir Mein.
Ich Mir Mein. Ich Mir Mein. Ich Mir Mein. Ich Mir Mein.
Ich Mir Mein. Ich Mir Mein. Ich Mir Mein. Ich Mir Mein.
Ich Mir Mein. Ich Mir Mein. Ich Mir Mein. Ich Mir Mein.
Ich Mir Mein. Ich Mir Mein. Ich Mir Mein. Ich Mir Mein.
Ich Mir Mein. Ich Mir Mein.

Ich Mir Mein. Ich Mir Mein. Ich Mir Mein. Ich Mir Mein.
Ich Mir Mein. Ich Mir Mein. Ich Mir Mein. Ich Mir Mein.
Ich Mir Mein. Ich Mir Mein. Ich Mir Mein. Ich Mir Mein.
Ich Mir Mein. Ich Mir Mein. Ich Mir Mein. Ich Mir Mein.
Ich Mir Mein. Ich Mir Mein. Ich Mir Mein. Ich Mir Mein.
Ich Mir Mein. Ich Mir Mein. Ich Mir Mein. Ich Mir Mein.
Ich Mir Mein. Ich Mir Mein.

Ich Mir Mein. Ich Mir Mein. Ich Mir Mein. Ich Mir Mein.
Ich Mir Mein. Ich Mir Mein. Ich Mir Mein. Ich Mir Mein.
Ich Mir Mein. Ich Mir Mein. Ich Mir Mein. Ich Mir Mein.
Ich Mir Mein. Ich Mir Mein. Ich Mir Mein. Ich Mir Mein.
Ich Mir Mein.

Ich Mir Mein. Ich Mir Mein. Ich Mir Mein. Ich Mir Mein.
Ich Mir Mein. Ich Mir Mein. Ich Mir Mein. Ich Mir Mein.
Ich Mir Mein. Ich Mir Mein. Ich Mir Mein. Ich Mir Mein.
Ich Mir Mein. Ich Mir Mein. Ich Mir Mein. I

ch Mir Mein. Ich Mir Mein. Ich Mir Mein. Ich Mir Mein.
Ich Mir Mein. Ich Mir Mein. Ich Mir Mein. Ich Mir Mein.
Ich Mir Mein. Ich Mir Mein. Ich Mir Mein. Ich Mir Mein.
Ich Mir Mein. Ich Mir Mein. Ich Mir Mein. Ich Mir Mein.

Ich Mir Mein. Ich Mir Mein. Ich Mir Mein. Ich Mir Mein.
Ich Mir Mein. Ich Mir Mein. Ich Mir Mein. Ich Mir Mein.
Ich Mir Mein. Ich Mir Mein. Ich Mir Mein. Ich Mir Mein.
Ich Mir Mein. Ich Mir Mein. Ich Mir Mein. Ich Mir Mein.
Ich Mir Mein. Ich Mir Mein. Ich Mir Mein. Ich Mir Mein.
Ich Mir Mein.

Ich Mir Mein. Ich Mir Mein. Ich Mir Mein. Ich Mir Mein.
Ich Mir Mein. Ich Mir Mein. Ich Mir Mein. Ich Mir Mein.
Ich Mir Mein. Ich Mir Mein. Ich Mir Mein.

Ich Mir Mein. Ich Mir Mein. Ich Mir Mein. Ich Mir Mein.
Ich Mir Mein. Ich Mir Mein. Ich Mir Mein. Ich Mir Mein. I

ch Mir Mein. Ich Mir Mein. Ich Mir Mein. Ich Mir Mein.
Ich Mir Mein. Ich Mir Mein. Ich Mir Mein. Ich Mir Mein.
Ich Mir Mein. Ich Mir Mein. Ich Mir Mein. Ich Mir Mein.
Ich Mir Mein. Ich Mir Mein. Ich Mir Mein. Ich Mir Mein.
Ich Mir Mein. Ich Mir Mein. Ich Mir Mein. Ich Mir Mein.
Ich Mir Mein. Ich Mir Mein. Ich Mir Mein. Ich Mir Mein.
Ich Mir Mein. Ich Mir Mein. Ich Mir Mein. Ich Mir Mein.
Ich Mir Mein. Ich Mir Mein. Ich Mir Mein.

Ich Mir Mein. Ich Mir Mein. Ich Mir Mein. Ich Mir Mein.
Ich Mir Mein. Ich Mir Mein. Ich Mir Mein. Ich Mir Mein.
Ich Mir Mein. Ich Mir Mein. Ich Mir Mein. Ich Mir Mein.
Ich Mir Mein. Ich Mir Mein. Ich Mir Mein. Ich Mir Mein.
Ich Mir Mein. Ich Mir Mein. Ich Mir Mein. Ich Mir Mein.
Ich Mir Mein. Ich Mir Mein. Ich Mir Mein. Ich Mir Mein.
Ich Mir Mein. Ich Mir Mein. Ich Mir Mein. Ich Mir Mein.
Ich Mir Mein. Ich Mir Mein. Ich Mir Mein. Ich Mir Mein.

Ich Mir Mein. Ich Mir Mein. Ich Mir Mein. Ich Mir Mein.
Ich Mir Mein. Ich Mir Mein. Ich Mir Mein. Ich Mir Mein.
Ich Mir Mein. Ich Mir Mein. Ich Mir Mein. Ich Mir Mein.
Ich Mir Mein. Ich Mir Mein. Ich Mir Mein. Ich Mir Mein.
Ich Mir Mein. Ich Mir Mein. Ich Mir Mein. Ich Mir Mein.
Ich Mir Mein. Ich Mir Mein. Ich Mir Mein. Ich Mir Mein.
Ich Mir Mein. Ich Mir Mein. Ich Mir Mein. Ich Mir Mein.
Ich Mir Mein. Ich Mir Mein. Ich Mir Mein. Ich Mir Mein.
Ich Mir Mein. Ich Mir Mein. Ich Mir Mein. Ich Mir Mein.
Ich Mir Mein.

Ich Mir Mein. Ich Mir Mein. Ich Mir Mein. Ich Mir Mein.
Ich Mir Mein. Ich Mir Mein. Ich Mir Mein. Ich Mir Mein.
Ich Mir Mein. Ich Mir Mein. Ich Mir Mein. Ich Mir Mein.
Ich Mir Mein. Ich Mir Mein. Ich Mir Mein. Ich Mir Mein.
Ich Mir Mein. Ich Mir Mein. Ich Mir Mein. Ich Mir Mein.
Ich Mir Mein. Ich Mir Mein. Ich Mir Mein. Ich Mir Mein.
Ich Mir Mein. Ich Mir Mein. Ich Mir Mein. Ich Mir Mein.
Ich Mir Mein. Ich Mir Mein. Ich Mir Mein. Ich Mir Mein.
Ich Mir Mein. Ich Mir Mein. Ich Mir Mein. Ich Mir Mein.
Ich Mir Mein. Ich Mir Mein. Ich Mir Mein.

Ich Mir Mein. Ich Mir Mein. Ich Mir Mein. Ich Mir Mein.
Ich Mir Mein. Ich Mir Mein. Ich Mir Mein. Ich Mir Mein.
Ich Mir Mein. Ich Mir Mein. Ich Mir Mein. Ich Mir Mein.
Ich Mir Mein. Ich Mir Mein. Ich Mir Mein. Ich Mir Mein.
Ich Mir Mein.

Ich Mir Mein. Ich Mir Mein. Ich Mir Mein. Ich Mir Mein.
Ich Mir Mein. Ich Mir Mein. Ich Mir Mein. Ich Mir Mein.
Ich Mir Mein. Ich Mir Mein. Ich Mir Mein. Ich Mir Mein.
Ich Mir Mein. Ich Mir Mein. Ich Mir Mein. Ich Mir Mein.
Ich Mir Mein. Ich Mir Mein. Ich Mir Mein. Ich Mir Mein.
Ich Mir Mein. Ich Mir Mein. Ich Mir Mein. Ich Mir Mein.
Ich Mir Mein. Ich Mir Mein. Ich Mir Mein. Ich Mir Mein.
Ich Mir Mein. Ich Mir Mein. Ich Mir Mein. Ich Mir Mein.
Ich Mir Mein. Ich Mir Mein. Ich Mir Mein. Ich Mir Mein.
Ich Mir Mein.

Ich Mir Mein. Ich Mir Mein. Ich Mir Mein. Ich Mir Mein.
Ich Mir Mein. Ich Mir Mein. Ich Mir Mein. Ich Mir Mein.
Ich Mir Mein. Ich Mir Mein. Ich Mir Mein.

Ich Mir Mein. Ich Mir Mein. Ich Mir Mein. Ich Mir Mein.
Ich Mir Mein. Ich Mir Mein. Ich Mir Mein. Ich Mir Mein.
Ich Mir Mein. Ich Mir Mein. Ich Mir Mein. Ich Mir Mein.
Ich Mir Mein. Ich Mir Mein. Ich Mir Mein. Ich Mir Mein.
Ich Mir Mein. Ich Mir Mein. Ich Mir Mein. Ich Mir Mein.
Ich Mir Mein. Ich Mir Mein. Ich Mir Mein. Ich Mir Mein.

Ich Mir Mein. Ich Mir Mein. Ich Mir Mein. Ich Mir Mein.
Ich Mir Mein. Ich Mir Mein. Ich Mir Mein. Ich Mir Mein.
Ich Mir Mein. Ich Mir Mein. Ich Mir Mein. Ich Mir Mein.
Ich Mir Mein. Ich Mir Mein. Ich Mir Mein. Ich Mir Mein.
Ich Mir Mein. Ich Mir Mein. Ich Mir Mein. Ich Mir Mein.
Ich Mir Mein. Ich Mir Mein. Ich Mir Mein. Ich Mir Mein.
Ich Mir Mein. Ich Mir Mein. Ich Mir Mein. Ich Mir Mein.
Ich Mir Mein. Ich Mir Mein.

Ich Mir Mein. Ich Mir Mein. Ich Mir Mein. Ich Mir Mein.
Ich Mir Mein. Ich Mir Mein. Ich Mir Mein. Ich Mir Mein.
Ich Mir Mein. Ich Mir Mein. Ich Mir Mein. Ich Mir Mein.
Ich Mir Mein. Ich Mir Mein. Ich Mir Mein. Ich Mir Mein.
Ich Mir Mein. Ich Mir Mein.

Ich Mir Mein. Ich Mir Mein. Ich Mir Mein. Ich Mir Mein.
Ich Mir Mein. Ich Mir Mein. Ich Mir Mein.

Ich Mir Mein. Ich Mir Mein.

Ich Mir Mein. Ich Mir Mein. Ich Mir Mein. Ich Mir Mein.
Ich Mir Mein. Ich Mir Mein. Ich Mir Mein. Ich Mir Mein.
Ich Mir Mein. Ich Mir Mein. Ich Mir Mein. Ich Mir Mein.
Ich Mir Mein. Ich Mir Mein. Ich Mir Mein. Ich Mir Mein.
Ich Mir Mein. Ich Mir Mein. Ich Mir Mein. Ich Mir Mein.
Ich Mir Mein. Ich Mir Mein. Ich Mir Mein. Ich Mir Mein.
Ich Mir Mein. Ich Mir Mein. Ich Mir Mein. Ich Mir Mein.

Ich Mir Mein. Ich Mir Mein. Ich Mir Mein. Ich Mir Mein.
Ich Mir Mein. Ich Mir Mein. Ich Mir Mein. Ich Mir Mein.
Ich Mir Mein. Ich Mir Mein. Ich Mir Mein. Ich Mir Mein.
Ich Mir Mein. Ich Mir Mein. Ich Mir Mein. Ich Mir Mein.
Ich Mir Mein.

Ich Mir Mein. Ich Mir Mein. Ich Mir Mein. Ich Mir Mein.
Ich Mir Mein. Ich Mir Mein. Ich Mir Mein. Ich Mir Mein.
Ich Mir Mein. Ich Mir Mein. Ich Mir Mein. Ich Mir Mein.
Ich Mir Mein. Ich Mir Mein. Ich Mir Mein. Ich Mir Mein.
Ich Mir Mein. Ich Mir Mein. Ich Mir Mein. Ich Mir Mein.

Ich Mir Mein. Ich Mir Mein. Ich Mir Mein. Ich Mir Mein.
Ich Mir Mein. Ich Mir Mein.

Ich Mir Mein. Ich Mir Mein. Ich Mir Mein. Ich Mir Mein.
Ich Mir Mein. Ich Mir Mein. Ich Mir Mein. Ich Mir Mein.
Ich Mir Mein. Ich Mir Mein. Ich Mir Mein. Ich Mir Mein.
Ich Mir Mein. Ich Mir Mein. Ich Mir Mein. Ich Mir Mein.
Ich Mir Mein. Ich Mir Mein. Ich Mir Mein. Ich Mir Mein.
Ich Mir Mein. Ich Mir Mein. Ich Mir Mein. Ich Mir Mein.
Ich Mir Mein. Ich Mir Mein. Ich Mir Mein. Ich Mir Mein.
Ich Mir Mein. Ich Mir Mein.

Ich Mir Mein. Ich Mir Mein. Ich Mir Mein. Ich Mir Mein.
Ich Mir Mein. Ich Mir Mein. Ich Mir Mein. Ich Mir Mein.
Ich Mir Mein. Ich Mir Mein. Ich Mir Mein. Ich Mir Mein.
Ich Mir Mein. Ich Mir Mein. Ich Mir Mein. Ich Mir Mein.
Ich Mir Mein. Ich Mir Mein. Ich Mir Mein. Ich Mir Mein.
Ich Mir Mein. Ich Mir Mein. Ich Mir Mein. Ich Mir Mein.
Ich Mir Mein. Ich Mir Mein. Ich Mir Mein. Ich Mir Mein.
Ich Mir Mein. Ich Mir Mein. Ich Mir Mein.

Ich Mir Mein. Ich Mir Mein. Ich Mir Mein. Ich Mir Mein.
Ich Mir Mein. Ich Mir Mein. Ich Mir Mein. Ich Mir Mein.
Ich Mir Mein. Ich Mir Mein. Ich Mir Mein. Ich Mir Mein.
Ich Mir Mein. Ich Mir Mein. Ich Mir Mein. Ich Mir Mein.
Ich Mir Mein. Ich Mir Mein. Ich Mir Mein.

Ich Mir Mein. Ich Mir Mein. Ich Mir Mein. Ich Mir Mein.
Ich Mir Mein. Ich Mir Mein. Ich Mir Mein. Ich Mir Mein.
Ich Mir Mein. Ich Mir Mein. Ich Mir Mein. Ich Mir Mein.
Ich Mir Mein. Ich Mir Mein. Ich Mir Mein. Ich Mir Mein.

Ich Mir Mein. Ich Mir Mein. Ich Mir Mein. Ich Mir Mein.
Ich Mir Mein. Ich Mir Mein.

Ich Mir Mein. Ich Mir Mein. Ich Mir Mein. Ich Mir Mein.
Ich Mir Mein. Ich Mir Mein. Ich Mir Mein. Ich Mir Mein.
Ich Mir Mein. Ich Mir Mein. Ich Mir Mein. Ich Mir Mein.
Ich Mir Mein. Ich Mir Mein. Ich Mir Mein. Ich Mir Mein.
Ich Mir Mein.

Ich Mir Mein. Ich Mir Mein. Ich Mir Mein. Ich Mir Mein.
Ich Mir Mein. Ich Mir Mein. Ich Mir Mein. Ich Mir Mein.
Ich Mir Mein. Ich Mir Mein. Ich Mir Mein. Ich Mir Mein.
Ich Mir Mein. Ich Mir Mein. Ich Mir Mein. Ich Mir Mein.
Ich Mir Mein. Ich Mir Mein. Ich Mir Mein. Ich Mir Mein.
Ich Mir Mein. Ich Mir Mein. Ich Mir Mein. Ich Mir Mein.

Ich Mir Mein. Ich Mir Mein. Ich Mir Mein. Ich Mir Mein.
Ich Mir Mein. Ich Mir Mein. Ich Mir Mein. Ich Mir Mein.
Ich Mir Mein. Ich Mir Mein. Ich Mir Mein. Ich Mir Mein.
Ich Mir Mein. Ich Mir Mein. Ich Mir Mein. Ich Mir Mein.
Ich Mir Mein. Ich Mir Mein. Ich Mir Mein. Ich Mir Mein.
Ich Mir Mein. Ich Mir Mein. Ich Mir Mein. Ich Mir Mein.
Ich Mir Mein. Ich Mir Mein. Ich Mir Mein. Ich Mir Mein.
Ich Mir Mein. Ich Mir Mein. Ich Mir Mein.

Ich Mir Mein. Ich Mir Mein. Ich Mir Mein. Ich Mir Mein.
Ich Mir Mein. Ich Mir Mein. Ich Mir Mein. Ich Mir Mein.
Ich Mir Mein. Ich Mir Mein. Ich Mir Mein. Ich Mir Mein.

Ich Mir Mein. Ich Mir Mein. Ich Mir Mein. Ich Mir Mein.
Ich Mir Mein. Ich Mir Mein.

Ich Mir Mein. Ich Mir Mein. Ich Mir Mein. Ich Mir Mein.
Ich Mir Mein. Ich Mir Mein. Ich Mir Mein. Ich Mir Mein.
Ich Mir Mein. Ich Mir Mein. Ich Mir Mein. Ich Mir Mein.
Ich Mir Mein. Ich Mir Mein. Ich Mir Mein. Ich Mir Mein.
Ich Mir Mein. Ich Mir Mein. Ich Mir Mein. Ich Mir Mein.
Ich Mir Mein. Ich Mir Mein. Ich Mir Mein. Ich Mir Mein.
Ich Mir Mein. Ich Mir Mein.

Ich Mir Mein. Ich Mir Mein. Ich Mir Mein. Ich Mir Mein.
Ich Mir Mein. Ich Mir Mein. Ich Mir Mein. Ich Mir Mein.
Ich Mir Mein. Ich Mir Mein. Ich Mir Mein. Ich Mir Mein.
Ich Mir Mein.

Ich Mir Mein. Ich Mir Mein. Ich Mir Mein. Ich Mir Mein.
Ich Mir Mein. Ich Mir Mein. Ich Mir Mein. Ich Mir Mein.
Ich Mir Mein. Ich Mir Mein. Ich Mir Mein. Ich Mir Mein.
Ich Mir Mein. Ich Mir Mein. Ich Mir Mein. Ich Mir Mein.
Ich Mir Mein. Ich Mir Mein. Ich Mir Mein.

Ich Mir Mein. Ich Mir Mein. Ich Mir Mein. Ich Mir Mein.
Ich Mir Mein. Ich Mir Mein. Ich Mir Mein. Ich Mir Mein.
Ich Mir Mein. Ich Mir Mein. Ich Mir Mein. Ich Mir Mein.
Ich Mir Mein. Ich Mir Mein. Ich Mir Mein. Ich Mir Mein.
Ich Mir Mein. Ich Mir Mein. Ich Mir Mein. Ich Mir Mein.
Ich Mir Mein. Ich Mir Mein. Ich Mir Mein. Ich Mir Mein.
Ich Mir Mein. Ich Mir Mein. Ich Mir Mein. Ich Mir Mein.
Ich Mir Mein. Ich Mir Mein. Ich Mir Mein. Ich Mir Mein.

Ich Mir Mein. Ich Mir Mein. Ich Mir Mein. Ich Mir Mein.
Ich Mir Mein. Ich Mir Mein. Ich Mir Mein.

Ich Mir Mein. Ich Mir Mein. Ich Mir Mein. Ich Mir Mein.
Ich Mir Mein. Ich Mir Mein. Ich Mir Mein. Ich Mir Mein.
Ich Mir Mein. Ich Mir Mein. Ich Mir Mein. Ich Mir Mein.
Ich Mir Mein. Ich Mir Mein. Ich Mir Mein. Ich Mir Mein.
Ich Mir Mein. Ich Mir Mein. Ich Mir Mein. Ich Mir Mein.
Ich Mir Mein. Ich Mir Mein. Ich Mir Mein. Ich Mir Mein.
Ich Mir Mein. Ich Mir Mein. Ich Mir Mein. Ich Mir Mein.
Ich Mir Mein. Ich Mir Mein. Ich Mir Mein. Ich Mir Mein.
Ich Mir Mein. Ich Mir Mein. Ich Mir Mein. Ich Mir Mein.
Ich Mir Mein. Ich Mir Mein.

Ich Mir Mein. Ich Mir Mein. Ich Mir Mein. Ich Mir Mein.
Ich Mir Mein. Ich Mir Mein. Ich Mir Mein. Ich Mir Mein.
Ich Mir Mein. Ich Mir Mein. Ich Mir Mein. Ich Mir Mein.
Ich Mir Mein. Ich Mir Mein. Ich Mir Mein. Ich Mir Mein.
Ich Mir Mein. Ich Mir Mein. Ich Mir Mein. Ich Mir Mein.
Ich Mir Mein. Ich Mir Mein. Ich Mir Mein. Ich Mir Mein.
Ich Mir Mein. Ich Mir Mein. Ich Mir Mein. Ich Mir Mein.
Ich Mir Mein. Ich Mir Mein. Ich Mir Mein. Ich Mir Mein.
Ich Mir Mein. Ich Mir Mein. Ich Mir Mein. Ich Mir Mein.
Ich Mir Mein. Ich Mir Mein. Ich Mir Mein. Ich Mir Mein.
Ich Mir Mein. Ich Mir Mein. Ich Mir Mein. Ich Mir Mein.
Ich Mir Mein. Ich Mir Mein. Ich Mir Mein. Ich Mir Mein.
Ich Mir Mein. Ich Mir Mein. Ich Mir Mein. Ich Mir Mein.

Ich Mir Mein. Ich Mir Mein. Ich Mir Mein. Ich Mir Mein.
Ich Mir Mein. Ich Mir Mein. Ich Mir Mein. Ich Mir Mein.
Ich Mir Mein. Ich Mir Mein. Ich Mir Mein. Ich Mir Mein.
Ich Mir Mein. Ich Mir Mein. Ich Mir Mein. Ich Mir Mein.
Ich Mir Mein. Ich Mir Mein. Ich Mir Mein. Ich Mir Mein.
Ich Mir Mein. Ich Mir Mein. Ich Mir Mein. Ich Mir Mein.
Ich Mir Mein. Ich Mir Mein. Ich Mir Mein. Ich Mir Mein.
Ich Mir Mein. Ich Mir Mein. Ich Mir Mein. Ich Mir Mein.
Ich Mir Mein. Ich Mir Mein. Ich Mir Mein. Ich Mir Mein.
Ich Mir Mein. Ich Mir Mein.

Ich Mir Mein. Ich Mir Mein. Ich Mir Mein. Ich Mir Mein.
Ich Mir Mein. Ich Mir Mein. Ich Mir Mein. Ich Mir Mein.
Ich Mir Mein. Ich Mir Mein. Ich Mir Mein. Ich Mir Mein.
Ich Mir Mein. Ich Mir Mein. Ich Mir Mein. Ich Mir Mein.
Ich Mir Mein. Ich Mir Mein. Ich Mir Mein. Ich Mir Mein.
Ich Mir Mein. Ich Mir Mein. Ich Mir Mein. Ich Mir Mein.
Ich Mir Mein. Ich Mir Mein. Ich Mir Mein. Ich Mir Mein.
Ich Mir Mein. Ich Mir Mein. Ich Mir Mein. Ich Mir Mein.
Ich Mir Mein. Ich Mir Mein. Ich Mir Mein. Ich Mir Mein.
Ich Mir Mein. Ich Mir Mein. Ich Mir Mein.

Ich Mir Mein. Ich Mir Mein. Ich Mir Mein. Ich Mir Mein.
Ich Mir Mein. Ich Mir Mein. Ich Mir Mein. Ich Mir Mein.
Ich Mir Mein. Ich Mir Mein. Ich Mir Mein. Ich Mir Mein.
Ich Mir Mein. Ich Mir Mein. Ich Mir Mein. Ich Mir Mein.
Ich Mir Mein. Ich Mir Mein. Ich Mir Mein. Ich Mir Mein.
Ich Mir Mein. Ich Mir Mein. Ich Mir Mein. Ich Mir Mein.

Ich Mir Mein. Ich Mir Mein. Ich Mir Mein. Ich Mir Mein.
Ich Mir Mein. Ich Mir Mein. Ich Mir Mein. Ich Mir Mein.

Ich Mir Mein. Ich Mir Mein. Ich Mir Mein. Ich Mir Mein.
Ich Mir Mein. Ich Mir Mein. Ich Mir Mein. Ich Mir Mein.
Ich Mir Mein. Ich Mir Mein. Ich Mir Mein. Ich Mir Mein.
Ich Mir Mein. Ich Mir Mein. Ich Mir Mein. Ich Mir Mein.
Ich Mir Mein. Ich Mir Mein. Ich Mir Mein. Ich Mir Mein.
Ich Mir Mein.

Ich Mir Mein. Ich Mir Mein. Ich Mir Mein. Ich Mir Mein.
Ich Mir Mein. Ich Mir Mein. Ich Mir Mein. Ich Mir Mein.
Ich Mir Mein.

Ich Mir Mein. Ich Mir Mein. Ich Mir Mein. Ich Mir Mein.
Ich Mir Mein. Ich Mir Mein. Ich Mir Mein. Ich Mir Mein.
Ich Mir Mein. Ich Mir Mein. Ich Mir Mein. Ich Mir Mein.
Ich Mir Mein. Ich Mir Mein. Ich Mir Mein. Ich Mir Mein.
Ich Mir Mein. Ich Mir Mein.

Ich Mir Mein. Ich Mir Mein. Ich Mir Mein. Ich Mir Mein.
Ich Mir Mein. Ich Mir Mein. Ich Mir Mein. Ich Mir Mein.
Ich Mir Mein. Ich Mir Mein. Ich Mir Mein. Ich Mir Mein.
Ich Mir Mein. Ich Mir Mein. Ich Mir Mein. Ich Mir Mein.
Ich Mir Mein. Ich Mir Mein. Ich Mir Mein. Ich Mir Mein.
Ich Mir Mein. Ich Mir Mein. Ich Mir Mein. Ich Mir Mein.
Ich Mir Mein. Ich Mir Mein. Ich Mir Mein. Ich Mir Mein.
Ich Mir Mein. Ich Mir Mein. Ich Mir Mein. Ich Mir Mein.

Ich Mir Mein. Ich Mir Mein. Ich Mir Mein. Ich Mir Mein.
Ich Mir Mein.

Ich Mir Mein. Ich Mir Mein. Ich Mir Mein. Ich Mir Mein.
Ich Mir Mein. Ich Mir Mein. Ich Mir Mein. Ich Mir Mein.
Ich Mir Mein. Ich Mir Mein. Ich Mir Mein. Ich Mir Mein.
Ich Mir Mein. Ich Mir Mein. Ich Mir Mein. Ich Mir Mein.
Ich Mir Mein. Ich Mir Mein. Ich Mir Mein. Ich Mir Mein.
Ich Mir Mein. Ich Mir Mein. Ich Mir Mein. Ich Mir Mein.
Ich Mir Mein. Ich Mir Mein. Ich Mir Mein. Ich Mir Mein.
Ich Mir Mein. Ich Mir Mein. Ich Mir Mein. Ich Mir Mein.

Ich Mir Mein. Ich Mir Mein. Ich Mir Mein. Ich Mir Mein.
Ich Mir Mein. Ich Mir Mein. Ich Mir Mein. Ich Mir Mein.
Ich Mir Mein. Ich Mir Mein. Ich Mir Mein. Ich Mir Mein.
Ich Mir Mein. Ich Mir Mein. Ich Mir Mein. Ich Mir Mein.
Ich Mir Mein. Ich Mir Mein. Ich Mir Mein. Ich Mir Mein.
Ich Mir Mein. Ich Mir Mein. Ich Mir Mein. Ich Mir Mein.
Ich Mir Mein. Ich Mir Mein. Ich Mir Mein. Ich Mir Mein.
Ich Mir Mein. Ich Mir Mein. Ich Mir Mein. Ich Mir Mein.

Ich Mir Mein. Ich Mir Mein. Ich Mir Mein. Ich Mir Mein.
Ich Mir Mein. Ich Mir Mein. Ich Mir Mein. Ich Mir Mein.
Ich Mir Mein. Ich Mir Mein. Ich Mir Mein. Ich Mir Mein.
Ich Mir Mein. Ich Mir Mein. Ich Mir Mein. Ich Mir Mein.
Ich Mir Mein. Ich Mir Mein. Ich Mir Mein. Ich Mir Mein.
Ich Mir Mein. Ich Mir Mein. Ich Mir Mein. Ich Mir Mein.

Ich Mir Mein. Ich Mir Mein. Ich Mir Mein. Ich Mir Mein.
Ich Mir Mein. Ich Mir Mein.

Ich Mir Mein. Ich Mir Mein. Ich Mir Mein. Ich Mir Mein.
Ich Mir Mein. Ich Mir Mein. Ich Mir Mein. Ich Mir Mein.
Ich Mir Mein. Ich Mir Mein. Ich Mir Mein. Ich Mir Mein.
Ich Mir Mein. Ich Mir Mein. Ich Mir Mein. Ich Mir Mein.
Ich Mir Mein. Ich Mir Mein. Ich Mir Mein. Ich Mir Mein.
Ich Mir Mein. Ich Mir Mein. Ich Mir Mein. Ich Mir Mein.
Ich Mir Mein. Ich Mir Mein. Ich Mir Mein. Ich Mir Mein.
Ich Mir Mein.

Ich Mir Mein. Ich Mir Mein. Ich Mir Mein. Ich Mir Mein.
Ich Mir Mein. Ich Mir Mein. Ich Mir Mein. Ich Mir Mein.
Ich Mir Mein. Ich Mir Mein. Ich Mir Mein. Ich Mir Mein.
Ich Mir Mein. Ich Mir Mein. Ich Mir Mein. Ich Mir Mein.
Ich Mir Mein.

Ich Mir Mein. Ich Mir Mein. Ich Mir Mein. Ich Mir Mein.
Ich Mir Mein. Ich Mir Mein. Ich Mir Mein. Ich Mir Mein.
Ich Mir Mein. Ich Mir Mein. Ich Mir Mein. Ich Mir Mein.
Ich Mir Mein. Ich Mir Mein. Ich Mir Mein. Ich Mir Mein.
Ich Mir Mein. Ich Mir Mein. Ich Mir Mein. Ich Mir Mein.
Ich Mir Mein. Ich Mir Mein. Ich Mir Mein. Ich Mir Mein.
Ich Mir Mein. Ich Mir Mein. Ich Mir Mein. Ich Mir Mein.
Ich Mir Mein. Ich Mir Mein. Ich Mir Mein.

Ich Mir Mein. Ich Mir Mein. Ich Mir Mein. Ich Mir Mein.
Ich Mir Mein. Ich Mir Mein. Ich Mir Mein. Ich Mir Mein.
Ich Mir Mein. Ich Mir Mein. Ich Mir Mein. Ich Mir Mein.
Ich Mir Mein. Ich Mir Mein. Ich Mir Mein. Ich Mir Mein.

Ich Mir Mein. Ich Mir Mein. Ich Mir Mein. Ich Mir Mein.
Ich Mir Mein. Ich Mir Mein. Ich Mir Mein. Ich Mir Mein.
Ich Mir Mein. Ich Mir Mein. Ich Mir Mein. Ich Mir Mein.
Ich Mir Mein. Ich Mir Mein. Ich Mir Mein. Ich Mir Mein.
Ich Mir Mein. Ich Mir Mein. Ich Mir Mein. Ich Mir Mein.
Ich Mir Mein.

Ich Mir Mein. Ich Mir Mein. Ich Mir Mein. Ich Mir Mein.
Ich Mir Mein. Ich Mir Mein. Ich Mir Mein. Ich Mir Mein.
Ich Mir Mein. Ich Mir Mein. Ich Mir Mein. Ich Mir Mein.
Ich Mir Mein. Ich Mir Mein. Ich Mir Mein. Ich Mir Mein.
Ich Mir Mein. Ich Mir Mein. Ich Mir Mein.

Ich Mir Mein. Ich Mir Mein. Ich Mir Mein. Ich Mir Mein.
Ich Mir Mein. Ich Mir Mein. Ich Mir Mein. Ich Mir Mein.
Ich Mir Mein. Ich Mir Mein. Ich Mir Mein. Ich Mir Mein.
Ich Mir Mein. Ich Mir Mein. Ich Mir Mein. Ich Mir Mein.
Ich Mir Mein. Ich Mir Mein. Ich Mir Mein. Ich Mir Mein.
Ich Mir Mein. Ich Mir Mein. Ich Mir Mein. Ich Mir Mein.
Ich Mir Mein. Ich Mir Mein. Ich Mir Mein.

Ich Mir Mein. Ich Mir Mein. Ich Mir Mein. Ich Mir Mein.
Ich Mir Mein. Ich Mir Mein. Ich Mir Mein. Ich Mir Mein.
Ich Mir Mein. Ich Mir Mein. Ich Mir Mein. Ich Mir Mein.
Ich Mir Mein. Ich Mir Mein. Ich Mir Mein. Ich Mir Mein.
Ich Mir Mein. Ich Mir Mein. Ich Mir Mein. Ich Mir Mein.
Ich Mir Mein. Ich Mir Mein. Ich Mir Mein. Ich Mir Mein.

Ich Mir Mein. Ich Mir Mein. Ich Mir Mein. Ich Mir Mein.
Ich Mir Mein. Ich Mir Mein. Ich Mir Mein. Ich Mir Mein.

Ich Mir Mein. Ich Mir Mein. Ich Mir Mein. Ich Mir Mein.
Ich Mir Mein. Ich Mir Mein. Ich Mir Mein. Ich Mir Mein.
Ich Mir Mein. Ich Mir Mein. Ich Mir Mein. Ich Mir Mein.

Ich Mir Mein. Ich Mir Mein. Ich Mir Mein. Ich Mir Mein.
Ich Mir Mein. Ich Mir Mein. Ich Mir Mein. Ich Mir Mein.
Ich Mir Mein. Ich Mir Mein. Ich Mir Mein. Ich Mir Mein.
Ich Mir Mein. Ich Mir Mein. Ich Mir Mein. Ich Mir Mein.
Ich Mir Mein. Ich Mir Mein. Ich Mir Mein. Ich Mir Mein.
Ich Mir Mein. Ich Mir Mein. Ich Mir Mein. Ich Mir Mein.
Ich Mir Mein. Ich Mir Mein. Ich Mir Mein. Ich Mir Mein.
Ich Mir Mein.

Ich Mir Mein. Ich Mir Mein. Ich Mir Mein. Ich Mir Mein.
Ich Mir Mein. Ich Mir Mein. Ich Mir Mein. Ich Mir Mein.
Ich Mir Mein. Ich Mir Mein. Ich Mir Mein. Ich Mir Mein.
Ich Mir Mein. Ich Mir Mein. Ich Mir Mein.

Ich Mir Mein. Ich Mir Mein. Ich Mir Mein. Ich Mir Mein.
Ich Mir Mein. Ich Mir Mein. Ich Mir Mein. Ich Mir Mein.
Ich Mir Mein. Ich Mir Mein. Ich Mir Mein. Ich Mir Mein.
Ich Mir Mein. Ich Mir Mein. Ich Mir Mein. Ich Mir Mein.
Ich Mir Mein. Ich Mir Mein. Ich Mir Mein. Ich Mir Mein.
Ich Mir Mein. Ich Mir Mein. Ich Mir Mein.

Ich Mir Mein. Ich Mir Mein. Ich Mir Mein. Ich Mir Mein.
Ich Mir Mein. Ich Mir Mein. Ich Mir Mein. Ich Mir Mein.

Ich Mir Mein. Ich Mir Mein. Ich Mir Mein. Ich Mir Mein.
Ich Mir Mein. Ich Mir Mein. Ich Mir Mein. Ich Mir Mein.
Ich Mir Mein. Ich Mir Mein. Ich Mir Mein. Ich Mir Mein.
Ich Mir Mein. Ich Mir Mein. Ich Mir Mein. Ich Mir Mein.
Ich Mir Mein. Ich Mir Mein. Ich Mir Mein. Ich Mir Mein.
Ich Mir Mein. Ich Mir Mein. Ich Mir Mein.

Ich Mir Mein. Ich Mir Mein. Ich Mir Mein. Ich Mir Mein.
Ich Mir Mein. Ich Mir Mein. Ich Mir Mein. Ich Mir Mein.
Ich Mir Mein. Ich Mir Mein. Ich Mir Mein. Ich Mir Mein.
Ich Mir Mein. Ich Mir Mein. Ich Mir Mein.

Ich Mir Mein. Ich Mir Mein. Ich Mir Mein. Ich Mir Mein.
Ich Mir Mein. Ich Mir Mein. Ich Mir Mein. Ich Mir Mein.
Ich Mir Mein. Ich Mir Mein. Ich Mir Mein. Ich Mir Mein.
Ich Mir Mein. Ich Mir Mein. Ich Mir Mein. Ich Mir Mein.
Ich Mir Mein. Ich Mir Mein. Ich Mir Mein. Ich Mir Mein.
Ich Mir Mein. Ich Mir Mein. Ich Mir Mein. Ich Mir Mein.
Ich Mir Mein. Ich Mir Mein. Ich Mir Mein. Ich Mir Mein.
Ich Mir Mein. Ich Mir Mein. Ich Mir Mein. Ich Mir Mein.
Ich Mir Mein. Ich Mir Mein. Ich Mir Mein. Ich Mir Mein.
Ich Mir Mein. Ich Mir Mein.

Ich Mir Mein. Ich Mir Mein. Ich Mir Mein. Ich Mir Mein.
Ich Mir Mein. Ich Mir Mein. Ich Mir Mein. Ich Mir Mein.
Ich Mir Mein. Ich Mir Mein. Ich Mir Mein. Ich Mir Mein.
Ich Mir Mein. Ich Mir Mein. Ich Mir Mein. Ich Mir Mein.
Ich Mir Mein. Ich Mir Mein. Ich Mir Mein. Ich Mir Mein.
Ich Mir Mein. Ich Mir Mein. Ich Mir Mein. Ich Mir Mein.
Ich Mir Mein. Ich Mir Mein. Ich Mir Mein.

Ich Mir Mein. Ich Mir Mein. Ich Mir Mein. Ich Mir Mein.
Ich Mir Mein. Ich Mir Mein. Ich Mir Mein. Ich Mir Mein.
Ich Mir Mein. Ich Mir Mein.

Ich Mir Mein. Ich Mir Mein. Ich Mir Mein. Ich Mir Mein.
Ich Mir Mein. Ich Mir Mein. Ich Mir Mein. Ich Mir Mein.
Ich Mir Mein. Ich Mir Mein. Ich Mir Mein. Ich Mir Mein.
Ich Mir Mein. Ich Mir Mein. Ich Mir Mein. Ich Mir Mein.
Ich Mir Mein. Ich Mir Mein. Ich Mir Mein. Ich Mir Mein.
Ich Mir Mein. Ich Mir Mein. Ich Mir Mein. Ich Mir Mein.
Ich Mir Mein. Ich Mir Mein. Ich Mir Mein. Ich Mir Mein.

Ich Mir Mein. Ich Mir Mein. Ich Mir Mein. Ich Mir Mein.
Ich Mir Mein. Ich Mir Mein. Ich Mir Mein. Ich Mir Mein.
Ich Mir Mein. Ich Mir Mein. Ich Mir Mein. Ich Mir Mein.
Ich Mir Mein. Ich Mir Mein. Ich Mir Mein. Ich Mir Mein.
Ich Mir Mein. Ich Mir Mein. Ich Mir Mein. Ich Mir Mein.
Ich Mir Mein. Ich Mir Mein. Ich Mir Mein. Ich Mir Mein.
Ich Mir Mein. Ich Mir Mein. Ich Mir Mein. Ich Mir Mein.
Ich Mir Mein. Ich Mir Mein. Ich Mir Mein. Ich Mir Mein.
Ich Mir Mein. Ich Mir Mein. Ich Mir Mein. Ich Mir Mein.
Ich Mir Mein. Ich Mir Mein. Ich Mir Mein. Ich Mir Mein.
Ich Mir Mein. Ich Mir Mein. Ich Mir Mein. Ich Mir Mein.
Ich Mir Mein.

Ich Mir Mein. Ich Mir Mein. Ich Mir Mein. Ich Mir Mein.
Ich Mir Mein. Ich Mir Mein. Ich Mir Mein. Ich Mir Mein.
Ich Mir Mein. Ich Mir Mein. Ich Mir Mein. Ich Mir Mein.
Ich Mir Mein. Ich Mir Mein. Ich Mir Mein. Ich Mir Mein.

Ich Mir Mein. Ich Mir Mein. Ich Mir Mein. Ich Mir Mein.
Ich Mir Mein. Ich Mir Mein. Ich Mir Mein. Ich Mir Mein.
Ich Mir Mein. Ich Mir Mein. Ich Mir Mein. Ich Mir Mein.
Ich Mir Mein. Ich Mir Mein. Ich Mir Mein. Ich Mir Mein.
Ich Mir Mein. Ich Mir Mein. Ich Mir Mein. Ich Mir Mein.
Ich Mir Mein. Ich Mir Mein. Ich Mir Mein. Ich Mir Mein.
Ich Mir Mein. Ich Mir Mein. Ich Mir Mein. Ich Mir Mein.
Ich Mir Mein.

Ich Mir Mein. Ich Mir Mein. Ich Mir Mein. Ich Mir Mein.
Ich Mir Mein. Ich Mir Mein. Ich Mir Mein. Ich Mir Mein.
Ich Mir Mein. Ich Mir Mein. Ich Mir Mein. Ich Mir Mein.
Ich Mir Mein. Ich Mir Mein. Ich Mir Mein. Ich Mir Mein.
Ich Mir Mein. Ich Mir Mein. Ich Mir Mein. Ich Mir Mein.
Ich Mir Mein. Ich Mir Mein. Ich Mir Mein. Ich Mir Mein.
Ich Mir Mein. Ich Mir Mein. Ich Mir Mein. Ich Mir Mein.
Ich Mir Mein. Ich Mir Mein. Ich Mir Mein. Ich Mir Mein.
Ich Mir Mein. Ich Mir Mein. Ich Mir Mein. Ich Mir Mein.
Ich Mir Mein. Ich Mir Mein. Ich Mir Mein. Ich Mir Mein.
Ich Mir Mein. Ich Mir Mein. Ich Mir Mein. Ich Mir Mein.
Ich Mir Mein. Ich Mir Mein. Ich Mir Mein.

Ich Mir Mein. Ich Mir Mein. IchMir Mein. Ich Mir Mein.

Ich Mir Mein. Ich Mir Mein. Ich Mir Mein. Ich Mir Mein.
Ich Mir Mein. Ich Mir Mein. Ich Mir Mein. Ich Mir Mein.
Ich Mir Mein. Ich Mir Mein. Ich Mir Mein. Ich Mir Mein.
Ich Mir Mein. Ich Mir Mein. Ich Mir Mein. Ich Mir Mein.
Ich Mir Mein. Ich Mir Mein. Ich Mir Mein. Ich Mir Mein.
Ich Mir Mein. Ich Mir Mein. Ich Mir Mein. Ich Mir Mein.
Ich Mir Mein. Ich Mir Mein. Ich Mir Mein. Ich Mir Mein.

Ich Mir Mein. Ich Mir Mein. Ich Mir Mein. Ich Mir Mein.
Ich Mir Mein.

Ich Mir Mein. Ich Mir Mein. Ich Mir Mein. Ich Mir Mein.
Ich Mir Mein. Ich Mir Mein. Ich Mir Mein. Ich Mir Mein.
Ich Mir Mein. Ich Mir Mein. Ich Mir Mein. Ich Mir Mein.
Ich Mir Mein. Ich Mir Mein. Ich Mir Mein. Ich Mir Mein.
Ich Mir Mein. Ich Mir Mein. Ich Mir Mein. Ich Mir Mein.
Ich Mir Mein. Ich Mir Mein. Ich Mir Mein. Ich Mir Mein.

Ich Mir Mein. Ich Mir Mein. Ich Mir Mein. Ich Mir Mein.
Ich Mir Mein. Ich Mir Mein. Ich Mir Mein. Ich Mir Mein.
Ich Mir Mein. Ich Mir Mein. Ich Mir Mein. Ich Mir Mein.
Ich Mir Mein. Ich Mir Mein. Ich Mir Mein. Ich Mir Mein.
Ich Mir Mein. Ich Mir Mein. Ich Mir Mein. Ich Mir Mein.
Ich Mir Mein. Ich Mir Mein. Ich Mir Mein. Ich Mir Mein.
Ich Mir Mein. Ich Mir Mein. Ich Mir Mein. Ich Mir Mein.
Ich Mir Mein. Ich Mir Mein. Ich Mir Mein. Ich Mir Mein.
Ich Mir Mein. Ich Mir Mein. Ich Mir Mein. Ich Mir Mein.
Ich Mir Mein. Ich Mir Mein.

Ich Mir Mein. Ich Mir Mein. Ich Mir Mein. Ich Mir Mein.
Ich Mir Mein. Ich Mir Mein. Ich Mir Mein. Ich Mir Mein.
Ich Mir Mein. Ich Mir Mein. Ich Mir Mein. Ich Mir Mein.
Ich Mir Mein. Ich Mir Mein. Ich Mir Mein. Ich Mir Mein.
Ich Mir Mein. Ich Mir Mein. Ich Mir Mein. Ich Mir Mein.
Ich Mir Mein. Ich Mir Mein. Ich Mir Mein. Ich Mir Mein.
Ich Mir Mein.

Ich Mir Mein. Ich Mir Mein. Ich Mir Mein. Ich Mir Mein.
Ich Mir Mein. Ich Mir Mein. Ich Mir Mein. Ich Mir Mein.

Ich Mir Mein. Ich Mir Mein. Ich Mir Mein. Ich Mir Mein.
Ich Mir Mein. Ich Mir Mein. Ich Mir Mein. Ich Mir Mein.
Ich Mir Mein. Ich Mir Mein. Ich Mir Mein. Ich Mir Mein.
Ich Mir Mein. Ich Mir Mein. Ich Mir Mein. Ich Mir Mein.
Ich Mir Mein. Ich Mir Mein.

Ich Mir Mein. Ich Mir Mein. Ich Mir Mein. Ich Mir Mein.
Ich Mir Mein. Ich Mir Mein. Ich Mir Mein. Ich Mir Mein.
Ich Mir Mein. Ich Mir Mein. Ich Mir Mein. Ich Mir Mein.
Ich Mir Mein. Ich Mir Mein. Ich Mir Mein. Ich Mir Mein.

Ich Mir Mein. Ich Mir Mein. Ich Mir Mein. Ich Mir Mein.
Ich Mir Mein. Ich Mir Mein. Ich Mir Mein. Ich Mir Mein.
Ich Mir Mein. Ich Mir Mein. Ich Mir Mein. Ich Mir Mein.
Ich Mir Mein. Ich Mir Mein. Ich Mir Mein. Ich Mir Mein.
Ich Mir Mein. Ich Mir Mein. Ich Mir Mein. Ich Mir Mein.
Ich Mir Mein. Ich Mir Mein. Ich Mir Mein. Ich Mir Mein.

Ich Mir Mein.

Ich Mir Mein. Ich Mir Mein. Ich Mir Mein. Ich Mir Mein.
Ich Mir Mein. Ich Mir Mein. Ich Mir Mein. Ich Mir Mein.
Ich Mir Mein. Ich Mir Mein. Ich Mir Mein. Ich Mir Mein.
Ich Mir Mein. Ich Mir Mein. Ich Mir Mein. Ich Mir Mein.
Ich Mir Mein. Ich Mir Mein. Ich Mir Mein. Ich Mir Mein.
Ich Mir Mein. Ich Mir Mein. Ich Mir Mein. Ich Mir Mein.

Ich Mir Mein. Ich Mir Mein. Ich Mir Mein. Ich Mir Mein.
Ich Mir Mein. Ich Mir Mein. Ich Mir Mein. Ich Mir Mein.
Ich Mir Mein. Ich Mir Mein. Ich Mir Mein. Ich Mir Mein.

Ich Mir Mein. Ich Mir Mein. Ich Mir Mein. Ich Mir Mein.
Ich Mir Mein. Ich Mir Mein. Ich Mir Mein. Ich Mir Mein.
Ich Mir Mein. Ich Mir Mein. Ich Mir Mein. Ich Mir Mein.
Ich Mir Mein.

Ich Mir Mein. Ich Mir Mein. Ich Mir Mein. Ich Mir Mein.
Ich Mir Mein. Ich Mir Mein. Ich Mir Mein. Ich Mir Mein.
Ich Mir Mein. Ich Mir Mein. Ich Mir Mein. Ich Mir Mein.
Ich Mir Mein. Ich Mir Mein. Ich Mir Mein. Ich Mir Mein.
Ich Mir Mein. Ich Mir Mein. Ich Mir Mein. Ich Mir Mein.
Ich Mir Mein. Ich Mir Mein. Ich Mir Mein. Ich Mir Mein.

Ich Mir Mein. Ich Mir Mein. Ich Mir Mein. Ich Mir Mein.
Ich Mir Mein. Ich Mir Mein. Ich Mir Mein. Ich Mir Mein.
Ich Mir Mein. Ich Mir Mein. Ich Mir Mein. Ich Mir Mein.
Ich Mir Mein. Ich Mir Mein. Ich Mir Mein. Ich Mir Mein.
Ich Mir Mein. Ich Mir Mein. Ich Mir Mein.

Ich Mir Mein. Ich Mir Mein. Ich Mir Mein. Ich Mir Mein.
Ich Mir Mein. Ich Mir Mein. Ich Mir Mein. Ich Mir Mein.
Ich Mir Mein. Ich Mir Mein. Ich Mir Mein. Ich Mir Mein.
Ich Mir Mein. Ich Mir Mein. Ich Mir Mein. Ich Mir Mein.
Ich Mir Mein. Ich Mir Mein. Ich Mir Mein. Ich Mir Mein.
Ich Mir Mein. Ich Mir Mein. Ich Mir Mein. Ich Mir Mein.
Ich Mir Mein. Ich Mir Mein.

Ich Mir Mein. Ich Mir Mein. Ich Mir Mein. Ich Mir Mein.
Ich Mir Mein. Ich Mir Mein. Ich Mir Mein. Ich Mir Mein.
Ich Mir Mein. Ich Mir Mein. Ich Mir Mein. Ich Mir Mein.
Ich Mir Mein. Ich Mir Mein. Ich Mir Mein. Ich Mir Mein.
Ich Mir Mein. Ich Mir Mein. Ich Mir Mein. Ich Mir Mein.

Ich Mir Mein. Ich Mir Mein. Ich Mir Mein. Ich Mir Mein.
Ich Mir Mein. Ich Mir Mein. Ich Mir Mein. Ich Mir Mein.
Ich Mir Mein. Ich Mir Mein. Ich Mir Mein. Ich Mir Mein.
Ich Mir Mein. Ich Mir Mein. Ich Mir Mein. Ich Mir Mein.

Ich Mir Mein. Ich Mir Mein. Ich Mir Mein. Ich Mir Mein.
Ich Mir Mein. Ich Mir Mein. Ich Mir Mein. Ich Mir Mein.
Ich Mir Mein. Ich Mir Mein. Ich Mir Mein. Ich Mir Mein.
Ich Mir Mein. Ich Mir Mein. Ich Mir Mein. Ich Mir Mein.
Ich Mir Mein. Ich Mir Mein. Ich Mir Mein. Ich Mir Mein.
Ich Mir Mein. Ich Mir Mein. Ich Mir Mein. Ich Mir Mein.

Ich Mir Mein. Ich Mir Mein. Ich Mir Mein. Ich Mir Mein.
Ich Mir Mein. Ich Mir Mein. Ich Mir Mein. Ich Mir Mein.
Ich Mir Mein. Ich Mir Mein. Ich Mir Mein. Ich Mir Mein.
Ich Mir Mein. Ich Mir Mein. Ich Mir Mein. Ich Mir Mein.
Ich Mir Mein. Ich Mir Mein. Ich Mir Mein. Ich Mir Mein.
Ich Mir Mein. Ich Mir Mein. Ich Mir Mein. Ich Mir Mein.
Ich Mir Mein. Ich Mir Mein. Ich Mir Mein. Ich Mir Mein.
Ich Mir Mein. Ich Mir Mein. Ich Mir Mein. Ich Mir Mein.
Ich Mir Mein. Ich Mir Mein. Ich Mir Mein. Ich Mir Mein.
Ich Mir Mein. Ich Mir Mein. Ich Mir Mein. Ich Mir Mein.
Ich Mir Mein. Ich Mir Mein. Ich Mir Mein. Ich Mir Mein.
Ich Mir Mein. Ich Mir Mein. Ich Mir Mein. Ich Mir Mein.
Ich Mir Mein. Ich Mir Mein. Ich Mir Mein. Ich Mir Mein.
Ich Mir Mein. Ich Mir Mein. Ich Mir Mein. Ich Mir Mein.

Ich Mir Mein. Ich Mir Mein. Ich Mir Mein. Ich Mir Mein.
Ich Mir Mein. Ich Mir Mein. Ich Mir Mein. Ich Mir Mein.

Ich Mir Mein. Ich Mir Mein. Ich Mir Mein. Ich Mir Mein.
Ich Mir Mein. Ich Mir Mein. Ich Mir Mein. Ich Mir Mein.
Ich Mir Mein. Ich Mir Mein. Ich Mir Mein. Ich Mir Mein.
Ich Mir Mein. Ich Mir Mein. Ich Mir Mein. Ich Mir Mein.
Ich Mir Mein. Ich Mir Mein. Ich Mir Mein. Ich Mir Mein.
Ich Mir Mein. Ich Mir Mein. Ich Mir Mein. Ich Mir Mein.
Ich Mir Mein. Ich Mir Mein. Ich Mir Mein. Ich Mir Mein.
Ich Mir Mein. Ich Mir Mein. Ich Mir Mein. Ich Mir Mein.
Ich Mir Mein. Ich Mir Mein. Ich Mir Mein. Ich Mir Mein.
Ich Mir Mein. Ich Mir Mein. Ich Mir Mein. Ich Mir Mein.
Ich Mir Mein. Ich Mir Mein. Ich Mir Mein. Ich Mir Mein.
Ich Mir Mein.

Ich Mir Mein. Ich Mir Mein. Ich Mir Mein. Ich Mir Mein.
Ich Mir Mein. Ich Mir Mein. Ich Mir Mein. Ich Mir Mein.
Ich Mir Mein. Ich Mir Mein. Ich Mir Mein. Ich Mir Mein.
Ich Mir Mein. Ich Mir Mein. Ich Mir Mein. Ich Mir Mein.
Ich Mir Mein. Ich Mir Mein. Ich Mir Mein. Ich Mir Mein.
Ich Mir Mein. Ich Mir Mein. Ich Mir Mein. Ich Mir Mein.
Ich Mir Mein. Ich Mir Mein.

Ich Mir Mein. Ich Mir Mein. Ich Mir Mein. Ich Mir Mein.

Ich Mir Mein. Ich Mir Mein. Ich Mir Mein. Ich Mir Mein.
Ich Mir Mein. Ich Mir Mein. Ich Mir Mein. Ich Mir Mein.

Ich Mir Mein. Ich Mir Mein. Ich Mir Mein. Ich Mir Mein.
Ich Mir Mein. Ich Mir Mein. Ich Mir Mein. Ich Mir Mein.
Ich Mir Mein. Ich Mir Mein. Ich Mir Mein. Ich Mir Mein.
Ich Mir Mein. Ich Mir Mein. Ich Mir Mein. Ich Mir Mein.
Ich Mir Mein.

Ich Mir Mein. Ich Mir Mein. Ich Mir Mein. Ich Mir Mein.
Ich Mir Mein. Ich Mir Mein. Ich Mir Mein. Ich Mir Mein.
Ich Mir Mein. Ich Mir Mein. Ich Mir Mein. Ich Mir Mein.
Ich Mir Mein. Ich Mir Mein. Ich Mir Mein. Ich Mir Mein.
Ich Mir Mein. Ich Mir Mein. Ich Mir Mein. Ich Mir Mein.
Ich Mir Mein. Ich Mir Mein. Ich Mir Mein. Ich Mir Mein.
Ich Mir Mein. Ich Mir Mein.

Ich Mir Mein. Ich Mir Mein. Ich Mir Mein. Ich Mir Mein.
Ich Mir Mein. Ich Mir Mein. Ich Mir Mein. Ich Mir Mein.
Ich Mir Mein. Ich Mir Mein. Ich Mir Mein. Ich Mir Mein.
Ich Mir Mein. Ich Mir Mein. Ich Mir Mein. Ich Mir Mein.
Ich Mir Mein. Ich Mir Mein. Ich Mir Mein. Ich Mir Mein.
Ich Mir Mein. Ich Mir Mein. Ich Mir Mein. Ich Mir Mein.
Ich Mir Mein. Ich Mir Mein. Ich Mir Mein. Ich Mir Mein.
Ich Mir Mein. Ich Mir Mein. Ich Mir Mein. Ich Mir Mein.
Ich Mir Mein. Ich Mir Mein. Ich Mir Mein. Ich Mir Mein.
Ich Mir Mein. Ich Mir Mein. Ich Mir Mein. Ich Mir Mein.
Ich Mir Mein. Ich Mir Mein. Ich Mir Mein. Ich Mir Mein.
Ich Mir Mein. Ich Mir Mein.

Ich Mir Mein. Ich Mir Mein. Ich Mir Mein. Ich Mir Mein.
Ich Mir Mein. Ich Mir Mein. Ich Mir Mein. Ich Mir Mein.

Ich Mir Mein. Ich Mir Mein. Ich Mir Mein. Ich Mir Mein.
Ich Mir Mein. Ich Mir Mein. Ich Mir Mein. Ich Mir Mein.
Ich Mir Mein. Ich Mir Mein. Ich Mir Mein. Ich Mir Mein.
Ich Mir Mein. Ich Mir Mein. Ich Mir Mein. Ich Mir Mein.
Ich Mir Mein. Ich Mir Mein. Ich Mir Mein. Ich Mir Mein.
Ich Mir Mein. Ich Mir Mein. Ich Mir Mein. Ich Mir Mein.
Ich Mir Mein. Ich Mir Mein. Ich Mir Mein. Ich Mir Mein.
Ich Mir Mein. Ich Mir Mein. Ich Mir Mein. Ich Mir Mein.
Ich Mir Mein. Ich Mir Mein. Ich Mir Mein. Ich Mir Mein.

Ich Mir Mein. Ich Mir Mein. Ich Mir Mein. Ich Mir Mein.
Ich Mir Mein. Ich Mir Mein. Ich Mir Mein. Ich Mir Mein.
Ich Mir Mein. Ich Mir Mein. Ich Mir Mein. Ich Mir Mein.
Ich Mir Mein. Ich Mir Mein. Ich Mir Mein. Ich Mir Mein.
Ich Mir Mein. Ich Mir Mein. Ich Mir Mein. Ich Mir Mein.
Ich Mir Mein. Ich Mir Mein. Ich Mir Mein. Ich Mir Mein.
Ich Mir Mein. Ich Mir Mein. Ich Mir Mein. Ich Mir Mein.
Ich Mir Mein. Ich Mir Mein. Ich Mir Mein. Ich Mir Mein.
Ich Mir Mein. Ich Mir Mein. Ich Mir Mein. Ich Mir Mein.
Ich Mir Mein. Ich Mir Mein. Ich Mir Mein. Ich Mir Mein.
Ich Mir Mein. Ich Mir Mein. Ich Mir Mein. Ich Mir Mein.
Ich Mir Mein. Ich Mir Mein.

Ich Mir Mein. Ich Mir Mein. Ich Mir Mein. Ich Mir Mein.
Ich Mir Mein. Ich Mir Mein. Ich Mir Mein. Ich Mir Mein.
Ich Mir Mein. Ich Mir Mein. Ich Mir Mein. Ich Mir Mein.
Ich Mir Mein. Ich Mir Mein. Ich Mir Mein. Ich Mir Mein.
Ich Mir Mein. Ich Mir Mein. Ich Mir Mein. Ich Mir Mein.
Ich Mir Mein. Ich Mir Mein. Ich Mir Mein. Ich Mir Mein.

Ich Mir Mein. Ich Mir Mein. Ich Mir Mein. Ich Mir Mein. Ich Mir Mein.

Ich Mir Mein. Ich Mir Mein.

Ich Mir Mein. Ich Mir Mein.

Ich Mir Mein. Ich Mir Mein. Ich Mir Mein. Ich Mir Mein. Ich Mir Mein. Ich Mir Mein. Ich Mir Mein. Ich Mir Mein.

Ich Mir Mein. Ich Mir Mein. Ich Mir Mein. Ich Mir Mein. Ich Mir Mein. Ich Mir Mein. Ich Mir Mein. Ich Mir Mein. Ich Mir Mein. Ich Mir Mein. Ich Mir Mein. Ich Mir Mein. Ich Mir Mein. Ich Mir Mein. Ich Mir Mein. Ich Mir Mein. Ich Mir Mein. Ich Mir Mein. Ich Mir Mein. Ich Mir Mein.

Ich Mir Mein. Ich Mir Mein. Ich Mir Mein. Ich Mir Mein.
Ich Mir Mein. Ich Mir Mein. Ich Mir Mein. Ich Mir Mein.
Ich Mir Mein. Ich Mir Mein. Ich Mir Mein. Ich Mir Mein.
Ich Mir Mein. Ich Mir Mein. Ich Mir Mein. Ich Mir Mein.
Ich Mir Mein. Ich Mir Mein.

Ich Mir Mein. Ich Mir Mein. Ich Mir Mein. Ich Mir Mein.
Ich Mir Mein. Ich Mir Mein. Ich Mir Mein. Ich Mir Mein.
Ich Mir Mein. Ich Mir Mein. Ich Mir Mein. Ich Mir Mein.
Ich Mir Mein. Ich Mir Mein. Ich Mir Mein. Ich Mir Mein.
Ich Mir Mein. Ich Mir Mein. Ich Mir Mein. Ich Mir Mein.
Ich Mir Mein. Ich Mir Mein. Ich Mir Mein.

Ich Mir Mein. Ich Mir Mein. Ich Mir Mein. Ich Mir Mein.
Ich Mir Mein. Ich Mir Mein. Ich Mir Mein. Ich Mir Mein.
Ich Mir Mein. Ich Mir Mein. Ich Mir Mein. Ich Mir Mein.
Ich Mir Mein. Ich Mir Mein. Ich Mir Mein. Ich Mir Mein.
Ich Mir Mein. Ich Mir Mein. Ich Mir Mein. Ich Mir Mein.
Ich Mir Mein. Ich Mir Mein. Ich Mir Mein. Ich Mir Mein.
Ich Mir Mein. Ich Mir Mein. Ich Mir Mein. Ich Mir Mein.
Ich Mir Mein. Ich Mir Mein. Ich Mir Mein. Ich Mir Mein.
Ich Mir Mein. Ich Mir Mein. Ich Mir Mein. Ich Mir Mein.
Ich Mir Mein. Ich Mir Mein. Ich Mir Mein. Ich Mir Mein.
Ich Mir Mein. Ich Mir Mein. Ich Mir Mein. Ich Mir Mein.
Ich Mir Mein. Ich Mir Mein.

Ich Mir Mein. Ich Mir Mein. Ich Mir Mein. Ich Mir Mein.
Ich Mir Mein. Ich Mir Mein. Ich Mir Mein. Ich Mir Mein.
Ich Mir Mein. Ich Mir Mein. Ich Mir Mein. Ich Mir Mein.
Ich Mir Mein. Ich Mir Mein. Ich Mir Mein. Ich Mir Mein.

Ich Mir Mein. Ich Mir Mein. Ich Mir Mein. Ich Mir Mein.
Ich Mir Mein. Ich Mir Mein. Ich Mir Mein.

Ich Mir Mein. Ich Mir Mein. Ich Mir Mein. Ich Mir Mein.
Ich Mir Mein. Ich Mir Mein. Ich Mir Mein. Ich Mir Mein.
Ich Mir Mein. Ich Mir Mein. Ich Mir Mein. Ich Mir Mein.
Ich Mir Mein. Ich Mir Mein. Ich Mir Mein. Ich Mir Mein.
Ich Mir Mein. Ich Mir Mein. Ich Mir Mein. Ich Mir Mein.
Ich Mir Mein. Ich Mir Mein. Ich Mir Mein. Ich Mir Mein.
Ich Mir Mein. Ich Mir Mein. Ich Mir Mein. Ich Mir Mein.
Ich Mir Mein. Ich Mir Mein. Ich Mir Mein. Ich Mir Mein.
Ich Mir Mein. Ich Mir Mein. Ich Mir Mein. Ich Mir Mein.
Ich Mir Mein. Ich Mir Mein. Ich Mir Mein.

Ich Mir Mein. Ich Mir Mein. Ich Mir Mein. Ich Mir Mein.
Ich Mir Mein. Ich Mir Mein. Ich Mir Mein. Ich Mir Mein.
Ich Mir Mein. Ich Mir Mein. Ich Mir Mein. Ich Mir Mein.
Ich Mir Mein. Ich Mir Mein. Ich Mir Mein. Ich Mir Mein.
Ich Mir Mein. Ich Mir Mein. Ich Mir Mein. Ich Mir Mein.
Ich Mir Mein. Ich Mir Mein. Ich Mir Mein. Ich Mir Mein.
Ich Mir Mein. Ich Mir Mein. Ich Mir Mein.

Ich Mir Mein. Ich Mir Mein. Ich Mir Mein. Ich Mir Mein.
Ich Mir Mein. Ich Mir Mein. Ich Mir Mein. Ich Mir Mein.
Ich Mir Mein. Ich Mir Mein.

Ich Mir Mein. Ich Mir Mein. Ich Mir Mein. Ich Mir Mein.
Ich Mir Mein. Ich Mir Mein. Ich Mir Mein. Ich Mir Mein.

Ich Mir Mein. Ich Mir Mein. Ich Mir Mein. Ich Mir Mein.
Ich Mir Mein. Ich Mir Mein. Ich Mir Mein.

Ich Mir Mein. Ich Mir Mein. Ich Mir Mein. Ich Mir Mein.
Ich Mir Mein. Ich Mir Mein. Ich Mir Mein. Ich Mir Mein.
Ich Mir Mein. Ich Mir Mein. Ich Mir Mein. Ich Mir Mein.
Ich Mir Mein. Ich Mir Mein. Ich Mir Mein. Ich Mir Mein.
Ich Mir Mein. Ich Mir Mein. Ich Mir Mein. Ich Mir Mein.
Ich Mir Mein. Ich Mir Mein. Ich Mir Mein. Ich Mir Mein.
Ich Mir Mein. Ich Mir Mein. Ich Mir Mein. Ich Mir Mein.
Ich Mir Mein. Ich Mir Mein. Ich Mir Mein.

Ich Mir Mein. Ich Mir Mein. Ich Mir Mein. Ich Mir Mein.
Ich Mir Mein. Ich Mir Mein. Ich Mir Mein. Ich Mir Mein.
Ich Mir Mein. Ich Mir Mein. Ich Mir Mein. Ich Mir Mein.
Ich Mir Mein. Ich Mir Mein. Ich Mir Mein. Ich Mir Mein.
Ich Mir Mein. Ich Mir Mein. Ich Mir Mein. Ich Mir Mein.
Ich Mir Mein. Ich Mir Mein. Ich Mir Mein. Ich Mir Mein.
Ich Mir Mein. Ich Mir Mein. Ich Mir Mein. Ich Mir Mein.
Ich Mir Mein. Ich Mir Mein.

Ich Mir Mein. Ich Mir Mein. Ich Mir Mein. Ich Mir Mein.
Ich Mir Mein. Ich Mir Mein. Ich Mir Mein. Ich Mir Mein.
Ich Mir Mein. Ich Mir Mein. Ich Mir Mein. Ich Mir Mein.
Ich Mir Mein. Ich Mir Mein. Ich Mir Mein. Ich Mir Mein.
Ich Mir Mein. Ich Mir Mein. Ich Mir Mein. Ich Mir Mein.
Ich Mir Mein. Ich Mir Mein. Ich Mir Mein. Ich Mir Mein.
Ich Mir Mein. Ich Mir Mein.

Ich Mir Mein. Ich Mir Mein. Ich Mir Mein. Ich Mir Mein.
Ich Mir Mein. Ich Mir Mein. Ich Mir Mein. Ich Mir Mein.
Ich Mir Mein. Ich Mir Mein. Ich Mir Mein. Ich Mir Mein.
Ich Mir Mein. Ich Mir Mein. Ich Mir Mein. Ich Mir Mein.
Ich Mir Mein. Ich Mir Mein. Ich Mir Mein. Ich Mir Mein.
Ich Mir Mein. Ich Mir Mein. Ich Mir Mein. Ich Mir Mein.
Ich Mir Mein. Ich Mir Mein. Ich Mir Mein. Ich Mir Mein.
Ich Mir Mein. Ich Mir Mein. Ich Mir Mein. Ich Mir Mein.
Ich Mir Mein. Ich Mir Mein. Ich Mir Mein. Ich Mir Mein.
Ich Mir Mein. Ich Mir Mein. Ich Mir Mein. Ich Mir Mein.
Ich Mir Mein. Ich Mir Mein. Ich Mir Mein. Ich Mir Mein.
Ich Mir Mein. Ich Mir Mein. Ich Mir Mein. Ich Mir Mein.
Ich Mir Mein. Ich Mir Mein. Ich Mir Mein. Ich Mir Mein.
Ich Mir Mein. Ich Mir Mein. Ich Mir Mein. Ich Mir Mein.
Ich Mir Mein. Ich Mir Mein. Ich Mir Mein. Ich Mir Mein.
Ich Mir Mein. Ich Mir Mein. Ich Mir Mein. Ich Mir Mein.
Ich Mir Mein. Ich Mir Mein. Ich Mir Mein. Ich Mir Mein.
Ich Mir Mein. Ich Mir Mein. Ich Mir Mein. Ich Mir Mein.

Ich Mir Mein. Ich Mir Mein. Ich Mir Mein. Ich Mir Mein.
Ich Mir Mein. Ich Mir Mein. Ich Mir Mein. Ich Mir Mein.
Ich Mir Mein. Ich Mir Mein. Ich Mir Mein. Ich Mir Mein.
Ich Mir Mein. Ich Mir Mein. Ich Mir Mein. Ich Mir Mein.
Ich Mir Mein. Ich Mir Mein. Ich Mir Mein. Ich Mir Mein.
Ich Mir Mein. Ich Mir Mein. Ich Mir Mein. Ich Mir Mein.
Ich Mir Mein. Ich Mir Mein. Ich Mir Mein. Ich Mir Mein.
Ich Mir Mein. Ich Mir Mein. Ich Mir Mein. Ich Mir Mein.
Ich Mir Mein. Ich Mir Mein. Ich Mir Mein. Ich Mir Mein.
Ich Mir Mein. Ich Mir Mein. Ich Mir Mein. Ich Mir Mein.

Ich Mir Mein. Ich Mir Mein. Ich Mir Mein. Ich Mir Mein.
Ich Mir Mein. Ich Mir Mein. Ich Mir Mein. Ich Mir Mein.
Ich Mir Mein. Ich Mir Mein. Ich Mir Mein. Ich Mir Mein.
Ich Mir Mein. Ich Mir Mein. Ich Mir Mein. Ich Mir Mein.
Ich Mir Mein. Ich Mir Mein. Ich Mir Mein. Ich Mir Mein.
Ich Mir Mein. Ich Mir Mein. Ich Mir Mein. Ich Mir Mein.
Ich Mir Mein. Ich Mir Mein. Ich Mir Mein. Ich Mir Mein.
Ich Mir Mein. Ich Mir Mein. Ich Mir Mein. Ich Mir Mein.
Ich Mir Mein. Ich Mir Mein. Ich Mir Mein. Ich Mir Mein.
Ich Mir Mein. Ich Mir Mein. Ich Mir Mein. Ich Mir Mein.
Ich Mir Mein. Ich Mir Mein. Ich Mir Mein. Ich Mir Mein.
Ich Mir Mein. Ich Mir Mein.

Ich Mir Mein. Ich Mir Mein. Ich Mir Mein. Ich Mir Mein.
Ich Mir Mein. Ich Mir Mein. Ich Mir Mein. Ich Mir Mein.
Ich Mir Mein. Ich Mir Mein. Ich Mir Mein. Ich Mir Mein.
Ich Mir Mein. Ich Mir Mein. Ich Mir Mein. Ich Mir Mein.
Ich Mir Mein. Ich Mir Mein. Ich Mir Mein. Ich Mir Mein.
Ich Mir Mein. Ich Mir Mein. Ich Mir Mein. Ich Mir Mein.
Ich Mir Mein. Ich Mir Mein. Ich Mir Mein. Ich Mir Mein.
Ich Mir Mein. Ich Mir Mein. Ich Mir Mein. Ich Mir Mein.

Ich Mir Mein. Ich Mir Mein. Ich Mir Mein. Ich Mir Mein.
Ich Mir Mein. Ich Mir Mein. Ich Mir Mein. Ich Mir Mein.
Ich Mir Mein. Ich Mir Mein. Ich Mir Mein. Ich Mir Mein.
Ich Mir Mein.

Ich Mir Mein.